西洋
政治思想史

陳思賢・著

　　先前也是在五南圖書公司出版的《西洋政治思想史》系列之四本書：古典世界篇、中世紀篇、近代英國篇及現代英國篇，都是我二十年來陸續發表過的期刊論文之匯集，原本是學術專著，並非屬於一般教科書之性質，所以會對某些問題特別深入探討，詳盡其原始資料及學界之演辯攻錯，時有冗長之註釋以呈現細節或創見處，並發微若干論旨。其實此種形態並不完全適合西洋政治思想之初學者使用，作為學習之綱本輔助。因為我自己也在大學部講授此初階課程，學生確實對於教科書形式之文獻有所需求。所以在五南編輯部同仁的建議下，我們開始構思了一個嶄新風貌的可能性——這就是原本系列諸書的「合體」及以「親和」版面問世。首先就是將系列之前三篇合輯成一冊，且為配合大學西洋政治思想史的課程範圍，特別加寫了原本所無的法國及德國近代政治思想之代表人物，並割捨現代英國篇的內容（通常這個時段是課程受限時間所不能涵蓋的）；此外，並把原系列的某些篇幅及許多註解刪除，這些部分對於學術研究上是重要的，但是對於教科書來說有些沉重。這個新的版本範圍齊全，且合輯形態使讀者易於翻閱檢索甚至攜帶，我們試看看讓「它」來接續著為各位說故事吧！

　　這本書是要敬獻給　先父陳興先生及　先母黃淑昭女士。他們對我說的故事，卻是從來不用文字的。

陳思賢 謹識
2011 年初夏
新北市板橋區

目　錄

　　對於西洋政治思想史有所了解，大概是今世地球上每一個認真生活的人應有的希冀。這句話應該不誇大。在現代，每一個人都無所逃於國家與政治：在一個民主自由的紀元，對於一個西方人來說，他會想要知道他所生活的世界是如何出現的，他應該如何作以成為一個盡職且可享受幸福生活的公民，並維持此寶貴傳統；對於一個非西方人來說，逐漸普世化的民主自由價值，是一種吸引，是一項挑戰，更是一個謎！於是他想要仔細地端詳它、認清它的面貌，決定自己對它的態度或是肆應的方法。這一切都指向了對於西洋政治思想史的了解！它是西方物質及精神文明總合後的結晶代表，是一切西方價值發展過程的濃縮表現。我們今天的生活形態是怎麼來的？我們如今面對的主要政治問題是什麼？如何解決？這些大概都是需回到西洋政治思想史不可的問題。

　　既然實際上，西洋政治思想史是如此重要的知識，那為何我們總是離它有段距離？它所涉及的典籍繁多，儼然形成巨大障礙；它所包含的哲學思想深奧抽象，似乎令人生畏；西洋古典時代的政治理想，離現在太遙遠，有些夢幻的感覺；中世紀的政治神學，那種奇特神聖的氛圍好像難以理解，更難以進入；近代許多民主自由觀念的演變，錯綜複雜，交織分歧，似乎只有專家才能搞清楚，一般人大概力有未逮？由於這種種因素，我們多半寧願停留在對西洋政治思想史一知半解的地步，也不願意冒然奮身前進，以免「悵然迷失」而「粉身碎骨」。這種情形，不獨對於一個非西方的學習者為然，就是連許多西方人也會覺得需要花不少力氣，才能把這些觀念及其歷史分理熟稔，辨明清楚。

　　一般來說，政治思想史學習上的困難有兩重：一是各家並立，眾說紛紜，典籍繁多，其間關係不明；二是古今時代不同，世事亦異，如何可以博古通今？這些問題的克服，需要一些特別的方法；也就是說，我們可能需要一副特別的眼鏡，一個架構，透過它來審視政治思想的浩瀚典籍群，方能得到一個清晰的輪廓，不致徬徨迷失。這本書就是想要提供這樣一個架構、視角，作為進入西洋政治思想史文庫時

所要配戴的一副眼鏡。所以本書之寫作並不偏向資料性，而是希望建構某些分析方法及視野；並不著重大小思想家或著名典籍的逐一介紹，而是尋求將他們歸類後得出彼此間的關係。此外，對於一個社會或是文明來說，政治思想其實好比是冰山浮出的一角，雖然有代表性，但是有賴於水面下廣大的基底之支撐；因此對政治、經濟、歷史、文化思想等方面我們都宜予適切注意，以作為理解此社會政治思想史的完整脈絡。本書就是在這兩個特色之下進行撰寫的：一是以建立對整體政治思想史之分析架構為目標，期幫助讀者日後面對浩瀚典籍群時有不致迷失之信心；其次則為強調思想成立之「歷史及智識脈絡」（historical and intellectual contexts），以幫助我們更準確描繪出觀念的來龍去脈及定位其意義。不同時間、不同地點的思想家可能共同受到某些核心觀念之牽制影響，對此，他們可能自覺，也可能不自覺，我們稱這些核心觀念為「典範」（paradigm）；它是貫穿各篇章的某些共同思想方式或流派之傳承繼受模式，時隱時現，不絕如縷。所以從另一種角度來描述，本書可以說是對於西洋政治思想史中一些「典範」的追述，在歷史的舞台上對它們聚焦，提醒讀者他們的特殊意義。

　　本書依時段共分為四篇：古典世界、中世紀與基督教政治、近代英國與近代歐陸。每一個時段的政治思想其實由各自內部的政治語言及與此語言相應的思考模式所構成，各個不同，風格迥異，而所謂政治思想史就可以看成是這些政治語言逐漸演變的歷史。本書與其他書籍較不同處在於材料的多元性：政治語言的出現並非只限於傳統上所認定的政治「經典」，在不同類型的體裁上，政治語言都可以出現並發揮甚大效果。所以，希臘悲劇、史詩、詩歌、莎士比亞之舞台戲劇等，都列入我們分析追索的範疇。這樣做除了希望能呈現政治思想文獻的豐富面貌外，也希望藉此擴大對於政治語言所處脈絡的探究，以免遺漏某一時代或許曾經出現的重要思想發展線索。

　　古典世界篇之內容是研究西洋政治思想史之基礎所在，此點讀者多半已了解。其所以重要是因為許多基本的概念，例如國家、正義、法律或是公共利益等，均肇始於此時期，而不斷發展迄今。政治思想最重要的問題或主題紛紛於此時期出現，而所提出之解決對策也啟發、影響後世深遠。政治思想作為一種知識的類型及領域，也是由此發端；而政治思想的重要性，與其他知識之間的關連，也都在此時期被牢牢確立。現代人從古典時代得到的對政治生活之啟發，比從任何其他時代來得多；西方世界不只是民主生活，包括對財產的看法，對法律的本質及對階級、平等等的認識都有從希臘羅馬而來的源遠流長傳統。共和主義與自然法是古典時代所創

生且流傳後世的最重要政治思想「典範」，他們幾乎是形塑了兩千年西方政治思想的格局。

中世紀乃是西方世界獨有的歷史紀元，因為普世教會掌控了文化之整體。政教紛爭及政治神學的出現不但定義了當時的社會氛圍，也意外地給予近代民主思想之出現很重要的幫助，因為基督教會的曲折歷史發展竟然巧妙地衍生出與「君權神授」思想平行的「宗教議會理論」，後者可謂是日爾曼人繼希臘羅馬後對歐洲民主理論的重要貢獻。另一方面，羅馬帝國的解體使得「封建」成為歐洲政治制度最重要的資產──這種疊床架屋、缺乏絕對權力而立基於兩造相互權利義務的契約式政治結構，實有利於後世地方自治及民主的出現。因此，無論在理論上或制度沿革上，中世紀的歐洲都對催生現代歐洲有功。也可以說，在一般認為是迷信僵固、沉寂昏睡的「黑暗時代」大地上，日爾曼人出奇不意地竟一直在為近世的「破曉」醞釀動能。在本書處理的三個時段中，中世紀的時間竟是最長的，但也是一般人所最不了解的。

近代的英國及歐陸是現代文明的搖籃，也是天賦人權及契約論政治思想的誕生地，我們今天的民主就由此二者而來。但這種「光采」並非瞬間綻放，而是歷經「文藝復興」、「宗教改革」及「啟蒙運動」三次洗禮而成──每一個歐洲人的心靈需要一而再、再而三的蛻變，向人本／個人主義、自由／自主性及俗世化／理性前進，為成為一個現代民族國家的好公民做好準備。如果對這個好公民的主流定義是必須積極迎接民主、科學與資本主義的到來，則早在法國大革命之前這樣的看法就已經開始遭受挑戰，而到了 19 世紀中葉社會主義興起時更是讓人忍不住懷疑它。於是近代的英國與歐洲就在辛苦地建立起資本主義式的民主自由與對它的反省批判中持續前進。在這個時段中，前面兩階段的所有政治思想都不斷湧現，交錯匯聚，不但宗教情懷與人本主義並列，創新與繼受亦共存，的確是光華攝人的頂峰時期。

兩千多年的西洋政治思想史，彷彿一齣精彩的戲碼，舞台地點不變，但是主題、背景及情節不斷更新，語言及節奏也肆應之而頻生變化。本書接下來的篇章，與其說是對劇本完整的重現，不如說是精彩提要及劇評。每一篇是一個場景，每一章都有其對劇情承轉之任務。現在最重要的事，就是把我們的目光跟思緒開始集中在舞台上了。

第一篇

古典世界

　　希臘羅馬的時代，也就是今日所俗稱的古典世界，西洋文明的根基於焉成形。政治思想是其中最重要的遺產之一，我們對它的研究，幾乎是無可迴避的文化功課，也是了解歷史、了解自身的絕佳途徑。那個時代的思想家對政治的意象及理想社會的藍圖，於當代的我們，無疑具有一種神祕的性格——源自於現代性之阻隔的世界觀差異。我們如何對其探索？本書羅列出數個重要主題，藉著它們的次第出現，勾勒出古典世界裡政治思想的起伏與轉折：問題意識的醞釀興起，解答或對策的初現、成形、修正與批判反省。這是一個躍動蓬勃的過程，也是一段精彩燦爛的歷史，在約莫一千年（西元前後各五世紀）的時光中，今日各種政治思想中的主要價值，幾已初試啼聲，甚或沉澱鞏固。本篇提供的主要不在資料，而是一個分析架構，以作重窺兩千年前的一個世界之望遠鏡。

第 一 章　創造一個人為秩序：史詩、悲劇、對話錄與希臘早期政治論述的興起

一、政治思想的源起：社群之形成

　　古典時代的希臘人留給後代許多文化遺產，而政治思想是其中尚屬較完整流傳的一環。政治思想對文明的影響極大，而希臘人在兩千多年前就已經邁入了相對「成熟」的地步，不得不令人訝異讚嘆。他們開始對政治進行思考的種種經歷與過程，自然引人好奇。本章嘗試追尋希臘政治思想成形的一部分過程；如果能夠對他們體系性政治思想出現前的發展多加了解，或有助於我們探索希臘人在理解政治生活時抱持的一些基本信念與價值。當然，首先我們面對的問題是：什麼是政治思想？對於這種定義性的問題，自然無法立即宣說完畢；如果嘗試用一個較曲折的方式來思考：先回到人與自然之連結處，從存在的起點開始，而後漸次考察，也許就能輪廓漸現。

　　我們生活的這塊土地，其中的山河原野，屹立於斯，早已超過百千萬年，它們是自然。自然孕育出了人類，然後時間流變至今。設想一個舊石器時代（或三萬、五萬……年前）的人類，站在我今日所站的同一個地方，則他（她）與我究竟有何不同？文明歷經如此長的演化後，兩個人類相比：在心情上，孰為快樂？在生活上，孰為幸福？這個問題注定極難回答，有人懷古，有人喜好進步文明所提供之享受。但無論如何，我與這個人之間有一最明顯之區別，即是：我與我的同類共同形成了一個高度複雜分工、結構化的社群，而這個幾萬年前的人則否。在每日身處的生活世界中，我與這個老祖宗之間也許可比較出千百種不同，而造成這些鉅大差異的主要原因大概就在於我們所處的社群不同。由生到死，我們現代人的一舉一動在制度與法律的規約之下，人與人間形成各種高度繁複的社群組織關係；而老祖宗則否，他與同類們大約只有散漫的連結，基本上各自謀生，在「自然狀態」下為所欲為。

　　一群麋鹿悠遊於原野，猴群嬉戲於山林，今日如是，一萬年前應亦復如是。在歷史中，人類的群體生活關係如果沒有發生次第演化，則今日人獸之異可能不大，主宰地球之事亦無從而生。人類文明的成就，大抵歸因於各種分工組織與複雜制度的陸續出現。而政治組織，即為其中最重要之一種。換句話說，它是決定人類文明發展方向的重要力量之一；甚至亦可這樣說，它是帶來文明的最重要力量之一（當然有人可能悲觀地說，它也許會是毀滅文明的主因之一）。有了政治組織、政治社群之後，自然有了政治生活。而政治論述、政治思想，就是人對他自己政治生活的反省。這包括：政治生活的本質究竟為何？人群為何組成政治社群？何種政治社群最理想？政治社群內應有哪些規範？……等問題。

　　這種反省的行為使得政治思想與政治生活間的關係可以用戲劇的台上與台下來比喻。在政治生活中我們從事政治行為時，就彷彿是一齣在播演的戲，而當我們在對政治生活做出反省，那就如同是台下的觀眾或劇評在論較這齣戲的種種。所以政治生活、政治行為是「第一層序」（first order）的行為，而政治論述、政治思想是「第二層序」（second order）的行為；「第二層序」行為乃是由「第一層序」行為所引生，其性質就是對「第一層序」行為做出反思。政治思想家的角色是協助我們對政治生活進行反思；沒有他們，我們也會反思，但有了他們的存在，更會深刻許多。

　　政治論述，既是對政治生活的反思，則它必發生於有了若干政治生活的經驗之後。也就是說，體系性的政治思想之出現，有待於人類的政治生活複雜化、規模化到一個程度之後始可能。在西方，這個分界點大概是在西元前 4、5 世紀的雅典（4世紀與 5 世紀的民主制有些不同，5 世紀的較為「民粹」或「基進」，而 4 世紀的較為「溫和」），於是很自然地，西洋政治思想史的研究一般是從 4 世紀所謂的雅典學派文獻開始。但是，在此之前的時期，尤其是第 5 世紀，留下了豐富的文獻，他們催生了問題意識，鼓舞了探討的興趣，並嘗試了若干具說服力的解決方向；不但為政治論述的醞釀留下了證言，同時也提供了我們珍貴的文化史素材——希臘社會思維發生初期演變的重要軌跡。

二、寶貴的文化遺產：神話、史詩與悲劇中呈現的問題意識

　　神話、史詩與悲劇都是雅典學派出現前深深形塑希臘人世界觀的文化樣式，在

其中隱隱傳達出的某些對比式的命題，幫助希臘人營造了若干社會思考的空間。

1. 英雄（hero）與榮耀（honor）──競爭、衝突與侵犯

　　這固然是任何時代均可見的重要主題，但它涵泳社會人心之程度卻都沒有希臘時期來得明顯──當時雅典的一個演說家所描述的時人對荷馬詩作的崇拜，說明這種情況是怎麼開始的：

　　　　你們的父祖將他視為是一個無與倫比的卓越詩人，所以通過了一條法律，其中規定，在所有的詩人之中，獨有荷馬的詩必須要在每四年一次的雅典全民集會中公開朗誦。

　　荷馬無疑與這個主題涉連最深──英雄與英雄事蹟充塞於他史詩的世界中。由於 *Iliad* 與 *Odyssey* 對日後的影響至鉅，所以這個善寫英雄的人本身也成為希臘早期唯一的文化英雄。英雄史觀，大概就是荷馬所用以描繪世界的透鏡。對荷馬言，英雄追求權力與榮耀，不但構成他本身生命的意義，也是整個歷史向前推進的動力，而歷史的高潮也無例外地係由這些事蹟所構成。所以基本上這個主題可謂荷馬帶給希臘文化的最深刻印記。

　　在史詩中，英雄所據以追求榮耀的能力稱之為 *arête*，它表示了在血統、出身上的良好（goodness in birth），各項能力（尤期是作戰、領導統御）的卓越（excellence），以及某種程度上道德（virtue）的具足。英雄與凡人在能力上、氣質上不同，因此事功亦異。但英雄與凡人在生活上卻是在一起的：他們有共同的關切與利益，那就是安定與繁榮。英雄事蹟對群體的共同利益究竟有裨或有礙，對道德的影響如何，在神話史詩中也許並不重要，但對稍後認真的思考政治秩序者，就是嚴肅的課題了。例如：英雄的事功與道德間的關係如何？如果事功是判定英雄的唯一標準，則「群雄競起」是否會影響正常的人際規範及安定？又，如英雄是推動歷史進步的動力，則其行事仍應受流俗道德所拘、或應由非常之眼光以待？我們又可進一步問，所謂「道德」云云，究竟存不存在？世間如無道德，則秩序由誰界定或維持──英雄乎？這些都是荷馬的英雄史觀所遺留下的問題，而也滲透到稍後的文獻中（稍後第三節所探討的悲劇或對話錄中，我們將看到每一部都有英雄的影子存於其中）。

　　英雄事蹟與個人主義是密切連結的，也因此在英雄主義之下所謂「群」與「小

我」之間的關係是散漫無拘的，「小我」為了攫取權力、成就榮耀，其行為常是較無節制及顧慮的。這樣一來，群體生活的安定就不一定與英雄主義能共存。而當社會進化到了一個階段以後，人們逐漸發現群體生活的安定是一切發展的基礎，於是一個新的道德觀便浮現：節制與限度（limits and moderation）似乎是社會生活之所需。在希臘歷史的演化中，阿波羅神殿（the Delphi temple）中的神諭：諸如「不逾越」（nothing in excess）、「節制之美」（the beauty of temperance）等……，乃象徵這個階段的來到。而這樣的一個轉變極其重要，它無疑是社會哲學的開始：自此以後，考慮「人際間」（inter homines）適當關係的討論有了發展的必要；而個人主義、英雄主義也自此時起轉入了文學與歌謠之中。所以也許我們可以如此說，曾幾何時逐漸出現的對荷馬英雄主義世界觀的反省，正好就是希臘社會哲學得以發展的起點。

2. 秩序（order）與混沌（chaos）

如果剛才的問題用另外一個方式呈現，則社會哲學始出現時必然須突破的一個問題便是：這個宇宙是充滿秩序，抑只是一個混沌？人彷彿從自然界中體察出若干規律[1]，則相應於自然界，人世間究竟有無秩序存在？如果有一內在秩序，則我們建構一外在制度或組織以適應配合之；而如果一切變動不居，混沌無序，則我們亦須於生民間「創造秩序」（to impose an order）以求安生立命。遠古的希臘人即已知道，研究人性之變與常的問題，殆為研究群體生活之道的基本課題之一。設若宇宙為一秩序井然之階層化存有體系，則對「人」之探尋在乎求得其於此中之定位；而若非然，則生活之道可能存於掌握當下、自利自保的現實主義。秩序與混沌，成為兩千多年來西方哲學中最明顯的一組對比主題。

自然哲學家首先從自然中找到了「秩序」，而後亦接著將其推衍在人文世界中。他們認為宇宙中遍存著秩序——the cosmic justice，這種秩序在人類社會乃是由「法律」所表現，所以「法律」乃與「正義」等同。但是之前的荷馬，與稍後的若干「哲人派思想家」（the sophists）的世界觀卻顯然與此不同：世界，對他們而言，其本質是變動不居的；或者，至少，其中影響事情的因素很多，我們很難建立

---

[1] 蘇格拉底之前的 Ionian naturalists 對社會思想的影響與貢獻常被忽略；吾人想指出的是：「秩序」觀念之能概念化並進入到一個「世界觀」的層次，如不從觀察自然環境始，則將從何而出？對這些自然哲學家的討論在哲學的書中常見，但在社會哲學史中則否，為略有遺憾之處。

起一些清楚必然的規律。例如，若有災疫，荷馬可能會認為是我們觸怒了神祇，但是卻無法確知是觸怒了誰或是因為何事，如經獻祭之後仍未得化解，則可能因誠意不足之故，然亦可能是神怒難消，但總之我們實不得而知。而對某些 sophists 來說，天降災疫可能與觸怒神祇無關，大概只是自然而生的現象，這世界此時此地可能會有災疫，也可能沒有，但不論如何，這些都是「自然」而「隨機」的，並不與某種超自然的意志或規律發生關連。這個世界不斷地生成變化，我們無法預知或改變這些隨時而來的變化，但我們可以設法增強自己的能力，以在這個變幻世界中生存。

　　然而，一方面由於對自然的觀察成果逐漸累積、而無可避免地得出某些規則，另一方面人類在主觀心理上亟需安全感，故自然地「秩序」觀終究超越了「渾沌」觀，成為面對自然與社會生活時的主要態度（這可由自然與社會哲學的逐漸興起得到證明——因為如無「秩序」，一切都是「隨機」、「變動」的，則何需探討？）。例如，即使在荷馬的史詩中，亦曾出現對於「秩序」的尊重，而在 Aeschylus 的《波斯人》及 Sophocles 的《伊底帕斯王》等悲劇中，就明顯地表現了「秩序」、「分寸」、「界限」等議題（詳下探討）。所以現在最重要的問題變成：什麼是此「秩序」的本質？它是「自然」存在的？抑是由人的意志主觀創建而生的？對物理世界（自然）而言，原因明顯是前者。但對人文世界而言，答案就並非如此顯而易見了。

3. 自然（*physis*）與律法（*nomos*）

　　「秩序」的本質問題，既然存在著「先天」與「人為」的對立，那也便是先天自然的法則（*physis*, nature）與後天人為的創造或約定（*nomos*, law）之間對比的問題。這是一個在希臘早期知識界普遍關切的問題，大家都想知道，究竟世間的法律是不是只是人類自己隨意的創造？所以自然與律法的對比就表示了大自然的本有規律與人為制訂的法則之間的對比。它所牽引出的問題非常重要，包括了對倫理道德的根本性討論。例如：世間有無正義？如有，則其為何？正義遍存於宇宙萬物之中，或是它只是人彼此的一種約定？如果正義是來自於「自然」的先天法則[2]，

---

[2] 講到「自然」，就涉及一個哲學上的概念，就是萬物「本質」的問題，而這個問題的討論，又要從萬物「源起」（*arché*）開始，希臘哲學從一開始便注意這個「源起」問題。Parmenides 認為萬物的「源起」是精神，但 Ionian naturalists 及稍後的 Democritus 卻以為是某種物質或基本粒子，這大概是西洋唯心、唯物的最早對立。

是萬事萬物的基本質性（而非人類自行創發之倫理德目），則我們又如何知道其內容？而如果正義不過是「約定俗成」以裨社會生活之和諧，則應如何尋找出其在曲折人事中而能「一以貫之」的定義（或以懷疑論的眼光視之，究竟是否需要一個「一以貫之」的定義）？這些都是本質上極為困難的問題，也成為哲學伊始之際希臘人感興趣的問題。Aeschylus 的悲劇 *Oresteian Trilogy* 與 Sophocles 的 *Oedipus Tyrannos* 及 *Antigone* 便是有關於此的經典作品之例[3]。

　　基本上，荷馬並不談論道德：在他的史詩世界中權力與榮耀是注意的焦點，優勝劣敗是世事運行的邏輯。所以他描繪神與英雄人物的功業，但是作品中卻未充分反映人在當時社會生活下喜怒哀樂的情懷，也就是對現實生活人際倫理的關照（即使是文學式而非嚴肅的）並不是其主要問題意識。但是到了數世紀後劇作家的時代，對現世社會倫理直接或間接的探討卻湧現，而他們在藝術的樣式內細膩地處理這些荷馬所忽視的主題。這樣一個轉變所顯示出的意義是重要的：這些劇作家既然探討人際倫理，顯然他們在 order 與 chaos 的對比上傾向於前者，而認為人事應有其常；若自然界有其規律，則人的世界亦應存在若干倫理秩序。這種倫理秩序的內涵雖未必易確定，但他們樂於討論。

三、國家意識、自我認同與政治義務：古希臘政治論述的興起

　　遠古之人與自然搏鬥，勉力維生；只求溫飽而缺乏文飾，但知有家而不知有國。國家觀念之興起，不必然與國家之出現同時；歷史中，理論與觀念之後出以解釋、合理化甚或改善、引導現況，殆為社會思想史早期常有之景象。

　　古希臘文明自西元前 6、7 世紀起邁入精緻文明，物品之經貿及思想文化日益繁榮，凡此均需要建立於複雜社會組織之基礎上方有可能。而此類社會組織之犖犖大端者即當時林立之城邦，或曰國。唯有在「國」之規模層級上文明始得以躍升至

---

[3] 所以希臘悲劇像 *Oresteian trilogy* 便成為了西洋史上討論 justice 最有名的文獻。對正義這個觀念的探討產生興趣，是表示了對人事的規範做出思考反省；但這些規範從何而來？僅是人們之間的約定，或是反應出一個宇宙間普通的秩序？如僅是人們之間的約定，則其自可因時因地而異——蓋每一不同群體自然可有其不同之約定，恰如不同民族有其不同習俗般。而如其果是反映出一個宇宙間普遍的秩序，則其內部應有一放諸四海皆準之原理，一以貫之於各種情事。所以此時的問題就呈現為：道德規範是人為抑是出於自然？如係人為，意指其本係虛構，可東亦可西，可黑亦可白，純出於相互約定而已。

高等層次——出於經濟而入於社會、宗教、藝術及道德。然而「國」之經營管理性質特殊，非同於前此之任何組織：其規模大於鄉里，其複雜甚於營生，而名曰政治。對政治現象之討論反省、歸納推理，即為政治論述。

西元前 5 世紀起雅典政治論述次第興起，而至 4 世紀末時趨成熟，竟至有亞理士多德《政治學》之完備。《政治學》乃專論，此為較晚出之形式，主體明確而條理羅列。在此之前，對政治之思維散見各形式文體中，例如悲喜劇或對話錄：希臘之悲劇雖然集倫理、藝術、宗教等之角色於同時，且以隱喻諷刺之抽象方式表達，旨意較隱晦，然對政治論述主題之成形影響極大，例如有關正義、認同等之討論，後世聞名；至於柏拉圖對話錄中所啟發之政治哲學，寓意深遠，則為眾所周知。對話錄之政治思想史地位既無疑，則可試看戲劇之影響如何與其相比擬。

以雅典而言，公開演出之戲劇富有重要之教育意涵，它是政治社會化的樞紐管道。逢酒神戴奧尼司（Dionysus）的節日時，有一年一度的劇作（悲喜劇）競賽，於連續數天內所有得獎作品輪流上演，而全體公民群集觀賞。能獲年度首獎之劇作家則榮耀加身，備受推崇，作品之影響力亦因而大增，深入人心。而悲劇作品以其蘊含深刻、富於啟發，在文化史中意義重大；且其通常情節曲折，扣人心弦，故特別受歡迎。若干研究者早已指出悲劇作家實乃就是當時的政治教育者，而這些雋永的作品無疑是希臘稍後政治理論的前驅。例如有研究者認為悲劇是「傳統、迷思性的想法與新的理性的融合，通俗文化與精緻文化的交流」，因而其不正是「經由迷思，重複地將公民們身為公民所會有的關切表達出來」？在將悲劇立基於反思現實政治的前提下，他做出如下結論：

> 吾人的基本立場是認為在（西元前）5 世紀時，悲劇與政治絕對是密切關連的……它刻劃出波希戰爭與伯羅奔尼撒戰爭間的這段時期，以雅典為中心的艾提克（Attic）半島居民們的心態特質，而這段期間正好是民主誕生、以雅典為首的希臘人力量勃興為帝國，以及以舊世界觀思考的世代卻還充塞雅典的時代。

另外一位則特別強調悲劇作家對後來政治思考的諸多啟發，他認為：悲劇直接塑造了古典政治理論；悲劇對當時政治理論的影響正足為後代整個政治理論之傳統引為範式；以此為例，則知類比（analogical thinking）應為政治理論產生之重要方式，希臘悲劇亦可對當代政治理論提供許多啟發。故我們對當時希臘悲劇的深刻了解，就是對當時希臘人政治生活的世界觀之掌握。

本章擬以悲劇及對話錄為主，討論政治論述之逐漸成形。茲從三方面觀察：
1.由「家」入於「國」——國家意識之興起；2.野蠻與文明的「夷狄之辨」——自
我認同的催生；3.大我與小我——政治義務觀念的萌芽。

1.由「家」入於「國」——國家意識之興起

「國」不同於「家」，似「水」不濃於「血」，其非出於自然。但無「國」則
群居秩序不易維持，文明發展亦受阻，因此如何使平民百姓能知有國，應為政治論
述中之重要里程碑。國家意識之觀念，在雅典歷史中，可由對主政者角色之尊重及
對公共機制之信賴透露出消息。現今有關於此的最早文獻見諸首演於 458 B.C.的奧
瑞斯提三聯劇（*Oresteian Trilogy*）。

在 Aeschylus 的悲劇 *Oresteian Trilogy* 中我們看到一個「王子復仇記」的最早
版本：Argos 國的國王 Agamemnon 率大軍參加特洛伊戰爭，行前以自己親生女祭
海神，船隊始得順利出航，但亦因此遭王后 Clytemnestra 莫大怨恨。待十年後戰事
結束國王凱歸時，王后與情夫謀刺國王於王宮，兩人篡位，日後王子長大回國，經
一番內心掙扎後接受 Apollo 神諭之召喚而弒母報父仇，然此滅親之舉卻引致代表
古老法律的陰間復仇女神之不斷殺追，也形成復仇女神與 Apollo 間之對抗。最後
由雅典娜女神（Athene）出面仲裁，將此案交由其所召集之雅典法庭 Areopagus 裁
定，陪審團投票結果六對六，相持不下，而主席雅典娜投下豁免一票，王子得以無
罪。復仇女神不服，威脅要嫁禍施瘟疫於雅典城，經雅典娜安撫並承諾其受榮耀奉
祀於雅典後始平息其怒，而全劇亦終。

此劇表面是弒夫與弒母間的爭議，然實則是討論代表古代部落習俗的舊制（復
仇女神）與代表理性思辨的新國家制度（Areopagus，法庭）間的轉折與對抗。此
劇之主題乃是正義，Aeschylus 構思出曲折之情節來凸顯正義概念之不易處理：父
（國王）因公殺女；妻（王后）因此弒夫；子（王子）又因而弒母報父仇。而其
間又摻雜了非關個人、生來即背負的詛咒及命運等因素，使得不但戲劇性十足，
且令人對劇中人物之是非對錯難下定論。透過 6：6 的表決結果，Aeschylus 一方面
成功地表達出正義不啻是一個「基本上具爭議性之概念」（essentially contestable
concept）[4]，而另一方面也透露出是時的雅典在新舊世界觀的交替中掙扎著——舊

---

[4] 這令人想起稍後柏拉圖在《共和國》第一卷中處理正義定義的情況——無論提出哪一種觀
點，都可找到堅強的反駁立場。而 Aeschylus 透過 Athene 對復仇女神說：「讓我懇求你們暫

的秩序及價值深入人心，而新的理性及制度正欲綻放光芒。舊制以血緣、家族為基礎，以古老的習慣處理事情，來自陰間的古老復仇女神為其代表；新制乃是訴諸一種嶄新的公共機制，集合眾人（公民）之理性思辨以裁定價值，奧林帕斯山的眾神之神宙斯（及其子 Apollo、女 Athene）為表徵。此新世界的主宰宙斯象徵了理性、普遍與制度化，他戰勝了由陰間女神所代表的迷思、偏狹與血緣性格。宙斯代表白日，光照大地；復仇女神代表夜晚，陰森恐怖。由此明顯的比喻，Aeschylus 讓我們看到了由「家」轉入「國」的層次提升。他透過 Athene 說出了「法庭」的莊嚴神聖：

> Athene：衛士，召喚全城之人，來觀此案件，
> 　　　　吹起震耳的號角，劃破長空，震動人心。
> 　　　　當陪審員就座後，
> 　　　　在一片肅穆沉靜中，
> 　　　　讓大家都知道此際我所設立的這個法庭，
> 　　　　直到永遠都將成為捍衛正義之所。

　　正義的裁定，由遵循古老（之冤冤相報）習慣到交由法庭公審，固然代表了劇作家對制度化的頌揚，而另一方面，審判結尾 Athene 所做的決定本身亦令人玩味。Apollo 護持王子的最重要理由是王后所殺之人並非常人，乃是一國之君；因而此案件並非是殺夫與弒母孰重之爭議，而是變成弒君之罪可否原諒的問題。Athene 支持 Apollo，其意義非常值得探究。

　　Athene 贊成 Apollo 的論點，認為兩宗弒親性質不一，而 Agamemnon 之死遠較 Clytemnestra 之死嚴重。如何解釋 Agamemnon 身為國君，因而應以另外標準視之？在此之前，並無任何理論可資應用，而此案本身即為原始之「判例」。Athene 聰明地訴諸「類比」：

> ……我衷心地贊成父親及男人在一切事物上的優先性……，
> 所以當一個弒夫的婦人被殺時，

勿悲憤，這是公平的審判，公平的判斷，結果是雙方票數相等。所以你們既未被打敗亦未失顏面。現在如此處理都是宙斯的意旨」。

我認為她的死不若她丈夫的死般嚴重。

Athene 顯然將家庭中的父權家長制倫理邏輯加以類比推論，作為說明「國君」之特別地位的基礎[5]。而事實上 Aeschylus 在稍早就已經透過 Apollo 在法庭上的陳述釋放出男性優先的「父權家長制」論調：

> 一個母親並非她所生的小孩真正的家長，
> 她只是孕育一個年輕的種子，
> 而播種者——那個男人——才是真正的家長。
> 所以，如果老天幫忙，則母親懷孕後保住胎兒而逐漸孕育之，
> 不過是如同我們幫鄰人看顧一株植物使其生長般。
> 其實一個男人沒有女人一樣可以作父親，
> 現在在我們面前就有一個最好的例子，
> 那就是宙斯的女兒（Athene），
> 她並非從母體內黑暗的子宮中孕育出生的，
> 而且沒有任何一個女神能夠生下像她這樣的嬰兒。

在此劇中，這種我們今日難以理解的立場兩度出現，正是為了要協助說明父權至上以替王子脫罪：間接地利用家長之優越來比喻國王的重要。但在另一處，Aeschylus 卻直接地面對了這個命題：

> Chorus（即復仇女神）：
> 　　　所以，王子接到神諭無論如何要為其父王復仇，
> 　　　即使母親弒夫有其理由。
> 　　　而宙斯正是你傳達給王子的這個神諭的真正作者？
> Apollo：是的，宙斯確曾如此下諭，
> 　　　而他是對的。
> 　　　他們二人的死絕對無法相提並論。

---

[5] 如果我們認為這是樸素淺陋的論證方法，則我們將更訝異於兩千年後英國的 Robert Filmer 竟也是用同樣的方法。參見其 *Patriarcha.*

他身為國王，

承受天命而揮舞著權杖……

……

……他的面容高貴莊嚴，

勇士們及艦隊聽其命而動……

　　這可說是訴諸天命的「君權神授」及講求效用的「國家利益理由」（*raison d'État*）兩種主張的並陳：一方面，國王承宙斯命而統治，故王子自然稍後承宙斯命而復仇；另一方面，國王率軍遠方征戰，方才凱歸，刺殺如此英勇之國君，對國家是福是禍[6]？然而不管是訴諸天命或效用，國君的角色重要已經被 Aeschylus 刻意地凸顯了。而接下來的指涉更是呼之欲出：「國君」之所以重要，當然是因為「國家」重要。所以在這個「王子復仇記」的三聯劇中，透過對「正義」的探討，Aeschylus 將觀眾從思索「私領域」中的恩怨糾葛，巧妙地轉折帶入對「公領域」本質的關切。

　　Aeschylus 非常肯定從舊的秩序轉到新秩序，他讓 Athene 力勸復仇女神放棄舊秩序而迎接新秩序（來到雅典接受奉祀）：

Athene：是的，我的祖先亦來自您們所屬的偉大時代，

　　　　而它也確含蘊我自身所遠不及之智慧，

　　　　但是我堅信宙斯有其洞見。

　　　　現在讓我告訴您們：

　　　　如果諸位願意試著將此處當成自己的家，

　　　　則必會愛上雅典。

　　　　因為在未來的歲月裡，

　　　　它將更綻放光芒。

　　　　……

6　Arlene Saxonhouse 認為戰爭中男人的為國出征代表「公領域」的國家壓制了「私領域」的家庭，見 Saxonhouse, "Classical Greek Conceptions of Public and Private," in S.I. Benn and G.F. Gaus eds., *Public and Private in Social Life* (New York: St. Martin's Press, 1983), pp.369-370.

　　在劇尾，當復仇女神終於接受了邀約——代表她們同意這種轉變，Aeschylus
於是明白地點出了一個正義、秩序的國家（雅典），是幸福及快樂的泉源：

　　Chorus：讓我們祈禱

　　　　　　那靠人類的惡欲貪念而滋生的內戰不在雅典出現；

　　　　　　那靠人類的憤懣而滋生的殺戮，

　　　　　　亦不會散布；

　　　　　　讓人們在彼此當中找尋到快樂，

　　　　　　讓大家能夠好惡同心，宛如同袍，

　　　　　　如此將治癒人類許多創痛。

　　Athene：這些話語引領我們走向智慧之路，

　　　　　　您們肅穆的表情將使雅典受益，

　　　　　　雅典將以友善的態度敬拜您們。

　　　　　　讓國家以正義為樞德，

　　　　　　則此城將會偉大，

　　　　　　且榮耀遍布。

　　Aeschylus 在此劇中勾劃出一個能藉公共機制、公共權威處理人類憤懣與惡欲
貪念的雅典。對於幸福與正義人際關係的憧憬，都寄託在美好的城邦生活中。在西
元前第 5 世紀，這種國家意識的躍動，鼓舞了雅典人的視野伸出以血緣關係為基礎
的家庭、宗族之外，而嘗試作一個以普遍性人際關係為基礎的「公民」。

2. 野蠻與文明「夷狄之辨」——自我認同的催生

　　古代中國的孔子讚揚管仲佐桓公，一匡天下，使其免於「披髮左衽」。大抵言
之，古代華夏民族複雜，遷徙融合不斷，故「夷狄之辨」究竟並非純任血緣，而是
以文化為之。三代文采既彰，乃視遊牧民族為「夷狄戎蠻」，與之區隔不相屬。然
而在西元前 5 世紀的地中海東岸情況就不同。美索不達米亞、埃及與克里特、邁西
尼、雅典等文明，交往複雜，或融合、或繼承，形成一個大文化圈。故文化並非最
主要的「野蠻」與「文明」區別因素；Aeschylus、Herodotus 與 Thucydides 都是將
政治社會生活上的「自由」視為是區別雅典及其他民族（尤其是波斯帝國）「高下
不同」的因素。發表於 472 B.C.的《波斯人》，就是 Aeschylus 對雅典的「自我認

同」所做的精彩探討。

　　480-479 B.C.發生了史上有名的 Salamis 之戰：波斯帝國大舉入侵，但卻令人訝異地取道水路，結果大敗於 Salamis；這是雅典繼陸路的 Marathon 之役後的另一次重大勝利，此役之後（以雅典為首的）希臘勢力崛起於東地中海一帶，取代了波斯的地位，而雅典亦開始在歷史上散發光芒。《波斯人》即是在 Salamis 之役的八年後，Aeschylus 以實際歷史事件為背景所撰的著名悲劇。希臘悲劇少有以實際歷史為題材，故此時此地發表此劇，可見 Aeschylus 別有一番用心。《波斯人》的布局特別，其場景竟然是在 Susa——波斯帝國的首都——的皇宮中，所以 Aeschylus 是以波斯的角度來從反面呈現雅典，其手法非但具戲劇效果，且更發人深省。本劇架構簡單，在波斯王宮中一群老臣與太后在焦慮地等待率軍遠征雅典的皇帝 Xerxes 的消息——大軍浩蕩開拔，越過國界（歐亞洲之界）後與雅典軍遭逢，不知戰況如何？尤其是十年前由過世的老皇帝大流士（Darius）親征的 Battle of Marathon 一役中，波斯以雄據東方的帝國之規模竟然落敗，因而此次出征格外重要，不但代表其勢力是否可橫跨歐亞，也關乎波斯人的自尊自信。然而不幸傳回的訊息卻是波斯於 Salamis 之海戰中大敗，皇帝 Xerxes 僅以身免，稍後狼狽歸國後在王宮中與臣子齊聲悲嘆，不勝欷歔，而劇亦終。

　　在 Aeschylus 的描述中，波斯戰敗的原因主要有二：一是被計誘進行海戰；二是雅典軍士氣如虹，誓死以戰。波斯本為「馬上」得天下之陸路國家，以其騎兵之驍勇善戰、橫掃亞洲而建立帝國於西亞一帶；即使如此，猶且在 Marathon 之役敗於雅典，更何況以雅典水師嫻熟的海戰交鋒？波斯船艦中計緊密排列，故在海戰時非但揮灑不開，且擠成一團、互相掣肘，終成雅典海軍探囊所取之獵物。雅典之戰士，面對波斯大軍來犯，為保衛家園而背水一戰，其決心與勇氣，Aeschylus 做了如下的描繪：

（在戰鬥中雅典戰士齊聲呼號道）
喔！希臘的兒子們，前進！
拯救你們的家園，
拯救你們的兒女、妻子，
護衛你們的神殿及祖先之墳冢，
戰爭已經開始，
一切在此一舉！

　　主觀上雅典士氣如虹，客觀上雅典戰術成功，故波斯之潰敗並不難理解。但至此為止，全劇對雅典人之自我認同到底做了什麼探討？如前所述，Aeschylus 從波斯人的角度來呈現雅典人，這是極高明之處。大抵一個人或是一個民族對自身之認知，需要一個鏡子；從眼中望出去看到的是除了自己以外的世界，而唯有從鏡中看到的是自己。這面鏡子，就是「他人」，而當這個「他人」是完全反面立場的「敵人」時，更別具意義。所以劇作家選擇如此方式，自富用心。然而如此設計，需極高明之寫作技巧，否則在本國土地及劇院中以誓不兩立的「敵人」之立場來「討論」自己，稍不一慎，可能觸發敏感的民族情緒[7]。首先，他呈現波斯人口中的雅典形象：

　　　　太后：……
　　　　　　　有件事我想知道，各位，雅典究竟在何處？
　　　　大臣們：在太陽餘暉盡頭之處。
　　　　太后：（既如此遙遠）我兒必欲將之征服乎？
　　　　大臣們：果如是，則全希臘都將臣服。
　　　　太后：雅典人為數眾多否？
　　　　大臣們：是的，以致曾予波斯重創。
　　　　太后：他們可是使用彎鉤之矛槍？
　　　　大臣們：他們全身披甲而手執尖矛。
　　　　太后：除此外尚有何可觀處？雅典人富乎？
　　　　大臣們：他們的土地遍覆銀鑛。
　　　　太后：誰人為其領導？何人為其牧者？
　　　　大臣們：他們不為任何人之奴，亦非任何人之臣民。
　　　　太后：（既無領袖）他們如何能抵禦外侮？
　　　　大臣們：（既無領袖）卻足以消滅故王大流士之雄師。
　　　　太后：如此一來，身為母親難免擔心……
　　　　大臣們：稍後太后即可曉；不多時將有信差來到，報喜或報憂。

7　蘇格拉底曾言：在雅典讚美雅典人或在斯巴達讚美斯巴達人都不難；難做的是在雅典讚美斯巴達人而在斯巴達讚美雅典人。

　　這一段 Aeschylus 欲表達的雅典人形象乃是：勇敢善戰、其地富裕與性好自由。於是觀眾或讀者接下來的印象自然是：這是一場侵略與保衛家園、自由與奴役之戰了。在真實歷史上，480 B.C.的 Salamis 之役波斯潰敗，而 Aeschylus 如何解釋？在本劇中，他做了極具意義的處理：他由波斯的觀點來檢討此敗戰，而分成兩種看法，一是出征者（包括主帥 Xerxes 及士兵，即 Herald）的、一是在家鄉故王 Darius（以靈魂現身）的看法。對 Xerxes 來說，「命運之神遺棄了他」，但在故王的角度來看，這是「人類的傲慢（human *hubris*）的結果，他的兒子 Xerxes 竟然想經由征服（博斯普魯斯）海峽而突破跨越歐亞邊界的禁忌（宙斯曾預言跨越此邊界者其帝國將亡）：

> 大流士：唉！那預言果真應驗！
> 　　　　我擔心了這麼多年之後，
> 　　　　宙斯終於懲罰了我兒子。
> 　　　　當人有貪念及渴望時，
> 　　　　邪惡神祇就會介入，
> 　　　　我兒子在年少輕狂無知之下啜飲著邪魔之泉，
> 　　　　以致竟想征服那神聖的海峽之水，
> 　　　　彷彿可作其主人以枷鎖奴役支配它，
> 　　　　其實不會以血肉形體之軀望圖征服海神，
> 　　　　是否我兒已失去理智？
> 　　　　而我辛苦所建立之功業恐將毀於敵人之手。

　　大臣敘述道在故王之時，即使國力再盛亦不曾侵犯歐洲；在 Aeschylus 的呈現中，此歐亞之界限即是東方與西方、陸權與海權，及奴役與自由之界。所以此時雅典的「意象」就鮮明了起來：它是「西方的」、「海洋性的」與「愛好自由的」[8]。故透過《波斯人》一劇，希臘（特別是雅典）的民族特質被凸顯出來，希臘人得以認知到本身最可貴的特質何在，而他們的戰爭、歷史與──最重要的──政治，均是為何而來。

---

[8] 而值得我們注意的是在往後的西洋歷史中，最後一個意涵又統攝了前兩個──專制的就等同於「東方的」與「大陸的」，此實為「西方觀點下的東方」（Orientalism）的最早版本。

　　當然，在《波斯人》一劇中，也有若干與希臘「自我認同」之主題關連較遠，而與「政治教育」關連較近的意旨。最顯著者，就是前所述對於波斯戰敗的反省：到底該歸諸命運或是「人禍」？顯然的 Aeschylus 安排 Darius 靈魂的出場是要觀眾理解到「守分」（或是「執中」）的重要性。在劇中 Darius 曾言進攻希臘不可能成功的一個理由是：「希臘的土地本身也站在他們那一邊」，稍後他解釋這句話的意思是「它無法養活過多的人口」。人口與土地有一定的比例，東方與西方有其分界（國勢再強也不應越界），這些都是希臘重要的觀念 harmony 與 nothing in excess 的具體解釋，也可說是 Aeschylus 在此所嘗試的一次嚴肅的倫理學教育：波斯的 human *hubris* 誠令人慨嘆，「而這種經驗亦可能發生在希臘的任何一個地方」；更且，他透過將 Darius 與 Xerxes 的對比描繪，「將此劇表現成不只是對波斯人，而是對全人類共同性格所做的一個反省」。悲劇中所含蘊的豐富主題，使其益具教育意義，也成為與政治的最自然連結。

　　在自我認同的主題上，另一齣聞名的悲劇——Sophocles 的名作《伊底帕斯王》，也做了明顯的貢獻。如所周知，伊底帕斯王在自己不知情下弒父娶母（當然這是一個命定的預言與詛咒），但後來為了要了解自己的身世，在國人面前公開挖掘出隱蔽的真相，而也因此在羞愧之餘，自殘雙目且自我放逐於國外，以終此生。任何接觸此劇情節的人都免不了好奇：為何在已知危險的情況下，伊底帕斯王仍堅持對自己的身世要打破沙鍋問到底，即使將毀滅其幸福亦在所不惜？對劇作家而言，當然這極具戲劇化效果，然而它對讀者與觀眾的啟示卻異常鮮明：對自己的認知——對真相的追求對真理的追求——是否與現實幸福同等重要？換句話說，是否如果不知自己是誰（不知真理），則一切亦無多大意義？Oedipus 將自尊、家庭與權位毀於一旦，只是為了認識自己（認識真理），值得嗎？

　　聰明的 Sophocles 並未對此處理，他只是一再地刻劃 Oedipus 探求真相的決心。然而以文學的技巧言，雖然 Sophocles 沒有給答案，但答案已盡在其中矣：劇中的各個角色其實就是我們內心各種成分的象徵，Oedipus 與王后之間對於真相的追問與否的爭執，也就代表我們心中常有的勇氣與妥協間的天人交戰。雖然 Sophocles 沒有「訓示」我們該怎麼作，但是他的主角已是勇敢地做了抉擇——選擇認識他自己。

　　「認同」問題在當時的雅典政治上有其實際的重要性，因為 5 世紀時的雅典人正面臨歷史轉折之際的抉擇：究竟是要認同由迷思、歷史與傳統所保留下來的古老的部落風格，還是要迎接正在成形的城邦的政治與法律制度？在我們考慮到「自

我認同」時，我們把自己做一個全面的檢視：我們是誰？如何轉變成現在的我們？什麼原因致之——自己的性格或是命運？該由誰來「描述」或「定義」我們——我們自己或是別人？這些在《伊底帕斯王》中都隱有指涉。而另一方面，此劇與蘇格拉底的信念「認識你自己」也前後呼應。「認識自己」不但是哲學上的第一步，也是政治上的第一步：在哲學上，知道自己的侷限，然後可以虛心接受、探求真理；在政治上，「自我認同」無疑將決定群體的價值走向，而對雅典人來說，他們應當是樂於（或至少希望）把自己看成是具「追求真理」特質的民族吧！因此，在斯時斯地出現的希臘悲劇承載著無比豐富的文化、教育與政治意涵，也驗證了 Pericles 所自豪的宣稱，「沒有其他民族像雅典人般愛好智慧與行動。」

3. 大我與小我——政治義務觀念的萌芽

　　政治論述出現之始，除了國家意識及政治認同外，最重要的主題莫過於人民與國家間之「紐帶關係」——政治義務。所謂政治義務，即是指人民有服從國家法律或主權者的「道德義務」。為何是「道德義務」？因為服從法律不可能是個「法律義務」——法律毋需明載人們對其遵守之必要或義務，因它本身的條文即會對違反者課以懲罰。如有人欲違法，他也不會因假使有某條法律載明「人不應違法」就不犯法，而通常是對法律本身的尊重心態使人不犯法，這種尊重的心態即是對法律服從的「道德義務」；法律本身的懲罰不必然使人不違法，而如果許多人都違法，則法律失其效用，雖嚴刑峻法亦枉。所以我們可以知道，「服從法律」是一實然問題，有人服從、有人不服從，或某人有時服從、有時不服從；但人有無服從法律之道德義務則是另一問題——非此即彼的理論問題，而此一問題乃政治論述初始之時希臘人即已注意之問題。「政治義務」問題牽涉較廣，舉凡法律之本質、國家之本質及政治之本質（甚至人生之本質）等均有關連，故此問題之出現，代表政治論述已漸趨成熟。

　　政治義務若係道德義務，則違法者非但會受法律制裁，且在道德上站不住腳，應受譴責。也就是說，違反法律不但在效用原則上來說會受某種損失，最重要的是在良心上要受責罰。若有人說，違法而受法律制裁，乃天經地義，各人視利弊得失而自行斟酌犯禁是否值得即可，何故再加之以道德之罪？守法、違法純為個人利害得失之事，何為以道德問題相要求？對此點之最早解釋，出於兩千多年前之蘇格拉底，而載於柏拉圖之對話錄《克里圖》（Crito）。

　　《克里圖》之情節至為簡單：蘇格拉底被誣陷下獄，即將處死，友人 Crito 買

通獄卒，安排其逃亡，但蘇格拉底嚴拒之，堅持留下接受判決結果之處罰——飲鴆而死，Crito 再三力勸無效，無奈離去。蘇格拉底對 Crito 所言之內容，正是所謂政治義務的觀念——如果因越獄而挑戰（違抗）法律，在道德上是錯的。蘇格拉底無懼於面對對自己不利之事——例如不聽勸阻依然向青年人宣揚其理念，因而受構陷下獄——但他卻堅持不做道德上有瑕疵之事。他認為違反法律是對不起政治社群其他成員：人類社會需要法律是一種共識、約定，因維持秩序而需之共識、約定；故違法一方面是破壞了秩序，另一方面也因未尊重約定而變成對其他成員的不尊重，犯了雙重的錯——破壞秩序本身的錯及違背共同共識、約定的錯。後者的錯誤就是一種道德錯誤，名為道德錯誤，可知並無法加諸任何強制、實際之制裁於其上。但也因此，它反成為政治思想、政治論述及政治教育之重要主題：為何人應該有尊重法律的心態？

在文明初進入制度化國家（對希臘而言即是城邦時代）型態時，「國法」取代舊的（部落）「習俗」、「家規」，成為規範人際互動、社會生活的規約。在這關鍵性的轉折期中，如何在觀念上使一般人了解一個普遍性的「法律」與「社群生活」間的關係，當是「國家成形」（nation building）中極重要之因素。可想見在上古酋邦部落之世，人民服從「王法」，或出於敬畏，或迫於無奈，並無對此問題深思之必要。及至「精緻文明」出現（例如西元前 6、7 世紀以降的希臘），引發國家機制逐漸發達而政治生活亦趨制度化後，對政治生活及國家本質之思考亦隨之興起；在一般情況下，一個人與國家間最密切、最實際的接觸即是「法律」，故人與「法律」的關係，及人對「法律」應持之態度便自然是從事社會思考者不會錯過的主題。

在《克里圖》中，蘇格拉底表示人基於兩種理由應該絕對服從國家法律。一是法律規範了社會生活的每一個部分，因此可以說人的一切——從婚姻、生養、教育等——都是在法律所經緯出的方式及空間裡完成，也即是說，法律使有秩序的社會群居生活成為可能；既然如此，則法律好比父母，父母生育我們，而法律自小塑造我們的社會行為、規範實際的生活，兩者都是我們能有當下之存在狀態的原因。既然如此，則身為「兒女」豈有「造反」、「飲水不思源」之理？第二個理由是：雖然法律「撫養」我們長大，但人如果有自由思考判斷能力後對法律不滿，大可以移民他國，免受此法系約束；若未如此，則視同默許遵守此法系，不可再持「被迫」之藉口。在此兩種理由下，蘇格拉底結論不尊重法律之心態猶如欲致國家於解體，於個人於群體皆不利。

　　蘇格拉底以上說詞屬於以「效用觀點」（utilitarian grounds）來論證人為何須服從國家及法律。重要者為第一理由，其內容等同於宣說從實效觀點言，法律為社會生活須臾之不可缺；第二理由僅為補強第一理由。乍看之下，這種說法實與兩千年後的霍布斯（Thomas Hobbes）同調，而蘇格拉底僅以數段陳述即表達了 Hobbes 半本《利維坦》（*Leviathan*）之所欲言。但仔細考察，二人在本問題上之完整立場確實有所不同。蘇格拉底冒犯禁令在先，而甘願受國法之處置於後。冒犯禁令，是因他認為國民應保留對社會「良心批判」之權利，如此文明才會進步；他願為此冒犯而甘心接受國法制裁，這是因為宣揚前述的對法律尊重心態──政治義務。此種邏輯今日稱之為「公民不服從」（civil disobedience），乃指因為某種道德理由而刻意觸法，旨在喚起人們對此道德理由之重視與深思。但對霍布斯而言，「公民不服從」無論如何不能存在，否則如果每個人都自稱是蘇格拉底，則國家秩序危矣[9]。所以蘇格拉底可謂同時揭櫫了兩項重要的政治概念：政治義務及公民不服從（應注意的是蘇格拉底從未使用這兩個名詞，這兩個是現代詞彙）。雖然他並未說明這兩者之間如何取得協調，但是在兩千多年前即提出了今日政治生活中最常見的爭議，可見政治義務主題之重要性。

　　在《辯護》中我們處處可見蘇格拉底宣說追求真理之重要性，他認為這是人的天職（in obedience to divine command），所以人的道德（及──因此──幸福）來自於真正的知識：有關何為社會生活人際交接中「善」的知識。追求事物的基本定義就是知識的開端，而以對話進行的辯證方法就是尋求此定義的基本途徑。所以探根究底、譬喻類比及反覆質難、交相辯詰並非為了顛覆傳統、混淆人心或打破偶像，而是為了去除我們心中的「偏執定見」（*doxa*），以求累積一點一滴的「真知」（*epistême*）。「知」為「行」之起點，如果我們不知道什麼是「善」，則我們不可能成為「善人」；而真正的「知」也預設了「能行」，「知道」（to know）與「成為」（to become）之間並無隔閡。故如此，勇往直前，義無反顧，「雖千萬人吾往矣」為蘇格拉底在「哲學」的道路上所宣示之態度。

　　但是，他並未將此態度用到政治上，這是他所留下的啟示中值得特別注意的。在政治這個「場域」中，蘇格拉底改變了邏輯，降低了身段，彷彿從「英雄主義」變為「民粹主義」──由「千萬人吾往矣」轉而尊重「公意」，由特立獨行追求真

---

[9] Ernest Barker 形容兩人的對比極為有趣：蘇格拉底贊成為了「精神」理由可反抗國家，而霍布斯主張可以為了「肉體」（生命）理由違抗國家。

理到心甘情願接受眾意之判決。這當然就是前所述之「公民不服從」之精神，應如何解釋蘇格拉底這種觀念之產生？唯一合理的解釋，就是蘇格拉底的思想中的確保留了一個「特定領域」給政治——他不但有所謂的獨立的政治思想，而且也由於「政治義務」觀的揭櫫相當程度地啟蒙催生了政治思想（因而也成為教科書中的政治思想鼻祖）。他認為，「政治」並非「英雄主義」擅場之舞台：從事哲學思考乃一智性活動，個人可以縱橫馳騁於理念的世界中而無所拘束，但是一個公民在政治生活中卻須處處認知「其他的人」是他思考及行動的首要考量。邏輯方法及無可否定之定義為哲學思考之前提、限制或目的，而群體生活的「秩序和諧」則為政治生活的基本要求。故甚至可如是說，「哲學」是毋需考慮其他人（只服膺真理），而「政治」正好是「以其他人為考慮」。政治生活的這個基本屬性，我們從蘇格拉底的「殉道」一事而知，所以他的事蹟不但（如以往所熟知般）是「哲學」的範式，同時也是「政治」之本質的啟蒙——他的以身殉道給了我們兩個教訓，而不是只有一個教訓。用一個使後世印象鮮明的（戲劇性）方式，「極有效率」（同步）地傳達了兩個關於人生的重要課題，誰說他不是老師此行業最佳之鼻祖？

　　雖然蘇格拉底為希臘政治論述帶出了「政治義務」這個主題，而使我們了解到服從法律與政治秩序間的關係，然而我們也不能忽略同時而存在的對政治秩序的更深刻檢討。當然，前所述的蘇格拉底式「公民不服從」即為一例，而同樣著名的是 Sophocles 的悲劇 *Antigone* 裡所呈現的以自然法批判國家法律的案例。Thebes 國的公主（即 Oedipus 的女兒）Antigone 的兄弟 Polyneices 圖謀判國而死於戰場，公主的舅舅 Creon（繼 Oedipus 後成為國王）下令叛國者禁止安葬而應曝屍荒野，但是 Antigone 並無視於國王的禁令及違背國法會有的嚴厲後果，堅持親情而埋葬了其兄弟，使得 Creon 震怒：

Creon：為何你膽敢違抗國家法令？
Antigone：此令既非由宙斯、亦非由地下的正義之神所頒布於人類。而由上天
　　　　　銘刻於我們心中的律法才是至上穩固的，它亦絕不受您的法律所拘
　　　　　限。存於我們心中的上天的法律不只是昨日或是今日有效，它們永
　　　　　遠有效；亦無人知道它們何時開始出現……

　　很顯然地，在此「自然法」的觀念是牽制「政治義務」的；也即是說，「良知」在這種情形下用來作為「穿透」政治規範的理由，這是一個與蘇格拉底案例一

般極具教育效果的教訓。希臘人在建立「政治義務」觀的同時，也並未忘記毋使「政治力」成為社會生活中最終的邏輯，以致文明失去了反省的機制。至今我們雖然尚無法對「自然法」的內容取得確切共識，而只能以「良知」作為表徵，但這種「訴諸天」的「自然法」心態，卻成為唯一可能制衡政治的邏輯。希臘政治論述不凡的貢獻在於：它不但透過對「國家」的探討而發現了「政治」這個特殊場域並賦予社會生活中之最高地位，在同時也立即對其制衡或補救之道提出了對策。換言之，僅就此點而言，希臘「政治論述」形成之際，即是其「後政治論述」已開始出現之時。

　　在以上三節的討論中，我們看到了國家觀念、政治認同及政治義務等觀念從希臘的悲劇及對話錄中浮現出，這些觀念的出現不但為我們指引出當時人對政治認識的方式及程度，同時也證明了「國家中的生活」已經超越了「部落、家族中的生活」而成為希臘人群體生活中嶄新的認知層次。而稍後，就有了西元前第 4 世紀柏拉圖、亞里士多德等人成熟、系統性的政治論述出現。尤其在亞里士多德的作品中，我們看到了主題範圍的加大、討論層度的深化與甚至論述形式的專題化（專論的出現），在在顯示他已成為當時的集大成者。然而也由於與亞里士多德的對比，我們感受到早期人探討「政治」的迂迴曲折及自由風格，他們雖然鮮少出現於教科書中，但對於希臘早期政治論述興起的貢獻卻令人難以否認。

第（二）章 理（*Logos*）與法（*Nomos*）的對立：柏拉圖與奧古斯丁政體建構理論的一個透視方式

　　本章嘗試以一組對比的概念——理（*Logos*）與法（*Nomos*）——來詮釋柏拉圖與奧古斯丁二位政治哲學家在思考政體建構問題時，所遭遇的困難及他們所提出的解決方法。這一組概念在古希臘哲人派時期即已存在並引起爭辯，它可以說是社會哲學所圍繞的一個核心議題。柏拉圖用此問題連結了他的形上學及政治學，並把政治生活視為此一組概念交互運作的過程，人治與法治的政治型態在此呈現對比，而其優缺點也受到檢討。而對奧古斯丁言，這一組概念所引介出的是二個截然不同的範疇——宗教與俗世政治，但亦唯有透過神學的視野才能呈現出以往的政治理論討論上的盲點，並解決「追求現世秩序」所面對的基本困難：墮落的人性。因而哲學與神學在不同的理由是被導引入政治理論之中，柏拉圖與奧古斯丁成功地將「政治」賦予革命性的新義，而這一組對比概念正好為其媒介。也正由此，如何取捨「道德秩序」與「法律秩序」的討論，便成為橫跨西元前後數世紀的一支政治語言的範例。

一、哲學對立的出現

　　柏拉圖（427-347 B.C.）與奧古斯丁（354-430 A.D.）距當代文明早已遙遠，而歷經千餘年甚或兩千餘年的歷史至今，近人並未因古典、現代二世界之迥異而輕忽他們。作為西洋思想史上的經典人物，二氏均受研究者垂青，尤以前者為然，有關之著述至汗牛充棟；關於政治思想，雖未必為二氏思想中之唯一精彩可述者，但對於此專業之建立於人類學術史中，二人並有肇始之功[1]。一般對於二氏政治思想之

---

[1] 當然亞里士多德亦功不可滅。柏拉圖的《共和國》與《法律》二書固學者必習，然亦有人以為奧古斯丁的《上帝之城》為專業政治理論之第一部經典著作。

詮釋，大抵是先將二氏置於不同之歷史環境（context）中，然後析論其各自受此環境之影響及稍後施予此環境之影響[2]。如是之研究，多著重對某部著作進行整體性考察及對作者之全盤思想加以系統化，以引導學者窺得全貌，而吾人對思想之認識也大抵由此類著作奠基啟蒙，而得識某一歷史環境中所成就之思想體系與其特色；但吾人若欲追問，不同歷史環境中之思想如何相關，又如何傳承衍生，則此類著作通常不能提供這種縱向歷史的滿意答案（事實上，它們寫作的初衷，亦常不包含提出此類答案）。所以如果我們問，對於政治生活的本質、政治行為的特色、統治的最佳方式等等問題奧古斯丁如何與柏拉圖相類，或問二氏的政治理論與其形上學系統之關連是否呈一致時，我們可能就須另尋新的透視途徑去觀看二氏的政治理論，以期這類問題的答案較易被凸顯。柏拉圖與奧古斯丁生於不同的歷史環境，前者在古典時代城邦將沒落之際，而後者值基督教興起後龐大帝國傾解體之時。各自時代中之政體形態不同，面對之政治問題亦異，而所流行之世界觀更不一；在如此情況下，二人是否有可能對所謂「政治」竟以相同之概念去理解？這是本章所要探討之問題。因此，本章既非對二氏政治思想作全面分析整理，亦非意圖闡明二者思想乃不同時空下之不同產物者，而是要發掘出一個連貫二氏政治思維的概念；並希望能引此概念來反觀二氏之全盤政治論述，而找到一些詮釋上的新著力點；但應補充說明的是，這些新的著力點並非必然帶來對二氏整體理論之重新詮釋以致排斥舊有的詮釋，而是希望能凸顯某些概念在歷史中的延續性（雖然可能以不同面目呈現），進而提供我們在理解個別思想家之際，面對一連串的詮釋循環難題（hermeneutical circles）時，有更多的機會去挑取典範。

　　對一個古典時代的希臘哲人而言，「理」（*Logos*）是非常重要的觀念。他生存於天地之間，因此他在哲學上的第一個課題常是：宇宙的太初（*arché*）為何？欲解答這個問題，在他的主要著述裡經常會有一篇名為《論自然》（*Peri Physis*），以物理或超物理（即形上的）的角度去析論「自然」（*Physis*），找尋其起源與運作之原則。而這就趨近了我們原先的主題：萬事萬物以及人之運作都被假設成依據一組最高的原則（the First Principles）而行，而這些原則之總合即是一個抽象的 *Logos*，它即是宇宙天地間最高之「理」或「則」，自然亦是人類靈魂之

---

[2] 例如，George H. Sabine and Thomas L. Thorson, *A History of Political Theory* (Hinsdale, Illinois: Dryden Press, 1973), C. H. McIlwain, *The Growth of Political Thought in the West* (New York: Ceoper Square Publishers, Inc. 1968), W.A. Dunning, *A History of Political Theories: Ancient and Medieval* (New York: Mcmillan, 1902).

最高指引，也因之人類身為萬物之靈可以透過智慧去接近它。

依據現存資料，Heraclitus 可能是最早使用此概念者之一。在他的斷片中，*Logos* 意指「規範宇宙運作的理性原則」。就柏拉圖言，他所構思的宇宙乃是由理性的元素所組成，這就是他所謂的「理型」（*eidos*, Forms）；而「理型」又應與 *Logos* 存在「分受」（participation）之關係，整個觀念世界才有統合的可能。到了斯多噶學派，所謂德性的生活即是歸趨於自然，而自然本身乃由理性的原則所構成，也即是說自然乃是 *Logos* 的具體外在表現，那麼人的德性生活也就要依趨於 *Logos* 才有可能了。所以在他們來說，*Logos* 不但是宇宙組成的第一因，亦是人世間道德與法律的依據，在新約聖經的約翰福音篇首即出現此字，而大抵來說，初期基督教會的作家亦接受從希臘哲人派以來就發展出的這個概念，認為 *Logos* 是萬物之始，從之衍生萬物之「理」。而奧古斯丁亦不例外。

如果從 *Logos* 衍生出宇宙萬物之原理原則，那它不但是萬物之「理」，亦是萬事運作之「法」與「則」。而自然與之成對比的，就是人類社會所自行產生的「法」（*Nomos*）。對古希臘人而言，*Nomos* 源自於人類本身的「制作」（enactments），它包含人為的約定、習俗、傳統及法律等。總而言之，*Nomos* 代表人類為共度社會生活所制作之規則（rules of social life），其特色為：它出自於人類的經驗、完成於人類之智慧（這使我們想起人類有訂定社會契約的智慧）、而亦蘊含著人類之慾望（或至少透露出人類無止盡追求慾望滿足此一事實）。所以，*Logos* 與 *Nomos* 形成鮮明的對比，一是渾然天成，一是人為設計。用柏拉圖的詞彙來說，*Logos* 代表觀念界的真實，而 *Nomos* 代表感官界的不完美與低劣（inferior）；用奧古斯丁的話來說，*Logos* 是來自上天，高貴聖潔（divine），*Nomos* 代表塵世，充滿原罪與人事錯謬（humane）。本文即要指出，這個在哲學上歷史久遠的對立（antithesis）：宇宙之「理」（*Logos*）與人世之「法」（*Nomos*），提供了我們分析柏拉圖與奧古斯丁政治理論的一個適當的透視角度，而植基於這個透視角度，我們可以重新調整二氏整個政治哲學的構造，不但使他們的政治哲學可被看成一連串 *Logos* 與 *Nomos* 對話的結果，亦使之更相應於二氏的形上學系統，而最後企能在二氏整個思想體系中，「天」與「人」、「今世」與「來世」、「精神」與「物質」的關係能有更嚴密的契合。

二、柏拉圖思想中的對立

社會哲學的興起，大抵是在社會組織發展至一定階段之後，人類的行為受團體生活的束縛日緊，而團體生活的穩定又呈現某種規律性時，有識者乃開始反省這種社會生活的意義及其改進之道。當然，等到類似的思考在質與量上都隨著文明的演化而增進，到了一定的階段後便形成了有系統的社會哲學。希臘文明到了西元前 8 至 5 世紀左右進入了相當成熟的階段：社會組織高度發展而至城邦出現，文化活動水準也驟然提升以致著述開始大規模產生。因此，大抵而言希臘的社會哲學是繼此而興的，但希臘人在系統性地討論人的社會生活之時，他們對大自然的討論已有了一段時間，所以他們常把自然哲學和社會哲學中的某些概念互用，這種我們從今日科學文明看來不太習慣的做法，卻很可能是思想發展初期很自然會有的現象。「自然」與「法律」，這個哲人派思想家們常討論的一個「對立」，便是一例：他們把 *Physis* 的本質看成是一種物質性的，因此「自然」的法則與人為的「法律」間便形成了一種矛盾，例如：他們認為依自然不變的法則，人需自利自保以維生物體之生存，因此人類行為的鐵律應是強凌弱、眾暴寡、適者生存，所謂法律道德云云，一如尼采所言，不過是「弱者圖以自保所賴之謊言」。當然，後來蘇格拉底的出現使大家明白了人的行為應有一套另外的法則來度量，那就是「善」（good），而「善」並不是由一種物質性的基質所構成；「善」是一種靈魂的狀態。而柏拉圖繼其師之後，終於導引了人們從精神的觀點去理解 *Physis*，也就是說：人的「自然」、天性、本質乃是由我們的靈魂所主導；所謂 *Physis*，就是人的靈魂回歸它的初始狀態、回到它最適宜的狀態。這樣一來，柏拉圖就把 *Physis* 與 *Nomos* 的對立轉變成為 *Logos* 與 *Nomos* 的對立，因為人的靈魂的最初起源與最終歸宿是 *Logos*──宇宙的最高理性與絕對性則。而這個對立的意思便即是天「理」與人「法」、精神與物質（物慾）的對立了。

在《共和國》中，柏拉圖筆下的蘇格拉底很明確地指出，對於正義（Justice）這個概念（這無疑是個無比重要的政治與社會哲學概念），我們不適合用通俗、傳統習慣的或法律下對錯式的觀念去定義它。所謂「正義是說實話、做適當的事」、「正義是幫助朋友、打擊敵人」與「正義是依法律所定之對錯而行事」等，便是這種例子，而這些都是在 *Nomos* 範疇下的思考，也就是說，習俗、傳統、約定及累積經驗而成的法律，皆不能使我們超越思想的束縛而直趨問題的核心。所謂思想的束縛即是，以上的定義都來自於人類生活的經驗，而這些經驗卻不能完全幫助我們

解決更高層次的問題。因為經驗所能「普遍化」（generalization）者畢竟有限；而經驗亦常可由另外一組「反經驗」予以駁斥。所以像「正義」這樣一個抽象的、理念層次的概念，透過 *Nomos* 範疇下的思維怎能找到一個理想的定義？

　　而根據《共和國》的立論，「正義」乃是我們靈魂所處的一個最佳狀態與最能持久的狀態，而這種最佳狀態的達到有賴於靈魂能取得其內部的和諧與一致秩序，這種和諧與一致秩序是對靈魂最大的「善」，也是靈魂所本能地樂意於趨近的，但更進一層來說，這靈魂的內部和諧與一致秩序必須是依靠在一個基點上：那就是一個絕對抽象、形上的概念——道德上的「善」。唯有此「善」觀念是靈魂最終的歸宿，靈魂透過它歸趨於「善」的過程，逐漸恢復它作為純粹觀念界之存在的各種能力[3]。但是，「善」是一種抽象的觀念，我們如何認識它？趨向它？這就需要借助人類「理性超越」的能力，而這種能力是蘇格拉底與柏拉圖所共同相信其存在的：所謂「理性之光」在柏拉圖言可能稍帶有幾分「奧菲思想」（Orphism）的神祕色彩[4]，但在蘇格拉底言很可能僅是一種「客觀、謙虛地無止盡地探求」，但無論如何，二者都強調透過理性探求的過程，道德變成是知識可探討的對象，而且這種知識也可以傳遞——即是教與學。既然「道德即是知識」，則柏氏政治理論中最受爭議的一型人物——哲學家，便從此處登場。身為「愛智者」的哲學家，在受過追求真知識的專業訓練後，便遠較一般人更能接近抽象的知識；也就是說，抽象的知識、概念（包括道德哲學的概念）便成為一種稀有的「貨品」，一般人買不到或不能輕易取得，而它成為知識階級的「專屬品」。

　　於是《共和國》論述中的一個主要目標，自然就在如何說服它的讀者來接受知識與政治這兩種不同型態的活動須密切結合的觀念。在政治思想史中，對於一個政治社會（political community）的目的與本質、一個「理想人類」（an ideal human being）的特色做出前衛性、激進性的定義（drastic formulation）的文獻，首見於《共和國》。一個人必須可以同時控制其靈魂與肉體，並使之和諧，才能趨近「善」，也才能有真正的幸福與快樂。當然，前提是他必須先知道他的靈魂所需要者為何；如果靈魂先天有歸趨「善」及尋求「幸福」的傾向，則個人應該尋求有關「善」的知識以「滋養」（nourish）其靈魂。比較之下，肉體的需求為何就易知得

---

[3]　畢達格拉斯（Pythagoras）有關「肉體是囚禁靈魂的監獄」的說法已被公認為深深影響柏拉圖。而畢達格拉斯是奧菲思想（奧菲宗教）的信徒，詳下註。

[4]　這是其時流行的一種有關靈魂輪迴的學說與信仰，強調靜默觀想與苦行修持。但有些學者否認這種神祕主義色彩在柏氏思想中（尤其是 theory of Forms）的地位。

多，對食物、衣服、屏蔽等之取得，通常較取得「善」的知識，以塑造、培育靈魂簡單得多，但如要節制肉體之慾望而達到和諧的靈肉關係就並非簡單了。在柏氏的形上學體系中，靈魂在存在的位階上高於肉體，所以前者應導引與支配後者。此即意謂，有關「善」的知識即是指導我們整個個人行為與生活的標竿。擴言之，它亦應是指導一群個人（即社會）生活的標竿，也就是說，它是人類群體生活的規範。據此結論，我們可以重行定義「政治」。如個人的生活，尤其是幸福與快樂生活，在於追求「善」，則團體的幸福生活亦在歸趨於「善」。既然「善」為一群體的最終目標，則「政治」的目的首在於追求「善」，也即是追求「善」的普及，普及於每一成員。如此的思考下，「政治」的過程就變成一種「管理」（governing）：把「善」加以普及，由認識「善」的人將其推及於不識「善」者；而此「管理」的目的乃在於「經世」（ordering the world）。把整個社會建立成一種依「善」之觀念而生之次序，又這種「經世」最具體的表現就在於置每一人、每一物於其合適之所，即是「人盡其才」、「物盡其用」之意。於是整個理想的國家就體現於每一公民可「各得其所」，實現其潛能，並能彼此合作，和睦以共處，合作意指經濟生活，和睦意指政治生活。此時，柏拉圖最初的問題的答案就被明確地勾劃出來了：「正義」於個人生活，乃意指理性（代表靈魂）能克制慾望（代表肉體）而獲致靈肉和諧；「正義」於社會國家則代表國家內各種不同秉賦、氣質（或可言「階級」）的群體可以合作相處，各安於位而完全服從代表「靈魂」與「頭腦」的金質階級的領導。在這兩種層面上，「正義」都與希臘人的「自然」觀念相連。「自然」若用於生物是一個時間上延續的概念，它意指生物體發展至成熟階段而充分表現與實現其潛能；如潛能未能完全發揮而展現其生物體之特質，則尚不能稱其已體現其「自然」[5]。在個人層級的「正義」上，靈魂發揮其樞紐之功能而肉體亦盡其支撐靈魂、延續生命之使命，整個生物體體現其成熟之發展。在社會國家層級言，柏拉圖式的社會分工使每一個人「變成（發展成）他所應變成的人」，即是每一個人均能「踐其天性」（realize his nature）。而社會整體也成為一個層級分明、各司其職、互為所用的「成熟」群體。然而這種「自然」的實踐在方向上與程度上均有

---

[5]　亞里士多德所謂："Men are by nature political animals (*zōon politikon*)" 即須如此了解：人的自然本性若成熟而發揮出來，則應為一社會性的個體。若個人沒有社會性，則表示其人性（humanity）尚未發揮，還不能算是個成熟的個人。因此本句不宜解釋為「人類天生是政治的動物」，因為人始生時，根本不是成熟之生物體，自然無法發揮與體現生物體成熟後才有的特質。恰如一粒種子，必逐其成長為樹開花結果我們才得看出它的潛能與本質，尚在種子階段我們是看不出其 nature。

賴於領導者的智能與 *Logos* 之結合，所以 *Logos* 變成了社會「正義」觀念最終的來源。所以如此之原因並不複雜，其推理邏輯散見前述：「自然」以體現「善」觀念為圓滿，而「善」觀念卻來自於我們靈魂所能「分受」自 *Logos* 的啟示。

　　Logos 此時乃代表一種存於理念界的絕對法則，它可經由人類的理性去探求，而人的理性又表現於知識之上。所以柏氏把知識的擁有者視為最趨近「天則」（*Logos*）之人，而「天則」則為人性發展與人類社會發展的最終指向。透過以上的架構，柏氏已經把社會的秩序及和諧（當然以及個人人性的發展）都建基於「善」的知識之上；整個社會發展的法則是先「知道」（knowing）什麼是「善」，然後企圖「變成」（becoming）善，「知道」的過程是哲學，而「變成」的過程即為政治。而所謂國家此時乃可視為一部機器，一部將社會「變成善」的機器。換言之，國家不但對整個社會服「保」及「養」之務，抑且負「教」之責。這用現代術語言，國家的功能不但是政經的，還須是教育及文化。此時，我們現代文明對國家與社會（civil society）二者常作的功能性區分就泯除了：柏氏的「國家機器」將深入公民生活的每一部分以便同時「指導」其靈魂與肉體；如每人之靈肉均和諧，則整個社會焉不和諧？另一方面，當精神面與物質面均臣屬於同一權威，即國家，且個人與群體攸息相關、利益合而為一時，這種政體於今日乃為極權政治（totalitarianism），於中世紀乃為神權政體（theocracy），而於柏氏之《共和國》則稱為「哲君」之政治。但究其實，柏氏之理想國可算是實現一種「有機共同體」（organic unity）之理想，此有機體之頭腦為「哲君」，遵循之規範則為「理」、「天則」。

　　從最表面的理由來看，柏氏構思「哲君」此一角色似乎係肇因於分工合作制度下之「專業精神」（professionalism）原則：適才任適所，哲人最具治國之知識故任管理之職。但深究之下，我們也許還能發現其他同樣重要的理由。《共和國》所關切者，乃是一種「社會道德」（*Sittlichkeit*）之尋求與界定，而非「律法」（*Recht*）之訂定；前者及意於討論「善」與「正當」等概念為何，而後者則斤斤於法規及慣例（use and wont）等之建立。所謂「慣例」乃一種「殊相」（particular）式的經驗，並且其所含蘊的是一種「特定、有限之理性」（bounded rationality）；反之，所謂「善」的知識卻屬於「普遍共相」（universal）性的知識，而且其中亦含有無限性之理性（infinite rationality）。人類社會之事物既是變化無常（也即是希臘人所說的 in constant flux），所以若用流俗之經驗以釋「正義」必不能盡美——例如若釋之為「處世誠信，行所當行」，則「把所曾借用之

致命武器歸還給一位現已發狂之友人」是否正當呢？這說明了固定的原則難以完全掌握多變的世事，治理世界所可恃之唯一原則應為審慎（prudence），意即依據狀況作最適之判斷，即是「權變」。而審慎行事的背後仍需有最高之準則，此準則乃Sittlichkeit，而非某種特定之Recht。因為唯有在這抽象而普遍的「正義」概念之下，「審慎」此一觀念可資運作以「經世」——將每個個人變成他所應變成的人，且將每一事物置於其所應處之處：如是經營下之世界方可稱為是公正（just）的，因為萬物不但各得其所而且互相配合形成一有機且有序之整體，這整個過程所依賴的乃是一種抽象的智慧（sophia）而非經驗（peira），亦即是對自然的了解，而非是實行律法、慣例的經驗。

　　前已提及，柏氏上述的理論體系中並不存在現代文明中常見的對國家與社會功能性的區分。我們通常認為，社會生活中存在某些道德規範（Sittlichkeit），而這些規範常賴社會化過程得以持續及保存；在另一方面，國家則負責公布「律法」（Recht）及用強制手段執行之。故約略言之，所謂「社會道德」常是涉於精神面之信念，而「律法」則關乎現實物質利益之分配，但柏拉圖似乎有充分的理由認為在精神層面未能有秩序之前，無法獲得物質層面生活中真正的秩序。《共和國》中有人辯曰：「是否最聰明的策略乃是外似公正而卻實行不義之事，只要人不知即可？」柏氏駁之，指稱真正的快樂乃來自於吾人靈魂的滿足；果如是，則因靈魂乃係追求「善」者，故真正公正之社會其建立不在於維繫一外在的法律秩序而在於教化靈魂。故以政治而言，精神面秩序之建立應優先於物質面，且「社會道德」應先於「律法」；亦即是說，對「自然」秩序的深刻理解能解決「法」治上的一些基本困難。

　　但如驟然結論柏氏反對「法」之治，卻即不必要亦不合宜。雖然哲君之治在理論上應為最佳，但在現實中卻難以實現。自其師蘇格拉底被處死後，柏氏即深知哲學與政治間存在一難以逾越之鴻溝，故凡在理論上為最佳者不必為現實中追尋之第一優先方案，因此《共和國》及其追尋之「理」仍舊為其哲學上之典範，而《法律》則為實際建構一希臘國家及其憲法之所必需。

　　《共和國》與《法律》二書所引介之政治形式顯然不同，這是否代表於此二書寫作相距之三十年間，柏氏之基本理念發生重大變化？如吾人認為柏氏對「善」在人類生活中應扮首要之角色政治乃為實現「善」第二信念並未絲毫放棄，則此一問題的確棘手。但不容懷疑，在《法律》中柏氏確曾與現實妥協以致推出其所謂「混合政體」（mixed constitution）之憲政設計。將君主制與民主制做一混合乃意

謂分散政治權力於庶民手中，亦且為「以絕對知識治事」此一理念之沖淡。吾人於是欲知何以柏氏晚年之所言竟與其師（及其自身）所一貫倡言之「道德即知識」原則相違背？此答案可能要從柏氏對「幸福」（good）之定義著手，尤其是「幸福」在政治生活中所扮演之角色著手。如果「至善至福」（the complete good）始終是柏氏所追尋者，則有無可能他在不愉快的希羅鳩斯島（Syracuse）經驗之後，開始區分兩種「幸福」———一是哲學上的，一是政治上的？在《共和國》中，上智者指引整個政治生活之運作，眾人之身、心皆在哲學心靈之領導下，過著集體主義式的生活，其終究目的在於尋「一致之幸福」（common good）：群體之幸福等同於每一個體之幸福。相較之下，《法律》中之政治一部分含有民主之色彩，因而價值轉趨多元，故在此中所較易尋獲的乃是「共同之幸福」（the public good）而非「一致之幸福」；前者是求異中之所同者，以資維繫起碼之秩序，而後者則是完全之集體主義，一等於全體，全體等於一。於是政治生活的目標在從「一致的幸福」轉換到「共同的幸福」這一過程中，顯示了柏氏將哲學等同於政治此一立場之軟化，亦即是說，在《法律》中「政治運作」（political action）有了更多的空間，而「哲學思維」（philosophical contemplation）的絕對性已大不如《共和國》。在這個新的政體中，價值漸趨多元的後果是：絕對的知識必須與行動妥協，而保持靈魂的純淨這一理想，必須受滿足肉體的慾望這一要求折衷，簡言之，在《共和國》中柏氏企圖將其公民「哲學化」，而在《法律》中則轉而留下許多「政治化」之空間。原因何在？可能的解釋是柏氏在晚年之際體認到「哲學化」的人生乃屬個人自由選擇之問題，並不宜將其強制納入公共的領域——政治生活——當中。哲學屬於文化或至多是社會的領域，而非政治領域；政治乃是吾人生活中一個獨特的領域（他前此顯然不承認此點），而此領域內之最高價值是「自由」（liberty）而非「智慧」（wisdom），是「共識」（consent）而非「哲學」（philosophy）。因之，柏氏的目光從哲學移至政治可以說明其政治從追求「一致的幸福」轉向至「共同的幸福」。

　　然而從《共和國》的柏拉圖到《法律》的柏拉圖這一轉變，並不一定表示他的基本形上學信念起了變化，而很可能只是他的「政治」思想改變了；也即是說，在晚年時他對政治生活的本質有了不同的認定。法律中引介的法治是為了要建立一個法律秩序（legal order），而《共和國》中的人治則在尋求一個道德秩序（moral order）。前已述及，把政治體系「哲學化」而求建立一道德秩序之做法，不但不必要且不合宜；可是，是否柏拉圖還有其他理由放棄這理想呢？一個很可能的答案

便是，除了不必要、不合宜之外，建立道德秩序也不實際——它的困難度遠高於建立起一法律秩序。據《法律》的立論，其政體所依賴之心理特質僅為「依法律而自制」（self-control, temperance），但《共和國》所要求的特質便複雜多了：智慧、勇氣、自制及正義。在後者之政治中，「正義」的涵義不但是個人肉體與靈魂的和諧，且是社會中各個階級間的和諧；這就是說，不但個人要實現自身之潛能、圓滿自身，尚且還要充分履行其所擔負之特定社會功能。然而在前者中，「正義」僅是在法律之前克制行為，這樣的要求自然較彼者為機械式與簡易、可行的多了。易言之，《法律》要建立一個「契約社會」（covenant society）而使每個人生活中的物質層面與利益不致逾越界限，而《共和國》則意圖一個社會的、政治的及道德的全盤改造，也就是靈肉的全面改造。相較之，前者自然容易達成許多。也就在此刻，所謂柏拉圖「真正」的政治學出現了，因為在《法律》的國家中出現了真正自主的「政治」領域：此領域中「政治」不是由知識支配，而是由「行動」與「協定」共同組織起來的。公民們不再是一群被動的人，從國家的領導階級處接受指令，並時時以實現他們被早經決定的社會角色與功能為職事。相反地，他們現在是一群積極主動的公民，享受同等權利並共同擔負義務，共同選出代表來幫他們管理國家，而且最重要的是：共同擁有這個國家。在《共和國》中，個人的生活只是為了成功地將他自己安置入整個預先被計畫周全的社會體系與秩序中，他甚至可能不知道這個秩序最終的意義何在——他之所以成為現在的他，完全是依據這個集體主義之下對「正義」的定義而來的。但在《法律》中，每一個人的角色是「公民」，是一個在公共領域中得享政治行動之空間的個人，他與其他的公民直接或間接地共同組成政府，並監督其政策及法律之執行，也即是說，共同創造出他們自己的「政治世界」。對希臘人言，城邦即是一個「小宇宙」（micro-cosmos），是他們物質上與精神上的自給自足之寰宇。

　　當然，吾人究竟難免疑惑，柏氏中、晚年間之政治思想是否曾有修正？誰人皆知《共和國》中之集體主義式的人治國家大有別於《法律》中之法治國。但細究之，《法律》中之政體乃一混合政體：君主制與民主制之兼採折衷。這顯示了柏拉圖在構思重大轉變時的猶豫，一個在界定政治生活之本質與設計政體制度上的重大轉變：從強調尋求「知識」到著重發展「行動」。換言之，柏拉圖面對一個兩難之困局：絕對知識的統治（即人治）或是眾人意見或協定之統治（即法治）？而這其實亦即是前已屢述及之「理」與「法」之對立問題。有關於前者的理論可看成是一組有關於絕對知識的理論，也可以說就是一種「哲學的語言」；而後者則是有關

人際互動、政治協商的理論，亦可稱是一種「政治行動的語言」。依柏氏看，把政治討論視為一種哲學的語言，當然其最終的企望在於哲君的出現。哲君之治有許多優點，其中最著者在於它能避免法治在施用時無可避免的「過分簡化」此一重大缺點。法律是經驗的一般化（generalization），求取其共相（universality）並條列成文而來，它是固定的條文，但施用時卻被套用在各種彼此不完全相同的個案上，其僵化之特質與易扭曲個案精神（particularity）之可能是可以想見的。但人治則不然，絕對知識的擁有者具有了解「自然」之睿智，他能適當地調和共相與殊相、普通與特殊間之差異，替每一殊相尋求一最適當之規範。亦即是，哲君具有關於「理型」之知識，而萬事萬物不過是理念界中「理型」在感觀界中不完美的反映或顯現而已，故了解「理型」就是了解了任何世事變化之本質。明白了上層存在階層的原理後。對於屬於下層存在階層的萬事變化之本質自然能掌握了。於是，柏氏對人治的設計已經等於將政治的性質提升為「人的改造」：政治成為將靈魂美化的手段，亦成為促成生命實現其神聖責任的工具。但如果政治的目的僅在於對生活中的物質層面作安排（也就是稍後亞里士多德及後世所講求之 distributive justice），則凡有關吾人靈魂之發展將不再在社會生活討論之範圍內，也即是說，靈魂與肉體間原本「共同發展、相互調和」的關係被切斷了。以希臘人的觀點言，當人過著沒有靈魂的生活時，他就與動物無軒輊，亦不所以成為「人」了。人乃是一個靈肉合而有之的生物體，他必須同時照拂二者：滿足肉體以維生，亦滿足靈魂之某些特別需求，正因為這些靈魂之特質他才所以為「人」。如果政治之目的是要同時兼顧靈魂與肉體，則最知道如何調和這種靈肉二元關係的人，也就應是最具統治資格者。如果哲學之目的在於幫助我們認識我們的存在及了解其意義，則它必然包含了幫助我們詮釋精神生活與物質生活間關係的一些原則。既然哲學家者乃人類社會的最佳領袖，則他帶領我們從事的將精神與肉體結合並調和的整個過程，亦就是「政治」的過程。所以在《共和國》的藍圖中，政治負有一個無可逃避的任務，那就是幫助我們實現我們的「自然」──靈魂與肉體二者之「自然」。根據這樣的邏輯，有關政治的論述事實上就是有關於人的「自然」之論述：其中包含人之潛能、人生之意義及其最終之目的。換言之，形上學與道德哲學的語言進入了政治語言的範疇內了；一個政治的宗師就必應是有關政治知識的宗師，亦即是政治理論之宗師，亦即是形上與道德哲學之宗師，亦即是哲學家。

　　但在另一方面，所謂「政治行動的語言」乃在描述一個自治（self-governing）的公民團體中的政治行為。這些公民並不依據某種宇宙中已預存的形上法則或理念

來討論政治或經營其國家，他們亦不以淨化靈魂或建立道德自我為生活中唯一目的。反之，他們要在寰宇中自行建立一種（政治）秩序，並在此秩序下追求個人不同之生活目標。因之，他們為自己訂定憲法，並循之頒布律令，以約束彼此之社會生活。如此一來，決定個人在國家中地位高低的並不是是否擁有知識，而是是否有行動的權利（right to act）。社會秩序的建立乃在於從公民的種種自主性政治行動中求得平衡及折衷，而不在乎是否認識並遵循某些宇宙中的「理」而行。但無論如何，柏氏顯然對雅典的「政治行動」式民主並不信任，所以我們才在法律中看到那種奇特但意義模糊的「混合政體」出現。

　　根據以上的兩種類型而言，柏拉圖對政治生活本質的規劃乃在二種政治語言間徘徊：一是哲學的語言，一是政治行動的語言。前者乃指有關道德的絕對知識，後者意謂在法律規範下的自主政治行動；前者關乎「理」，後者涉乎「法」。這二種政治語言直指向二種不同的秩序，一種當然是道德秩序，另一自為法律秩序。倘一社會奠基於規範性、預先設定完成之道德秩序上，則將無空間留給政治行動或政治創新（political innovations）。換言之，因為多數人自主性的政治行動在此被極少數人的哲學思慮所替代，所謂真正的「政治領域」難以存在。但凡是認真探求柏拉圖為何在晚年做大轉變之讀者，都不得不承認「道德秩序」與「法律秩序」是不相調和的，因為它們立基於對政治生活本質極不同的認定。所須注意的是，柏拉圖本人並未忘記此點，也因此曾數度在《法律》一書中表露出他從未完全放棄哲君制之理念。對他來說，如果哲君制無法實現，則退而求其次，把哲君的智慧融入法律中而以此法治國。換句話說，如果實在不能實現以「哲學的」心靈來領導，則以「哲學的」法律作為政治之依循亦可。因此，在《法律》中，建國之初的偉大睿智的立法者代替了往後哲君的角色，而往後政治的首務在於維護這套法典的實行。如果政治可視為一種「照拂」靈魂的藝術，則這種藝術包含這兩種部分，一是立法，一是司法。就如同「保養」肉體的藝術可分為二部分，一是體操（gymnastics），一是醫藥。立法之於國就如體操之於人的健康，是基本的；而司法就如同醫藥，是袪除異狀與疾恙的。睿智的立法者既已創制了一國之大法——一部「哲學的」法典，則政治可視為在此框架下之運作，而亦因此《法律》中之政府必包含一群很重要的人，那就是護法者（guardians of laws）。儘管如此，「哲學的」法律並不比哲君，如果它代表一種智慧，則它充其量是一種僵固、不會說話、有待人詮釋、有待人捍衛護持的智慧；它固然描繪出國之大綱與經緯，但同時也留下若干「政治的」空間，因為它需要經過解釋、辯護及實踐等複雜而辯證的過程。所以《法律》中的

政體雖有睿智偉大立法者為其創制，但卻已失去哲君的人治之精髓，因為「哲學智慧」現已變成一組本身不能言語，無法思考與權變的法律。另一方面，《法律》之民主亦不完全，因它是在一固定的框架下運作；然雖無法完全「自由」，但亦不致為「無知」、「自私」等所矇蔽。所以我們在《法律》中看到的是一個精心構思的奇妙的政體，一個揉合君主制精神與民主制精神的「混合政體」。也就是說，一個代表智慧與絕對秩序的「人治」與代表自由與慾望滿足的「民主政治」的混合折衷。在實際運作上，這兩種制度的混合似乎不可行，因為二者性質迥異且不相容，但令人好奇的是為何柏拉圖卻在理論上將二者的精神融合而設計出《法律》的政體？若王制與民主在現實上似乎雖以並存，但「理」與「法」的精神在理論上有可能混合嗎？這也許就是《法律》中的政體所蘊含的祕密了。這問題的答案也許是：如果混合制能在現實中維持下去，則君主與民主二制的壽命都將不及混合制。但亟須注意者乃是，在現實中「混合制」並不會長久保持穩定（平衡於二端之間），而是常會傾向於此端或彼端，因為二種制度共同作用而生的相對關係是「零和」的[6]；也即是說，當這種非常難維持在適當位置的平衡被打破時，混合制就會變成君主制，或民主制了。所以，混合制能較兩端之二制持久的唯一可能在於存在一種經常性維持平衡的努力，而這種努力，可能要來自於一種心靈上的長期警覺：認為人類的政治，不可能純屬於「理」的領域（因為聖人並不繼世而起，感官界亦非永遠順服於理念界之後），而屬於「法」領域的政體又不能久存（從理論上言，「法律秩序」本身並不完美；從現實來說，雅典民主的衰落是柏氏目睹之史實），所以唯一的方法是經由反省而停留於二者間的適當點上，而這種時刻的反省，就正好是使政體安定於二點間的動力。易言之，能脫離這「理」、「法」對立所代表的政體對立之兩難局面所需之力量，就恰好來自於此「理」、「法」對立所帶給吾人的種種深刻思考後所必然而生之警覺。

因此，所謂「理」與「法」的混合，就是理性與慾望的調和，天理與人慾的兼及，智慧與經驗的並取。從一方面來說，它昭示了後來亞里士多德所謂的參與生活（*vita activa*）與思維生活（*vita contemplativa*）的融合，使得我們個人的真實人生充分發揮；而另一方面，柏拉圖以紡織需用強力的經線及柔韌的緯線為例，說明了

---

[6] 古希臘若干思想家（其中以波里比斯（Polybius）為最著名）均指出「政體循環」之現象，其中之「力學」如應用到本處，恰可解釋為何混合制常會傾向擺動於兩端間。有關「政體循環」請參閱下一章。

政治依賴社會中不同的族群、階級、氣質的人共同參與合作較易成就秩序（雖然在他眼中此未必是盡善之秩序）。總而言之，哲君制所標榜的智慧與秩序，與民主制所凸顯的個人自由與尊嚴，在《法律》中同時得到了權衡；他在「理」與「法」對立的兩難中構思出這種政體，而這種政體能久存不墜的保證亦在於我們時刻回復至「理」與「法」此一永恆對立的思考中。

三、奧古斯丁思想中的對立

　　柏拉圖哲學對日後基督教神學的西傳——也就是基督宗教之希臘化及羅馬化——有相當重要的貢獻。他的形上學體系正好提供了希臘羅馬智識傳統與來自東方的啟示性宗教銜接之基礎。但很顯然地，柏氏本人並未及見其身後之劃時代事件，即是普世教會（universal Christian church）的出現。亦因此，他的政治理論並未受到二大問題之困擾：一是帝國屬性問題，另一為政教衝突問題，而這些問題都留給了奧古斯丁去面對。

　　奧古斯丁的政治理論奠基於他一項偉大具巧思的建構：他並不採用通制的標準將世人分類，如智愚、賢不肖、貧富、貴賤等等（這樣的分類在普世精神的教義來看實無重大意義），而是將世人區分為二種，即是真誠愛戴上帝者與否。這一區分的重大意義不在於它是神學上的基本信念，而在於它竟然巧妙地成為政治理論建構的一種偉大創見與突破，它在宗教與政治二不同範疇之連結處找到了人類尋求政治秩序上的盲點。換言之，一種追求建立永恆序的思考，它必須同時涉入哲學與神學二種範疇內才能竟功。神學可作為一種思考方式，是因為它啟發了我們對終極存在問題的思考，並對人類之存在所會發生的基本問題提供了詮釋上的新可能性。奧古斯丁這一發明大大擴展了政治哲學的分析視野，使我們往昔所未見處頓時呈現出來，並且被展示在一個極有系統的全面性架構之中。相較之下，柏拉圖的政治理論之立基方式則不同；雖然其著作中屢屢昭示神明之至高性，但在其政治哲學所描繪的正式「政治舞台」上，主角仍為「哲君」而非上帝。上帝只處在其形上系統的終極處，但並未經過「降生」（incarnation）這一過程來參與人類的歷史活動。

　　奧古斯丁的神學將世人劃分入兩個精神上的領域，這兩個領域代表了兩個截然不同的世界。凡真心崇奉上帝、敬愛其教訓遠勝於愛世俗之物者歸屬於「上帝之城」（the city of God, *civitas Dei*），它有時可以「正義之地」——the city of

Jerusalem——作為世上的表徵[7]。而那些愛他們自己遠勝於愛上帝、貪戀世俗者就歸屬於「塵世之國」（the earthly kingdom），它乃以「俗世之地」——the city of Babylon——為歷史上最明顯的表徵。而以基督教義中人的墮落及人之沉醉於現世慾望等觀點來看，精神上可歸屬於「上帝之城」的人只是人類中的一部分，而其他的人率皆浮沉於「塵世之國」中。所以在奧古斯丁看來，所謂「國家」者，只不過是一群「罪人」（sinners）之集合，而且在時間的長流中，此世於這群「罪人」亦不過為逆旅，並非終極歸宿之所。一個國家不論其如何強大，若其本質為「不尊崇上帝」（pagan），則其終究之結局亦毀滅而已，一如古之巴比倫、亞述、波斯般。這些古老帝國實皆相同，本質上都是俗世之地（city of Babylon），註定是偶生的（particular）且短暫的（temporary）。相較之下，永恆與至福將只出現於正義之地（city of Jerusalem）所象徵的上帝之城中，它乃由真誠崇奉上帝者所組成，而上帝為其唯一之統治者。塵世之國起源於人類對世俗之物如財富、權力、名望等追求之慾望，而此等慾望可歸結於人自利自愛之心（love of self）；而上帝之城則源自人鄙棄俗慾與對永恆事物追求之心，亦即是敬奉上帝（love of God）之忱。然而奧古斯丁再三警告，這二種國度在人的一生中是難以區分地，二者常相混合——無人確切知曉自己隸屬於何種國度——直至於此生結束，而在最後審判（the Last Judgement）時方得揭曉。由是故，所謂教會者並非必然是「上帝之城」在此俗世之表徵，而政府與政治者亦不必為罪惡俗慾之代名詞。奧氏屢強調如果身為教士但卻陷「罪行」並貪戀於世俗之物，則其未必獲救贖（redemption）；而若身涉政治、日理俗務者（如政府之官員）能虔心侍天主，則亦不必為遭上帝遺棄之人（the Abandoned）。緣此定義，則所謂上帝之城實應視為一對人類所作之精神上分類：能在內心深處信仰及榮耀上帝者應屬上帝之城之子民，反之者，雖其為基督徒甚或教士，亦只能稱塵世之國之成員。所以上帝之城並非肉體可見之「城邦」，亦非由某一可被標幟為已獲救贖（the Redeemed）群體之成員所代表。亦即是說，並沒有如此之團體其成員自知已獲救贖並可將之從人群中分辨出清俗、聖凡。如果上帝之城的子民特性如此，則一有趣的問題將產生：如果基督徒不必然成為上帝之城的成員，而享世俗權力統治其他人類者亦不必然與上帝之城絕緣，則所謂的信仰與政治間的連繫究竟如何？奧古斯丁對此一困難問題之探討，乃是從「國家之性質」

---

[7] 這只是象徵的，而並非是等同。因為世上沒有任何一個地方可以等同於「上帝之城」。Jerusalem 原意是 righteousness, faithfulness。

（the nature of the state）此點著手：國家必須體現「正義」（*justum*）否？

　　對其而言，國家此一現象乃起源於人生中之原罪；人對世俗貨財與享樂之貪念促致了人類文明中之分工現象（division of labor），而對權力之貪求（人企圖凌駕並宰制其同類之慾望）導致了社會層級與支配之出現。因此，如果沒有「正義」作為內部的基本，一個國家其實與一群強盜所組成的團體並無太大的差別——它們都不過是人所組成的共同生活群體，只不過國家的規範較大罷了；而所謂強盜集團，事實上也可看成是國家的小縮影（miniature）。然而，他對於《共和國》（*res publica*）的要求就高得多了。他深信一個真正的共和國必須是體現正義的，而進一步言，如有所謂真正的正義，其必來自於對上帝之崇敬與上帝之恩賜。所以異教之國家絕不可能成為一個真正意義的共和國；古亞述、波斯、巴比倫、甚至羅馬等充其量只可謂是人類歷史上的光輝強大王國，它們雖然享受榮耀，但那只是俗世的（因此是不完美的）、短暫的與不真實的榮耀。真正的榮耀來自上帝，而救贖與永恆亦然。一個異教國家，不管其如何強盛偉大，終將無法久存於歷史中，這因為它是立基於人性本質中現世的、慾望的、占有的種種衝動，它也因而遠離了上帝的指引與恩寵，也因而無法享有真正的正義，最後，也因而無法長久維持內部的和平與和諧。

　　但何故基督教共和國（*res publica Christiana*）得享較長之國祚與領受較佳之命運呢？奧古斯丁由分析其內部的權力結構作為回答此問題之起點。他以為真正的共和國內部應包含了兩種不同的權威系統，一是屬世的（secular），一是屬靈的（spiritual），屬世的即政府組織，而屬靈的即教會。這兩種組織在服務人群社會上同等重要，並且應互補以運作。救贖一事若無教會將不成，而建立社會秩序非政府無功。對於政府之性質的認定，奧古斯丁依循教內前人之看法，以為它本質上屬於人對人之支配，難以稱正義，但卻屬不得已。耶穌明示其門徒對政權之態度，在新約聖經的福音中記載了三次：「凱撒的物當歸給凱撒，上帝的物當歸給上帝。」這個訓誨的涵義至為明白，但卻極概略：它把屬世之事物劃分給帝王管理，而屬靈之事則一切歸趨於上帝。於是就「對政治權力之態度」這個問題，我們可以推論出其立場是「承認政治權力之存在及其管轄權，但僅限於俗事」。然而此訓誨留下了一些含糊處，例如屬世及屬靈二類事物應如何作精確之區分（或可否作精確之區分），以及若二種管轄權相接觸（或重疊）時彼此之關係應如何，而這些問題都留待了後世聖徒來作更明確的回答。在〈羅馬書〉中，聖保羅認為政治統治之存在不但有其正當性及必要性，甚至還是上帝所「設計」出來的一種制度：

在上有權柄的，人人當順服他，因為沒有權柄不是出於神的。

凡掌權的都是神所命的。

所以，抗拒掌權的就是抗拒神的命；抗拒的必自取刑罰。

作官的原不是叫行善的懼怕，乃是叫作惡的懼怕。你願意不懼怕掌權的嗎？

你只要行善，就可得他的稱讚；

因為他是神的用人，是與你有益的。你若作惡，卻當懼怕；

因為他不是空的佩劍，他是神的用人，是伸冤的，刑罰那作惡的。

所以，你們必須順服，不但是因為刑罰，也是因為良心。

　　聖保羅這段話較耶穌之言更為明確處在於，他首度揭櫫了君權神授之說，使得政治權力的合法性開始帶有「神聖」的色彩；也因為如此，絕對的服從，乃有必要，因為君王是上帝整個「計畫」中的一部分。然而聖保羅所留下的問題卻是：君王應是上帝遣來執行「俗世間正義」之人；但如果君王未能達成此任務、甚或君王竟然是對上帝不敬之人，此時我們應如何看待政治權威呢？而這些較複雜的問題就留給了教父們去思考了。初期教會的教父們對此問題大致取得了共識，而此共識稍後被教皇格列士一世（Galesius I）系統化而成為了所謂的「雙劍論」（the Doctrine of the Two Swords）。依其說法，對於俗世事務，國王握有最高權柄；而對於信仰問題及教義之解釋，教會（以教皇為代表）來負責傳達上帝的旨意。亦即是說，不論世俗統治者之智愚賢不肖，上帝已經把最高的政治力賦予他，其他人均要服從；而教會只管（也絕對掌握）對信仰問題的處理。而奧古斯丁承初期教父之共識，把這種立場做了詳盡的解釋，也澄清了許多過去的疑難。

　　依奧古斯丁之神學，人類早先企圖將自己取代上帝以作為萬事的準則，因此背叛了上帝，也因此稱為「墮落」，他們為此所受的懲罰之一即是從此必須生活在某些人支配其他同類的狀態中，而這種狀態是很難符合「正義」的。但上帝並未完全遺棄世人；祂在塵世中設立了「政府」此一制度與君王一職（the powers that be），只要人類能在此制度下管理自己而建立起社會秩序，則他們的「罪惡天性」（sinfulness）就有獲得節制的機會。所以，若嚴肅地思考，政府（國家）的設置是對人類「墮落」的一種懲罰，但同時也是一種矯治措施；這種制度是人類有史以來即有的一種需要，也是一項事實[8]。

8　當然，所謂「原罪」及「道德上的墮落」這些觀念在聖徒 St. Paul 出現之前並未占極重要之地位。

　　至於對教會的功能，則在到奧古斯丁為止的基督教歷史上並無太大的爭議。奧氏承教父之觀點加以系統化，但同時他也有賦予其更積極功能之傾向。他們一致認為，教會的成立是人類歷史中的里程碑與轉捩點；透過教會，上帝的恩寵得以在人類歷史中顯現與作用。就提供人類幸福與快樂而言，它的功能絕不遜於國家。教父們相信，所謂真正的幸福實包含了精神與肉體上的平靜祥和；後者之達成，有賴於秩序之建立及維持，而前者則有賴於吾人懺悔之靈魂與上帝相結合——亦即是「救贖」。但值得注意的是，一個強大的國家與政體並不能確保世俗秩序（earthly order）的長久維持。巴比倫、古波斯的例子很明顯；真正的世俗秩序之維持實有賴於一個精神秩序（spiritual order）的同時存在，因為除非國民們都是虔心敬神、誠心愛人的基督徒，否則他們難以長久和睦共處。依此邏輯，在人類追求幸福的過程中，教會有雙重的功能：它不但能幫助建立起一個「真正的」世俗秩序，也同時在信仰問題上開啟了一扇通向「救贖」之門。

　　正也因此，在人類社會中政府與教會二者無論如何不可或缺。若缺前者，則基本秩序無由產生（因其他任何制度無類似政府之強制力作後盾），同時「墮落」的人們也將生活在如後世之霍布斯所謂之「原始狀態」中了。若缺後者，則一方面「救贖」將不可能，因為人將難以認識上帝與祂的福音，另一方面真正的「世俗秩序」也難以建立及持久，理由已如前述。所以，人類欲享真正的幸福，就同時需要國家與教會二者，二者必須並存且互補。

　　然而奧古斯丁卻深知要在這並存之二者間維持一勢力之平衡及和諧是困難。國家乃一俗世之機構，掌有俗世之威權（即羅馬人所謂之 imperium），它根據自身的、特定的邏輯而運作，而這些邏輯大體上是源自於人性中自私、自利、占有等（較低層次的）慾望及衝動。而此類邏輯運作的總合現象，今人從不同的層面觀之，有稱為現實政治（realpolitik），或曰「國家利益考量」（raison d'État, reason of state）等。所以有的時候執政者——不論他們是否為基督徒——受「現實政治」邏輯約制或基於「國家利益考量」原則，其所採取的政治行動，可能無法合於傳統的基督教道德要求；這並非他們有意違反教義，而是他們所身處的工作崗位有其固定、獨特的工作邏輯所致。因此，即使是一個基督教化了的國家，它的政治部門身為一切社會行為及公民日常生活的管理者，免不了常傾向於侵犯信仰及精神方面權威的管轄權限，以便在處理某些因文化接觸或社會變動所帶來的突發性、複雜性問題時能更有效率。當然，這種侵犯精神層面管轄權的傾向必會受到教會方面的抵制，因為在一個基督教國家中，教會的功能之一便是監督政府之施政有無逾越基督

教義之處；故如世俗權力常侵犯此精神層面之管轄權，教會必定不會坐視。同理，教會轄司信仰問題，自不免輒以教導「正確生活態度」為己任。如此一來，人民俗世之生活便受到雙重監督，一是國家的強制規範，一是教會的導正；其結果自然是監督之雙方主導權衝突。也就是說，教會的影響力擴及俗世層面之事物亦是不可能避免的，國王如係上帝在俗世的授命統治者，則教宗亦可為上帝的全權代理人（the vicar of Christ）而引領萬民，握完全之統治權力（*plenitudo potestatis*）以行「牧民」之事。

如果國家同時需要政治權力（*imperium*）與聖職權力（*sacerdotium*），但因二者的平衡難以維持，所以我們所見到的便會是二種權力的時時進退對抗與互相牽制。而這二種力量的相對應，事實上即是「理」與「法」之對抗。所謂「理」的統治即是上帝──造物者──與人類──被上帝創造者──之間的統治（由教會作為媒介，但教會絕不能代替上帝），也就是「上帝之城」的統治。它的本質是愛，上帝與其子民間的愛以及王子民間相互的愛。人類的「自然」（天性，即 *physis*）是愛，經由愛他們與造物者結合，亦經由愛他們得以實現人性之本質。所以「上帝之城」中的生活乃是愛的生活，也即是「自然」的生活，這樣的生活之所以是至福的，乃是因為每件事物都回歸其「自然」，而「自然」乃造物所造之「理」，「自然」即上帝，在另一方面，「法」的統治即是人的統治，亦即是「墮落後的人性」（human sinfulness）的統治，植基於人類慾望與需求的滿足與倚賴於人的智慧以運作。換言之，它是人支配的統治，以人類智慧矯治墮落後之人性及混亂無序的統治，亦就是「塵世之國」的統治。「法」乃是社會生活的常規，它是法律、約定、習慣或傳統等。它的出現源於人群社會要避免因個人自保或自利（self-aggrandizement）行為所帶來的集體毀滅。所以「法」的統治代表了人「經世」（ordering the world）的努力（或是依奧古斯丁而言反而是「亂世」的做法）。因而所謂「理」「法」之對立，事實上即是「天」（divine）與「人」（humane）之對立，神聖與俗世之對立，也是「上帝之城」與「塵世之國」的對立。

如果依奧古斯丁之言國家是人性墮落後的懲罰與矯治，則想要將政治排除於人類生活中是不可能的，也即是說「法」的統治是無法避免也不可或缺的。但，已如前述，很顯然除了上帝與其子民間的統治外，任何統治型態終將面臨腐敗與衰滅，所以選擇合適的政治形式此一問題就變成了奧古斯丁所要面對的難題了。對他而言，最佳的統治當然是出現於「上帝之城」，但它在此世並沒有肉體可見的存在，同時更不處理俗世之君主所面對的塵世俗務。與之完全相對的統治便是沒有基督信

仰輔佐或制衡的「俗世之地」，而這樣的政治之不能久存史有明例。所以唯一的解決方法似乎是在兩極之間獲得一個平衡點。「上帝之城」並非一個固定存在於人世間，由某群人所組成的可資辨認的團體，所以它可作為一個足以非常親近的理想，但欲稱事實，它卻始終遙遠難及。而「俗世之地」如無精神力量的指引，必無法突破其自身毀滅性的歷史。在這兩難的情況下，奧古斯丁的「政治之基督教化」理念就成了最好的解答。

　　所謂「政治之基督教化」並非指教會作為一個團體與制度涉入俗世之政治並擴張其聖職權威（這是後來教皇派的主張），而是指基督徒中如有人有治國之才便應參與政治服務社會，而毋庸迴避。出理政事之基督徒雖未必就不犯錯，但確可將「俗世之地」的缺失減輕，甚或減至最輕，因此雖然企圖調和「上帝之城」與「俗世之地」的嘗試絕不容易，甚或未必適當，但它可能是唯一的選擇。要知道，此二城市雖然在人的一生中已明確區分，但二者卻處於時刻相對抗的情況。「塵世之國」的政治所表現出的特色是傲慢、無知與殘酷，而其統治者所面對的是在一群「墮落的人」中所發生的變幻無常的世事。相對的，「上帝之城」的統治並非政治性的；它的本質乃是造物與被造者之間和平、秩序與永恆的關係。所以，參與政治對一個基督徒是莫大的挑戰。一個基督徒所衷心企盼的乃是將其肉體與靈魂都歸附於「上帝之城」的領域中，也就是說，他隨時隨地都能生活在平和、安祥與聖潔之中；所以要他參與政治——「俗世之地」的運作——並且能夠身免於種種人性所難以避免的誘惑，實是件最嚴苛的測驗。這種挑戰，在奧古斯丁看來毋寧是一種責任，一種秉賦有治國才能的基督徒須面對的神聖「入世責任」（inner-worldly responsibility）。唯有面對與接受最嚴酷的挑戰，一個基督徒才能最親近上帝；唯有勇敢走入並改善「俗世之地」，才能最接近「上帝之城」。在這種入世精神下，有才能者不但應參與政治，在必要時尚可參與、甚或發動戰爭，來對付那些邪惡之人以維現世秩序；更有甚者，奧古斯丁還認為正統的基督徒可藉國家的力量來打擊信仰上的異端，以「俗世之地」的強制武力來廓清與維護「上帝之城」的淨土。

　　這樣關懷現世的態度使得奧古斯丁不只是一個神學家，亦夠資格稱為一個不折不扣的政治理論家。他把神學與政治理論相扣合，把入世的「俗世之地」與出世的「上帝之城」相並比而後連結，是有多重原因的。首先是他所承受自希臘政治哲學的影響。他固然認為「塵世之國」充其量只能依賴武力規範人民行動而建立一個外在秩序，但他認為即使此外在秩序亦不失為現世生活中所出現的「善」（the good）與各種價值中最高的一種，它提供了在歷史的長流中將此世視為逆旅

（pilgrimage）而暫駐足的人類（尤其是基督徒們）一個安定的環境，讓他們從事各自的任務與完成各自目標——現世的與永生的。希臘人認為一個正義的人只能從一個正義的社會中產生；這種團體生活的觀念及著重群性的傳統使得奧古斯丁的基督徒不必是一個「隱於亂世，獨善其身」的聖徒，而最好是一個身涉「塵世之國」而心仍居「上帝之城」的「入世苦行」者[9]。而另一方面，從基督教本身的特性而言，尋求與上帝結合的過程中首先要「愛人」，也就是說從「團契」（Christian fellowship）裡練習洗去「墮落的人性」與培養聖潔的靈魂；而「團契」是人與人的結合——結合在上帝之中，則基督教國家則可視為一個更大的團契。所以既然從團契中人際關係的圓滿可使我們更接近上帝，那人世從事政治只不過是其規模之放大而已，本質並未改變（雖困難度遠高之）。

對一個基督徒言，參與政治是一項責任、一種挑戰，亦不啻冒一鉅險：冒險擺盪於聖潔與誘惑之間，擺盪於「上帝之城」與「塵世之國」間，於「聖境」與「俗世」間，以及於「理」與「法」間。在理論上來說，「上帝之城」、「聖境」及「理」的那端無法達到（因為這是人世的統治而非天國的統治），但卻時時有滑落至完完全全「塵世之國」、「俗世」及「法」那端的傾向與誘惑。因此，最合適的立足點應是兩極之間，而那也是最佳之點。對奧古斯丁言，人世間政治的最理想狀況是參與者率皆虔敬之基督徒，深深明瞭「上帝之城」與「塵世之國」的區分與優劣，而他們在職位上行使權力時能時刻抗拒各種源自於「墮落人性」的誘惑。而這也表示了他們不會滑落至低劣的那一端而使政治淪為一群「墮落的人」間的遊戲。這種隨時警惕與抗拒「滑落」，時時力圖立足與穩定於兩極之間的從政者心態，正是奧古斯丁所期待的，亦恰是其政治哲學所圍繞的一個主題與兩難。

四、政體建構與靈魂的揚升

迄今為止，我們所討論的核心是柏拉圖與奧古斯丁政治哲學中均存在的一個對比，那就是自然與傳統、道德與法律的對比。更精確地說，這也即是一個就「道德秩序」與「法律秩序」加以選擇的問題。「道德秩序」之得以建立設基於調和

9　筆者以為，若把韋伯的「清教徒倫理」之精神改放在政治層面，就可以和奧古斯丁的「入世」想法形成有趣的前後呼應。

每個人的精神生活及信仰之歧異，而「法律秩序」其成立乃在使用強制力來規範個人行為以求出現一外在之整齊。對兩位思想家言，要建立一完全之「道德秩序」是不可能的，但「法律秩序」卻有極大之缺陷且不能持久穩固。面對這種兩難，二者不約而同均走上折衷之途：他們給予「政治」一個革命性的新定義，並藉之以泯除我們生活中公與私、公眾領域（public realm）與私人領域（private realm）的傳統分野。對柏拉圖而言，「道德秩序」與「法律秩序」的對比可以被看成是「哲學活動」與「政治活動」的對比，如果哲學在了解「自然之理」，則政治乃制定「行動之法」，所以這種對比的本質就是思考與行動的對立——思考天「理」與制「法」行動之對立。這兩種行為範疇的屬性不同，且其各自內部之邏輯、過程方式、目標、風格等亦異，但它們終極的目的是一致的，那就是尋求秩序。哲學的思考在求了解一永恆秩序之本質及其如何實現，而制法之行動則庶幾在變動的人世間尋獲一暫時之平衡、穩定與秩序。這兩種模式對從政者的要求不同：不同的訓練、不同的信念，甚至不同的氣質。而柏拉圖「大膽」的折衷方案乃在於將自然之「理」融入制定之「法」中，而使「政治行為」有「哲學化」的基礎。

奧古斯丁則是將「理」與「法」的對比看成神學與政治的對比，當然，前者也是著眼於一道德秩序，而後者求一法律秩序。他所面對的兩難情況是「上帝之城」與「塵世之國」皆非答案：前者不能而後者不可取。故其折衷方案在於將統治的心靈「基督教化」，企使上帝的教誨能融入世事的運作中。上帝即是自然，即是「理」；而政治雖是展示「墮落人性」的大舞台，但國家之「法」亦為矯治原罪的工具之一。良好的政治在於制「法」與執「法」之人隨時悔悟與警惕，在上帝之前謙卑，以使他牢記「理」與「法」之高下。

對兩位思想家言，所謂「法」的統治代表了將人類社會「政治化」的一種努力，而其無可避免之結果是無知、變幻莫測與短暫。而「理」的統治則分別代表了將人群「哲學化」與「信仰化」。哲學本屬一種私人領域的活動，因為它是關於個人尋求對宇宙內事物正確認識的一種努力；而信仰亦然，因為它是關於人之救贖及來世生活的。柏拉圖與奧古斯丁二人打破了這種公共領域與私人領域的區分，而把哲學與神學加諸於政治之上以改造政治。柏氏以為「理」與「法」之對立其本質乃是「哲學」活動之漸減少，因而造成了政治效能的漸減低。而奧氏則巧妙地把「理」「法」之對立問題看成是與上帝親近或遠離之問題（變成了宗教問題），而據以解釋前此歷史上之帝國興衰。但無論如何，二人均將吾人之政治生活視為一幅更大的圖畫中之一密切不可分割之部分；而這所謂的更大的圖畫在柏拉圖言是一個

和諧的宇宙，就奧古斯丁言即是永生的救贖。但畢竟二者終究曾將他們論述中不少的篇幅與重要的部分都投入了政治的討論，其目的非但不在（如表面上所看似的）將「政治」從吾人生活中泯除，而是在提供一套完善的計畫，藉重新詮釋政治而改良政治。吾人如何能否定二人身為專業政治理論家的資格與貢獻呢？

柏拉圖在對話錄 *Gorgias* 中指明，所謂政治，乃是「關乎吾人靈魂之藝術」，他以為政治之本質在替靈魂尋找一條正確的出路而非戕害之；奧古斯丁也提醒道，「所謂現世享慾的快樂生活，卻需要尋求死的幫助才能結束它」，他解釋政治若不以永生之幸福做目標，則今生失其所以。二人都指出了政治的依存性與歸屬之所在。但二人也同時宣示了政治生活的基本性與重要性。柏拉圖的哲學家從一個「快樂的智者」又走回洞穴啟蒙他人——備受挑戰與侮蔑；他從懷疑、否定政治到接受與改造政治；他的政體從全權的人治（即是「不受法律拘束的統治」，*imperiun legibus solutum*）到以「哲學的法典」教育、培塑人民的參與型政治。奧古斯丁則把教會對政治、政府的對立與漠然轉而變成政與教的互需互補；政治從我們靈魂墮落的表徵變成了對我們信仰的考驗，甚至成了人類歷史整齣救贖劇中的一個重要場景。柏拉圖把政治從封閉型的人治轉成參與型的法治，代表了他從視政治為社會中理智元素與慾望元素的對抗轉變為視政治個人靈魂中不同特性與需求間的對抗及調合，奧古斯丁亦然，他從視政治為虔信善者與邪惡者的對抗到視之為基督徒內心對上帝的愛與對自身的愛的交戰。二人同時都似乎把政治形式上的疇域縮小了：從處理社會的不同階級間之關係，變成處理個人靈魂內各成分間之關係，也正因如此，二人同時都把政治生活的重要性與基本性擴大了：不通過政治生活，我們的靈魂無以稱健全、自然，我們的個人也無以稱成熟，我們的人性也無以稱實踐。政治生活是我們生存於天地之間無所逃亦無可逃的一種責任，也是一項挑戰。這豈不是古希臘人一向的信念嗎：「人依其自然天性是政治的動物」，「政治的目的在追求可能的最佳生活方式」。柏拉圖與奧古斯丁作為哲學家與神學家均未摒棄政治，而某種關乎政體建構的思考方式與語言不也準確地從西元前 4 世紀傳承至西元後的第 5 世紀了嗎？

城邦政治是極特殊的歷史現象：以時間而言，它在整個西方歷史中僅如曇花一現；在近代之前約兩千年中，城邦政治大概只有兩百餘年歷史，而且只限於希臘地區，故其出現實為整個西洋史中的短暫、偶發現象。但論其對人類從事政治的啟發，卻可能不朽；它告訴了我們人類有可以從事某種「鍵結」之可能，而透過這種特殊的群體生活形式，政治於是有一個嶄新的意義。因此，兩千五百年前的希臘人究竟如何面對自身的政治，已經超越了史學研究的興趣，而成為人類探究本身潛能的重要資源。

一、城邦政治的歷史與實況

「民主政治」（democracy）是西元前 507 年由 Kleisthenes 引進雅典，而在西元前 321 年因為馬其頓征服而告終。但古希臘所謂的「民主政治」與今日之意涵不同；在那個時代，「民主政治」意即「平民政治」，它是一種「階級專制」，也就是使在中下階層的「多數人」（the many）「當家作主」，把由貴族、巨室代表的「少數人」（the few）或國君（the one）之權力壓制住，而不似我們今日以「全民共治」謂之「民主」。一般咸以為 Pericles 時期（西元前第 5 世紀後半葉）是為雅典民主政治的黃金年代，以致因國勢壯大而引發與斯巴達對抗的伯羅奔尼撒戰爭（Peloponnesian War），而戰事告終之時亦即雅典民主政治黃金時期結束之日。我們有必要先了解在這個歷史時段中希臘城邦存在的實況，而歷史學家做了以下扼要的描述：

古典時期的希臘世界約莫有七百五十個大小不等的「城邦」，也有人稱之為「城市國家」。在這七百五十個城邦之外，約莫還有三百餘個從古早以來就存在的

希臘人殖民地，位於希臘本土以外。城邦的分布很密集，光是在特雷斯（Thrace）
一地就有七十二個之多。眾多城邦星羅棋布於地中海及黑海沿岸，無怪乎柏拉
圖形容為「如同池畔之青蛙般」環伺內海。大多數城邦很小，平均面積不超過
一百平方公里，成年男子不足一千人。規模超過於此的城邦不多，即使像柯林斯
（Corinth）這麼有名的城邦也不過只占九百平方公里，成年男子一萬至一萬五千
人而已。在所有城邦中，雅典的面積是第二位，但人口卻是最多的，其主要地區
之面積約莫兩千五百平方公里；整體的人口數目較難估計，但據推測在第 5 世紀
Pericles 時成年男子約六萬人，而一百年後 Demosthenes 時約三萬人。事實上，在
某些希臘人眼中，雅典因為實在太大而甚至已經不能被視之為「城邦」了。

　　雅典一直被後世讚嘆的是它的「全體公民直接民主」（direct democracy,
assembly democracy）[1]，但是在這麼大的「城邦」內，這麼多的成年公民是無法全
體同時參與政治過程的：據估計，參與公民大會的人數如果超過一萬人，則進行辯
論會有實際困難，而雅典當時也不可能是每個人認識每個人的「直接接觸社會」
（face to face society）；事實上，雅典「直接民主」能成功的原因在於約莫三萬公
民中只有六千人通常會參與公民大會及人民法庭。在其《政治學》中，亞里士多德
對於城邦規模大小的問題也非常重視，他認為這個因素會直接影響政治的好壞：城
邦的大小應如同船舶一般，太大或太小都不宜，太大的城邦不但人際生疏，且不易
執法及維持良好秩序，但太小又無以自足。

　　而另一方面，古希臘所謂「城邦」（*polis*）與我們今日所謂「國家」（state）
的意涵又不同。照亞里士多德在其《政治學》中對 *polis* 的定義，它是一個由一群
認同共同「憲法結構」（*politeia*, constitution）的「城邦公民」（*politai*）所組成
的「社群」（*koinonia*, community）。所以在古希臘，*polis* 實質上可看成是一群人
「自願性」組成的「服膺同一規範結構」的「社群」。於是它與今日的 state 最大
不同在於並不立基於「領土」因素之上：現代國家是先確定「領土範圍」，然後再
以其上的「最高主權」自居，來管理其中之「居民」；但 *polis* 僅是「對憲政結構
認同的一群共同生活的人」即可組成，故其有關於地理疆域的「領土」此一條件是

---

[1] 今日之「代議民主」（representative democracy）對雅典人來說可能是「無法理解」的觀
念，因為這就變成了所謂的「階級」或「菁英民主政治」，而從 demo-cracy（平民—治理）
的字義來看，所謂「菁英民主政治」本身乃是一個自我矛盾。

「開放」、「不確定」，甚或是「不盡相關」的——故即使是土地上常住之「居民」，也不見得可成為「城邦公民」。

二、理想的城邦——新政治學的出現

　　城邦政治型態不一，良窳優劣各有特色，而不同之發展狀況帶給其住民不同之福祉，自然易引發時人之比較。亞里士多德在此一問題上著力甚多，他曾蒐集比較一百多個城邦之憲法，堪稱當今「比較政府研究」學門之始祖。而當希臘文明終究需要對最佳之城邦型態求一解答時，他本身之理論亦成為典範的提供者。柏拉圖認為人存在的目的在於歸趨於「理型」，用我們理性中所含蘊的「超越」潛能不斷地自我提升，以突破「人生困境」——人因為同時是感官界與觀念界的存有而出現的靈魂與肉體間的拉鋸、掙扎與困頓狀態。所以他設計了一個「激進」的對所謂「政治」（the political）的定義：一個「集體道德化」的進程。既然他認為城邦是一個「集體道德化」的形式與範疇，所以哲君式的「專業政治」（就是 *Republic* 中所謂的 one man, one art）是一個必然的政體建構方式。

　　雖然柏拉圖對政治的構想與他的存有論體系及知識論體系密切連結，而啟發了後世政治哲學研究的範式，但是亞里士多德卻可以依然遵循此連結方式而達到對政治的不同看法。對亞里士多德而言，「理型」不是抽象存在於觀念界的實體，而是「蘊含於」（immanent in）每一個物體之中。這樣的觀念很可能源自於亞里士多德個人的背景：他成長於一個馬其頓宮廷御醫的家庭，自小就對人的身體、生理及自然與物理現象有興趣，因此「觀察」與「經驗」很自然地成為他理解事物的途徑，而「成長」與「發展」乃成為他生物學式的世界觀之基礎。注重「經驗」及「觀察」，亞里士多德的學說於是深具時代集大成之特色與具文獻彙整之貢獻[2]，把握「成長」與「發展」，使得亞里士多德的社會與政治思想兼有（反獨斷論的）自然科學與目的論的色彩。

　　所以在一個新的思維結構下，他以「發展」的概念替代了柏拉圖「分受」的概念來解釋「理型」：每一個物體都具有「潛能」（*potentia*），因此「潛能」而

---

[2]　以政治學為例，他常蒐羅擷取他人之意見以為己用，據之形成一完備之體系，故在閱讀時，我們不容易知悉某一觀念原是亞氏或他人所有；而唯有在他不同意某一意見時，才會引其人之名並駁之。

發展，最後趨向於成熟與圓滿，即是其存有之「目的」，即是「理型」之實現。此「目的」，此「理型」，即是物體之「本性」（*natura*）；故從「潛能」發展至實現「本性」之過程，即謂「理型」之體現。既然「理型」是「蘊含」、「內存」於物之中，則如何「引導」此「發展」，便成為亞里士多德關注之焦點。他將人類的知識分成理論知識（theoretical science）與實踐知識（practical science），所謂理論知識即是將我們的心靈結構轉化為等同於外在世界實存的結構，如我們設法了解數學及邏輯等皆是；而實踐知識則只是如何根據某種理念或價值而改變、型塑外在世界的一種知識，如有關人文社會之知識皆是。亞里士多德認為實踐知識是有關於「行動」的，而「經驗」是其中最重要的元素，所以「想知道什麼是政治的人得依靠經驗」，「政治學不是青年人所適合學習的科目，他們對生活尚無經驗，而政治學理論卻是來自經驗，並且說明生活經驗。」此點說明了在此知識結構下，「實踐知識」是所謂關於實際生活的知識：它結合了 *epistême* 與 *technē* 兩者，而成為了有關「人」的「潛能」之發展重要的學問；而此中所包含之倫理學與政治學，即是亞里士多德對「人」之「發展」所寄託者。

在《倫理學》中，亞里士多德告訴我們「人」乃追求 *eudaimonia*（「快樂」、「幸福」）之生物，而最終究之 *eudaimonia* 來自於「德行生活」（virtuous life）。他是用「功能」論證來解說的：「人」所別於其他生物之處在於「理性」，而這種「理性」能力使我們能夠有「道德行動」的可能；故如果我們把「人」與生俱來的「理性」充分運用於社會生活中的人際關係裡，則就是其「功能」的「實現」，也就應是「快樂」與「幸福」。

但是亞里士多德對倫理與政治之間關係的處理卻是一個令人好奇的問題。在《倫理學》中，他探討了作為一個理想的人所需具備的條件，包括了友誼、公正、自重、慷慨、中庸、明智、自制等等；他也探討了幸福與快樂的根源，並且試圖為道德生活或德性尋找一個理據。這些在在都顯示出他對一個理想人的描繪，他對人的高尚生活的期待。但是在《政治學》中，實際的困難出現了：政治所關懷的主體是城邦的體制，是「整體」，故關乎「個人」的「倫理情懷」或「道德成就」的面向便會有受限於「整體」而有無法完滿之時，例如分配正義便是立基於能力而非關懷，法律來自眾意而非必出於明智，參與的價值往往高於思辨，經驗重於智性等。也就是說，城邦中的群體生活有其「現實性」及「緊迫性」，所以在《倫理學》中對人的要求與期待便無法完全被關照到——一個理想的政治秩序之建立優先於一個理想個人的樹立。在《倫理學》中他透露出了標準雅典學派的氣味：人的道德成

就乃是作為一個人生命的最終指向；基於蘇格拉底「道德即是知識」的信念，人應該發揮其理性儘量去成就他的道德潛能。然而在《政治學》中，更複雜的考量出現了。政治涉及集體的生活樣式及秩序，它具有先天的「群性」性格，每一個人在政治結構中被緊密的鍵結起來，集體互動。而倫理卻比較是個人「成德」的面向，個人的修身與社會整體環境固然有關，但是更繫於每一個個體主觀的意向、認知及個人生命情境。於是乎我們在《倫理學》中看到亞里士多德（由「道德即是知識」之觀點）討論絕對性與普遍性的命題，並且將個人的道德與理想的生活情境相關連，而成為人的 telos（目的）。無疑地，「道德人」需要在「社會脈絡」下存在，而此具體的「社會脈絡」卻不易建構與維持——它主要的關鍵可能並不繫乎個人的倫理目標或道德情懷，而是社會整體在「秩序」上及「權力結構」上的共識。也因此，亞里士多德在思想史上首度將「政治」獨立於「倫理」之外而給予其自主地位，並揭櫫一個專門的研究途徑——政治學。對他來說，「倫理」可能是「政治」最佳的歸宿，但是現實情況不允許時，「政治活動」是可以有自主性的價值與獨特的判準的。它是集體的、動態的與實際性（實踐性）的人類文明之領域；而前此所謂的「道德化政治」在亞里士多德的思想中已被巧妙的「沖淡」或「轉化」了，「共善」與「共識」代替了個人的「倫理成就」，而「公民道德」取代了「倫理道德」而成為對城邦成員的政治要求。簡言之，《倫理學》討論「人」，而《政治學》的焦點卻比較是「公民」。將「人」與「公民」做概念上的區分，但卻維持曖昧的連結，可能是亞里士多德在政治學研究上的重要貢獻。

依上所述，則「政治學」乃是關於城邦生活的一種「學科」：

它指引我們何者是一個國家內所應有的知識，公民們應普遍學習，學習到何種程度等。而我們有時可見某些最受尊敬的知識，例如戰略、經濟或修辭學等，都被包括在應接受政治學指引安排的範圍中。

而亞里士多德對這種特殊的「學科」做出了解釋：「政治學」是要「統籌」其他知識的一種「學科」；對城邦生活而言，它是所謂「體系性」（architectonic）的知識，所以「政治學」的目的包含了其他所有學問的目的，也因此其目的必然是人類之最幸福生活。

政治領城——尤其是城邦式公民政治——的建立，是對傳統社會生活單元的新挑戰。在往昔，家庭與村鎮聚落是人的生活世界中自然的範疇：在最基本的層面

上，人在家庭中出生、成長、棲息及延續後代，在聚落中尋求生活資材以營生；更進一步，家庭是人的倫理情懷的中心場域，也是個人安身立命的基點，而聚落則是社會生活所有可能面向之起點。所以任何一個政治理論家，難免要面對家庭、聚落以及國家（或城邦）之間如何關連的問題。對亞里士多德而言，這就是一個公領域與私領域之間的問題，或是所謂「正德」與「利用」、「厚生」間的問題。

在亞里士多德的思想中，家庭與聚落是「人」的生息場域，而城邦則是「公民」所以出現的政治結構；有關於「人」的是屬於私的領域，而「公民」則屬於公領域。私領域包括了倫理與親情、經濟與維生或是某些文化活動，而公領域就是政治了。由於「人」是「城邦」的組成份子，經濟是國家或政治活動的支撐，所以「家」是「城邦」的基礎，私領域是公領域的前提。對亞里士多德來說，他用了「互補」的概念來形容「家」與「城邦」間的關係：「家」肩負了為「城邦」來生、養、育公民的責任，而城邦則是一方面保護了「家」，另一方面提供了使「家庭」中的「人」提升人性層次成為「公民」的機會。

在「家」這個概念上，亞里士多德表現出他獨特的觀點。在稍早的政治論述中，不論是辯士、劇作家或甚至柏拉圖，都不約而同地把「家」視為是「國」或「城邦」的對立：要能夠對「國」有認同，首先要打破「家」所給予人的「侷限」——例如因為血緣關係，以致在「國」與「家」間不論是財產、法律或是人際互動問題上可能有的「徇私」。這種「徇私」往往是「國家觀念」樹立的障礙，而對早期的政治論述而言，「國家」的成立乃是歷史潮流之所趨、福祉最大化之所需以及人類社會之不可缺；所以他們都會在不同的程度上把「家」在政治思想建構的範疇中加以「拘限」。但是亞里士多德則不然，他正視「家」的存在，並且賦予其政治思想上正面的功能：他認為「家」是「個人」與「城邦」之間的橋樑，也是經濟與政治間的聯繫；沒有「家」，則「國」的公民何來？沒有「家」支撐經濟結構，則政治的場域無從樹立。也由於他注重「家」，所以在同一邏輯之下我們可以看見他注重「親情倫理」與「財產」。在這樣一個氛圍下，亞里士多德的政治學就自然呈現出「整體的」（holistic）與「有機的」（organic）特質：亦即他的政治學把「個人」的「精神」與「身體」一同關照，將「個人」與（每個層次的）「社群」做出連結，讓我們彷彿首次看到了一個「立體」圖像的政治世界，在其中有一個個依「自然」需求與本性活動的活生生的人。在對比之下，柏拉圖政治中的「人」就如同從哲學分析中所出生般，具有濃厚的抽象特性。針對此點，亞里士多德曾有直言無諱的批評，他認為凡是有關「實踐知識」領域的東西，應該由「實

際」而非「理論」出發：

　　有的理論從最初原理開始，有的理論則在最初原理告終。讓我們不要忽略了它們的區別。柏拉圖提出了一個有價值的問題，正確的研究途徑應當來自於始點或本原，還是應當回到始點和本原？正如在跑道上，一個人既可以從裁判員站的地方跑向跑道的另一端，也可以反過來，從跑道的另一端跑向裁判員站的地方。最好的辦法是從所知道的東西開始，而所知道的東西具有雙重意義，一是指我們已知道的東西，一是指我們可知道的東西。對我們來說，研究還是從我們已知道的東西開始為好。所以，那些想學習高尚和公正的人，也就是學習政治事物的人，最好是從自己的習性和品格的良好訓練開始，才可見到成效。

　　個人習性和品格的良好訓練，最初的地方，殆為「家庭」。所以正因為「家」是「公」與「私」領域間無可或缺的連結機制，故亞里士多德的政治學有必要從「家」開始討論。

三、亞里士多德式政治

　　整體而言，亞里士多德對理想城邦政治提出的理論說明，包含了三個基本的概念；人是經營政治生活的動物（*homo politicus*）、公民平等互治（*isonomia*）與混合政體（*mixed constitution*）。

1. 人是經營政治生活的動物——*homo politicus*（*zōon politikon*）

　　整個亞里士多德政治理論以此概念作為基礎。然而說此為一普遍的、流行的「概念」，毋寧說是亞里士多德自身的一個「信念」。對亞里士多德而言，所謂「政治」，伊始於此，亦終於此：城邦之存在乃順乎「自然」，人依其自然天生之群生，應該生存於社群之中、經營政治生活。在此中又透露出兩點他更基本的「信念」：人天生具群生，以及政治生活乃是高級的群居形式——蜜蜂、螞蟻雖群居卻無政治生活。對於如何解釋人「能夠」經營政治生活、且「應該」經營政治生活？亞里士多德訴諸人獨特秉賦有的「語言」能力——人因能使用「語言」溝通，而可以分辨善惡、正義與不義。我們藉由溝通與思辨（即是「政治」的過程），使自身

得以過較好的生活，也就是更朝向「善」的生活。

在此處，亞里士多德表現出了他與辯士派傳統的最大差異，亦同時展現了由蘇格拉底、柏拉圖一貫而來的堅持，即是「道德即知識」的信念——世間有絕對的善，而且我們也能夠藉由理性思辨知道善是什麼。辯士們卻傾向於相對主義的立場：世上未必有絕對的善；即使有，吾人亦未必能夠知道內容——由誰認定及如何認定？若從如是懷疑論的觀點出發，辯士們的下一個質疑是：「語言」只是人從事「政治」的必要而非充分條件。換句話說，人的「語言」能力僅能使人「可以」從事「政治」，但如何可以推衍出人「應該」從事「政治」？當然，如此的質疑很可能會導致「隱遁避世」的「反政治」心態，認為過著一種不涉人事紛擾的「自我具足」（autarkeia, self-containment）生活才是「智者」。然而對於「自我具足」這個概念，亞里士多德並不反對，他在《尼科馬哥倫理學》中亦強調人的「幸福」需有「自足」性，他明言「終極的善應當自我具足的」；然而他卻有著完全不同於前者對「自我具足」的解釋：

我們所說的自我具足並不是指一個人單獨存在，過著孤獨的生活，而是指他同時既有父母，也有妻子，並且和朋友們、同邦人生活在一起。因為，人在本性上是社會性的。

而在另一處亞里士多德又說明「幸福」必須是倚靠外在物質、需要外在的幸運以為補充的：

看起來幸福也要以外在的善為補充，正如我們所說，因為赤手空拳不可能、或者難於做好事情。有許多事情需要使用手段、透過朋友、財富以及政治勢力，才做得成功。其中有一些，如果缺少了，就會損害人的尊榮，如高貴的出身，眾多的子孫，英俊的相貌等等。把一個醜陋、孤苦、出身微賤的人稱作幸福的，那就與我們的幸福觀絕不相合了。尤其不能把那種子女及親友都極其卑賤的人，或者雖有好的親友卻已經死去的人稱為幸福的。從以上可知，幸福是需要外在的幸運為其補充的。

以上兩段話，正可以說明為什麼亞里士多德所以為的「自我具足」不同於「隱遁避世」的「反政治」者所謂的「自我具足」了：人的社會性以及社會生活中的「外在

幸運」或「物質條件」是亞里士多德式的「自我具足」所不可或缺，也因此點明了他社會哲學的基本性格——追求奠基於「群性」及「物質」基礎上的個人德性生活。

　　由於亞里士多德肯定政治生活是我們追求善的必循方法，故對於以上「隱遁」觀點的質疑，他提出了正面的應對：善的生活須由兩部分構成——哲學的生活與政治的生活，即是「知」與「行」。「知」乃是思辨，即 *vita contemplativa*；「行」就是行動，即 *vita activa*。亞里士多德認為二者不可偏廢，善的生活仰仗深具思辨的行動。但他解釋的方式很獨特，他以國家與個人來類比。最理想的國家並非是耀武揚威，企圖征服海內外；而是自給自足（有好的制度與法律），「僻處一隅，與世無爭」。但這在現實上卻極難實現——我雖不犯人，但人將犯我，因此務實的做法乃是國家保有武力，「恃吾有以待之」，這是不得不耳。同樣地，亞里士多德以為與世無涉的「隱遁」哲人生涯固然可羨，但若國家腐敗、社會動盪，則人雖欲自保而終不可得。因此，做一個關懷公共事務、甚或投身政治的好公民是必要的：「幸福來自於行動；所謂的善其實大部分係由公正、允執厥中者之行動所帶來。」所以亞里士多德對於「是否參與政治」的結論是很清楚明白的——「人應該盡力爭取權力」：「政治權力是所有的善中最高的，因為經由它可使人類其他各種的高貴動機得以實現。」

　　權力既是實現美好生活的途徑，而人又是「群性」動物，故亦唯有在成功的政治生活中，人方得以踐履自性、安享幸福。換句話說，「政治」原應係適應人之本性而生，「政治」之最終目的亦應為人性圓滿。於此，亞里士多德獨特的形上學觀念正好提供了對他這個核心「信念」——*homo politicus*——的解釋基礎：「理型」（*eidos*, Form）這個概念轉化成可以與實踐哲學巧妙地連接、進而相互證成的機制。當柏拉圖提出「理型」時，他認為這是獨立於物質與物質世界的存在，它們是只存在於「理念界」中的——「理型」才是認識論中真實的存在。但對亞里士多德而言，「理型」毋寧是「蘊含」於物質實體中，它「蘊含」於實體之「本質」（nature）中；透過實體的「發展」，而逐漸「顯現」。而「發展」的「終點」、「目的」（*telos*）即是「本質」的體現，亦即是顯現此「理型」。換言之，「理型」是「蘊含」於「本質」之中，隨著「本質」的逐漸「發展」、「顯現」，事物亦逐漸趨近「理型」。於是我們有了「本質」是由「發展」而體現的觀念，「發展」有一「目的」，那就是朝向實現「本質」（「理型」）。人的「本質」如是具有群性、應生活在政治社群中，則這種「本質」將非自幼（天生）顯現，而是俟其

長成（成熟）為成人後應該顯現。如果並未如此，則是「環境」有問題——就好似一粒種子未如期開花結果，必定是缺乏空氣、陽光、水或養分等因素。而要使「環境」適當，以使「發展」順遂，「技藝」（art）就顯重要了。對人的「本質」之發展而言，「政治」就是其「技藝」，一如園藝之於樹苗、醫術之於健康般。故亞里士多德之「政治」觀為：「政治」生活幫助人「群性」之本質充分發展，因而人所以為人（相較於非希臘人而言）；而亦唯有踐履「本質」之「成人」共組之城邦，乃堪稱理想之「政治」。

另一方面，亞里士多德亦從「功能」觀點解釋「政治」是人之「自然」。「政治權力」概念的出現當然意味政治社群、國家的常存於人的日常生活——對希臘人而言，即是城邦生活。個人經由血緣關係，生、長於「家庭」；若干「家庭」群居形成村莊聚落，買賣來往、互相有無，即是「村落」。因此，「家庭」與「村落」在任何文明階段之人類社會皆屬「自然」與「必然」，因為其來自最根本之血緣繁衍與經濟功能。而所謂「國家」出現之必要則未如此顯而易見。亞里士多德曾提及「安全」功能（如前，論述烏托邦國家時），此乃一般有關國家出現極常見之理由。雖然如此，細究之下，此說容有疑義。若謂有「國家」則可對抗侵略，但多數時候「國家」反而是戰爭興起之充分必要原因——國家機器對於「暴力」（violence）常有所謂的「乘數效果」。故「國家」與安全之需要（戰爭）可能是因果循環之關係；但既然已先有某些「國家」存在，則「安全」會成為其他「國家」出現之理由，就屬「必然」了。

對國家另外一項功能的強調，可能是亞里士多德政治理論最大的特色，那就是：國家具有「倫理」、「教育」的功能。柏拉圖也做此強調，但二人之內涵不同。就亞里士多德而言，國家的法律，匡正人心；國家的賢史，教化移俗；但最重要的是，國家本身的存在提供了「政治」的場域，使人可以在「家」之「親屬倫理」與「聚落」之「經濟營生」外，有機會琢磨人的「德行」，因以「成德」（moral perfection）。個人透過「參與」，因而展現「行動」，而在「行動」中，人才得以「實現」——「實現」人的「本質」與「潛能」。這就是為何亞里士多德深信「唯有政治組織才能使人盡其道德潛能與快樂幸福。」。「國家」不同於「家庭」，後者中的人際關係不脫「主奴」、「夫妻」及「親子」，而這些都是「從屬」關係；但在「國家」所提供出的「政治場域」中，我們可看出它的面向是標舉出一種「家」與「家」之間的「橫向」而非「從屬」關係——由每個家長所構成的「公民」間的連結關係。這種關係的本質即是「政治」的本質，但不論其為何，

必定與前此「家庭」內的血緣倫理與「聚落」內的經濟營生關係都不同。這種「公民」間的關係無關乎生養與經濟，但卻被亞里士多德視為涉及作為一個人之整全「德行」是否完成。因為唯國家之出現能創造出「公民」及「公民關係」，所以它是人類社會組織中的一個嶄新範疇，雖然並非必出於人的生理需求之「自然」，但確是人性「自然」發展之所需。

　　現在新的問題是：出於生理之自然的「家庭」與人性發展之自然的「國家」，此二者中，與個人的關係孰輕孰重？依照常理，「家庭」是個人之生、養、育之處所，先「家」後「國」，天經地義。但亞里士多德卻做出區分：在發生順序上，「家」先於「國」，但在意義順序上，應是「國」先於「家」。而不獨「國」與「家」關係如此，「國」與「個人」亦然，這是一種典型的「社群論」思想，也就是把社群之整體置於各別人之個體之上，以整體來定義個體之存在，用全體來界定部分。這固然是城邦時代所易有的「國家」觀；而依亞里士多德之意，個人的生、養、育甚至人生意義都在城邦之內完成，更深受城邦本身特質之影響——雅典之典章制度或文化造就出雅典人，斯巴達則造就斯巴達人。

　　既然城邦被視為一個「小宇宙」（micro-cosmos），它的興衰榮枯必然決定個人的福祉，所以「小宇宙」之「經營管理」方式自然成為「眾人關切之事」（res publica）。於是從 homo politicus 的信念出發，兩個「政治人」之間應是如何之關係才可使本性順利「發展」——而非將之「壓制」或「扭曲」，自然成為亞里士多德的下一個課題。

2. 平等互治（isonomia）

　　政治生活的意義即是如此、國家即是如此重要，則城邦內的每一個人之間應如何連結，才能成就最大意義？對此問題，亞里士多德只有一個答案，就是：「自由、平等的公民關係」（free and equal citizenship）。「自由、平等的公民關係」，就制度上言，即是同時兼「治人」與「被治」（ruling and being ruled）之角色。這種「輪流管理」的政治關係，的確古今罕見，故亞里士多德對它的說理自然極具意義。首先，亞里士多德認為，國家既是圓滿「倫理」實踐的組織，故其首要之精神為「自足」（self-sufficiency），落實在政治上即是「平等互治」：「基於『均分』（equality）及『平等』（parity）理念，在一群『同等的人』（peers）中官位應照輪替原則分配才是正當。」「平等互治」有「群體」及「個人」二層面，

就「群體」言即是一般所謂的「民主」[3]，因為它沒有一個專制君主加於其上，而且是在法律之前人人平等的政治社會；而在「個人」就是成為這個「民主」團體的一個成員而行彼此之「輪流管理」，因為唯有如此之設計，才可以同時兼顧人、我之主體性。為何「主體性」如此之重要？在 *Nichomachean Ethics* 中，亞里士多德強調最幸福的生活乃是人能充分享自由、無障礙的一種追求善的生活。而另一方面，在他看來，只有這種「主體性」之政治才能實現「相異但平等」公民間「輪流管理」的「自治」，而「相異但平等」的關係是人類所有組織關係中最高貴的。亞里士多德深言，「相異」是人群內之實情，無法改變也不容否認。亞里士多德既無意將「相異」之人混同齊一，則必然尋求使「相異」之人「和諧共生」之途。而「平等互治」即是解決之道，因為唯有如此尊重「個人自主性」之設計才能讓人的「本性」充分發展；而依上述，亞里士多德相信人的「本性」自然發展之結果應是「群性」之下的「和諧共生」。

在《政治學》中，亞里士多德區分了人類「社群」（*koinonia*）的基本類型：「家」（*oikos*）、「村落」與「城邦」（*polis*）。在「城邦」中，人與人的關係是政治關係。政治關係有兩種基本型態：「絕對統治」（despotic rule）與「政治統治」（political rule）。「絕對統治」就類似家庭中的各種關係，如父子、夫妻與主奴關係，就是絕對的權威關係，而非「平等」；在政治上，這種關係可見於「君主政治」、「貴族政治」等型態中——是威權、差等之單向權力關係的。而所謂「政治統治」則是所有人類關係中極為獨特的一種，它僅見於「平等」的公民所形成的政治社群中。每一個公民都是平等的，而每一個公民也都有差異：個人價值、經濟狀態及秉賦個性等。所以，這些差異的「個人」如以一個具平等精神的政治架構而連結起來的「群體」就別具意義。這種「群體」的特色在於「相異但平等」（different but equal），也就是說，它貴在成員間雖具「異質性」，但卻能維繫成為一個「共同體」。Ernst Barker 以「有機的複合體」（organic compound）形容之：因為是相異的成員組成，故為「複合體」，但卻因為能維繫和諧而成一「群體」而不墜，故為「有機」。亞里士多德深切以為能維特這種人際關係的社群才是

---

[3] 今日我們一般所說的「民主」實與希臘的「民主」意涵不同。古希臘時「民主」（democracy）是特指一種政治制度，在其中「平民」以人數之優勢取得治權——故王室及貴族遭壓抑甚至清算；但在今日「民主」意味每一個人皆平等，不應有階級、特權之區分。故古代的「民主」乃是一種特定的政治制度（平民「吃掉」貴族），而今日言民主已類似於在指稱一種「理想的」政治狀態（以至於不同的人對什麼是民主會有不同的定義或標準）。

文明的表徵，否則都「不脫野蠻」（less than human），雅典（甚或希臘）號稱文明之理由亦在於此。

3. 混合政體（mixed constitution）

「平等自治」的理念如何實行？在亞里士多德眼中，應有一種具體的制度以為基礎；而這種制度乃是一種很特別的政體設計，稱之為「混合政體」。「混合政體」之觀念，由來已久，修昔提底斯（Thusydides）在 *The Peloponnesian War* 一書中即已提及，柏拉圖、亞里士多德均有討論並力主倡行，但此理論卻是由 Polybius 將其完備。一般常見之政體不外君主（monarchy）、貴族（aristocracy）與平民（democracy）政體，然均容易生弊而腐化以致傾頹，柏拉圖的《政治家》（*Politikos*, Statesman）、亞里士多德的《政治學》均有討論；而 Polybius 並對此補充，認為政體傾頹之結果常為惡性之「政體循環」[4]。「傾頹」、「循環」之理由很簡單：在 the one（君主）、the few（貴族）、the many（平民）三個階級組成的「國家」或「城邦」中，任何一個階級若獨攬大權，均易流於腐化。故柏拉圖在《法律》中亦明言「制衡」之設計頗為必須——將權力由不同階級分掌（共享），彼此可行牽制。Polybius 認為「國家中最高的權力應由三個階級共享」，唯有如此之共享——也即是互相制衡，才能打破「政體循環」之「動盪」宿命，而使之趨於「穩定」。但在亞里士多德的《政治學》中，「混合政體」有些許不同的意涵。我們可以見到他強調「折衷」（the middle）與「中庸」（the Golden Mean）之重要，這些一方面已透露出他早看出「兼具其美」是一個解決政體問題的良策，而另一方面也可視為促成他援引「混合政體」設計的主要動機。換句話說，與其說亞里士多德欲謀求解決「絕對的權力導致腐化」（即某一階級專擅）問題，毋寧說他較關心的反而是「哪一種人」「哪種階級、群體」較不易腐化，私心為用。所以他的「混合政體」之主要精神與其他人稍有不同：他心儀的政體不是各階級的共享權力及互相制衡，而是選擇某一「折衷」各階級特質之階級來作為政治之主體。這個階級就是「中間階級」（the middling class），它乃是由稍有財產的自由人所組成，每個人都有一些經濟基礎，不致孑然一身，但亦與所謂「富人」階級有所差距。亞里士多德認為這個「中間階級」代表了可貴的「中庸」立場，可避開貧民與富人所

---

[4] 「政體循環」即是所謂的 Polybian cycle，其說最早見於 Herodotus, *The Histories*，有關 Darius 與波斯七賢人之間的辯論。

難免的兩極心態。故若以此階級作為政體之主軸，則政治之良好發展可期。

換句話說，亞里士多德的「混合政體」理論與人不同處在於他不認為僅憑階級的混合及制衡就可帶來「隱定」，因為「貧民」及「富人」階級間經常是緊張而「零和」的關係，故容易「擺盪」向任何一方。「中間階級」的出現於政治舞台上，從根本上解消了「擺盪」的傾向，這不可不謂是亞里士多德的重要發明。以「中間階級」為主的政體稱之為 polity[5]。而 polity 也成為了具代表性的「亞里士多德式政體」，因為 polity 不但可以體現前述亞里士多德的 *homo politicus* 及 *isonomia* 的理想，在現實中亦應較 aristocracy 容易實現。所以我們可以勾劃出如下的輪廓：亞里士多德的政治理想──亞里士多德式政體（polity）──是由「中間階級」來代表 the many，而與「富人」或「貴族」所代表的 the few 分享權力，且互相制衡；基本上，the many（或其代表）適合有關立法議決及司法判決的事宜（deliberating, resolving and judicial Judgement），而 the few 則肩負較「積極主動」的行政等事項（proposing and executing）。如此，「百姓」與「菁英」各司其職、各盡其才，「穩定」期近矣。

這種以「中間階級」為主體的 polity（或 aristocracy）代表了亞里士多德對「混合政體」理論的特殊貢獻，也是他留給後世政治理論最大的遺產之一。近代初期（17、18 世紀）的民主理論以及當代政治發展理論都以此「階級」作為核心（或假想目標）而論述。故在此，「政治人」的氣味是與柏拉圖的金、銀、銅階級間「差序格局」之意象截然不同的。二者均有其理想性格，前者寄其望於一理想階級，而後者則有託於階級區分之理想。而二者亦各有其侷限：「中間階級」在人類歷史中雖非「夢幻泡影」，卻亦時起時落，乍隱乍現，使人未能確知其成效；而「差序格局」下之「風行草偃」政治，卻始終未能突破「信任」此一關卡，以致歷史始終在「次佳」之設計上徘徊。

公民，在亞里士多德的政治中，是擅場的主角。而他對公民的要求是什麼，自然極其關鍵。對古代的希臘人而言，一個人所具備的「能力」之總稱叫做「德行」（*arête*）。在荷馬的史詩中，*arête* 就是英雄所需具備的特質。一般而言，*arête* 所指有三：一是出身血統的良好，二是作戰的技能、勇氣及領導統御的能力，最後才

---

[5] 亞里士多德的理想政體是在寡頭政治（oligarchy）及平民政治（democracy）間求一最適點。若中間階級的人數多而此政體將傾向 democracy，則稱為 polity；若中間階級人數少則政體風格將趨向 oligarchy 的菁英政治，則稱為 aristocracy。

是一般所謂的道德。這種「德行」最初自然僅見於貴族階層，但是後來經過亞里士多德式政治之價值的衝擊後，「德行」演變為「公民德行」（civic virtue），從原本較趨於倫理的意涵一轉而為指向公領域中「人」的行為典範。這無疑是一個重要的變化：從此，「公民德行」取代「德行」而成為政治中的焦點與行動之判準；政治是一個獨立的範疇，而「公民道德」是政治領域中的優位價值，唯有它才是直接指涉政治社群成員所需具備條件的規範。

在古希臘參與式的城邦民主政治中，對公民首要的要求——或是須具備的能力——乃是「參與」。透過「抽籤」（by lot）或是「選舉」（by vote），公民們均有機會參與「平等互治」的政治。在如今所謂的行政、立法及司法三個領域中，公民們一起擔負起城邦的管理工作，一起謀公益與幸福。「善本身並不夠，具備實踐善的能力才是重要」，所以，對個人或城邦而言，「行動的生活才是最好的生活。」

此外，free-holders（擁有土地財產的自由民）是理想公民的樣式。「有產階級應該也就是享有權力的階級」，亞里士多德屢次強調個人財產的重要性，他以為財產對個人或整個社會都是安定的基礎。以個人來說，財產給予人穩定的世界觀與較中庸的心態；對社會來說，有產階級經常是社會穩定的支撐力量。所以，亞里士多德有了這麼一個「政治經濟」的分析：個人有財產就有經濟上的自由，有了經濟上的自由方有人格獨立之可能（如果賣身為奴豈有自由與人格獨立可言？），而獨立之人格適為獲得政治參與之起碼資格，也就是說，它是政治上的自由之基礎。於是乎擁有些許資產的人便成為亞里士多德理想的中間階級公民的典型：他們因有產，故為自由民，而名之曰 free-holders。

公民們進行參與式的城邦民主政治時，所謂「公民德行」的第三項內涵是「順服」（temperance）、「正義」（justice）及「勇敢」（courage）。然而在此之外，有一個非常重要的政治生活中的「能力」，它可能決定群體生活素質的高低，亞里士多德點出了所謂 *phronêsis*（practical judgement；可譯成「明智」或「權衡」）：

所謂明智，就是善於考慮對自身的善以及有益之事，但不是對部分有益，如對於健康、身體強壯等，而是對於整個生活有益。……總的來說，一個明智的人就是一個善於考慮的人。誰也不會去考慮那些不可改變的事物，對於這些事物，他不能有所作為。……又，人們不能考慮那些出於必然的事物，所以明智並不是科學，

它也不是技術。不是科學，因為實踐的東西是可以改變的；不是技術，因為技術和實踐種類不同，良好的實踐本身就是目的。總而言之，明智就是關乎人生活的善與惡之真正理性及其實踐。

　　Phronêsis 是實際生活上的理性、智慧與判斷，真正善的生活所必需，「像柏利克里士（Pericles）那樣的人，就是一個明智的人。他能夠明察什麼是對他自己和人類都是善的。像這樣的人才真是善於治理家庭、治理城邦的人。」在亞里士多德的理想中，參與政治的公民都能夠逐漸在生活實際「經驗」中磨練出明智，使我們的政治活動真正能帶來善與裨益。

四、亞里士多德式城邦政治的歷史性格

　　然而亞里士多德式政治並不是全然完美的，在理論上或是實現上都有──雖非瑕疵，卻可能是──其未盡理想處。首先乃是「城邦」政治的格局太小，充滿了封閉及排他性。在西洋二千餘年的歷史記載中，「城邦」式的政治型態只是曇花一現，並非是主流樣式──帝國、封建及民族國家三者中任一的歷史都較城邦為長。這種狹隘格局的政治並不適合以後人類文明中社群規模逐漸擴大的必然趨勢。

　　而其次是他對「人」的「社會性格」的高度樂觀，以至於深信人可以憑藉天生能力，在建構一個適當的政治結構後就可為自己找到幸福。這種對人類本質的樂觀主義受到來自俗世與宗教上的批判：例如西元後的奧古斯丁就直陳人在原罪內「墮落的本性」（human depravity），因此不能依賴自身的力量獲取幸福；而當代學者 Bernard Yack 亦指出，即使亞里士多德本身對人類的政治可能性並未如此全然樂觀化與毫無保留地肯定，但後人的解讀卻已流於如是，因此我們經常忽略了「政治的動物」在實踐上所可能遭逢的困難，而把亞里士多德式政治過度美化了。

　　最後一點，就是在城邦的偏狹「小宇宙」中，當政治又被拘限於「中間階級」的時候，就難免令人興起亞里士多德式政治難逃「階級政治」之宿命──以階級、而非個人，作為政治行動或政治過程之單位。以「階級」作為政治單位所需面對的必然困境是「分裂」──正如同今日的「政黨政治」的割裂社會宿命一般。因「階級」所形成的社會「差序格局」，這可能是許多人所不願意面對的問題，但卻是實際存在且不曾中斷的問題。而亞里士多德以中間階級為對象所建構的政治，最後必

然無可避免會陷入階級政治的泥淖中，也就是在政治過程中階級利益會被凸顯及意識到，而最終變成「政治行動」之價值歸趨——也就是形成階級政治。

　　綜觀亞里士多德的政治理想，我們可發現他對「人」充滿了期待：人可以透過自身的潛能，為自己尋得幸福；人天生秉賦有社會性格，需要在「人際」（inter homines）的場域中才得以琢磨及展現，而一個理想的「人際」場域卻需要人類「理性」的支撐才能維持。我們靠理性能力與人溝通，尋求規範與共識，藉之樹之「人際」場域之可能性；在此之內，我們進一步尋求「人」的各種精神活動之開展與文明豐富化之可能，於是乎「人」所以為「人」。換句話說，亞里士多德的體系實是懸於一個「人文化成」的重心上，他將「人」的整體開展與人文精神的昂揚視為是人類生活的目的，亦是城邦文明的終極價值之所在。這樣的一種關懷與懸念充分表現在他的倫理與政治之中，無論風格、方法或最後的理想圖像都與柏拉圖是不同的。

　　綜觀亞里士多德之政治，他總結了城邦時代理論與現實，而發展出所謂亞里士多德式政體：立基於「政治人」、「平等互治」及「混合政體」之三大信念，他將城邦政治「可能的最佳生活」（best possible life）具體描繪出來，成為西洋政治思想史中的第一個政治「範型」。當然，也馬上成為隨後之歷史進行「反省」與「批判」的對象。

近代自由主義立基於個人主義基礎上，強調天賦人權，保障私有財產，秉持以法律為中心的政治觀與提倡個人追求幸福快樂的權利[1]。這些似乎是漫長中世紀後，文藝復興與啟蒙運動雙重衝擊下，日耳曼歐洲的一個重要蛻變。在政治思想上（以英國為例），當外來的古典共和思想與本土的習慣法／古憲法思想在國內政爭中對峙到難捨難分時，以「共時性的」（synchronic）思考為特色，以解析幾何論證方式為基礎的「理性主義政治思想」就異軍突起，以非歷史性的「自然權利」（natural rights）與「契約」概念建立了嶄新的國家理論與主權理論。今日世界中建立在個人「私有財產權」之上的「自由主義民主政治」（liberal democracy）也以 17 世紀初現的這種「自由主義政治思想」為藍本。而個人主義、普遍理性、自由、快樂、自然法、契約及私有財產等都是啟蒙時代才會有的思想結晶嗎？在西洋政治思想史漫長的兩千多年傳統中，有無理論家做過相似的思考？自由主義思想中以「法律」為核心的政治觀是否僅能從近代民族國家的結構中生出呢？換言之，自由主義是否是日耳曼民族的「文化大發明」呢？如果我們再次檢視地中海東岸的古典文化，便會發現約莫兩千年前，希臘羅馬人曾經有過「反群體主義城邦文明」式之思考痕跡，而在這些痕跡下所透露出的對人的概念，與我們今日並未相差多少。

一、反城邦政治的興起

無論是亞里士多德「理想階級」的政治或是柏拉圖「階級政治」的理想都著

---

[1] 學者 Richard Flathman 曾提出 GPF 原則，以之作為自由主義鼓勵人追求快樂與慾望實現的理據。所謂 GPF 即是 General Presumption in favor of Freedom，含意是「基本上，吾人應認為讓一個人在社會生活中形成慾望、企求而去追求、實現與滿足它，是好的事情。」而這顯然是一種反對各種形式的結構性或價值束縛的立場。請參見 Flathman, *The Philosophy and Politics of Freedom* (Chicago University Press, 1988), pp.235-246.

根「階級」之觀念；另一方面，城邦政治中特殊的「公民」觀念也造成了所謂「政治」非必與人人相關的現象。這些都造成了城邦政治的特殊狹隘性格——排他的與階級的。城邦固為一封閉的小宇宙，以尋求自給自足為理想，但終究的結果是區分出了「核心人」與「邊緣人」，所以 equality（*aequitus*）乃是城邦政治所缺乏之氣味（亞里士多德所謂的 equality among the equals 永遠是非公民者或外邦人之痛）。相應於此，對政治疏離的「隱遁思想」（the philosophy of escape）早已暗暗滋生，俟城邦逐漸沒落之際，即其反彈、壯大之時。將「隱遁」、「反政治」之立場完全等同於城邦「邊緣人」之政治，雖無必要，然而「反城邦」政治確是此類原本「非主流」論述極佳之總稱。

城邦政治原本意在建設一小宇宙，但許多城邦並存之結果殆為衝突與戰爭，史跡昭然（例如以雅典及斯巴達為首的伯羅奔尼撒戰爭就持續了數十年）。人類之政治既為謀求幸福，則戰國林立是否為唯一之選擇？馬其頓及羅馬帝國之相繼出現，提供了明白事證：普世帝國也許是和平幸福之最佳途徑。所以，當城邦瓦解之際，城邦政治理論作為政治生活範型的地位也開始動搖。城邦政治理論的基本柱石——「人是經營政治生活的動物」（*homo politicus*; *zōon politikon*），「公民德行」（civic virtue）與「城邦小宇宙」（*polis*/micro cosmos）等觀念，遂逐漸遭受挑戰。

在 *homo politicus* 的信念下，人以社會「行動」獲致「幸福」（*eudaimonia*）；也就是說，透過政治過程、經營政治生活，人覺得規範並建立安身立命之環境。「行動」，是求取「幸福」之途徑；也因此，「政治場域」相應出現，以為「政治人」之「舞台」。但是有一股思想卻在其獨特的世界觀下，從根本上消解了「政治場域」的必要性。這就是強調「自我具足」（self-sufficiency）的反「政治人」思想。它的核心概念是 *ataraxia*，意為「心靈寧靜」、「無動於衷」（freedom from anxiety）。如果人能夠「自我具足」，則為人性之圓滿，亦為「幸福」。「幸福」並不賴於與他人的互動——就是所謂「社會性」的實踐。這樣的想法其實在「主流」、「經世」的社會哲學初興起之時就已然存在，只不過在以往尋溯「社會」思想史的眼光下，這種「反社會」的想法易受忽視。

反城邦思想的興起受到兩方面同時的影響：在政治上，城邦型態國家的式微，為新興的軍事力量——帝國——所替代；而另一方面，世界觀與人生思想的逐漸嬗變亦適時加入了這場改變古希臘城邦世界歷史的「革命」中。當馬其頓帝國從北方而下，昭告天下一個新的時代型態即將來臨時，「普世帝國」遂成為政治思想上一

個新的可能性，而亞歷山大大帝所憧憬的 union of hearts 亦成為終將解構城邦「小宇宙」價值系統的新願景。但這個新的「普世帝國」歷史階段究竟需要思潮本身之轉換以竟功，然後可成為世人之新認同。在此關鍵的階段裡，某種「個人主義」價值觀的興起擔負了重要的觸媒功能。這種「個人主義」是由「隱遁思想」催生，它主張人把關注焦點從社會生活轉回自身之上，而這無疑對過慣城邦公民生活的人是嶄新的挑戰。

對某些後城邦時代的思想家來說，城邦的「小宇宙」似的「群體主義」式生活未必一定通向幸福。首先，它的格局太小，政治的場域只限於具有公民身分者，為數不少的外邦人或奴隸均被排除於外（通常公民總數約占三分之一）；如此一來，使得政治具有「偏狹」而非「普遍」的性格，「生活共同體」中僅有一部分人得以與聞公共事務，被摒除在外者自然易生反彈。此點尤以在民主的城邦中為然：因為在非民主的城邦中，「參與政治」本來就與眾人無涉；但如某城邦既以民主為其政治之精神，則於此中再設一高門檻，排除約莫一半以上之人，豈不諷刺？其次，在「亞里士多德式政體」中，以中間階級公民為政治的主體，又等於是在公民間製造出前述的「門檻」與「排除」效應，易生階級間之矛盾，此點亦無裨於「政治共同體」之和諧。最後，民主式城邦（亞里士多德式政體）之所以立基的 *homo politicus/zōon politikon*（人是經營政治生活的動物）此一信念本身也常被過度美化與偏頗式地使用，以至於我們常忽略了以下問題：一群「政治生活的動物」間是否就必然可能順利營造出參與式的「共和政治」（republicanism）？公民們在參與日常生活的政治過程中所會面對的障礙與衝突是否被低估與忽視了[2]？

城邦政治生活的理想立基於 *agapé*，就是人與人之間的「博愛」，也是一種「友誼」的昇華。它無疑是一種緊密的「人際關係」，在密切互動中達成所謂的「凝聚」（*solidarité*），而在「凝聚」中形成「秩序」。而這種「凝聚」固然是引人的理想，但是其困難已如前述。所以，因為城邦政治生活的偏狹性及理想與現實之間的落差，其中的「社群性」價值觀也許並未能夠真正帶來幸福，此時思想家們不免認真思考社會生活之其他可能模式。

---

[2]　亞里士多德學說中對於政治生活中的衝突與困難之探討常被後人忽略，以致於我們對亞里士多德式政治生活的景象常是過分樂觀的。見 Bernard Yack, *The Problems of a Political Animal*（University of California Press, 1993），此外，Martha C. Nussbaum 亦對亞里士多德式政治與倫理理想之實踐存有疑慮，以為其由於一、具菁英色彩，二、維護現狀的保守性格，故不能為每一個人（平民）帶來真幸福與快樂。見 Nussbaum, *The Therapy of Desire: Theory and Practice in Hellenistic Ethics* (Princeton University Press, 1994), pp.102-104.

　　一個新的社會生活模式在隱遁思想下被清楚地指引了出來：人的幸福其實來自於 *ataraxia*，也就是 peace of mind。而此「心靈寧靜」有賴於心靈之「自我具足」、「自我完滿」；這是一種向內探索的心靈活動，它顯然地將幸福的追求視為存於對自我的認識與掌握。*ataraxia* 無疑與 *agapé* 是一個很大的對比，後者著眼於「人際」之緊密關係，而前者致力於「自我」之正確掌握。因此，在 *ataraxia* 的觀念之下，「知識」或「理性」的重要性凌駕「行動」或「實踐」：我們如何能正確地認識這個世界才是最重要的，人生的快樂來自於與「自然」（*physis*）、「宇宙」（*cosmos*）取得和諧。所以，人性的圓滿或現世的幸福並不在於「政治行動」，而在於「順應自然」（following nature）[3]──開悟通透的「智者」（wise man, sophos）取代了淑世濟民「政治的動物」。這是一個新的社會哲學，前此所未有，新的人生觀改變了對政治生活本質的思考：政治生活應該只是讓每個人能夠過「順應自然」的生活，政治不是一種「建構秩序」，而是「遵照自然」（according to nature），回歸自然法則，政治不尚過多的「人為造作」，而應法「自然無為」。所以這是一種化約的、極簡的（minimalist）政治觀，與城邦政治的崇尚「政治行動」形成強烈的對比。

　　這種新的「反城邦」政治觀有幾個特色：第一個強調個人，第二是快樂主義（hedonism），第三是主張「閒逸」（*otium*, withdrawal from public life）。強調個人，是因為它認為每個人都是一個「小宇宙」，內部可以自我圓滿而毋庸外求，向內的 *ataraxia* 取代了向外的 *agapé*。「快樂主義」是指人生的意義在於滿足自我精神與肉體上的欲求，它是幸福的泉源[4]。「自然」給予了人類若干本性，人類順其道而行，趨利弊害，即可獲得幸福；人生以獲得幸福為目的，而有時若干抽象思考下出現的「人為造作」價值觀，反而會給我們帶來精神上的束縛與痛苦，應予明察。最後，每個人都積極地參與政治生活未必會帶來幸福，人的權力慾望及人生的

---

[3]　其實亞里士多德在《尼科馬哥倫理學》（*Ethica Nicomachea* I.7,1098a16）中曾提出「因自然而生活」（living in agreement with nature, *homologoumenos tei phusei zen*）之觀念，只是它並未將之視為「政治的」生活之核心概念，而由此亦可知亞里士多德與柏拉圖不同，他在若干面向上的確將「政治」視為獨特、自主的領域而加以研究（將倫理與政治這兩個主題分開書寫即有盡在不言中之寓意──此或可為處理著名的《倫理學》與《政治學》二書間關係問題的線索）。而稍後的希臘化時代哲學就有所謂的「追隨自然」（following nature, *akolouthos tei phusie zen*）之提倡。

[4]　其實有關「幸福」（*eudaimonia*）問題早即已發軔於蘇格拉底在 Gorgias 中的提問：「吾人如何才能經營出幸福的生活？」而柏拉圖與亞里士多德將 *arête* 視為通往幸福之路，但反城邦政治較傾向於是以「快樂主義」（hedonism）等同之。

若干缺陷往往會在社會互動中被引導出來。原子式（個人主義式）的個人所形成的社會，在自然法則的規範之下，反而會給我們很好的「和平安定」的機會。所以在「閒逸」觀念下的遠離政治生活就變成了 wiseman 所贊成的生活方式了。以下我們嘗試分別追索這幾種觀念在古典時代的源起與發展。

二、自然法、天生理性與自我具足

從蘇格拉底前的哲人派時期開始，就陸續有人注意到「差異」的問題：人類應該如何解釋人與人之間、民族與民族之間經常存有明顯的差異？很容易有的一個看法就是這只是相對立場的不同。Xenophanes 在很早的年代就指出，每一個立場與其他的立場都是相對的，我們看這個世界正如同瞎子摸象。他舉的例子令人捧腹，但何妨發人深省？「如果馬與牛有手可畫圖，則牠們腦中上帝的形象將像牠們一般，衣索匹亞人的上帝會是黑皮膚扁鼻子的，特雷斯人的上帝則會是紅髮碧眼的。」所以，「沒有人可以對……事情有確定的知識……他的認知充滿了個人意見。」Xenophanes 的結論是：所有的意見只不過是「真相的部分反映」（likenesses of reality）。

這種價值相對論引申到了倫理學及社會思想上就產生了極有意義的主題：nature（*physis*）vs. convention（*nomos*）。前 5 世紀的詩人 Pindar 就曾明言，無論神或人，「習俗，均是至上的……（custom, king of all...）」；不同的民族有不同的「俗律」（customary rules, *nomima*），「每個人信仰自己的正義（*dikē*）。」接下來我們自然會想到的便是：什麼是所謂的「真相」或「普遍的法則」？它放諸四海皆準，不因人而易，不隨時遷移。宇宙間最高、普遍的法則——自然法（natural law, *jus naturale*）——的觀念就油然而生了。

在對自然法最早的討論中，已然呈現出對它的若干特色的共識。第一，這種自然律是最高的準則，支配其他的律法。Sophocles 的悲劇 *Antigone* 中，伊底帕斯王的公主 Antigone 清楚表達了自然法是神給人的指令，它凌駕人為法律。對 Heraclitus 來說，「所有人類的法律都由一個神聖的法律所支撐；這個法律控制與主宰萬物，它適用於萬事，而且是遍存的。」哲人 Antiphon 曾指出，「如有人意欲違反自然法（只可能是意欲，因為要違反此法是不可能的），則亦難逃上天之制裁，不因人不知而罰稍輕，亦不因人盡知而罰稍重。」第二，每一個人都能領受

自然法，對自然法的知識或了解是與生俱來的。Antigone 認為它是「銘刻於胸中」
的；Heraclitus 強調雖然每個人常有自己的見解，但所有的人都具有相同的理性，
「人類共同分受理性」；而哲人派的 Antiphon 更是把這種觀念做了應用性的陳
述：「……對遠方的民族我們既不了解也不尊重。常視之為野蠻；然殊不知彼此本
性天生下來即相仿，均可為希臘，亦均可為野蠻。」這些都證明了他們已經深信：
雖然膚色、相貌、種族文化等不同，但人皆有相同的稟性，這種來自於天的「良知
良能」，使溝通、或更高的理想成為可能。西塞羅（Cicero）的一段話做了最清楚
說明：

　　事實上有一種真正的法律──即是理性──它是與自然一致的，適用於所有
人，而且永遠不變。這種法律召喚人們行使他們應盡之責任，同時也禁止人做惡
事。但它只對好人生效，卻對惡人不起作用。用任何人為制訂的法律來使它失效將
是不道德的；去限制它的效力也是不可以的。更不用說，要全盤否定它是根本不可
能的。不論是國家中的議會或是全體人民的決議都無法改變我們實行自然法的義
務，而我們也無須透過一位天才演說家才能了解它的意涵。它不會在羅馬是這樣而
在雅典是那樣，也不會今天是這樣而明天那樣。它只會是一個永恆不變的法律，在
任何時間都規範任何人。而有一個人，他是此法的作者、解釋者及維護者，因而他
是人類共同的主人及統治者，這個人即是上帝。一個人若不遵循它則無異自暴自
棄，否定了自身之人性，縱使他能逃避人世間之懲罰，最後亦將受最嚴酷之報應。

　　既然自然法是遍存的，且我們每一個人都能相同地領受，一個極具意義的推
論就呼之欲出了：如果群體生活中每一個人都有天生的「理性」或「良知良能」以
與他人互動，則似乎每個人應該都有相同的「尊嚴」（moral worth）。相同的「理
性」給了每一個人相同的「能力」（或至少是「潛力」），而這種「能力」或「潛
力」的具備又使我們每一個人都同等地值得別人的「尊重」；換句話說，人的基本
「道德尊嚴」應該都是相同的──人跟人應該是「平等」的。這種觀念可以立即
有兩個結論：一是指向一種「個人主義」式的世界觀，二是對「階層化」、「封閉
式」的城邦政治生活樣式有所反彈。

　　所謂「個人主義」式的世界觀其實是自然法思想與前述之「隱遁哲學」共同作
用的結果。在城邦逐漸衰敗的歷史階段中，東部地中海世界失去了秩序與和平：國
家間交相攻伐、社會動盪，民生凋蔽。一個典型的「戰國」時代讓前此的黃金「雅

典時代」成為永遠之陳跡；一般人民在戰亂之後顛沛流離，而有識之士則興起不如歸去之嘆。這種對世運悲觀、對人事消極的態度導致對政治的冷漠，於是乎「隱遁哲學」代替了「淑世」的熱忱，「獨善其身」的願望超過了「兼善天下」的抱負。城邦政治生活賴以立基的「人是經營政治的動物」此一信念逐漸退出了思想的舞台。在另一方面，人人平等的理念適時興起，導引了這股「反城邦政治」的思緒至一個新的場域──就是「個人即是一個小宇宙」的「個人主義」式世界觀之中。由「城邦是一個小宇宙」到「個人是一個小宇宙」，代表了西洋政治思想的一大步變動[5]。

「自我具足」（*autarkeia*; self-sufficiency）這個「希臘化時期」（Hellenistic Age）的哲學主流滲透於當時的各個思想流派之中，而最早體現的，大概是所謂的「犬儒學派」（Cynics），他們認為唯有在人自己的能力、思想及個性掌握中的事物，才是對好的、快樂的生活有裨益的。為什麼人有「自我具足」的可能呢？這就可追溯到一個久遠無可考的古老信念：人類身為萬物之靈，我們每一個人的靈魂中都「分受」有天上的「神靈」（divine spirit），我們是整個宇宙的「絕對精神」的一部分。在「希臘化時期」，許多人陸續表達出這種看法。Posidonius 認為人的痛苦來自於不能「追隨」宇宙的「絕對精神」：

　　人有感情起伏──亦即不快樂與不諧和──乃是由於未遵循身體內的「神靈」而行，這種「神靈」與管理宇宙的「神靈」是一般的，只不過它被禁錮在凡俗軀殼中……

Epictetus 更是直切地鼓勵每一個人要對自己所具有的「神靈」有信心，要發揚與生所具的「神性」來立身處事、經營生活：

　　你具有無比重要性，因為你是上帝的一部分；你體內有祂的成分。可是你為何不知道這樣的血緣關係？你為何不知自己來自何處呢？當你進食時，你是否不願承認，吃東西的人是誰，這食物是為誰滋養呢？當你與人來往時，你可知究竟是誰正在與人交往呢？當你陪伴友人、當你運動、當你談話，你可知事實上你是在為上

---

[5] 英國學者 Carlyle 曾說，從亞里士多德到羅馬法學家之間代表了西洋政治思想史上最大的斷裂，而我們以為這可以是他這句話的另一種說法。

帝滋養此精神與肉體嗎？可憐的人呀，竟不知你體內存在著上帝。

正因如此，我們每一個人才有先天的本能「自我具足」，而毋庸外求。如果個人──不需要社會的幫助與群體生活的薰陶──有可能成為一個圓滿具足的小宇宙，那達成這個理想的方法究竟如何？這當是一個後城邦時代的思想家最關切的問題。此時，於「希臘化時期」繼犬儒學派而興起的所謂「斯多噶學派」（The Stoics, The *Stoa*）及「伊比鳩魯學派」（The Epicureans）就深具討論意義了。斯多噶學派及伊比鳩魯學派的出現代表了後城邦時代政治思想重要的變化，分述如下。

三、Stoics、Epicureans 與反城邦政治思想

The *Stoa* 的來源是其始祖 Zeno 常在 *Stoa Poikilē*（painted porch，彩繪之廊）與弟子談學論道，時人因以名其學派，也就是畫廊學派。此畫廊在雅典城中心公民集會所（*agora*）北邊，廊柱上所繪多為馬拉松之役（the battle of Marathon）情景，對雅典或是希臘人言深具意義。Zeno 約生於西元前 4 世紀的 30 年代（333-261 B.C.），來自於賽浦路斯島（Cyprus）的 Citium。他曾受教於 Plato 之 Academy 的第四任領導人 Polemo 及犬儒派的 Crates 等人。在他之後，學派早期著名的領導人有 Cleanthes、Chrysippus 等。斯多噶的創始人 Zeno 受到「犬儒學派」Crates 的影響，繼受了「隱遁哲學」中的「自我具足」觀念及「依據自然生活」（live according to nature）觀念，發展出了一個重要的概念，就是自然──德行──理性的三位一體。換句話說，他把「希臘化時期」最重要的「自我具足」觀念做了一個斯多噶式的引申──上天賦予我們能力去了解自然，而若能究竟於斯，即為德行。Zeno 與早期斯多噶的領導人均深信「自然」是人的最高準則與最後皈依。稍後的史料中，很明確地記載著：

　　Zeno 在他的 *On the Nature of Man* 一書中，將人生之目的視為是過一個與自然一致的生活，也即是有德行的生活，因為德行乃是自然引導我們到達的最後目標。同時 Cleanthes 在他的 *On Pleasure* 一書中也如此認為……

Diogenes Laertius

　　斯多噶的 Zeno 認為人生的目的是過德行生活；Cleanthes 則認為是使用理性來過符合自然的生活，而所謂理性即是能選擇符合自然的事物之能力。

Clement of Alexandria

　　斯多噶的創立者 Zeno 認為好的生活應是道德高可敬的生活，然這種生活須從自然而來。

Cicero

　　Chrysippus 在他的 *On Ends* 一書中說，所謂過德行的生活即是依據實際自然之道的經驗而行；我們每一個人的自然天性是宇宙整體自然的一個部分。

Diogenes Laertius

　　最好的生活就是「依據自然」。「依據自然」，可以過出德行及理性的生活。此時，原本城邦意識形態中人向外探求的「社會性格」開始轉向後城邦時期的「內省」，每一個人依據對「自然」的體悟而尋覓出最佳的生活。「倫理」作為生活範式，其焦點不再僅存在於「人際」（*inter homines*），它可以是每個人體會自我在宇宙自然間所占的位置後，所表現出的「安身立命」的生命樣式。這種投向內在自我的倫理觀所帶給政治哲學的衝擊是基本而深遠的：古典共和主義下「參與的公民」不再是楷模，相對的，*sophos*（智者）出現成為新的表率。Stoic wiseman 是體會自然奧妙與生命本質的人，他的光芒常在「理性」（用以達到 *ataraxia*），而非「熱情」（*agapē*），他崇尚對「自然」的「知識」，而不是在政治場域中的「行動」[6]。城邦生活中慣有的「集體」政治熱情在此被斯多噶轉化為對「個體」智性頌揚的價值。

　　到了伊比鳩魯學派的手中，參與的城邦政治思想受到了更徹底的摧毀。學派由伊比鳩魯（Epicurus）亦創設於雅典。伊比鳩魯（341-270 B.C.）生於雅典殖民地 Samos 島，於 307/306 B.C. 至雅典設立學派，人或稱為花園學派，因為他們在伊比鳩魯的花園內過著「賞心有侶、詠志有知」的悠靜清談生活。其學說頗受原子論者 Democritus 及 Leucippus 影響。伊比鳩魯認為追求「快樂」（pleasure）是

---

[6] Stoics 並非反對參與政治，但基本上他們對政治生活的看法並非是亞里士多德式的──人是政治的動物，人性的圓滿來自於政治生活。反而，他們在此處比較接近柏拉圖：政治並非每個人可及，應由哲人（智者）為之。但智者也是多有顧慮及猶疑的：根據 Seneca 的記載（*De Otico*），Zeno 及 Chrysippus 都認為智者唯有在無障礙下才考慮參政。所謂障礙包括：一、國家已腐敗到無可救藥；二、個人影響力有限且國家排斥他；三、個人健康因素。

人生的真義，「快樂」來自於對痛苦的減除[7]，因此任何可能造成痛苦的原因我們都應該避免。這可能可以追溯到 Leucippus 及 Democritus 的原子論及 Aristippus 的 theory of pleasure 的影響。對他們而言，所謂這個世界或自然乃是物理現象而已，一切都由原子所構成。因此，就人來說，到底何謂自然？其實乃是生物性的自利與自保而已：每一個人儘可能地去滿足自己的欲求，這是作為生物為了存活而有的本能，表面看似為自利，實則皆為指向自保。我們必然好奇，何謂生物性之欲求？在伊比鳩魯的 theory of pleasure 中，他曾區分 pleasure 為所謂「自然且必需」（natural and necessary）、「自然但不必需」（natural but non-necessary）及「不自然亦不必需」（unnatural and non-necessary）。基本生理需要屬第一類；較奢華之需要（如華服美食等）屬等二類；而他們把「虛榮」及「權力慾」歸為第三類，認為這些——許多人習於追求的快樂——終將只帶來煩惱而已。乍看之下，它似乎將人視為是單純地、機械地朝向「快樂」而存活的生物；且甚至以此來做哲學知識的判準：如果哲學家的論說不能解除人的苦痛，則一切所說不過是空話而已。

在伊比鳩魯的分類中，快樂（pleasure）有兩種：一種是「靜態的」（static, stationery），一種是「動態的」（kinetic）；「靜態的」乃是消極地免於任何心靈煩惱或肉體痛苦，而「動態的」乃指積極地享受了某種心靈喜悅或肉體上之歡愉舒適。但肉體上的痛苦可被精神上的愉悅所抵銷，甚至還有餘；而肉體上的快樂或是痛苦都只是短暫的，而精神上的快樂或痛苦延續的時間較長。

事實上伊比鳩魯的主張是代表了某種發人深省的「新」價值觀——一個建立在 pleasure 與「快樂主義」（hedonism）上、卻鼓勵簡約質樸恬靜生活的價值觀。這似乎是奇怪的組合，到底其意義為何？我們應如何想像一個關注焦點在於 pleasure 的快樂主義會與簡約生活連結在一起？這乃牽涉到伊比鳩魯思想發人深省之處。如前所述，伊比鳩魯對「快樂」的定義乃是採用消極方式，意即是痛苦的減除。舉例來說，我們都知道，欲求的不能滿足是為痛苦，故任何慾望都應減除，任何焦慮都應避免。因此，最簡約的生活是伊比鳩魯的最高境界：

> 任何知道生命本質的人都會知道，讓生命整全充實很簡單，免除痛苦很簡

---

[7] 對伊比鳩魯最大的誤解來自於認定它是一種「縱欲主義」，放縱對於物質或身體的欲求。然而真相是：如這種欲求就長期言帶來的是更大的痛苦，則伊比鳩魯會斷然棄絕它。所以，「清心寡慾」反而是他們常講的信念。

單——只要減少慾望即可。所以人和人之間實毋須競爭。

如果再對照他的這句話：「飢渴之人從白水與粗麵包中獲得至樂，寡欲之人從陋食中尋得滿足」，這樣的立場清楚地表示他們絕非主張放縱個人慾望：一方面，感官的快樂常只帶來痛苦、恐懼與更多的需求；我們尤應避免依賴外在事物，它們不在我們控制之下，因而只會給我們帶來煩惱。另一方面，人的煩惱痛苦其實多是自找，我們因為認識的不清楚而時常痛苦，但只要棄絕某些不必要的虛榮或欲求，則會回歸到人所應有的自然、原始的快樂。有學者認為這種方式是為「慾望的治療」（therapy of desire）：大部分人的靈魂經常是處於不必要的痛苦壓力與煩惱中，而伊比鳩魯的哲學就是要施予痛苦的靈魂一種有效的治療——靠著對「健康的」與「病態的」慾望加以區分而進行的治療，在「割除」不必要的「病態」慾望後，人即可離開煩憂之侵擾，此之謂「外科手術療法」（Epicurean surgery）。

這種一方面關注 pleasure，一方面捨棄不必要的欲求的立場其實代表了一種「回歸自然」的高貴理想：我們在「自然」之內盡情享受天賦之賜與——包括生理的自然欲求等，但是卻能夠不走向「貪婪」（著華）與「人為造作」（虛榮）。在「真情至性」的流露與「知足常樂」的惜福心態下，我們試圖過一種渾然「天成」的樸素自然生活。其實這是一種極高貴的理想（今日所謂的綠色思想、自然主義亦不就是以此為標的？），恐怕與老莊的「虛其心實其腹」有異曲同工之妙，只不過實踐上極為困難而已，莫怪乎要非得伊比鳩魯的「智者」與老莊的「至人」方克竟功。

將本能欲求之滿足視為快樂，至於道德或責任云云只不過是「人為」的協定，並非「自然」[8]，這種「快樂主義」所帶來到世界觀的衝擊非常鉅大：那我們應該如何看待政治？答案是：人應遠離政治生活，因為存於其中太多的競爭（因而也有虛榮）會影響我們的快樂；Live unknown（*lathē biosas*）是他的名言：人應該過的是恬淡不為人知的生活，因為對權力及支配之渴求往往是焦慮及不完全感的來源。對他這個持「反城邦政治」立場的人而言，人亟需「從人際事務及政治的牢籠中解放出來。」稍後的斯多噶思想家 Seneca 把兩個學派對政治的態度做了對比：伊比鳩魯派是主張「除非有特別原因，智者不應涉入政治。」而斯多噶的立場則是：

---

[8] 伊比鳩魯學派因此發展出所謂「正義」亦只不過是一種約定俗成而已，而國家乃是為了避免人人互相傷害（與權威下的痛苦兩相對比取其輕）而有的「人為的」、不得已的機制。

「除非有阻礙，智者當參與政治。」伊比鳩魯已經把 *ataraxia* 實踐到了極致，所以他不但是反政治的，更是反城邦政治的。

　　受到原子論者 Leucippus 及 Democritus 的影響，伊比鳩魯派不認為有所謂「自然正義」（cosmic justice）存在。這是一個極為古老的爭辯，當然在蘇格拉底及其之前的辯士派時期就已經是焦點。舉例來說，有一個辯士 Antiphon 留下了一個斷片名為《論真理》（*On Truth*），其中就有一個很明確的立場：

　　（一般所謂的）正義是不逾越國家的法律。所以，一個人通常以對他自己最有利的方式來面對這個問題：當有人看見時，他守國家之法；當沒人見著時，他只遵循自然之法。因為國家之法只是偶然成立的，但自然之法卻是無可違的；國家之法由約定而成，並非來自天性，但自然之法正相反。所以，如果一個人在其他立約人沒看見時違反了國家之法，則他可不受懲罰亦毋須自責，而只有當其他立約人看見時才非如此。但違反自然之法時的情形卻不同……

　　柏拉圖的 *Republic* 中的 Glaucon 及 *Gorgias* 內的 Callicles 都主張法律只不過是人為的約定，而在此之前的原子論者 Democritus 也應是這種「契約論」的先驅。如果法律是由人為約定而生，則國家自然也是應實際需要而期約樹立。這當然是最早的所謂「契約論」了，而在伊比鳩魯學派的始祖伊比鳩魯的殘存著述裡，這種觀念得到了精確的處理。首先，他說明「正義」觀念的緣起是「對共同利益的一種承諾，大家約定不要彼此傷害，也因此免於被傷害。」由是，如果一群人沒有能力約定避免互相傷害，則他們的世界裡就無所謂正義不正義。故可以歸結來說，「正義本身並不實質存在，任何地任何時只要有互不侵犯之約定存在，正義乃出現」；同理，「不正義本身亦不等於邪惡，它變成只是一種對於無法逃避執法者懲罰的恐懼而已。」

　　法律、正義甚至國家都來自於約定，而這種契約論的觀點必然預設了人的普遍「理性能力」與價值的相對主義──若無理性，則約不立；若係立約以定規範，則價值必然是相對的。於此，普遍的理性能力與價值的相對主義將共同作用以形成伊比鳩魯學派若干核心的政治思想立場。訂定契約的目的只是維繫住群體生活而已，它本身並沒有自存之價值──因它不代表「自然」。而普遍理性與「自然」之關係為何？這可能是伊比鳩魯學說中很關鍵的一點。對他而言，我們人是靠「感官」（sense）來體會「自然」，與「自然」相聯繫。感官的知覺不但是可靠，也是正

確的：

　　……宇宙是由物體及空間所組成；就物體而言，感官構成了人類之經驗，並且在感官知識的基礎上我們用理性來判斷無法被感覺的事物……

　　空間與質量對伊比鳩魯是很重要的推論前提，如果沒有一個預存的「真空」或是空間的存在，則「物體無地方可以存在，亦無處所可以運動。」所以，所有的存在可區分為「物質」與「空間」，「除此以外，沒有東西可經由想像或是推論而能存在。」而我們對世界的了解，但憑感官對物質現象之體受，此點對感官的信賴顯然與柏拉圖迥異；對柏拉圖的二元知識論系統而言，感官永遠是有缺陷及易誤的，是理念界不完美的「分受」。而為何感官經驗值得信賴？因為它是「自然」而未受「污染」的：

　　……並不需藉論證或辯證思維來證明人類應追求快樂與逃避痛苦。……這些可由感官來察知，就如同我們知道火是熱的，雪是白的，蜂蜜是甜的一樣。我們毋須經由某些精巧的論說而知道這些成立──我們只要去注意它們就可知道了……要知道什麼是自然什麼不是自然，只有訴諸自然本身。

　　人在社會生活當中，「心智」會逐漸受到「污染」，以至於對外在世界的認知受到扭曲。這些「心智」上的「信念」，是社會文化的產物，而非「自然」。它們不是我們「真正的感覺」，它們是「外在」於我們的「自然」天性的。這些「精神性」的「污染」包括讓我們敬畏神祇的宗教迷信，把自然的性慾複雜化的愛情故事與那些對財富與權力崇拜的說法等。所以，「自然」需透過純粹的感官能力去接近，而純粹的感官能力是一種排除那些「社會文明信念」後的純物質性的作用。

　　對伊比鳩魯來說，所有物質是由不可分割的基質──原子（*atomus*）──所構成的「原子論」是其關鍵的存有論。所有物體的本質都是一種「複合體」（compounds），或是構成複合體的物質。這種構成複合體的物質是「不可分割與不可轉變的（如果物質是不滅的，以及所有物體分解後都會化成一種最小與長存不滅的物質）：它們的特色是絕對的堅固，而且不能再分解。也因而萬物的原始必然是一種無法分割的物理實體。」這種實體，伊比鳩魯遵循 Democritus 等人稱之為原子，而原子的特性如何？

　　原子永遠持續地運動著，有些上下運動，有些則彎曲轉向，而更有些在碰撞後彈回。原子碰撞後，有些就歪斜彈開，相隔很遠，而有些碰撞彈回、再碰撞彈回，直到與其他原子交織成一個面體，或是被原子群交織成的面體拘限在一個空間內。一方面，因為有空間的緣故，所以原子們得以、也必然會運動碰撞；另一方面，原子本身的硬度與質量也使得它們會在交織的原子面體內不斷的碰撞與盡可能的反彈。這些運動並沒有一個確定的開始點，因為質量與空間的組合自然地造成了這種運動狀態。

　　人在「自然」之內，事實上也像原子般地持續及機械地運動。然而在群體生活之中，每一個人因靠感官察知的自然欲求而行動時，難免會有衝突，則我們應該如何解釋這個現象？因為照伊比鳩魯的說法，我們應追求的精神境界，應像天上的神祇一樣逍遙自在、無拘無束，不為外物所擾，也不會擾人，因為我們生活之所必需其實很容易就可滿足，大可不必過人與人互相爭鬥的生活。人類根本沒有必要常陷於彼此競逐之中，更毋須互相傷害。人之所以會爭鬥與相互為敵完全是因為對「自然本性」認識上的不足或錯誤：我們以為許多「欲求」是「自然」的，始終在為著不必要的慾望而煩惱與計較。所以，「感官」雖然是我們對「自然」欲求的認知工具，但卻需要「理性」來加以導引與節制，讓我們知道如何是適度與「自然」，不會因盲目而貪饜的欲求而彼此衝突，喪失了「心靈寧靜」（*ataraxia*）與「身體安適」（*aponia*），自然也失去「人生幸福」（*eudaimonia*）。

　　當我們以快樂為人生目的時，並非如同一向對我們攻訐者所指稱的朝向放蕩浪費或窮感官之極，而是尋求心靈寧靜及身體安適而已。所以快樂並不來自於狂歡闈飲、縱情恣慾或是飲宴頻仍，而是冷靜的思慮，藉之來擇取我們真正的需要，過濾不成熟及一時的衝動，因為這些都是對精神愉悅的最大障礙。

　　過度放縱慾望，缺少節制，不但個人精神上不會真正快樂，更是明顯地會影響他人。因此，「審慎權衡」（prudence）便成為伊比鳩魯的重要關切：

　　人生在世，最首先與最重要的乃是審慎權衡。它甚至比哲學還寶貴：所有人世間其他的道德均從審慎權衡中而來，而且我們如果不能過公正、榮譽與審慎權衡的生活，則不可能會有真正快樂的生活；同理，如果我們能夠有公正、榮譽與審慎

權衡之心，則不會不快樂。所有的道德本質上都會通往快樂，而快樂的生活也離不開道德。

因此，人生的困境乃在於：必然常因由感官（天生與最直接、明確的）體知的欲求之不易節制而產生衝突，衝突的結果是誰也不能好好享受原本上天美好的「賜與」；這時我們就須知道「節制」的概念，而（亦是天生的）普遍的理性正是給我們「節制」的指引，依靠它，我們才能一方面知道「節制」之必要性，另一方面（藉定約）找出節制之界線何在。這就是普遍理性的作用，它與感官不但不相衝突，實則幫助我們的感官「安享」天賜。

所以伊比鳩魯提出了迥異於雅典學派的國家觀：人類國家的出現並不來自於使人趨於完善的「天意」（divine design），亦不是人的「政治天性」或「社會天性」所致，它完全是世人為了避免危險、克服恐懼與求得安全感而有的「反應」[9]。如果國家的本質是如此，則什麼是政治運作的最適當形成呢？從伊比鳩魯的生命哲學基礎上推衍，國家的目的非常簡單——只是且只可能是儘量滿足人對快樂追求、對痛苦躲避的天性。然而在群體的社會生活中，每一個都是「趨利避害」的人必然會發生摩擦，如何才可能同時滿足每一個人？這本是政治哲學上永恆久遠的課題：柏拉圖透過對人的教化與轉化、亞里士多德借助促使人群性的開展以形成群體的共識，來建立群居的秩序與和諧，庶幾乎文明得以持續進展。但是後城邦時代的伊比鳩魯等人卻從完全不一樣的立場與信念出發，提出了對這個問題解決的另一種可能。

對伊比鳩魯來說，人生的最高快樂來自於「心靈寧靜」或「身體安適」，而他從個人主義式的觀點看這個問題時，他會認為這些快樂的基礎要建立在一個自然、自由的生存環境中。而事實上，對萬物而言，自然與自由本來就是它們生存的環境特質：萬物在大自然中滋生，而依大自然賦予它們的本性或在大自然的律則下自由生長。大自然賦予它們的本性，即是自然；而依其本性而有互動方式，即是律則。朝向本性，即是自然；而不變的律則，也同時辯證地劃出了明確的自由的空間。所以，萬物都在自然法則下自然地與自由地生長，這是宇宙的實況。人作為宇宙中的存在，作為自然的一部分，當然也受自然律則的支配；而這個自然律則即是求生避

---

[9] 將近兩千年後英國的 Thomas Hobbes 的契約論其實可看成是這種想法的翻版。Hobbes 理論對現今影響至鉅，而伊比鳩魯兩千年即已提出，令人驚異。

死、趨利避害與追求快樂、遠離痛苦。因此任何對社會群體生活的論說都不能離開這個作為絕對基礎的律則。柏拉圖教化式的城邦生活，固然注重道德與人格之轉化，但是卻違背了「自由」的天性；亞里士多德式的理想公民政治雖然較柏拉圖而言兼顧了德行（但也是縮水！）與自由，然而卻對人際間密切政治互動的過程陳義過高，忽視了其中所會有的焦慮痛苦與挫折缺失。伊比鳩魯的學說，可說是針對了以上的立場而發：它矯治柏拉圖忽視個人自由與自主的基本人性需求，亦認為亞里士多德強調「凝聚」、「人際連結」（solidarité）的公民參與政治不見得給人帶來真正的快樂或是至高的德性；所以他對「政治」產生了疑懼，視政治事務的糾葛如牢籠。

伊比鳩魯於是走向以「法」經世的思考：如果宇宙是在某些律則規範下而萬物各得其所，則人世為何不應如是？人類的群居生活中如有某些基本的規則來「經緯」社會行為，一則秩序可期，另則在此規約下眾人可自尋生活方式、可各得其所。這種以「法」經世的理念可喻為在人群中尋覓一眾人對社會行動判準之「最大公約數」或「共識交集」，它的意義在於：一旦行為的「禁忌」被確立後，我們繼之便可以規劃出個人的自由行動空間。這個「最大公約數」，就是「社會契約」；作為律則，它不是自然法，但卻是自然法下的理性。這個「社會契約」支撐了社會持續存在的可能，也幫助我們追尋自然與自由——而非限制它們。

換言之，人類在社會生活中得享幸福的外部基礎是透過「社會契約」的以「法」經世。以「法」經世與「人治」不同，它給人尊嚴與空間；又與城邦的「參與式政治」不同，它並無拘限性、排他性，亦避免了涉入權力競逐時的驕傲、虛榮或焦慮之可能。「哲人之治」及「參與式政治」各有其優點，各指向一個理想的願景，但從伊比鳩魯的角度來看，以「法」經世的政治卻會是更上一層的理想——雖然，如果社會全是由「智者」所組成，則可能連以「法」經世都不需要了。

伊比鳩魯認為道德（節制）與快樂間有密切關係，快樂多係來自於道德（節制）。在辯士派時期即已出現所謂「契約論」之說法，將法律與道德視為是人為造作的規範，純係維持秩序而有之約定而已；其價值在於所生之效用而非其蘊含有道德本質。而伊比鳩魯之「契約論」是否不同？重要之關鍵殆在於對伊比鳩魯而言，諸多社會「約定」乃是出於每個人理性之肯定——合於自己利益、亦合於自身道德感之要求。換句話說，在前者的「契約論」中規範之有效乃基於具有外部之強制力，但對伊比鳩魯而言，這些約定不但是符合個人的利益，且是與個人的道德價值結構相連結的。伊比鳩魯的道德理論是不同於辯士的，他承認有道德之存在；辯士

們以為正義只是一種形式或過程——它不過是服從（人為約定之）法律而已，但他卻肯定所謂正義具有實質內涵的——正義乃出現於個人能完成道德自我的樹立後之發於中、形於外。

如果我們不以智慧、德行及正義來生活，則不可能有真正快樂的生活；反之，如果活得不快樂，那這個生活也不會是智慧、德行及正義的。這其中如缺乏任何一項，例如某個人他不以理性生活，則即使他有德行及正義，但是也不會快樂。

快樂是一種心理狀態，而這種心理狀態的重要特色乃是無憂無慮與至樂的 *ataraxia*。道德（節制）正是通往這種 *ataraxia* 狀態的心理過程：

再多的財富、榮耀、名譽或是任何引人卻無節制的東西，都不能消極地使我們精神免於痛苦或積極地帶來快樂。

綜觀以上，伊比鳩魯面對「最佳群體生活樣式」問題的解決方法是標準的「希臘化時代」式的，也就是注重個體性與回歸自然：而二者乃相輔相成：回歸自然必由尊重個體性，而個人精神之「自我具足」必指向回歸自然。伊比鳩魯式的政治理念雖可作整個希臘化時代「隱遁哲學」立場的典型，可是它立基於「智者」境界的世界觀實則陳義極高，不易為大眾了解、接受與奉行。所以「希臘化時代」的「反城邦政治」觀要能對比於「城邦政治」而能形成影響，似乎還需要在此「反群體主義」的立場上注入某些更「具體」的、「經世」的質素，才能為帝國所用。此時，斯多噶學派在數位初祖後較「經世」的發展風格，就具有關鍵性的意義了。

斯多噶的始祖 Zeno 曾提倡所謂「世界國家」（world-state, *cosmopolis*），即「自然法」社群的觀念，這針對「城邦政治」的較偏狹的理念性格是尖銳的對比及有力的批判，但是作為一種可以「應世」的成熟政治思想還有一段距離。雖然有人認為亞歷山大大帝的功業可看成是 Zeno 的「烏托邦式」著作 *Politeia* 中所存有的 world-state 憧憬的實現，但是由於馬其頓帝國國祚短暫，Zeno 之理念缺少繼續發展而成為帝國意識形態的機會。而羅馬的興起卻提供了「反城邦政治思想」發展的舞台：在一個「普世帝國」的歷史結構下，何謂「政治」？何謂「人生之意義」？

斯多噶的自然法從一種形上哲學觀念變成具體法律體系，就是一個具體化「反城邦政治思想」的重要發展。它對政治思想的貢獻有以下幾項：首先，它建立了一

個以法律[10]為基礎的正義觀；再者，它揭櫫了一個新的、以法律為中心的政治生活形式──以法律作為政治共同體建構的核心概念；最後，它將政治主權觀念做了一個明確的交代。依次說明於下。在第 6 世紀（528 A.D.）時，羅馬的查士丁尼大帝（Emperor Justinian）敕令編修了羅馬法歷史上最重要的法律文獻：《民法大全》（*Corpus Juris Civilis*），它包含了《原理》（*Institutes*）、《摘要》（*Digest*）及《法典》（*Codes*）三部分。這是集合了第 6 世紀的法學家們[11]，企圖恢復與保存第 2 世紀以來偉大羅馬法學的一個龐大工程；其中包括了著名的 Cicero、Gaius、Ulpian、Tryphoninus 與 Florentinus 等人的法學思想及前此以來的羅馬法法典。對羅馬帝國時期及中世紀初期的政治思想而言，俗世的與教會的是並進的；我們現有較清楚的教父政治思想輪廓，但是俗世政治思想的部分卻只有羅馬法學家所遺留的文獻以供參考，所以《民法大全》的重要性不言可喻。但是在這些法學文獻中所透露出的一個清楚訊息是：所謂正義是與法律連結在一起的。這樣的一種正義觀明顯與城邦哲學傳統不同。對柏拉圖而言，對正義的討論應提升至理念界進行，故我們要探究的是什麼樣的人是正義的人，而不是什麼行為是正義的──靈魂的組成代替了行為的樣式。到了亞里士多德，我們看到了正義已經不是一種「整全的道德」（aggregate virtue），而是一種「殊德」（particular virtue）；換句話說，亞里士多德把焦點放在資源管理（人力、權力或是物質）的「藝術」上，也因此分配正義成為政治共同體的關切主題。然而對帝國的羅馬法學家而言，柏拉圖式的道德建構與亞里士多德式的政體建構都已不再是這個新的政治形式──普世帝國──中的適當主題，因為在面對以千萬計的帝國臣民時，主政者的當務之急毋寧是維持一個秩序，使得不同的民族與文化能在同一個「帝國統治權力」（*imperium*）之下共存。此時，正如自然法支撐起宇宙的秩序，帝國亦靠一部普遍的法律使其成為一種（政治）秩序之形式。在這種形式下，法律就一方面成為「正義」（*justitia*）的標準，而另一方面成為 *imperium* 的同義詞。

就第一個方面而言，可看成是羅馬法對政治思想的莫大貢獻：將正義「法律化」，即是將正義「非個人化」（impersonalized），使希臘的 *dikaios*（just, right）等同於羅馬的 *jus*，而這個結果即是 *justitia*[12]。當然，這個 *jus* 的最高來源乃

---

[10] 此處的「法律」包含了羅馬傳統的對其三分法的任何一部分。所謂「三分法」（tripartite definition of law）是指 *jus naturale, jus gentium, jus civile*（自然法、萬民法、民法。）

[11] 羅馬法學家又可分為 civilians（民法家）及 canonists（教儀法家），此指前者。

[12] 拉丁文「正義」*justitia* 的字根即是 *jus*，可見羅馬人如何重視法律與正義的關係。而 17 世紀

是「自然法」（*jus naturale*），所以就實質言，羅馬人有用法學取代希臘的道德哲學的傾向。而當帝國的法學家需要汲取若干法律思想的資源以建構完整的帝國法律體系時，此時在哲學本質上蘊含「法」的體系性思想的斯多噶學派自然成為最佳的伙伴。帝國統治「天下」是不分彼此的，帝國是唯一的政治結構，故曰「普世帝國」──它是所謂的 *universitas hominum*（人類一家）。而 *universitas hominum* 的理想必須立足於 *homonoia*（和諧）與 *concordia*（一致）；這兩個概念的基本條件應該就是「書同文，車同軌」的「大一同」，否則無法消解歧異。換句話說，帝國需要一個單一的規範以肆應於其「單一普世」之範疇，統轄其下不同地域與文化之臣民：一部「萬民法」（*jus gentium*）是呼之欲出的制度。如果帝國需要萬民法以作為差異「衡平」（*aequitas*）之用，則深具「普世」性格的哲學思想自然提供了認識論上的現成成果。

　　而第二個方面，有關 *imperium*（「帝國統治權力」或是皇帝）是法律的中心此一問題，大抵乃是中世紀羅帝國時期最重要的政治思想質素了。整個帝國可看成是一個輻射狀的法律體系，而君王是整個法律體系的中心，法律乃是統治者的意志與命令。此殆為羅馬法與稍後的日耳曼部落法不同處：日爾曼民族的法本是古老的習慣而成的「屬人法」，久遠無可考而不出於制訂，彷彿由下而來的一種「不成文法」（*jus nonscripta*）；但羅馬法卻在名義與程序上是由君王所頒布的實訂法與成文法（*jus scripta*），它的效力來自於「主權者」（*imperium*）的頒訂，而「主權者」又受「人民全體」（*populus*）之委託而制法。

　　而這就涉及了前述第三點以斯多噶學派為主的羅馬法學關於主權者理論的創見。究其實質，*jus* 代表了統治者與被統治者雙方的約定。因為拉丁文中的 *jus* 原有兩層涵意：一是指對事物（*res*）處分的權力，一是指「正當」（right）。也就是說，就人民而言，生命財產的處分及保有須在「法」下才有保障與「正當」，而就君王言，統治權（對國家的擁有及處分）亦須依「法」才有「正當」性。換句話說，統治者與被統治者是靠著「法」而連結起來的：統治者如不依「法」統治，則其權柄無正當性；而人民之生命財產如無統治者之「法」，則無保障可言，如前所述，法律是正義的表徵，一切生命、財產及權威均依附「法」的體系而成立。然而

的 Thomas Hobbes 所言利維坦（Liviathan）是 *justitiae mensura*（正義的尺度），可謂是奉此為宗了，因為 Hobbes 的統治者是靠法律來體現其意志；而就此觀之，斯多噶的理念著實早了一千多年。

「法」是如何來的呢？照羅馬法學家的觀念，是統治者接受人民作為一個群體的委託而訂定的。所以此時我們可以看到一個對「城邦」式的政治觀或主權觀的修改：在參與的政治中，公民們藉政治行動展現主權；而在普世帝國中，人民的主權已委付與君王來制法——用 Hobbes 的話來說，主權已給了利維坦，也就是 *imperiun*，而稍後更化作 *jus* 了。在一個缺乏政治行動的政治場域中，主權已由 *jus* 來代替；或是更可如是說，在一個以 *jus* 作為中心的政治觀中，古典思想中政治行動的必要性已被解消了。

綜合上述，就是在這樣的一個情況下，斯多噶哲學的自然法觀念與帝國的歷史現實有了接榫，而《民法大全》就成為斯多噶哲學與羅馬法學家交融的結晶。而此學派在政治思想上的另一重要貢獻卻與當代的自由主義意識形態有密切關連，那就是對私人「財產權」觀念的萌發：在斯多噶後期，財產權的觀念由法律思想中衍生出來，變成了斯多噶學派中後起的重要理念，而其中以 Cicero 為代表。在斯多噶早期時，卻發展出一個「個人主義」式的觀念——*oikeiosis*。對於希臘化時代的各家而言，獲致個體的「自給自足」是哲學的目標：伊比鳩魯學派以 *ataraxia* 之「心靈寧靜」作為精神的自給自足，而 *aponia* 的「身體安適」作為肉體方面的滿足；而斯多噶則是提出了 *oikeiosis* 的觀念，來解釋人的「自給自足」存在。*Oikeiosis* 乃指人存於世上，最基本必須維生，故要運用自身秉賦（生理或智能）、擷取外在資源，「取用」以「厚生」之意。最接近的英文翻譯是 self-preservation, appropriation 或 affinity。在斯多噶學派倫理學中，道德、理性與自然間的關係是連結性：自然即是理性，而理性被視為道德。故來自於自然的 *oikeiosis* 是道德與理性的根基與具體表現。但是另有一個重要的面向不可忽視，那就是立基於 *oikeiosis* 的倫理觀會導致「財產權」概念的興起。這是希臘化時代哲學極為特別的一個發展，因為其作為「反城邦思想」基礎的「隱遁哲學」性格上是趨向於「回歸自然」，而非「制物以為用」甚或「蓄積財貨」，而後者明顯的會對個人的尋求「自給自足」有所妨礙。但是 Cicero 的觀點卻開啟了不同的可能性。我們似乎可以找到現實上及理論上個別的原因。無疑地，在現實生活上，Cicero 屬於交際頻仍、耗費繁多的上流社會及統治階層政治人物，故「蓄產」及「儲財」便成為這種生活形態下之不得不然。然而更具意義的是他的理論性說明。他指出，人類被「自然」賦予了 *oikeiosis*（「取用」、「厚生」）的最高天性，所以溫飽之慾望是正常的，而衣食之要求與供應乃為必需。從此觀之，「儲存累積」對人類言亦本然天性，毫不為奇。然而「儲存累積」之自然資源由何而來？何人可得之？這應是關鍵問題。Cicero 繼受斯多噶「天

生萬物以養民」之自然說，以為一切物資均為人類共同可享有，人生於自然，故取資於自然。所以任何人均得以在自然中「取用」以「厚生」，各取所需。因而自久遠以來，人類即知有「共產」及「私產」之分，此純粹係維持生存之必然現象。Neal Wood 對從人有「私產」到人有「私有財產權」在 Cicero 思想中的演變，指出一種類似「契約論」的法制化過程乃為其關鍵：

　　雖然 Cicero 認為人自然而得享財產，即使國家亦不能干涉或凌越，但是他並還沒有到宣稱人有財產權的天賦權利的地步。他認為，私有財產的現象是出於約定，而非由自然所生。但是──此點頗為重要──私有財產卻受自然法及民法所保護。無論長期占有、征服、某種法律程序、交易、購買或分配等，都是民法所承認的合理的私有財產來源。然而，在民法之上，自然法卻實是人區分公有與私有的終極保障。我們無論對鄰人所有物的侵犯或是藉詐騙而取得財物，都是對自然法、理性及民法的逾越，只要這些法律合於自然的要求。

　　換句話說，Cicero 曾給予財產權「自然權利」之實，卻吝予其「自然權利」之名。此點於今觀之，確屬怪異，甚至矛盾──獲得自然法保障背書之權利卻不是「自然權利」、「天賦權利」？而這就涉及了 Cicero 或斯多噶學派後期對某種希臘傳統理想與本身學派人生觀的堅持了。

　　如果如同啟蒙時代（如洛克）的觀點一般，私有財產被視為是一種絕對至高的「天賦權利」，則其不能被任何理由所穿透；因此一個所謂的「占有式個人主義」（possessive individualism），及其所導引出的（崇尚物質追求之）社經狀態，恐將是斯多噶所疑懼而不樂見者。Cicero 雖堅持累積私有財產的正當性與「權利」，但他不忘若干心理性條件的限制：要有節制、要公正、要誠實；也就是說，他反對任何「不道德」的累積方式，而以為勤勉而節儉才是正確的生活方式。所以，與當代的學說比較，Cicero 私有財產理論中自我設限於「天賦權利」外的做法實在是為私有財產制預留了某些道德空間，使得人的財產之界線可隨時由屬「約定」性質的實訂性「法律」來規範，不至於無限上揚。這種做法實是我們今日現代國家的主要做法，可是相對於啟蒙時期若干視財產為「絕對權利」的主張，似乎頗有先見之明。

　　但無論如何，我們所不能忽視的是：不管 Cicero 所提出的是「私有財產權」或「準私有財產權」理論，這都是思想史上重要的突破。它不但意味了政治樣態從「城邦政治」的群體走向「反城邦政治」的個人，也表示了生活的重心（至少在理

論上）從醉心於政治或公共領域逐漸投向到個人經濟或私領域中了。這無疑是一個重大的「典範」轉變，啟蒙時代所產生的 *homo oeconomicus*（經濟人）概念在此有了將近兩千年之前的先驅，而身為古典政治典範的 *homo politicus* 概念首度遭受挑戰。這種轉變當然有賴於其他重要因素的配合，例如普世帝國的出現及以「法律」為核心的政治觀的可能；這三種現象相輔相成，互相結合而促成了對古典「城邦政治」的徹底挑戰，它在政治思想史上的重要意義，是必須加以特別正視的。

斯多噶學派所提出的這種挑戰，已如前述，是一種從「反城邦政治」立場出發的挑戰；然這是從消極的解構面而言，若從積極建構的意義來說，它是指向「世界城邦」、「世界國家」的一種嶄新的政治理論。首先，它以個人的主體性及人人平等的觀念為出發，指向了 *homonoia*（harmony）的政治理想：普世帝國乃是國家唯一的疆界，人類一家才是生活最終的期待。所以當國家的疆界被解消時，不同民族、不同文化共存的可能形式只能是在一個統一的「法」體系之下，獲致齊一、平等與和諧。在這個以「法」為中心的政治結構裡，古典城邦中個別公民的政治行動被「法」體系下所允許的「自由」所取代，政治的重心不在參與，而是個別人民在日常生活中獲致「人生快樂」的可能性。此處有一問題亟待說明，就是在缺代普遍參與的帝國政治形式下，人民既無主權，則得享「自由」與「權利」空間的可能性如何？在「法」的政治形式下的帝國臣民，豈不比在參與之下的公民生活，有更多的拘限與被動？此時問題的癥結乃在於「法」是一種「限制」或是「保障」？

西洋思想中所謂「消極自由」的概念可能首度萌芽於此。對斯多噶學派的法學家而言，「法」創造了人類行動的可能性：它藉著規約的成立而劃定出自由的空間，行動的場域，而不是限制了行動的可能性。舉例來說，斯多噶學派的法學家可能會說，有十個人在籃球場上，是籃球規則使球賽進行成為可能，而不是說這些規則處處限制了球員的動作；換句話說，是規則建構起了這個籃球藝術，而不能說它限制了原本「自由的」十個人。在「規約」出現後，行動的「自由空間」也隨即被定義出：「規約」並不限定人「實踐」或「從事」的方式，我們可將它看成只是「消極地」建構出行動的場域與空間——使人類的文明增加可能性，而不是「拘限」人的自由。在此情況下，希臘化時代各學派的人生理想——自給自足、逍遙快樂（不論是 *ataraxia, aponia* 或 *oikeiosis*）——就有了結構性的基礎。每一個人在由「法」所建立起的政治結構中尋求個人的人生價值，並在「法」的空間內尋求一己價值的滿足；而當然其中的重要意義是每個人可在具體的行動方式上基於「消極自由」而探求各種美學上之可能，「自給自足」之最高層次境界亦在於此。也由

於斯多噶對物質與私有財產的不刻意忽視，使得伊比鳩魯原本較抽象的 *ataraxia* 及 *aponia* 概念有了更清晰而具體的政治思想上之對應，故可算是希臘化時代「反城邦政治」的集大成了。

四、近代自由主義政治的古典先驅

犬儒學派的 Diogenes of Sinope 曾說，他是宇宙的公民。這句話濃縮地蘊含了希臘化時代「反城邦政治思想」的一切精義。以宇宙為疆界，則人之區分由何而來？以宇宙為範疇，則所謂「法律」指的是放諸四海皆準的普世自然法；以宇宙為胸懷，則人生的境界是反璞歸真、面向自然，在此之內尋求「心靈寧靜」及「身體安適」。這種「天下一家」的思想從希臘哲學早期一直到斯多噶學派後期，有著一個次第的演變：從若干抽象的理念、哲學的信條，一直到具體的「經緯」普世帝國的「方略」，前後連結成一個「反城邦政治」的思想傳統。早在蘇格拉底時期前，Heraclitus 便指出所有人類的法律都出於同源，就是上天之法；辯士派哲人 Hippias 更認為人類世界中有國家、國籍的分野是不必要的。故在斯多噶學派的早期，認為所有能體認此道理的人都不會受到現實世界中規範或制度的影響（也就是不會誤以為那些「人為的」、「約定式的」區分是真實的），而這些 sage 或是 wiseman 他們因為分享了同樣的理解（理性）而是生活在一個共同的國度中——哲人的共和國、智者的世界城邦。羅馬的 Plutarch 在論述亞歷山大大帝時，指出了這種理念的提出與實現：

事實上，斯多噶學派之祖 Zeno 在他那本備受推崇的 *Republic* 一書中，最重要的旨趣即在於告訴我們，人類不應生活在各自樹立的城市或村莊中，而各以自己社群中的價值為正義；我們應當有四海之內皆同袍的襟懷，將所有人類視為同鄉之親或同國之人，在同一個法律下共享生活及秩序。誠然，Zeno 在本書中揭櫫的是一個美麗的願景，於中所有有此認識的人共同組成了一個智者的國度，然而卻是亞歷山大大帝（的偉大功業）把它實現了。

然而，真正對這個理念的實現有功勞的恐怕不是亞歷山大帝國，而是自然法理論在 Cicero 時代的發展。Cicero 與他的自然法學家同僚們將自然法的基礎立於

人類共通的天賦理性之上，使得每一個人都有相同的「道德尊嚴」，也因此使得斯多噶初祖們所憧憬的「哲學家的共和國」範疇可擴大成為普世一家的「全人類共和國」——於是不僅只有 Diogenes 如此的「智者」可以宣稱是「宇宙的公民」，人類中的每一個個體都可以因秉賦理性而成為「宇宙天地間彼此平等的公民」。這實是自然法理念的歷史上最重要的突破，也是後來啟蒙時代自然法觀念的重要前驅：所有有關個人的自由權、財產權與生命權等，都已在此處打下了理論基礎。

　　所以，唯有超越國家疆界的自然法能夠提供我們反思「城邦政治」的立足點：人生的目的、政治的目的以及政治的樣態都在此中得到了新的理解。一個以「法」為中心的政治觀誕生了——由「隱遁哲學」中「修身」代替「淑世」的立場，終至演變成以「自由」「權利」與「快樂」取代了政治行動的價值。它實在應算是近代自由主義政治的古典先驅，但是卻在若干方面較近代自由主義具理想性格。它把個人的價值從群體中解放出來，但是卻並未喪失在「人」的概念上的道德要求——自給自足；它將人從 *homo politicus* 引入了 *homo oeconomicus* 的可能性，但是卻以「心靈寧靜」作為追求「身體安適」的節制機制；它在自然法下創造與保障了個體「自由」的空間，但是卻以人類社會終究之「和諧」與「平等」作為對自然法之最終詮釋；最令人訝異的是，它竟然在不使用「自然權利」作為核心概念的情況下可以達到和當世自由主義相若的結論：人人平等、尊重個人價值、自由與利用厚生的維護。相較之下，較缺乏個人發展目的性前提的啟蒙時代自由主義／自由經濟政治理論，就是一個自然法傳統之下的「窄化」發展：它的契約論、個人主義、自由、權利義務及私有財產權等，一方面欠缺了古典共和主義的公民德行及政治熱情，而另一方面也沒有普世帝國政治理論中所涵攝的人生境界。在制度上，它是「城邦政治」及「反城邦政治」的理想折衷——未有城邦的狹隘，亦無普世帝國的疏離冷漠。但是在理念上，它卻喪失了二者的獨特優點：它無法再現「城邦政治動物」的公民生活美景，而卻又無法朝向「世界一家」的偉大格局邁進。現代的自由主義與它的古典前身，雖有衣缽傳承關係，但顯然氣味不同。

第二篇

中世紀與基督教政治

　　暗夜與燭火。這是傳統上對歐洲中世紀與基督教關係的看法，而本書對此重新詮釋。與一般的認知相反，基督教之統領歐洲、塑造其歷史絕非止於中世紀；事實上，近代歐洲的成形受其影響極大，宗教改革即是一例。當我們認為古老的修道院、經文彌撒、葛利果聖歌，甚至驅邪、贖罪券與焚燒異端代表了中世紀基督教予歐洲的遺產或烙痕，我們也不要忘記在那些征戰頻仍的烽火歲月，十字與救贖慰藉了廣大百姓的鄉愁，而教會內部的無數諍辯隱隱地點燃日爾曼人政治生活中的理性火光。本書乃關於歐洲日爾曼人政治思想萌發之記錄：他們曾繼承古典精神，但也確為現代人之普世民主思想奠基。然而這一段歷史常被忽略，因它無古典人文主義之絢爛，亦難比現代啟蒙理性之耀眼；它是一段被遺忘的英雄史詩，是中世紀日爾曼人對歐洲政治思想的獨特貢獻——在我們誤以為的「黑暗時代」裡藉信仰之燭火慢慢地透露出理性之光。

人為與天制：兩種政府起源觀兼代前言

我們群居，就離不開維護秩序者居於我們之中；他們擁有權力，支配武力，領導國家，古來稱之統治者，現今名為公僕（public serviceman）。但無論名稱如何不同，他們所代表的「政府」（government）都是政治的核心。我們若審察西洋政治思想史的流變發展，則其對人類生活中有政府之起源，大抵有兩種說法：一是認為政府與政治乃出於「人為」（human origin），其係因應人之本性而自然出現，故實又可稱為「自然起源」（natural origin）說；另一則是認為上帝創世造人，而人的社會生活、政治生活之可能方式也是上帝所規劃之「天制」（divine origin），以裨人類。其實這兩種模式都有一共同特色，就是認為政府與政治生活乃人類文明發展、種族延續所不可缺，因為它肩負安全、經濟甚至德性之功能。

「人為」起源說之內我們可發現有兩股對立的統治理念：*gubernaculum*（掌舵）與 *jurisdictio*（法治）。前者因統治者個人意志「權變」領導，有如掌舵操舟般；後者乃循法律治理，有如西諺所云之 reign but does not govern。在 *gubernaculum* 方面，有兩種可能情況：智慧高於法律及「君王高於法律」（*imperium legibus solutus*, king above the law）。前者是柏拉圖留下的重要遺產，他認為哲君睿智的腦袋勝於僵硬的法條，法律的適用是死板的，但智慧之判斷卻能融通。後者乃是羅馬帝國重要的政治原則：任何法律須經君王頒定，故他是法律的中心，也是權力的中心，因此「君王高於法律」；法律是規範他的「所轄」（*dominium*），但不規範君王本人。

以上兩種「掌舵」（*gubernaculum*）型政治觀，當然不利於「有限王權」（limited kingship）之出現。但是西方在「人為」起源說中的「依法而治」（*jurisdictio*）理論，卻帶來對王權、治理權的重大改變。其中主要的成分即是古典時代的 mixed constitution、英國的 ancient constitution 及中世紀日爾曼歐洲的

medieval constitutionalism。最前者是亞里士多德、共和主義所留下的遺產；在此之中，中庸（mean）、適度（moderation）及追求政治參與的價值使得「均衡政府」（balanced government）成為最理想的權力分布狀況。而 ancient constitution 之觀念則是英國人的特殊貢獻：自久遠無可考以來，這土地上就存在著一種統治者與被治者之間「對權力的約定」（constitution），它見諸「習慣法」（common law）；統治者對被治者生命、財產的適度尊重是統治最基本之原則，且在歷史中不斷地被（文獻）肯認。而所謂 medieval constitutionalism 可暫譯為「中世紀憲政主義」，它就是本篇第二章中所要討論的最主要的 *jurisdictio* 之形式。

　　而理所當然的，在西方「天制」說乃指一神信仰下之政治神學，故其在文獻上出現不早於猶太基督教（Judaism-Christianity）；通常我們認為西元 1 世紀聖保羅所留下的〈羅馬書〉開創了其大致的架構：

在上有權柄的，人人當順服他，因為沒有權柄不是出於神的。
凡掌權的都是神所命的。
所以，抗拒掌權的就是抗拒神的命；抗拒的必自取刑罰。
作官的原不是叫行善的懼怕，乃是叫作惡的懼怕。你願意不懼怕掌權的嗎？
你只要行善，就可得他的稱讚；
因為他是神的用人，是與你有益的。你若作惡，卻當懼怕；
因為他不是空空的佩劍，他是神的用人，是伸冤的，刑罰那作惡的。
所以，你們必須順服，不但是因為刑罰，也是因為良心。

　　從奧古斯丁以後，我們乃得知此段經文源出如下之教義意涵：在人類「墮落」（the Fall）及身繫「罪性」（the Sin）之後，上帝對人類的群居社會生活早有安排，祂差遣某些人掌權以維持秩序：懲罰遏止作奸犯科者，並保護良善的人。這是「君權神授」（the divine right of kings）的最早雛形，也就是說，俗世秩序是上帝所規劃宇宙整體秩序的一部分（我們試且將這稱之為保羅／奧古斯丁傳統）。但若從基督教聖經考察，其實在保羅之前已有「天制」的記載：耶和華直接選定某一人為君王，為其「牧民」。在舊約〈撒母耳記〉中記載，原本由先知（士師 judge）承上帝之意領導的以色列人，忽然希望能像列國一樣，有一個王治理他們、統領他們、為他們征戰。他們要求先知撒母耳向耶和華轉達此要求。耶和華就對先知撒母耳說：

明日這時候，我必使一個人從便雅憫地到你這裡來，你要膏他作我民以色列的君。他必救我民脫離非利士人的手，因我民的哀聲上達於我，我就眷顧他們。

當撒母耳見到耶和華所指定之人掃羅（Saul）的時候，

撒母耳拿瓶膏油倒在掃羅的頭上，親吻他的臉頰，說：「這不是耶和華膏你作祂產業的君嗎？」

值得我們注意的是，在記載中，是先知來主持這個「佈達」或加冕儀式：

撒母耳將百姓召聚到米斯巴，對他們說：「耶和華以色列的神如此說：『我領你們以色列人出埃及，又救你們脫離欺壓你們各國之人的手。你們今日卻厭棄了救你們脫離一切災難的神，說：求你立一個王治理我們』。」現在你們應當按著支派宗族，都站在耶和華面前。……
撒母耳對眾民說：「你們看耶和華所揀選的人，眾民中有可比他的嗎？」眾民就大聲歡呼說：願王萬歲！撒母耳將君王制度的種種約定向百姓說明清楚，又記在書上放在耶和華面前，然後遣散眾民，各自回家去了。

這就是以色列的第一個王——掃羅被立為君的故事。但是，據舊約的記載，耶和華可立君、也可廢君。立掃羅為王若干年後，因他不聽從神的指示，後來耶和華又「棄絕掃羅為王」：

耶和華的話臨到撒母耳說：「我立掃羅為王，我後悔了；因他背離我不服從我的命令。」撒母耳便甚憂愁，終夜哀求耶和華。

耶和華對撒母耳說：

我既厭棄掃羅做以色列的王，你為他悲傷要到幾時呢？你將膏油盛滿於角中，我差遣你往伯利恆人耶西那裡去；因為我在他眾子之內，預定一個做王的。

這個新獲天命者就是大衛（David），後世著名的以色列王：

耶和華說，這就是他，你起來膏他。撒母耳就用角裡的油膏，在他諸兄弟中膏了他。從這日起，耶和華的靈就大大感動大衛。

新舊天命此際交替，舊人已不再獲得上天垂顧：「耶和華的靈離開掃羅，有惡魔從耶和華那裡來擾亂他。」而掃羅的結局就是與非利士人征戰，戰敗自殺。大衛受膏做猶大王，稍後做全以色列王。

我們從以上的舊約記載可知，在猶太教傳統中，君王是由神所揀擇而為其「牧民」的。在新約中（如前引之〈羅馬書〉）保羅更是直言「一切掌權柄者乃由上帝所任命」。但有趣的是，在這「君權神授」的傳統下，卻開出兩種對王權本質截然不同的看法。一是由英王詹姆士一世（原蘇格蘭王詹姆士六世）及菲爾默（Robert Filmer）等所主張的「君王至上論」（absolute kingship）——君王如同家長對子女般對臣民有絕對權力。另一則是我們從〈撒母耳記〉中可得知的「約定論」（covenanted kingship）：君王之立須經百姓同意，同時彼此相約互有義務。撒母耳問以色列百姓掃羅是否優異足以為王（「眾民中有可比他的嗎？」），百姓答曰：「願王萬歲」！而之後撒母耳又將君王制諸約定告知人民，並書於羊皮捲軸以為記（由神見證）。所以「約定論」的要旨是王權須經受治者同意，且彼此經約定後互負義務：君王保守百姓，百姓宣示效忠。當然，在基督教傳統中，此乃由上帝見證；這也是為何西方歷史中君王的加冕典禮、官府職位的佈達都由神職人員主持，而當事者手按聖經宣誓。當君王在上帝前宣誓盡忠職守為其牧民、而矢言保護臣民利益時，臣民亦即俯倒高喊：「天佑吾主」以示效忠。這就是相互的承諾、約定。

其實我們看西方久遠的猶太基督教傳統中，「約定」一直是「權力」或「宗主權」（suzerainty）出現的條件。在〈創世紀〉中，耶和華與亞伯蘭（Abram）立約作為他的保護神。在〈出埃及記〉裡，耶和華作以色列人的神，也是透過摩西徵詢他們的意願，然後立約：

耶和華對摩西說：你和亞倫、拿達、亞比戶，及以色列長老中的七十人，都要上到我這裡來，遠遠的下拜。

唯獨你可以親近耶和華，他們卻不可親近，百姓也不可和你一同上來。

摩西下山，將耶和華的命令、典章，都述說與百姓聽，眾百姓齊聲說：耶和華所吩咐的，我們都必遵行。

　　摩西將耶和華的命令都寫上，清早起來，在山下築一座壇，按以色列十二支派，立十二根柱子；又打發以色列人中的少年人去獻燔祭，又向耶和華獻牛為平安祭。

　　摩西將血一半盛在盆中，一半灑在壇上；又將約書念給百姓聽。他們說：耶和華所吩咐的，我們都必遵行。

　　摩西將血灑在百姓身上，說：你看，這是立約的血，是耶和華按這一切話與你們立約的憑據。

　　連耶和華統治以色列人都先徵詢了他們的意願，而立約以為誓，更遑論在百姓之中的立君了。君權既是立約而成的，則獲取百姓的同意及為百姓謀福祉自然是任君王的條件。這種「約定」，逐漸被視為是在一個群體內有關權力行使最高的「規約」，它規範了治者與被治者間的權利義務關係、權力行使的目的與限制等，所以慢慢地被稱為「憲政主義」（constitutionalism）。但它與今日所稱的憲法無關，它並無天賦人權作為保障之標的物。它只是一種有關群體內部（不同階級間）的「構成」（constitution）或權力的約定，被普遍認同、接受的約定。因此，這種「立約」的傳統便成為與「君王至上論」相對的「天制」理論內之傳統。從這方面看，近代的民主理論其實就可看成是這兩種說法之間的拉鋸。

第一單元
基督教出現對政治理論的衝擊

第一章　選擇信仰的空間：奧古斯丁異端導正論與近代寬容論

　　當今民主社會，宗教與政治被認為是兩個基本上互不干涉的範疇，而吾人也早已習於此種方式。但若究其「和平共存」、「各行其道」之歷史，則最多亦不過2、3世紀而已。西方自民族國家興起後，宗教與政治之關係殆為政治干預信仰，而殊少教士圖謀掌政之事。政治干預信仰，此即牽涉到宗派衝突或異端問題（就基督教世界而言）。歐洲基督教化之後，即使在基督教世界內部之宗教迫害亦淵源久遠；不同之宗派肇因於教義或儀規分歧，而此種分歧之歷史幾可謂與教史等長。宗教容忍之態建立後，基督教內部各教派間之傾軋關係大有緩和；但所謂正統與異端、主流教派與（激進）非主流教派間關係之改善卻不易。原因為何？本章即在試探其答案，並希望從宗教與政治之關係這一方面提供若干線索；而第5世紀的北非大主教聖奧古斯丁正是任何欲討論此問題的首要焦點。

一、政治神學──思維向度的再擴展

　　西洋政治神學大抵始於奧古斯丁；從他開始，今生的社會秩序建構必須與來世的幸福一起考慮，否則不但此秩序無意義，抑且無法持久。宗教不僅是關於此生後的種種，它更應積極地經緯現世之一切思想、行動，收「再造」（reformation）之功。於是乎在奧古斯丁的觀念中，現世一切活動均應以配合此「再造」為依歸，一切活動之意義均因而得以定義。

　　這無疑是由宗教教義所滲透、支配之世界觀，將現世與來世透過虔信而連結，使人得以由更寬廣之視界來關照當下之行為及其意義。

　　在奧古斯丁前之政治哲學傳統中，已經嘗試由不同之途徑來界定「對」（the right）與「好」（the good）。例如柏拉圖從「先驗」（*a priori*）之立場申明

「對」與「好」都是使靈魂處於最適狀態所必需；亞里士多德用人性之基本需求及「裨益」之觀念來面對倫理與政治、道德與社會行動；西塞羅亦明言人循天生理性所指引之道德行為是邁向建立一個公益社會之路。大抵而言，從希臘以迄於奧古斯丁的政治哲學傳統均對人本身追求幸福之能力予以肯定：人有能力了解自己、並掌握天賦之理性能力去擘化人際關係之原則以經營群體生活。理性與道德系統成為保障政治社會秩序之二柄；理論家所面對之問題只是如何處理「理性→道德系統」這樣一個進程。理性是與生俱來的，只需要去發掘，而其途徑乃是思維方法的訓練與講求。當我們發揮理性能力後，即可構築出某種有裨於個體與全體之道德生活方式。所以在此問題上，柏拉圖與亞里士多德最大的不同殆在於構築道德之方法而不在於其可能性。

但奧古斯丁對此基本可能性卻存疑；他不但對人類獨立之理性能力不具信心（在「天啟之光」（lumina Dei）的觀念下，人類具理性能力，但顯然此理性非自足而圓滿的），甚且質疑即使我們獲致某種道德行為之結論亦無貫徹之可能。這樣的一個立場摧毀了前此以來的社會思維模式：奧古斯丁昭然宣示，人的能力不足以解決自己的幸福問題。這是因為奧古斯丁承受了聖保羅的「道德墮落」（moral depravity）說之影響，認為「人」在「墮落」（the Fall）之後已喪失了選擇善惡的「自由意志」；「原罪」若不靠「恩寵」（gratia）是難以脫除的。故「人」在「墮落」後，類似「人心為危，道心唯微」的命定性格，使其終究難以謀取心境之「和平」與彼此社會關係之「和諧」；所以對奧古斯丁來說，「人」的「原罪」本性使其難以成為一個能夠獨立存在與思考者，他必須擴大自身的思維向度才能避開「盲點」——而這「盲點」不正就是當初「原罪」之所在？

在此觀點下，政治思想傳統的再造就有其絕對之必要：往昔的政治理論跳脫不出「人本」之性格，但亦恰好就是此一性格將使其永恆地陷入「多元」的眾說紛紜之對立或矛盾，及理論與現實的必然差距——理論因其無法正確關照人性之本然故難落實。奧古斯丁由是鎔鑄出了他影響深遠的古典政治神學：神學啟示了我們思維的侷限性，也因此政治哲學須在神學的導引下才能「正本清源」地、正確地面對其應有之問題；故凡是對現世的擘化均須以對來世的期待為本，現世只是「逆旅」（pilgrimage），現世的價值並非終極價值。果如是，則「天啟」代替了「思辨」與「邏輯」，而教士亦終將扮演「牧民」之角色。

此即古典政治神學興起之背景，亦是政治哲學傳統中最大的「典範革命」。奧古斯丁認為凡只指涉現世之政治思想注定錯謬失財；此種思路之突然轉變，思維向

度之大幅擴張，彷彿從二元到三元、由平面變為立體般。然在中世紀的普世教會歷史環境下，「政治神學」作為一種觀念其在理論上的證成似乎不甚重要，甚至有人會以為其出現亦不過是順勢而起，必然之事。這樣可能就阻絕了我們探析其精蘊之機會。在現今時變事易的情況下，如果重新來面對「政治神學」這種極特別的社會思維，可兼收客觀與宏觀之效。我們由整個政治思想史為範圍來檢討「政治神學」出現之意義及貢獻，則或可免於「見樹不見林」之患。

在古典時代，以共和政體城邦為主要政治社群型態的社會中，人性的實現被視為是其所經營的社會行動之函數：人在成熟的社會互動關係中成就其本性——*homo politicus*；而平等且參與的公民間的追求「公益」政治，更是標舉出了人類政治樣式的典範，即是城邦共和政治。在此當中，「平等」、「參與」與「公益精神」成為支撐古典政治的三大基石。但此究竟是一封閉、狹隘的政治生活形式：在城邦這一小宇宙內，一切自成圓滿，但是隨著普世帝國的出現，此種政治思想再也不能規範新的政治形式了；文明的次第進展與歷史脈絡的變遷，這兩種無可抗拒的因素，終於將城邦政治思想的獨特性與侷限性呈現出來。

當「帝國」首現於歐洲，the union of hearts 就成為下一個階段政治理論的必然基石。斯多噶派學者及羅馬的自然法學家們致力於人類共通「理性」的研究，而任何人均可想見這種放諸四海皆準的「理性」律則無異是帝國生活所最需。既然自然法取得了「後城邦時代政治」的理論支撐地位，其內涵之詮釋便成為此際最明顯之課題；各種衡平之法則陸續經由法學家對部落法之實際研究而出現，成為充實自然法內容的重要基礎。但事實上，直到基督教出現，才給了這種眾人逐漸明白其無與倫比重要性的「普遍天賦理性」，一個堅實、具超越性權威的證成基礎。從耶和華來的「理性之光」、「天啟之光」有力地支撐了自然法學理論，同時也提示了救贖的可能。作為西方政治思想史上最源遠流長的一支思潮，自然法觀念與基督教信仰合流之後，在內涵與證成這兩個重要問題上都獲得明確的解決，若謂相得益彰，莫此為甚。

但自然法本是羅馬傳衍下來的觀念，它夾雜在古典文獻與羅馬法典之中進入中世紀的世界裡，要與源自希伯來純天啟的精神信仰相結合，中間或需若干的機緣與媒介。首先是基督教及其教義須先進入帝國的政治世界觀中；也即是說，基督信仰首先必須與帝國興衰、治亂循環發生關連，而不僅僅只是來世靈魂救贖的鎖鑰。它必須先進入現世歷史，如同其他因素般擔負起其成敗存亡之責任後，人們始會將其納入政治的討論中，這樣的條件自 4 世紀末它成為帝國的官方宗教後，已益形

成熟。5 世紀初羅馬城陷於蠻族的尷尬終於把基督教推進了羅馬人嚴肅的政治討論中，而不再只是政教衝突中參與權力紛爭的一方。一個純精神信仰性的宗教，對於現世政治社群的存在，究竟是利是弊？如果歷史的軌跡是循著現實的力量前進，則「求取生存」幾乎是屹立不搖的價值。而「求取生存」的保證是尚武、進取的「羅馬精神」而非謙卑、仁慈與和平。奧古斯丁正是在這樣關鍵的一個反省時刻上，嘗試把政治與宗教兩個範疇，做一個開創性的鍵結。

　　將政治與宗教進行相連，首先出現的課題將是從宗教的立場來審視政治生活的本質。這在奧古斯丁之前，並沒有見諸嚴肅的文獻。其中一個明顯的理由當然是基督教作為較有規模與制度的宗教此時才首度出現。但是基督教的普世化並不等同於它必然會成為政治思想上的對象。然而另一方面，帝國的衰敗卻易誘使人從各方面檢討基督教的普世化。奧古斯丁在這樣的一個情景中出場，面對著這個普世宗教與普世帝國間被指為零和關係的難題。令人訝異地，他的辯護並非隔絕宗教與政治，使人對基督教的指控失去著力點；相反地，他認為我們有必要推翻傳統政治思想，而從宗教的立場去審視政治生活的本質。也即是說，教會在辯解帝國興衰、歷史變遷時，不但不必將宗教與政治分離，反而應把它們視為一體，將現世「屬於凱撒的」大膽納入宗教的審視範圍內。

　　這當然與當初教主所謂的「讓凱撒的歸凱撒」訓言有所出入，也與聖保羅所主張的「服從掌權者」的消極立場大有不同。從奧古斯丁的「新觀念」出發，我們似乎沒有理由把關乎一個人善惡的問題歸於宗教，卻把關乎一群人的善惡稱之政治，而視為彷彿另一領域之事。既然社會是一個群聚「原罪之人」的處所，那對這群「原罪之人」的管理——政治——就自然可類比於對一個「原罪之人」的教化——宗教——了。由是，政治生活的本質須在「墮落——救贖」此一脈絡下追尋，而「神學」在「政治學」之前定義了人及人群之本質。換句話說，「原罪之人」恰為「神學」及「政治學」之共同標的，「神學」與「政治學」規範的是同一群人，如果必將二者之功能區分為關於來世及現世，於理不通；正確的關係應是：不可顧此失彼，或顧彼失此。這樣一來，就等於將現世來世連結，合宗教與政治為一。一種嶄新的思維方式——政治神學，於焉誕生。

二、異端導正與寬容論

　　但是政治神學並不限於持宗教之立場以視政治之本質而已，其同樣亦可包含以政治之力量服務信仰。既然政治與宗教是一體之二面，故此二領域之相互滲透或邏輯假借，亦不為怪。基督教會初期，宗派分歧之情形極為嚴重，奧古斯丁對此問題提出了思想史上極具爭議的異端導正論；奧古斯丁企圖用政治之強制力量導正異端，也就是他那政治神學的正常「派生推論」（corollary）。奧古斯丁強制導正異端的立場，事實上經過了若干階段的逐漸演變，他並非一開始就主張以國家的武力來脅迫改宗。當他初任北非主教時，奧古斯丁堅持信仰必須發自內心，任何外力的強制只會使人徒增反感，故主張以勸化來對待異端；之後隨著衝突加劇，受排擠之異端人士襲擊主流教會、製造流血事件的頻生，他開始可以接受（僅）對異端之為首者加以制裁、以維和平之主張；最後，他竟亦逐漸發展出有必要使用國家的強制武力來「導正」這些「迷途羔羊」的堅決立場。

　　奧古斯丁用以下幾種理由來支持他的「導正說」。第一，上帝有時是使用強行導正的方法來揀選跟隨者，使徒保羅就是一個例子。在〈使徒行傳〉中明載，空中傳來的聲音使得前往大馬士革途中的掃羅「仆倒在地」，「三日不能看見，也不吃，也不喝」；待「主所遣的使者」來到他身邊，而他「被聖靈充滿後」，「……他就能看見，於是起來受了洗……」。這個聖經中為人所熟知的事件成為奧古斯丁最有力的佐證。他於是結論道：聖保羅當初就是在上帝「巨大的聲音」下，「被強迫認識與擁抱了真理」；並且，「……直到他成為神聖教會中的一員後，就痊癒了」，這就好比是，偷羊人常放置食物誘使羊兒離群，但牧羊人定會用鞭杖將羊兒趕回。故對於〈約翰福音〉中的這句話：「若不是差我來的父吸引人，就沒有能到我這裡來的」，奧古斯丁做了明確地解釋——他認為改宗者都是「出於畏懼上帝的威怒」（through fear of the wrath of God）。

　　但這種強制的改宗基本上是為了他們好。適度的懲罰，經常是導正一個人的錯誤態度所必需。聖經上還有這樣的例子，這回是人施予人的懲罰：在〈創世紀〉中亞伯拉罕的妻子撒拉施予埃及女奴夏甲懲罰，並將其逐走。奧古斯丁認為這正是代表「聖潔的人」（spiritual persons）箝制了「血肉之人」（carnal persons）的傲慢。「血肉之人」的特徵是自傲與不虔敬，他們甚至會「迫害正統教會」，故正統教會必須「用世俗的方法使其害怕與苦惱」。但這樣並不是要以暴易暴；猶如母親責罰小孩般，教會的強制作為並非「懷著恨意來傷害這些人」，而是「懷著愛來治

癒他們」。

　　另外一個導正異端的重要理由是教會內團結的必要：早先的使徒們便指出信仰者應做到「在基督身體裡的合一」。奧古斯丁又引〈哥林多前書〉中的話，「我們雖多，仍是一個餅，一個身體，（因為我們都是分受這一個餅）」，來強調無論如何，基督徒原來就是一個不可分割的整體，即使互有爭執，卻仍共存於基督的身體中；但基督的身體必須是由正統的普世教會（Catholic Church）所代表，上帝是頭，而救主基督是身；在此身之外，聖靈並未賦予任何東西生命，所以使徒會說，基督徒「透過（分享）聖靈，上帝的愛廣布於我們每一個人心中」。奧古斯丁在舊約〈詩篇〉及新約〈使徒行傳〉中各找到了說明信徒們應發展團契精神的例子：「看哪，弟兄和睦同居，是何等地善！何等地美！」；「那許多信的人都是一心一意的，沒有一人說他的東西有一樣是自己的，都是大家公用。」異端與分裂是同義，故他亟力說明分裂的教會絕對有違聖經中的訓誨。

　　此外，奧古斯丁也提醒我們，教會求諸帝國政府之力導正異端，有一個重要的先例，那就是見於使徒行傳中保羅的事蹟。當保羅被猶太人追殺時，他以羅馬公民的身分求助於政府的保護。所以奧古斯丁認為，這已經清楚地向後世的教會主事者傳達一個訊息：（尤其當羅馬皇帝本身也是基督徒時）教會本身若遭逢危險，應向帝國求助；不僅如此，敉平異端帝國本身也有責任：

　　　　所以，當一位虔誠的皇帝知悉有異端（以暴力滋事）之事時，應訂定律法以矯正這些不敬之人的錯誤，並應力圖將這些以教義毀教者納入正統教會中，即使需動用武力及引起恐怖亦無妨；而並非僅是使其無法有暴力行為後就坐觀其迷失、毀滅在他們自己的錯誤中。

　　故歸結之，在其整個政治神學體系中，奧古斯丁用了以下邏輯來解釋為何國家須介入矯正信仰：

一、上帝創造人類，他們是一個大家庭、一個整體，所以他們組成的信仰團體──教會，也應是一個整體，不應有內部的不同。

二、異端肇因於認識的錯誤，這如同我們學習任何事物般，是極有可能發生的。我們學習時、在學校時，都有人導正我們的錯誤，而在人生最大的事情上，更應有人來導正。

三、國家與教會，都是同一群信徒的集合，故國家應是廣義教會的一部分（機

制），或是說，國家可看成是教會的另一種型態。而國家執行強制導正異端，可算是教會指引信仰的一個當然環節。

我們看整個奧古斯丁的說理中，最重要的一點大概是：異端導正絕對是強制性的，這個強迫性本身能被證成的最大原因是對於被強制導正的對象來說，不管他們願不願承認，結果是好的。正是因為他們無法真正認知結果對他們是好的，所以他們才需要幫助。以下奧古斯丁舉的這個例子，可視為他整個異端導正論說理的梗概：

假設有兩個人共同住在一間房子裡，我們絕對確知那房子即將塌落，但我們警告時他們拒不相信，所以就一直留在裡面；現在，如果我們有能力營救他們，那麼即使他們不願意出來，我們強行解救後再設法讓他們親眼看看房子會塌落的原因，則他們必然不敢再度回到屋中。所以如果我們有能力救而不救，那就該稱之為殘酷了。現在再進一步假設，如果其中一個人說，如果你們進來救，我就自殺；而另外一個雖不想跑，也不想被救，但也無意自殺；那我們現在應如何？是讓他們兩個都受難呢？還是讓一人因我們的慈悲而獲救，另一人因其自身之錯誤而滅亡？

在以上問題中，奧古斯丁認為我們能做的選擇很明顯：雖然這是令人心痛、但也實是無奈的決定——我們衝進去，而讓其中一人免於必死。他認為這個解答的理路非常清楚：只要比最差的情況好，就應該去做。這是「功不唐捐」的思考邏輯。在此結論之上，奧古斯丁隨即進行了他關鍵性的推論：剛才是兩個人的情況，死了一人，救了一人；但如果情況改成是損失一些人，而救了許多人呢？那我們「該採取強制行動」更是不二結論了。現在，再做最後一個推論：如果僅為了人現世此生的性命我們都會作全力拯救的選擇，那牽涉及來世永生幸福的信仰問題是不是更該義無反顧了呢？這就是奧古斯丁就「強制」原則所做的一連串頗引人深思之推論過程。但只要進一步探究，就可發現他的救人案例與異端間之類比實有爭議性：我們一開始如何就能決定出某種對教義的解釋是注定「塌陷」的？

奧古斯丁身為 St. Ambrose 的弟子，精研教義而為教會中以理論見長的人，因此他來為教廷既定之肅清異端政策辯護，自然深具影響力。當然，在面對實際狀況的變化下，奧古斯丁用了種種理由來合理他將國家武力引介於宗教事務；但是，吾人於今觀之，其於理極為勉強，一切所言，恰顯示出「即使是一個聰明人，也難免

逃於宗教熱忱之影響。」[1]其實，若僅從理論的角度來看，奧古斯丁只要能說服世人「政治神學」是最好的政治思維方式，則「異端導正」說將隨後自然成立，毋庸另外論證。為何如此？關鍵可能在於「神權政體」的基本性格。

政治係維持社會之秩序，而導正異端係維持信仰秩序，二者不論從現世或來世觀點論都可融會貫通：即使以來世論，維持現世之社會秩序絕對有其必要；而從現世之角度言，如能導正信仰上之歧異亦有裨於和平秩序。奧古斯丁既將政治與宗教合於一爐、來世與現世併為一談，「政治神學」自然成為其思想之總稱，而「神權政體」（theocracy）為其結論。故追本溯源，如無合今生與來世、神聖與現世之「政治神學」此一極特殊之思維模式，則無所謂「異端導正」說之可能。

在奧古斯丁的觀念裡，國家絕不具有古典政治思想中所賦予的積極功能。「人是政治的動物」、「國家是社群的最完美型態」這些理念對他而言，並不是思考政治的正確預設。相反地，這位基督教教父的理論出發點是一個對人性悲觀的現實主義：政治（人類彼此統治）是人類「墮落」的後果；國家則是上帝對人類「墮落」的懲罰，同時也是一種「補救」。果如是，則國家的功能只是維繫現世的和平與秩序，以提供教徒追求精神救贖的有利環境。教徒追求精神救贖，自然需要耶穌的新娘——教會——的指引與協助；因此，在現世中國家是擔負消極的維持秩序之功能，而教會是擔負積極的指引永生之路的責任。國家管「身」，教會管「心」。

然而「身」「心」卻非兩個獨立而平行的範疇；「思想」掌握「行為」，「靈魂」支配「肉體」。所以教會居於國家之上的情況是必須的。也因此，「政治」失去了「獨立」的地位，它必須從屬於「宗教」之下；後者來界定現世是曾合於「秩序」，及何謂「秩序」。既然如此，則政治學即是政治神學，一切價值應源出於教義，而教義殆由教會解釋。教會解釋教義，等於享有至高地位，即使其不具實際行政之權，但握有監管及最後認可之柄。這樣的政治神學觀所催生出的就是一個「神權政體」了。

「神權政體」既立基於一個「天啟」的教義，因此教義的神聖性格無比重要，否則無法勝任「一切價值泉源」之重任。而維持教義神聖性格的最基本要求便應是

---

[1] 這是 Herbert Deane 對奧古斯丁整個「異端導正」論的最後結論。但他強調，事實上，奧古斯丁也並非在說理上有新的發明後才轉而支持「異端導正」；而是奧古斯丁在看到一些異端被強行「導正」後，竟變成好的「正信」基督徒，因此而相信不管終究說理是否圓通，最重要的是讓「異端」一定要有機會接觸正確的信仰，因而會有了這種「結果重於過程」的做法。

教義與教規的絕對唯一與連貫一致。若無絕對唯一，則無所適從；若非連貫一致，則信心動搖。而宗派分裂與異端正是影響教義神聖性格的最主要因素。故「導正異端」是「政治神學」思維方式成立後的自然推論，它並不需要另外的證成；奧古斯丁嘗試提出各種理由，其實反而不若——如其在《上帝之城》中般——逕行說明「政治神學」思維之成立來得重要。

　　現在我們不妨追根究底，來討論奧古斯丁構築政治神學思維方式的邏輯是否成立呢？這無疑就牽涉更廣了。從今日我們習以為常的伊拉斯主義（Erastianism）而言，政治與宗教是兩個獨立的領域，政治應俗世化：宗教不應干涉政治之運作，現世之事務完全交由政治過程來規範。在這樣的俗世化立場下，我們漸漸地發展出各種憲政體制，然後以律法代替教義來支配日常的行為。用洛克的話來說，國家之目的只在保護、增進「市民生活中有關生命、自由、財產與健康之事項……」，「不可也不應涉及有關靈魂救贖之事……」。我們認為這樣一來，世人的精神生活與信仰有了多元化的可能：尋求救贖與否，個人決定；由何種宗派尋求救贖，也取乎個人愛好。對於人生或來世的「終極價值」，我們縱有爭議，也無須加以定論；在信仰方面的多元、歧異及不確定，基本上並不「跨越」到我們現世的日常生活領域而造成影響。所以今日我們基本認為「異端導正」是錯謬而無法容忍的。

　　但此時我們必須指出一個有趣的類比：往昔是教義決定生活方式，現在是憲法；往昔是教會提出或解釋教義，現在則是制憲與釋憲。教會解釋教義常易引發爭執，這正是異端發生的主要原因。但今日之制憲與釋憲其主要依循又為何呢？從政治思想史之角度言，答案是自然法。所以現在問題變成如此呈現：如何詮釋自然法？誰來詮釋自然法？這樣的一個爭議，本質上與教義詮釋的爭議相差多大呢？在往昔，可能僅為了某一點儀規上的執著而造就異端；也就是說，雖大同而小異亦足以決裂。今世各國之憲政爭議基本上也是在局部地方有所出入（這裡指的特別是有關人權或正義原則的爭議，而非關於制度運作上的爭議），否則政體早已崩解。故宗教上異端之處理與釋憲爭議本質上相類：其初衷都是在求取社群生活規範或價值最後能整齊畫一，其結果都是最後藉強制之手段貫徹結論。所不同者，一是詮釋教義，一是詮釋自然法。在本質上二者之過程都具有「人為」的獨斷性格，而為何我們不能接受教義詮釋後所生之異端導正，卻接受對自然法解釋結果的齊一化？理由是今日我們依循的伊拉斯主義已截然劃分了政治與宗教，視其為兩個性質分殊的範疇。而由於宗教事務無關現世，故我們允諾、護持信仰自由；而政治上的任何爭議（其終極為對自然法的解釋），卻必須有齊一的結論，以規範社會行動，以維持社

會秩序。

　　當代無法接受異端導正的理由是信仰自由——即是宗教的多元化。導致信仰自由得以實現的因素複雜，而政治思想史的發展所給予的影響頗為重要。我們現今得以將政治與宗教分離、現世事務與來世拯救區隔，主要是因為近代以來以民族國家為主的現代國家之建立：三權分立的國家機器使得政治社群得以較「公正」、有效及「權威」的處理日常生活中的公共事務。也就是說，具有公信力的現代政府出現後，社會生活中的俗世化大有進展。而Jean Bodin、Richard Hooker及Thomas Hobbes的現代國家理論對此都有相當重要的貢獻。他們三位都寫作於各自國內教派衝突的時代，而研究之重點亦著意於如何使不同信仰之人能共同生活於同一社會內、同一政府下、同一國家中。類似如此的國家理論雖然不是要對宗教自由做出直接的貢獻，但是他們打下了一個很好的基礎，那就是：透過主權理論的建立，我們可以合理地以俗世的組織——國家，來做現世最高的主權（仲裁）機構。當一個政府出現而我們對其有絕對服從的政治義務時，這是一個堅強穩固的政府；特別是在一個逐漸開始有海外競爭的殖民時代，這個（民族國家的）政府需要致力於俗世社會的統一與整合，以至於它慢慢將自己之所轄，視為是一個具有自身利益考量、與宗教並存但不從屬之的範疇。這樣的發展在俗世化的歷史上無疑極重要：由於政府（主權者）權威的樹立，國境之內的所有事物都被置於其管轄下，我們現今所認同的伊拉斯主義——政教分離，且教權（*sacerdotium*）只限於信仰之指引——就逐漸鞏固。當然，當政教開始邁入絕對分離之時，就給了宗教自由一個最佳的條件。

　　洛克的「容忍書」（*A Letter concerning Toleration*）所代表的「寬容主義」（latitudinarianism）立場又適時的給予助力，從觀念上說明人們應當接納異己教義或儀規。當然他最主要的目的可能是把政治與宗教區隔，以便於一個俗世化的文明政府能順利出現。但不管如何，洛克論此問題的重要步驟是先將教會的本質界定出來。教會，對洛克而言，是「一群人志願地結合，用他們喜歡及對靈魂救贖有裨的方式，公開地對上帝敬拜。」接下來的推論自然是：既然信仰的本質是志願性的，人民可自由地判斷他喜歡何種教義或儀規，故武力亦不能逼迫就範；國家的本質是強制力，故國家成立的邏輯並不能適用於宗教領域，國家不應干涉人民的信仰。

　　依賴對天啟的信仰為何不能迎向救贖？在俗世，我們要的僅是秩序。在信仰上，是對經典及其所傳達之天啟的信心；如果這方面沒問題，則縱使舉世之人異口同聲，亦無權誣之為異端。所以洛克的寬容論算是協助在理論上創下了伊拉斯主義的高峰。

　　而對於洛克的寬容論，我們可以對他所用的論述策略進行分析。任何政府對某種信仰不寬容，對洛克而言，是徒勞無功的事。曾有論者指出，洛克將焦點置於討論不寬容的不理性上，卻未說明不寬容的不道德。但我們應如何來說不寬容的不道德？可能沒有別的方法，而只能訴諸現今自由主義的基本信念：信仰是一種天賦權利，我們應該尊重；不尊重別人的權利，當然是道德上的錯誤。但這是 20 世紀今日的流行觀念；在 17 世紀當時的氛圍之下，洛克要說服他的讀者接受信仰自由是人的天生權利可能不易，更何況他難以證明此點。他在《政府論》中亦也只表明人有保有自身生命及保有利用厚生資材的天賦權利，並未提及信仰自由之權。所以他的寬容論立論是基於考量實際功效的理性主義：如果有任何政府意圖用武力涉入信仰，則在此事上將無法達成我們今日所謂的「有效統治」。換句話說，文明政府（civil government）的離開教會而出現──政教分離──及其有效之運作統治可被視為是洛克的核心關切。

　　至於奧古斯丁呢？已如所述，異端導正論較有說服力的辯護是來自於申論「政治神學」思維的成立。既然政治與宗教合一，即在神權政體之中，一個單一權威的教義是必須的（事實上，頗類似「神權政體」的「極權政體」早已向我們說明了此點），只有在教義單一化無疑義的情況下統治才能順利。換句話說，奧古斯丁也是在基於世俗世界安定的理由下力主異端導正。故回溯歷史，對於信仰上的異端問題我們有兩種完整的理論，它們的立場完全相反：奧古斯丁的導正論及洛克的寬容論。將兩人之說相對照，我們可以得到一個結論，就是他們二人雖然對處理異端之看法迥異，但主要理由竟然是一致的：為了政府的順利運作與國家的長治久安。也就是說，他們對如何使政治安定有截然不同的看法。何以致之？從其政體建構理論來看，這基本上導源於他們對人性的不同認知。奧古斯丁的人性墮落說使得他發展出悲觀的現實主義國家理論，而洛克卻認為即使在沒有國家的自然狀態中，人也可以循就理性而和平互助生活。奧古斯丁對人性的看法是陰鬱消極的，而洛克卻因著人的天賦理性之光，而替世人描繪出一幅美好的世俗政治圖像。再細究之下，二人對人性理解差異如此大，又應該是源於其教義理解不同：究竟「原罪」對人的影響是如何的？奧古斯丁當然以為那就是永遠的「沉淪」（moral depravity），而依靠上帝來救援。但洛克的詮解卻相當符合他所處的啟蒙時代的特徵（這同時也幫助了他鞏固政教分離的立場）：他認為，（從聖保羅、奧古斯丁以來的）人的原罪觀有修正的必要；亞當背離上帝所受到的咒罰（damnation），並非是往後人在道德上的必然淪落，亞當的死，就是他所受的唯一咒罰。由是之故，他看不出人憑藉著理

性為何不能經營出良善和平的生活。

　　他們二人的差異，事實上就是教義理解上的差異，而——如果回到剛才的討論——不也正是「異端」發生的原因？所以現在整個問題變成循環的：對教義解釋不同而有「異端」現象；從對「異端」處理之不同態度影響對政體之擘化；在不同之政體下又有對教義解釋空間之不同。這樣一來，人對於天啟之理解不同竟成為後世政治思想中政體與政府職責差異樞紐因素之一。故於西方的後古典時期歷史中，宗教與政治（或政治思想）之關係並非止於政教衝突之問題而已。而宗教之所以能夠如此深入地滲透入政治，或——更正確地說——我們的生活中隨處含蘊著由信仰及其所生的問題，正好反映出人的本質：人是追求「意義」指向的動物，他對於生命目的之認知決定他生活的內容與方式。故政治與宗教一方面提供他趨近生命「意義」問題時的脈絡，另一方面成為實現生命內涵時的舞台。對二者間關係的思考，可造就諸多不同的組合，而每一種組合，都代表了人面對此「意義」的嚴肅規劃。

三、政治生活、異端與寬容論

　　回顧歷史，我們可以發現政治、經濟及思想三方面同時出現的演變，使得長期以來的宗派緊張關係有更紓解的機會。1648 年西發利亞合約（The Peace of Westphalia）結束了三十年戰爭，歐洲各國在連年戰禍後亟思和平，而宗教的狂熱也隨著多年動盪而消退。不管是基於過去的戰爭創痛或是著眼於未來國力的考量，各國的目光開始注意到本國內的宗教問題，都紛紛希望致力於宗教容忍。政治上現代政府的出現，立下政教分離的基礎；經濟上工商業的發達與資本主義意識的逐漸擴散，加速了社會生活的俗世化；最後，歷史脈絡的變遷反映在思潮上，自由主義漸次興起，隨著革命散布開來。當然這個宗教自由、信仰多元的現象必須歷經若干時日的醞釀演變，才達到今日的情況。我們現在也早已習於政教分離、尊重不同宗派。在信仰上，我們把「異端導正」視為是妨礙自由，所以我們不干涉教義上的紛爭而任其持續，但對於被劃歸為俗世公民生活領域中的各種紛爭與歧見，國家必須加以解決，謀求最後的齊一性——這被認為是政府設立的最重要目的。換句話說，對於前述提及之「異端導正」是關於教義解釋、而憲政爭議是關於自然法詮釋此一對比，我們現今的做法是容忍前者的歧異性而戮力於後者的齊一。

　　現在一個有趣的問題出現：我們接受信仰上的「異端」，卻無法容忍有人不接

受政治過程下對自然法的統一解釋（違反者必須受到公權力的強制制裁）。但實際上，後者的本質與「異端導正」又相差多少？——它們都是人為的齊一化過程。今天我們能接受政府公權力強制執法的原因是這是現世事物；我們認為現世與來世、宗教與政治是不同的範疇。但是，即使於現代，它們是兩個如何截然劃分的範疇呢？

　　我們在現世的法律及政策中，經常無可避免地會涉及倫理問題或道德關懷，對於它們的思考辯論有時也就回溯到我們的終極信仰與價值觀，例如媒體色情暴力問題、墮胎問題及最近出現的遺傳工程、生物複製問題等等。目前我們對於現世政治的處理問題程序及其結論之強制性都早有共識，也行之有年；但鑑於終極價值無可避免會涉入現世的法律或政策爭議中，故我們是否該考慮：既然無法完全將主觀之倫理價值及道德判斷牢牢拘限於精神信仰範疇之內作用，則其本身具歧異性的特質應促使我們在面臨爭議時採較自由寬容的立場。也就是說，多元主義及自由原則應是政治領域內牽涉及道德判斷時的基本處理精神，否則凡事以眾暴寡，不啻進行「異端導正」；既如此，則當初又何須從政教合一之中走出來？

　　但包容歧異並不是說在這個社會上人人得以為所欲為，「只要敢做，別人就須容忍」。這樣當然會導致社會解體，而此絕非當初自由主義或寬容論的肇建者之所欲。為求免於過度失序，吾人可對包容之範疇試提一界限，那就是所包容者以純出於「倫理信念」差異者為限，故其基本上並不含括「異端行為」中明顯侵犯他人生命、健康、財產者——這些在刑法上都已有明確規範，一般狀況下不在我們的討論範圍中（除非我們願意有一部時時刻刻在改變、修訂、毫不具穩定的刑法）。所謂純粹源出「倫理信念」差異而生之爭議，上述的媒體色情、墮胎及遺傳工程均是。反對網路色情、反對墮胎及反對「人造人」等三種立場均基於某種（宗教）倫理信念，而贊成者顯然執持的是不同的價值。如何調和？難以調和！那應如何？最適當的方式：包容！——暫時允許人自由選擇，但同時讓兩方之意見在言論市場上自由競爭，吸引附從者。這樣一來，若干時間後可能出現兩種情況：一是某種多數共識逐漸形成（而稍後主流可能會、亦可能不會漸漸透過社會化過程侵蝕、瓦解非主流立場）；另一則是無法形成共識，歧異持續。如是第一種情形，則很幸運地社會免於長期紛爭，而多數共識的「多數」百分比愈大，社會相對和諧程度愈高；但如係後者，則很遺憾，然亦無他法，吾人只能期待社會透過更多時日的思考，能在此問題上漸有共識。但即使是第一種情況，亦不宜遽然制法以齊一之：當然，在有多數共識下進行齊一化，於理尚通；但絕非圓滿，因為還有少數人是被強行「導正」，

違反其自由意志，且將失去體現其「信仰」之機會。

　　若有人質疑：如以此種包容原則處理所有倫理爭議，社會上豈非永無寧日、爭議不斷、秩序難求？也許不得不如此。很可能這本就是進入「後神權政治」之代價──個人得享價值判斷之充分自由，但卻須時時容忍「異例」；社會難以呈現絕對之價值秩序，而只能追求多數「共識」之下的相對秩序。然而從邏輯上探究，這一切原本就是我們應承認與接受的：當初我們接受了「天賦人權」的觀念，承認「人的自由意志」為最高價值並以之為基礎建立「啟蒙」的現代契約論政體；在此「啟蒙」政體內，得以實現了「政教分離」，從此我們免於信仰自由受箝制；但促成「政教分離」的價值觀，究其本質，原則應是信仰上尊重自由選擇而俗世生活安排上尊重個人意願的個人主義自由思潮。故我們在享受宗教自由之餘，只得「忍受」政治生活上之「異端」。

　　洛克當初抨擊政府干預信仰時所持的理由是：政治是強制性的領域，在此中我們使用武力以達齊一。而使用武力的前提是我們可清楚地知道事實（truth），而藉強制力來讓人認清事實；但有關教義之事卻非事實認定的問題，它是信仰的問題。所以我們以上所言，正可看成是洛克此一觀點的延伸於當代政治之中：既然現世生活中的某些倫理爭議並不源起於事實認定的差異，而是肇因於價值觀的不同，則我們在處理類似因基本信仰歧異而生的對立時，實不應太過於遷就「政教分離後，信仰領域自由，但政治是強制性的領域」的這個傳統觀念。簡言之，政教分離後之政治，最多只能靠「公意」與「共識」、而非「國家機器」，來進行所謂「異端導正」。「公意」與「共識」形成不易，且對人「導正」不似法律般有效力，但或許此即為啟蒙政治尊重「自由意志」本質的必然代價？

　　這樣的思考路徑可看成是為自由主義辯護的一種方式。從政治神學的立場言，「異端導正」是必然之事，它合於整個以來世連結今生後所發展出的邏輯。雖然不一定所有的宗教都會演變出政治神學觀，但如果它一旦採行與政治結合，則進行「異端導正」是合於邏輯的推論。故換句話說，人類在構思如何經營政治生活時，就倫理的面向看可能有兩種選擇：一是政治神學[2]，將某種宗教教義貫穿於生活中，進行一種穩定與單元價值的生活；另一則為偏向於多元容忍的自由主義立場，

2　這裡政治神學也可看成是一種隱喻，它亦可包含在某種絕對的世界觀或意識型態內的生活，例如極權統治或是神話、古老習俗所支配的社會。

既然無法仲裁歧異，就接受其並存[3]，但代價是必須（在法律秩序下）承擔多元衝突、爭議及——很自然地——不斷的變遷。反之，如果我們在現代世界打著俗世化的政教分離旗號，卻在政治過程——也就是自然法的不斷詮釋過程——中卻時常容許僅為了追求齊一而強凌弱眾暴寡式地泯除歧異，則就反倒不如奧古斯丁式的政治神學來得坦然；因為畢竟在那裡面還有一個追求來世救贖的信念作為一個最大公約數，而已然把信仰逐出的現世政治事務範疇中若無尊重與包容，還剩什麼呢？

---

[3] 這裡所謂的並存需要做清楚的解釋。有人認為一條法律、一個政策絕無可能容許兩種相對的立場存於其間：例如墮胎問題，一就是立法禁止，一就是開放自由選擇；又如網路色情，一則禁絕，一則放任，必須選擇一種做法。所以我們所謂的並存，是指「解除管制化」（de-regulation），且給予各方推廣理念的空間與保障其在公共論壇自我辯護的言論權利。在現實生活的法律及政策中，目前的普遍做法是：只有獲得多數支持的立場才能立足，進而成為強制公權力所護持之唯一對象。現在「並存」說乃指，對於相對之立場，我們不僅讓它在言論的自由市場上自行浮沉，且仍應准予其活動的權利。我們必須隨時提醒自己，目前較為大眾接受的立場並不是「正統教義」，而只是取得較多數的支持而已。

　　相信政治權力之成立係源自於「立約」的傳統，到了中世紀時有重要的發展，其乃見諸於教會內部「教儀法」（canon law）中。教會亦為一人群組織，有其內部權力機制；在教儀法中傳衍了這種「憲政主義」的觀念，而透露出一種有關權力的獨特概念正在演化的消息。這種對一個群體中政治權力分配原則的看法，今日稱之為「中世紀憲政主義」（medieval constitutionalism），它的核心觀念是：每一個人群團體內治理權之行使都應依據一組全體接受的規約或程序，而群體中的每一個部分都不應被排除在統治過程外。換句話說，它有兩個最重要的成分：一是治理者依眾所接受的原則而治；二是團體的每一個部分對「公共事務」都有發言權，不應被排除。

　　這兩點後來逐漸演變成以「普遍同意權」（popular consent, universal consent）為核心的「宗教議會運動」（the Conciliar Movement）。「宗教議會運動」的信念很簡單：對任何群體的「統治」、「管轄權」（jurisdiction）存在於它自身之內，而非存於高於或外於此群體之個人或某些人；因此群體全體成員之同意乃是「權力」的最終來源。而基於此「權力」須來自「普遍同意」的原則，整個基督教會的最高權力機構在於由「普世教會」（Christendom）各教區代表所組成的「宗教議會」（the General Council, the Grand Council）；這個 Grand Council 再將治理權委付與教皇。故教皇的權力是有限的，且須向 Grand Council 所代表的 popular consent 負責。

　　這個宗教議會運動之理論（也就是 conciliarism 或 conciliar theory），原本是用以對抗教皇的專權[1]，但卻意外成為近代民主政治理論的濫觴。原本在羅馬法

---

[1] 我們也許可以區分議會理論（conciliar theory）與議會運動（conciliar movement），前者起源於 12 世紀，當時是為了一個特定的問題而生：如果教宗竟是異端時應如何？故有以召開議會以逐之的理論，就叫做 conciliar theory；而議會運動則是 14 世紀末教會分裂的產物，但此時的 conciliar theory 已發展到遠超出處理教宗異端問題而已，詳下。

之下，君主是在法律之上的，此乃是習知的「君王高於法律」、「君主不受法律約束」（*imperium legibus solutus*, prince is above the law）原則。而透過 conciliar theory，就開始有了 *lex regia*（royal law）[2]觀念逐漸的滋長。這其實是一段精彩的歷史，但卻常被忽略，致使「中世紀憲政主義」在西方民主理論發展史上的地位未得應有重視。在這種狀況下，只有若干中世紀思想的專業研究者算是例外，他們曾經強調中世紀政治思想對近代的貢獻與影響；這些學者雖未必做出中世紀與近代初期政治思想連結關係的仔細追索，但可以算是指引出重要方向與打下後來學者研究的基礎。如：

Otto Von Gierke, *Political Theory of the Middle Age*, trans. F. W. Maitland (Cambridge, 1900);

John Neville Figgis, *Studies of Political Thought from Gerson to Grotius*, 1415-1625 (Cambridge, 1907);

Walter Ullmann, *Principles of Government and Politics in the Middle Ages* (London, 1961) 等人[3]。

直到 1978 年英國劍橋大學的 Quentin Skinner 教授出版 *The Foundations of Modern Political Thought*，在第二卷中追述了 15、16 世紀教會改革運動對 17 世紀政治思想之影響，這個主題才算是得到了正式的、有系統的處理。而隨後數年中，中世紀史及中世紀教會史的專家也跟進做出「系統化」的呼應：分別是 1982 年Brian Tierney, *Religion, Law and the Growth of Constitutional Thought: 1150-1650* (Cambridge University press)及 1984 年Francis Oakley, *Natural Law, Conciliarism and Consent in the Late Middle Ages* (Variorum reprints)。

至此，教會內部改革運動及宗教議會運動對近代民主理論所產生的影響被充分確認。

一、宗教議會運動理論溯源

如果宗教議會運動的影響已被揭開，但有關於此種政治思潮前半段的故事卻

---

[2]　王位法，就是作君主須守的權力分際，可算是與人民之契約，也即是君主立憲之前身。

[3]　Figgis 的老師 Lord Acton 也曾對此有所留意，他認為宗教議會理論的發展是人類追求自由的歷史中重要的一頁：「那四百年的紛爭，是我們今日自由的起源。」

還未清楚呈現：宗教議會運動及理論的淵源為何？中世紀政治思想研究者 John Neville Figgis 早在 20 世紀初曾提出了有關 conciliar theory 的三項觀察：

一、它是源起於俗世社會運作之先例；

二、它對近代初期歐洲政治思想有深遠影響；

三、這些宗教議會理論家把「中世紀憲政主義」的原則轉化為「政治的」理論。

如前所述，第二及第三項主張現在已幾乎無人反對，但是關於 conciliar theory 的源起則眾說紛紜，許多年來在此問題上無明確進展，也因而使其重要性不易凸顯。

後來，對此主題做出最大貢獻的是美國當代的中世紀政教關係史專家 Brian Tierney，他在 *The Foundations of Conciliar Theory* 一書中，對懸而未決的「宗教議會理論」（conciliar theory）之源起做出了里程碑式的重大發現，因而被視為是近代對中世紀史最重要著作之一。這本書不但讓我們知道對近代民主理論影響重大的宗教議會理論其源頭為何，也讓我們——超越以往的障礙——明白了日爾曼（*Germania*，指相對於 Roman 而言）對歐洲政治思想的貢獻。我們以往慣於將歐洲近代民主思想之源頭，一則上溯於古希臘、羅馬，二則歸因於 17 世紀自然權利觀的出現，竟至常常低估了封建的日爾曼歐洲本身也存有若干質素，關鍵性地幫助了近代民主的萌芽。我們甚至可以試稱此為「近代民主之日爾曼貢獻」（the German contribution to modern democracy），這個貢獻是源自於大陸歐洲的日爾曼之特殊的法律、歷史及制度等等因素。在追溯這些質素之前，我們先看看宗教議會運動的歷史背景。

準確地說，宗教議會運動乃是指西元 1378 年西方教會因教宗選舉紛爭而分裂，羅馬及法國亞維農（Avignon）各立教宗（分別是 Urban VI 及 Clement VII），而這個「教會大分裂」（the Great Schism）直到 1414 年起舉行的康司坦會議（Council of Constance, 1414-1418）時，才藉推立雙方共同接受的教宗 Martin V 而解決。此會議曾推出兩個結論，一是 1415 年的詔令 *Haec Sancta*（或稱 *Sacrosancta*），宣告所謂的宗教議會，也就是由個別教區推派代表而組成的「大議會」（the Grand Council）（又稱 General Council 或是 Popular Council），是教會中有關教義或其他問題（如分裂、改革事項等）的最高權威機構；另一是 1417 年頒布的詔令 *Frequens*，宣告此後宗教議會將可以定期舉行，而非如以往般須由教宗召集之才得召開。這兩個詔令明顯地將宗教議會的權威置於教宗之上，無怪乎中

世紀史專家 Dr. Figgis 稱 *Haec Sancta* 為「世界歷史上最革命性的文件」（the most revolutionary document in the history of the world）。 我們試看 *Haec Sancta* 主要部分的文字：

> 神聖的 Constance 大會……今宣告如下：首先，一個大議會在聖靈導引下於斯組成，它代表全教會而直接領受其權力於耶穌；如今所有人，不論階級職位，甚至教宗亦不例外，都須在信仰上、避免教會分裂上及有關教會與革事項上服從其決定。同時，亦鄭重宣告：任何人，包含教宗在內，不得拒絕服從其頒布之指令、規條或詔令告示，否則都將受懲處。

這兩個詔令代表了宗教議會理論在此次會議中的勝利；教宗制度雖然尚維繫，但如同英國的 King in the Parliament 般，此時的教宗如同 Pope in the Council，與議會「共治」。

當時對於教廷的分裂，產生了兩派的對峙理論：一方認為唯有重振「教皇至上論」（papal supremacy）方能一統教會；而另一方則認為就是因為教宗權力過大才釀成於此各不相讓之分裂局面，因而主張以「大議會」為基督徒普世教會中最高權力機構，此即為 conciliar supremacy，而教會之分裂問題也應由議會來解決，此即為 *via concilii*[4]。前者即是當代學者 Walter Ullmann 所謂的「由上而下的統治」（the descending thesis of government），後者乃是「由下至上的政治」（the ascending thesis of government）， 而整個中世紀到近代的政治思想就可看成是由前者到後者的逐漸逆轉。在中世紀末這股訴諸議會來引領教會的風潮也就是宗教議會運動。

宗教議會運動之風起雲湧是在 14 世紀末教會大分裂之際；總的說來，它在 1409 年 Council of Pisa 中初試啼聲，在 1414 年開始的 Council of Constance 中獲得勝利，但是卻在 1431 年開始的 Council of Basel 時才是達於最高峰。整個理論演進有一個理路，其次第是：在 Council of Pisa 時提出了以宗教會議解決大分裂的理念，因為敵對的教宗（有損教會聲譽及福祉）都被視為是異端，而唯有整個教會（由參與會議者代表）才能仲裁異端；在 Council of Constance 時確立這個原則，

---

[4] 它與訴諸武力或對抗解決分裂──即 *via facto*──相對，而在 Council of Constance 中乃係經由各方同時退位再立新教皇──即是 *via cessionis*──而解決分裂，這就是 *via concilii* 的具體成果。

就是教宗雖是教會領袖，卻也只是教會作為一「整體」（*universitas*）的一部分，領袖實乃接受「委付」來領導行政，故他是「主事者」（principle minister）卻非「主權者」；到了 Council of Basel 時，議會理論的主張達到頂峰，不但把前次會議的立場再度宣示及肯定，更是把議會定位為是教會的最高權力機構，這就是所謂的 conciliar supremacy。

而這幾次事件之背後其實都有議會理論不同的成分在內。在 Council of Pisa 之時，首先確立的是對於「不適任」（異端）教宗的處理須經由大議會。因為教宗已不適任，故樞機主教須召開議會；如樞機主教不履行此職責，則主教亦可代行之；依次類推，最後連一般教士、俗人也可以發起召開宗教會議之大議會，這也就是 *via concilii* 的原則。它的理據乃是：教會的議會已成為「活的法律」（*lex animata,* living law），透過聖靈的指引，在動盪之時它可替整個教會──信徒在「耶穌中」（*corpus Christi*）的連結──找到最適之方向。而在 Council of Constance 中所顯露出的則是獨特的日爾曼法「社團」（corporation）的概念（詳後），在這種概念下，教宗並非外於教會而高高在上支配之，反而是教會作為「社團」的一部分，接受其「委付」成為「管理者」（minister）以促進會務。巴黎大學（Sorbonne）的教儀法法學家 Pierre d'Ailly 及 Jean Gerson 與義大利教儀法家 Fransiscus Zabarelle 在宣揚 corporation theory 中扮演了重要的角色。最後，在 Council of Basel 時期，西班牙的 John of Segovia 及德國的 Nicholas of Cusa 兩位法學家都認為議會理論中所強調的「社團」的「同意」（consent）是上天賜與之權利並且見諸聖經，而教宗專權之制度或現象不過是人類歷史演變時所偶生，不合天意，故「議會至上論」（conciliar supremacy）是涉及教會內權力結構問題最自然的結論。

史家探究此運動的理論淵源時，焦點自然在當時著名的議會理論家身上，如 Conrad of Gelnhausen, Henry of Langenstein, Pierre d'Ailly 及 Jean Gerson 等人，他們都是巴黎大學的教士兼學者（即所謂的 Sorbonnists），精於法學及神學。但 Brian Tierney 認為前此以來的研究者都忽略了一點：議會運動是源自教會內部的一個呼聲，一種主張，它要求教會的權力存於所有信仰者（由 General Council 代表）之中，那麼，它會不會從教會原已存在的內部法規去尋求支持？也就是說，它大有可能且最具正當化的訴求就是教會本身的傳統。

何為教會本身的傳統？一就是早期教父們對教會本質、教士權力等的論著，一則是包含許多教皇詔令及教規在內的「教儀法」（canon law）。Tierney 同意 13 世紀政教衝突時的參與辯論者 Marsilius of Padua 及 William of Ockham 都是 conciliar theory 的推動者，但是他卻還是把 conciliar theory 的源起更向前推至 12 世紀，那就是由 Gratian[5]所編纂的 *Decretum*──一部教儀法的集成。它雖由私人編纂，但卻是極完備，之後並得到教廷的確認及採用，而成為日後《教儀法大全》（*Corpus Iuris Canonici*）的基礎與前驅。Gratian 可說是受了查士丁尼大帝《民法大全》（*Corpus Iuris Civilis*）的影響，而欲編纂「普世教會」（Christendom）所需的法典集。

　　Gratian 這本書約出現於 1140 年，其原名是 *Concordia Discordantium Canonum*，意為《教儀法異同》，然後來之教儀法學家都簡稱之為 *Decretum*，即是《詔令集》。Tierney 指出，Gratian 這本書最重要的貢獻殆為：他同時收錄了兩種不同的教會傳統──兩種對教會內部權力結構的不同看法。第一種傳統無限尊崇教宗之地位，將教宗視為是教會的「統治者」。它又包含兩種面向：一是我們所熟知的「教宗至上說」（papal supremacy）與「教宗無誤論」（The Pope is unerring）──教宗永遠不會犯錯[6]。二是由 11 世紀從事教會改革、有名的強勢教宗 Gregory VII 所發揚的 hierocracy 觀念，它源起於耶穌要彼得及門徒們判定世人之罪；後引伸為無論俗人職位多高，即使如皇帝，也要接受教士的判定其為聖潔或有罪。第一個觀念使羅馬教宗成為西方教會之首，第二個使教宗可以「審判」皇帝，而致使「教權」（*sacerdotium*）高於「政權」（*imperium*）。但同時，*Decretum* 也收集保留了另一個令人驚訝好奇的教會思想傳統，也就是將教會視為是一個有機的「社群體」（*communitas*），它的特色是：成員完全由信徒所組成，本質上也就是一個「虔信者的集合」（congregation of the faithful，即是 *congregatio fidelium* 或是 *communitas fidelium*），由於聖靈的引領，這整個教會不會犯錯，故在此之中存在著教會最聖潔的精神，因而它是最高的權力泉源。

　　那麼教儀法學者當時如何調和這兩種不同的理念呢？依據 Tierney 的研究，他們「企圖從全體基督徒中──他們代表了因為有聖靈之引領而本質上無瑕疵之普世教會整體──找出對信仰及秩序的共識，而藉之以對教宗個人的至高制法及司法權形成若干限制。」（後世的英國巴力門領袖們仿效於此，希望在俗世場域也引此原

─────────

[5] Gratian of Bologna 吾人對其生平並無所知，只知其為 12 世紀 Camaldolese 會修士及教儀法家，所編纂之 *Decretum* 成為中世紀經院及大學中教儀法之課本。

[6] 有兩種因素可能導致於此。一是新約聖經〈馬太福音〉16 章 18-19 節的經文：耶穌對彼得說，「你是彼得」（*Tu es Petrus*），「我要把我的教會建造在這磐石上」，「我要把天國的鑰匙給你」，這些就是後來教會所謂的 Petrine theory，將彼得視為門徒之首，其傳人（羅馬主教）視為教宗。參見 Tierney, *The Origins of Conciliar Theory*, ch.1, pp.21-32.

則，以圖限制國君之權力）Tierney 解釋道，在教會歷史中，「共識」得以如此重要，可謂有雙重之起源，但都可在教儀法中找到：

強調「共識」以節制教宗權力的教儀法家的法律依據，在於 Decretum Dist. 15 c.2 的記載，其中載明早期教父 Gregory the Great 的訓言：教會歷史上前四次宗教會議所頒之教律不得違背，因其乃經「普遍共識」（*universali consensu*）而成。但特別的是，這些教儀法學家竟然是以他們自己時代的社團法概念來詮解 Gregory 的這句看似模糊的訓令。例如，「無人能違其所屬團體之共識」（No man can withdraw from the common consent of his community），或「凡涉全體者必經全體同意」（*Quod omnes tangit ab omnibus approbetur*; What touches all should be approved by all.）後面這一句話甚至被教儀法學家們用來護衛俗人參加宗教會議的權利──即使是有關信仰問題之討論。

所以在 1200 年左右，大家都已相信，無論在信仰或有關教會整體之事項上，即使教宗亦須服從宗教會議決定之教律，因它代表整個教會之共識。

另一方面，教會既為「信徒所組成之群體」（*communitas fidelium*），它彷彿是一個「有機體」（*corpus*, corporation），雖然不是「政治體」（*corpus politicum*, body politic），但卻是一個「神祕體」（*corpus mysticum*, body mystic）。「神祕體」的意思是，教會由耶穌所親建，它是「耶穌的新娘」，甚至是「耶穌的身體」（*corpus Christi*），但它並非指「耶穌實際的肉體」（*Corpus Christi Verum*）──此乃指聖餐禮中耶穌的身體，而是「所有虔信者在耶穌中的連結」（a unity of all the faithful in the body of Christ）。所以這個「信徒所組成之群體」是一個「神祕體」，或是完整地說，它是「在耶穌神祕身體中的連結」（*corpus Christi mysticum*），意味它是一種道德性、政治性的連結，而非真正的耶穌身體。

所以說，Tierney 從兩方面可以為整個教會（或代表它的議會）找到權力的依據，一是教義上的，一是法律上的。從教義上言，唯有整個教會作為一整體才是「信仰上永不犯錯的」（unerring in faith），因此即使教宗亦不能以統治之名「侵犯它的福祉」（act against the general well-being of the Church）；就法律上言，教會作為一群體其本質與 body politic 並無不同，是一個有能力管理自己的「自我具足的社群」（*communitas perfecta*）；若干教儀法學者據此認為教會因為是一個

corporation，故它的最高權力存在於所有信徒所成之集合上[7]，這就是教會內部權力結構之原則。「全體信徒之集合」因此有權力「免除教宗之職務」（Pope deposed by the Church）。這就是「宗教議會運動」據以為宗的教義與法律解釋，它們都是被教儀法所收納的教會組織原則。在 Council of Pisa，Council of Constance 及 Council of Basel 中都曾一再宣示整個基督教會，才是正確教義最終的決定處所，也是教會最高的權力所在。而這樣的原則——所謂的 conciliarism——它充分地展現了「中世紀憲政主義」的精神，也促成了稍後的歐洲政治理論的一個重要發展。但議會理論家所引用的教儀法上對 corporation 的概念究竟由何而來？也就是說，一種「中世紀憲政主義」的精神究竟是如何醞釀而成？

二、中世紀憲政主義精神溯源

宗教議會運動把「中世紀憲政主義」的「全體同意」及「依約統治」二原則充分發揚，為中世紀的政治思想史做了一個精彩的收尾。到了 16 世紀宗教改革及宗教戰爭時期，新教的理論家更在此基礎上系統地檢討政治及統治權的本質，因而也幫助政治理論（而非政治實際）向民主邁進一大步。換句話說，宗教議會運動實際上是近代民主的重要泉源之一，而教儀法中含存的若干定制又是宗教議會運動得以挑戰教皇絕對權威的基礎。這些定制的精神由何而來？如上所述，答案乃就是「中世紀憲政主義」——每一個團體都可看成是一個有權利進行自我管理的「有機體」（*corpus*, corporation），這種有機體本質上是 *communitas perfecta*，而其權利、義務甚至財產都是成員共享的，團體中每一個人、每一個部分的意見都需要受到尊重；這一團體的代表或領導者並不「擁有」這團體，他只是接受委付來執行一些公共機能，以增進團體福祉為目的。我們不禁好奇，以今日觀點來看如此「進步、民主」的觀念究竟是從何而來？是否是歐洲古典時代留下的遺緒，或是基督宗教內部所本有的「平等」觀？「中世紀憲政主義」此一理念之興起，因涉及了權力觀的本質性變化，在思想史中固極為重要，但往昔並未多獲重視，原因可能有二：一是它並非某名人或某一特別時期之發現，故不易引起注意；二是它對政治思想的影響是

---

[7] 按照中世紀的教會法，主教應由教區全體神職人員推選出，並經全體信眾同意後任命，此即所謂「虔信者之同意」（consent of the faithful）。

較間接的，透過其他的理論（如議會運動理論或抵抗權理論）而介入實際歷史。因此，對於這股其實影響深遠的政治權力觀，素來少有系統性精闢的探究，而不得不為近代政治思想史研究上之一令人遺憾的奇特現象。

　　直到 1983 年，Harold Berman 的《法律與革命——西方法律傳統的形成》之出版，方化解了這個長久以來世人一知半解的疑團——原來高度攸關政治權力本質的「中世紀憲政主義」，其核心觀念之源出問題乃有待於西方法律史的研究。Berman 繼承了其先驅 Otto Von Gierke 著名的日爾曼法研究，而從日爾曼法中找出了「中世紀憲政主義」的淵源。Berman 認為西方近代國家的興起深受 11 世紀教皇（Gregory VII）革命的影響，因為自此「俗世」（*saeculum*）與「教會」（*ecclesia*）分離，「管轄權」（*potestas jurisdictiones*）與「聖事權」（*potestas ordini*）區別；而西方近世法律傳統源起於教會法，教會法是「第一個西方近代法律體系」。1140 年 Gratian 的「教令集」及 1234 年教皇 Gregory IX 時的「教令集」一起成為羅馬天主教教會法的主體內容。Berman 指出，根據教會法的內容來看，它在許多方面同時採集了羅馬法及日爾曼法兩種法律（羅馬法被稱為「教會法的一個侍女」），但作為教會內部組織與權力安排之「憲法」的「社團法」（corporative law; *genossenschaftrecht*）卻是源自日爾曼法的精神。

　　根據日爾曼法，一個「社團」（*genossenschaft*）彷彿是一個有機的「個人」，有其「人格」：

　　　　日爾曼的團體概念與基督教將教會作為「一個人」、一個 *corpus mysticum*（神祕體）的概念具有某些相似之處。如研究德國法律史的偉大法學家 Otto Von Gierke 所強調的那樣，日爾曼人的家庭、武士團、氏族或者村莊都被認為具有一種所有成員都分享的集團人格；它的財產是他們的共同財產，對它的債他們承擔共同的責任。

　　而這種社團的概念之特殊處除了它具「人格」外，尤其值得重視的是：它就是自身「存在的理由」（*raison d'etre*, reason of being）；意即謂，成員的意欲結合成社團此一事本身，就構成了社團存在的「正當性」：

　　　　……不過，按照 Gierke 的觀點，這種 *Genossenschaft*（伙伴關係）的聯合與宗旨並非來自一種或神或人的更高權威，而是僅僅來自它自身內部。也就是說，僅僅

來自於成員們為達到他們自己所設定的目標而自願的結合。

　　同時，Berman 還列舉了四項教會法中，對社團的觀念乃是傾向於將社團視為是一種集團人格的日爾曼概念，而非是將社團視為「擬制機構」（*Anstalt*）的羅馬法概念：

　　第一，教會拒絕接受羅馬法的這種觀點，即除了公共社團（國庫、城市、教會等）之外，只有帝國當局確認為社團的團體才享有社團的特權和自由。與此相反，根據教會法，任何具有必要的機構和目的的人的集團——例如，一所救濟院，一所醫院，一個學生組織或者一個主教管區乃至整個教會——都構成一個社團，毋須一個更高的權威的特別許可。

　　第二，教會又拒絕了羅馬法的另一個觀念，即只有公共社團才能創制適用於它的成員的法律，或者對成員行使司法權威。與之相對立，教會法規定任何一個社團對它的成員均有立法和司法「管轄權」。

　　第三，教會還拒絕了羅馬法上的社團只能通過其代表而不能通過其成員整體而行為的觀念。在許多狀況下，教會法要求成員的同意。

　　第四，「屬於社團者並不屬於其成員」這一羅馬法格言也被教會拒絕。依照教會法，社團的財產也就是其成員的共同財產，如果社團沒有其他方法償還債務，便可以向它的成員徵稅。

　　因此，這種「社團」、「夥伴關係」被認定為具有自主意志與自體之利益——也就是成員們設定之目標，此點是羅馬法所定制下的團體「位格」所不曾有的特色。這是一個重大的變化，因為它對任何由人群鍵結而成之團體，其最基本的屬性重新加以審視——人類結合成社團之「意義」及此社團內部「權力」之性質與歸屬。每一個社團如果都基於某一目的而由自願參加之個人（部分）所組成，

　　……〔則它〕被理解為是作為組成部分的它的各部分的總和，那麼便容易考慮成員作為成員的權利和義務，首腦作為首腦的權利和義務，以及這兩套權利義務之間的關係。這樣的處理方式隱含在 11 世紀晚期和 12 世紀早期的立法之中。Gratian 對此立法予以概括，他指出：一名主教，作為他的教區教會的首腦，在授予有俸聖職和特權時、在轉讓教會財產時以及在判決案件時，需要教會的成員們（也就是教士會）的合作。數十年之後，教皇亞力山大三世確認並擴大了這些規則，規定在各類情況下，教士會的「建議」和「同意」是必要的。

　　這就是日爾曼法有關社團的精神注入教會法的結果，它「反映了日爾曼的將社團視為具有一種集團人格和集團意志的夥伴關係的觀念，它與將社團視為一種其身分由一個更高政治權威所創造的『機構』（*Anstalt*）的羅馬觀念形成了鮮明對比。」

　　如果我們從往後歐洲政治思想中同意權概念及民主理論發展的角度來看，這種對社團概念的基本改變，無疑是日爾曼人最大的貢獻。曾有許多學者還是依照傳統觀念，認為羅馬法對 *universitas*（corporation）的看法支配了中世紀的教儀法學家與立法者。但在日爾曼法的觀念下，社團是一自願的合夥關係，它不須依賴更高的權威而成立，它也有自我管理的權利與能力；社團是一「集團的人格」（corporative personality），成員自行立法，共同分享權利與分擔義務；整體是每一個部分的總和，在重要事情的決定上，每一個部分都有被諮商的權利——凡涉全體之事須經全體同意。所以我們可以理解，當這樣的一種社團觀被吸納、確認而進入教會法後，由於它依附於一個歐洲最大與最強有力的結構，這種社團觀就等於取得了被制度化與普遍化於當時及日後歐洲的機會了。果然，根據 Brian Tierney 對宗教議會運動理論之起源里程碑式的研究，14 世紀時的教會內部之論爭中，反教皇專制派就是以教會法中所含蘊之「中世紀憲政主義」為依據；也即是說，日爾曼法傳統進入了教會法的傳統，而為教會內部的權力結構問題開啟了重新討論的契機。

三、古典典範的橋接樞紐

　　傳統的看法將中世紀視為是古典與近代啟蒙文明間的一個斷裂，因此，從「進步」的觀點言，彷彿是一個障礙。在這種「黑暗時代」的史觀下，它似乎是個「獨特」的時代，與之前及現在互不接屬：那裡面的人自以為是地生活在自己所構築的濃郁宗教氛圍中，恐懼於末世的審判，一心祈求未來的永生；悲哀的是教會本身充滿了腐敗，救贖遙遙無期，靈魂掙扎於聖潔的誓願與齷齪的現世環境間。於是，似乎其整個時代的歷史意義，就存於等待下一個光明的、覺醒的、「啟蒙的」世紀之至。但是晚進的研究已經告訴我們，實況並非如此，而中世紀有其內部生機；任何新的歷史時代不會「從天而降」，翩然來到，它必由原本的質素醞釀所生，人類文明嬗遞邅變，但傳統亦不絕如縷。

　　思想史亦如是。中世紀是極為重要的「典範」（Thomas Kuhn 所用之意涵）

傳遞之樞紐時代，不但在文本保存接續上如此，在思潮繼受方面亦然。宗教議會運動並非無其他理論源頭，例如大家早已知道亞里士多德的政治觀某種程度影響了 13 世紀的 John of Paris、13 世紀末 14 世紀初的 Marsilius of Padua 及 William of Ockham，甚至 15 世紀初的 Nicholas of Cusa 等人。現在我們要看的是寄身於議會運動的一個更遠為重要的思想「典範」——自然法（natural law）的傳統。

對於這個問題，我們還是要感謝若干專業的中世紀思想研究者，是他們從繁瑣複雜的累牘陳篇中找出了這個質素。特別大力指陳中世紀自然法思想對國家理論影響的是：1.老一輩的 Otto Von Gierke。2.中生代的 Francis Oakley。3.較年輕的 Janet Coleman。

13 世紀的 John of Paris，14 世紀末 15 世紀的 Pierre d'Ailly、John Gerson、Nicholas of Cusa、John Mair、Jacques Almain 等人，就是這個自然法傳統的重要代表人。他們基本上都是巴黎大學的士林哲學家、法學家及神學家（也就是所謂的 Sorbonnists），極力地護持「同意」在政治權力成立過程中所占的重要性。

因為 consent 的關鍵性，Gierke 在議會理論中看出了除了社群觀念（*genossenschaft*, theory of corporation）之外的質素，這就是「權利」的概念：每一個群體先天都有一個自然而神聖的權利要求一個良好的統治，以全其福祉。主政者要照拂成員之福祉，這是天經地義的事，是自然法則。宗教議會理論把「整個社群之同意」視為是任何團體自然應有的權利，無怪乎 Otto Von Gierke 把這種權利理論稱為 *naturrechtlich*（Maitland 譯為 natural-rightly），也就是「合於自然法」的，而將之視為是「教會的自然法」。亦即是說，中世紀的議會理論因為這種「整個社群之同意」而發展出了一種類於「自然權利的國家理論」（natural-rightly theory of the state）。Gierke 把議會運動視為是「自然權利的國家理論」中很重要的一個階段。

而 Francis Oakley 自言，他多年研究宗教議會理論家（尤其是出自巴黎大學的），他得到兩個結論：一是肯定了 Brian Tierney 的發現，議會理論很重要的部分源出教儀法傳統；第二是自然法的觀念在 John of Paris、Nicholas of Cusa、Pierre d'Ailly、Jean Gerson、John Major（Mair）與 Jacques Almain 等六人思想中有著中心的地位：

他們都重複地強調教會作為一個整體有權利拒絕一個冥頑不靈、惡習難改的領導者，以避免自身的覆滅；這不只是基於教會傳統或教儀法的一種權利，更是任何一個「自由的群體」本就該有的與生俱來之權利，它就是自然法的基本要求。

對 Oakley 來說，這種因於自然法的觀念而導致同意權的想法，在 14 世紀初 John of Paris 的《論王權與教權》（*De Potestate Regia et Papali*, On Kingly and Papal Power）中已經很明顯，而到了 15 世紀的 Nicholas of Cusa 的《論普世諧同》（*De Concordantia Catholica*, On Universal Concordance）更是近於完備。他再三強調此六人的重要性及對其更多研究之必要，因為「17 世紀初英國的政論家們甘冒著大不諱常引用這些『不淨』的舊教之巴黎大學學者，而不去引用那些『正統』的新教理論家之言。」

Janet Coleman 則是另一個特別強調自然權利觀念在中世紀發展而後向下沿傳的學者，雖然她遠較年輕且焦點未若先前二人廣。她追溯 *dominium* 這個概念，認為其意涵在中世紀時已經經歷了重要的變遷，這反映了「自然權利」的觀念：

透過對《論王權與教權》這種樣式論文的檢視，尤其是 John of Paris 1302 年的那本著作，我們可發現其中不但有為財產權、私有制辯護的理論出現，而且還反映了當時財產法的演變及此對於俗世權力運作的影響。John of Paris 基於自然法對人類形成政府前財產之起源的分析，實在與 14 世紀初對營利性經濟的辯護有關，更反映了 *dominium* 這個觀念從以往「統屬」的封建意涵演變成「擁有」與「財產」的意涵。同時候其他理論家也紛紛合理化當時勃興的對財產聲言權利這種概念，因這不獨理論上有必要，也是反映了當時實際經濟及法律的現況。而此種理論後來竟被 17 世紀理論家，特別是洛克，閱讀及採用；在洛克的藏書中，及他自己有關俗世治權及教權的著作，還有《政府論第二篇》中，我們都可看到中世紀晚期教會作家們的《論王權與教權》這種樣式論文中所言之影響。

整個 16 世紀的政治思想最大的成就之一，大概就是逐漸朝向這種「自然權利的國家理論」邁進，只是這種權利存在於群體，而非個人；個人的自然權利觀念的產生，是西方政治思想史上的里程碑，也是我們今日的自由民主樣式的基礎，不過這是 17 世紀才有的事了。也即是說，我們一般所說的「憲政主義」（constitutionalism）在此形成了一個對比：在任何時期，憲政主義都意味著治理者依法統治及取得被治者之「同意」，但 17 世紀之前此同意乃是「整個社群之同意」（communitarian consent），而霍布斯、洛克之後方有「個人之同意」（individual consent），理由即在於此時方有「天賦人權」（natural rights）觀念之存在於個人，在此之前，以團體之名──而非個人──才得以對其統治者行使「同意」。這

種「整個社群之同意」其實就是宗教議會理論最大的貢獻。

所以我們可知，自然法、自然權利，或是 Gierke 所稱的「自然權利的國家理論」，在中世紀有一個連互不絕的沿傳；它認為我們對自身的生命、財產及福祉等，都有一個與生俱來、理所當然的「權利」加以護衛或是追求，而政府及國家之出現就是為了此目的。這種說法似乎熟悉，因為已在羅馬時期的斯多噶思想家（the Stoics）——如西塞羅的作品中出現，它把自然法與國家、政府之出現連接在一起；而四百多年前英國的霍布斯、洛克等人豈非如是？我們在此中又看到了政治思想以某種「典範」的方式跨越不同時代，而影響著不同思想家對不同問題背景[8]做出同樣本質的思考。他們其實能參考使用的語彙或概念並不很多，但自然法及自然權利的觀念顯然在羅馬、巴黎及倫敦適時地次第出現，提供了思想家定義問題、思忖對策的線索。

四、日爾曼歐洲的特殊歷史傳統

當我們因考察議會運動的影響而追溯到它的成因時，我們不應忘記中世紀歐洲本身的歷史特質。中世紀上承希臘、羅馬，雖其早期有古典餘韻，而中後期有古典之漸復甦，但中世紀絕非僅為古典時代之延伸；那時的歐洲也已不是羅馬帝國治下的行省，它有它自己的特色，例如封建諸國林立及其彼此間的多元及競逐關係。古典時代由希臘、羅馬人擔綱，而封建的歐洲則是日爾曼人擅場。對希臘、羅馬而言，日爾曼本為蠻族，質樸無文，散居鄉野而禮儀不興。但是日爾曼人卻以自己獨特的生活方式與社會制度對歐洲的歷史做出貢獻。

封建（feudalism），起於日爾曼歐洲，它乃是指「期約分封」（*foedum*）之制度，兩造訂約，確立主從關係，而後領主將「采邑」（fief）封與下屬；下屬又可再行分封，如此依序下去，形成一個樹枝狀的差序格局。它有一個特色，即是以「封建契約」（feudal contract）規範領主與下屬之關係，此與歷來之權力制度不同。封建關係之形成以約定為基礎，雙方互有權利、義務，而並非如以往歷史中一向之權力關係——統治。由於以約定為基礎，故關係之形成出於自願；如果國王

---

[8]　古典時期是普遍性道德哲學之可能，中世紀是政教衝突及教權之範圍，而 17 世紀則是民族國家的絕對或有限王權問題。

與諸侯間有違反契約之權利義務紛爭時，則召開「法庭」（court）[9]，由集體公評之。此外，封建統屬之所及僅限於次一層級：國王分封諸侯，諸侯分封武士，越級互不統屬，因為契約乃為相鄰之層級間所定，故有諺云：the man's man is not the king's man。由此二特色看來，封建乃是人類歷史中一極為特別的制度，它是一個疊床架屋的鬆散政治結構，其中之權力並非絕對，而是以「同意」（consent）為基礎、權利義務為準；它並非是一個如近代般有特定疆域的「領土國家」，有一個「利維坦」（Leviathan）式的主權者將其意志貫穿全境，而是一個可以跨越地域、甚至民族的「多元」政治體，於中不同「成分」依意願而結合，但彼此間的關係是「依約的」、「有限度的」類似於「聯邦」（federal）的組合，與之前的「城邦」（polis）、「帝國」（empire）或後世的「專制王權國家」（absolute monarchy）均不同。在這種類似 federalism 的特殊制度下，「有限權力」與「議會協商」（government with a general council）成為政治的通則。Brian Tierney 對中世紀後期「教會大分裂」時的歐洲曾做了這樣的描述：

　　……整個西方〔羅馬〕教會都捲入了以宗教議會取代教皇專制的浪潮；幾乎上至北歐下至西班牙、西從英國東至匈牙利的所有國家也都出現國君應依法統治的文獻，而且也在實驗可以落實此原則的議會制度。而這就是所謂的中世紀憲政主義的浪潮。它無疑地……是一個少有、甚至是獨特的現象。

　　於是乎，在西方教會所轄的歐洲我們看到了 corporative、feudal 及 federal 三種傳統共同塑造了教會作為「神祕體」（corpus mysticum, body mystic）及國家作為「政治體」（corpus politicum, body politic）的內在組織結構及權力關係──「中世紀憲政主義」。這是綜合日爾曼近千年的社會文化、經濟及政治結構所特有的對社群及其內權力的「習慣法」（common law）──意即是代代相傳且滲透、納入了實際生活中。這就是中世紀（日爾曼）對近代民主的貢獻。值得我們注意的是，14、15 世紀教會內部的權力改革及民主化運動最終雖未成功，但是宗教議會運動理論及其所含蘊的「中世紀憲政主義」思想卻繼續流傳下來，而成為 16 世紀宗教改革運動以後所激發的政治理論中──尤其是反王權理論──很重要的源頭。

　　如果說 Brian Tierney 對 13、14、15 世紀的宗教議會理論向前做出了源流的

---

[9] 後來所謂「朝廷」（king's court），實即由此演變而來。

探索，那麼 Quentin Skinner 就可說是為其日後的影響找尋出證據。15 世紀之前的議會理論促進了 16 世紀政治思想的重要發展。這個重要的發展就是立基於「中世紀憲政主義」的「普遍同意理論」（popular consent），以及由此延伸的「抵抗權」（right to resist）及「革命權理論」（theory of revolution）。也就是說，在中世紀時發展出來的同意權理論，其施用之場域從教會作為一個「信仰者群體」（*communitas fidelium*）推展到了國家作為一個「俗世群體」（*communitas mundi*）。所以，宗教議會理論之影響形成了 16 世紀的政治思想最重要的質素之一；與我們傳統的看法相反，它不但對近代政治思想造成重要衝擊，也是歐洲政治思想發展史上的關鍵理論。接下來我們看看近世的民主如何在宗教改革運動之中與其後曲折地前進。

第二單元
宗教改革的再衝擊

　　基於對真理的愛好及對其追索之必要，Wittenberg 之神學教授馬丁路德（Martin Luther）神父籲請眾人對以下諸點文字進行論辯。即使未克親自到場者，亦歡迎以書面加入討論。以上所請，謹奉耶穌基督之名。阿們。

　　1517 年 10 月 31 日馬丁路德在薩克森選侯教堂（Wittenberg Castle Church）大門所張貼的〈有關贖罪券辯論之邀請〉（*Invitation to Disputation on the Power and Efficacy of Indulgences*）[1]，揭開了宗教改革（the Reformation）的序幕，而此為其引言。路德於 1483 年生於今德國之 Eisleben，先祖本務農，至其父因社會經濟變遷轉而為礦工，但後來卻得以稍集資而從商，漸趨小康，故路德自幼能受完整教育。1505 年 23 歲時在家人反對（路德在大學原習法律）、友朋驚訝勸阻下，加入奧古斯丁修會成為隱修士，時路德已獲有 Erfurt 大學 Master of Arts 之榮銜。1507 年晉鐸為神父。後在修會推薦下，具高學歷之路德被送往大學進修神學，以強化教會之教理人才。1512 年獲授 University of Wittenberg 的神學博士（Doctor of Theology）榮銜，並由於對其賞識之德國奧古斯丁修會會長 Johann von Staupitz 之推薦，接續他出任該校聖經釋義學（Biblical Theology）之講座，最常講授〈詩篇〉及聖保羅諸〈書信〉。

　　宗教改革影響近代歷史甚鉅，〈九十五點異議〉亦成為梵諦岡永遠之痛。在政治上，宗教改革藉由排除梵諦岡在各國國內的龐大影響力（經由任命主教及擁有大量財產而來），加速了民族主義之興起與民族國家的形成；在經濟上，所謂「新教倫理」（the Protestant ethics）更成為促進資本主義萌發之可能因素；在文化及思想上，新教之出現不但大大衝擊了梵諦岡之傳統權威，也藉由瓦解在教義上一元

---

[1] 本文獻又稱〈九十五點異議〉（*The Ninety-Five Theses on the Power and Efficacy of Indulgences*）。此文現銘刻於該教堂鐵門上。

性帶來之禁錮，激發出若干科學及思想之變革。梵諦岡對教義的堅持輒與現實產生差距，如伽利略（Galileo Galilei）因其天體說直至本世紀前還被刪除教籍、視為異端。而〈九十五點異議〉中對聖職人員在救贖一事中角色之質疑，如「唯信得救」（*Sola Fide*）論及「一切唯聖經」（*Sola Scripta*）之主張，更是對由龐大教士階層所組成之梵諦岡是莫大的諷刺。其實宗教改革運動性質龐雜多元、非一時一地之事，在路德之前或同時，已有英國的 Wycliffe、匈牙利的 Hus、荷蘭的 Erasmus、瑞士的 Zwingli 等人對教廷諸多舉措不滿；而反抗羅馬教會之團體除路德派之外尚有英國國教派，法國、瑞士及蘇格蘭之加爾文教派等，故非路德一人可為代表，但他首先獨立發難的英雄氣質及對新教教理的若干重要貢獻創發（後詳），使此宗教改革運動普遍被視為由其所孕育。

　　然觀路德一生行事，卻非毫無爭議[2]。他曾用最嚴厲之詞攻擊教皇派、農民及猶太人，在在引起爭議。他爭取「精神自由」，提倡「基督徒良知」（Christian liberty）：「基督徒應完全自由自主，不受任何人驅遣役使；但基督徒也身懷重負，誓作天下之僕從以眾人福祉為務」（後世啟蒙運動之人將此「自由」視為是宗教自由，此與路德之初衷不同）。這些都是立基於將信仰與俗世分離、精神與肉體各有歸屬的信念。但在企圖對抗梵諦岡時，路德卻發表〈致日爾曼貴族書〉（*An Address to the Christian Nobility of the German Nation Concerning the Reform of the Christian Estate*）尋求王公大人們的奧援；不論他是企圖訴諸民族主義，或是尋求庇護依靠，恐都有悖他宗教改革之原始初衷與藉以攻擊羅馬教會的理據──將信仰純粹地視為是與上帝間的緊密連繫、存在於精神中的超然獨立範疇。再者，數年後宗教改革運動連帶激發了德國「農民暴動」（the Peasant War）時，一向標舉著「堅持公義」的「改革者」路德，竟主張王侯將相應無情地壓制長久被剝削欺壓的農民，因為無知的農民只會破壞社會秩序，「君王似神祇，庶民如撒旦」。路德此時似乎又一次穿越了信仰與俗世的分際。本章可助我們反思的問題是：歐洲在 16 世紀之際，俗世的政治、社會與經濟各方面正面臨（逐漸跳脫中世紀的）轉型與變遷，而路德在引發了宗教改革鉅變的整個過程中，他在政教問題上是否言行一致？

---

[2] 有一位他的傳記作者認為，路德的個性極特殊，包含有剛愎、激烈極端、偏執妄想的人格特質，或許與他的童年在嚴父之下的成長經驗有關。但亦有人認為如非其獨特之剛毅堅持、勇敢自信之個性，何人可以單槍匹馬，在極困難且自身安全堪虞的狀況下，持續地與教宗甚至神聖羅馬帝國皇帝對抗？此外，心理史學對青年路德的個性、心理狀態與他發動的宗教改革間之關係也有精彩的探討，見 Erik, H. Erikson, *Young Man Luther: A Study in Psychoanalysis and History* (New York: Norton, 1962).

如否，則他所發展推動的新教運動中，是否有某些成分必然導致了他特別的政治觀？抑或在此問題上他其實只是便宜行事，在有需要時因勢利導地把俗世權力引以為助而已？

一、信仰 vs. 知識——對基督教教義的重新認識

1521 年在 Worms 所召開的神聖羅馬帝國之帝國會議（Imperial Diet）中，路德本人到場自陳，他在皇帝查理五世及所有王公面前堅決否認他所提之改革論點有任何錯誤，斷然拒絕撤回先前言論及旁人一切妥協之邀請。這就是世人所熟知的宗教改革運動的高潮——路德反對梵諦岡的行為至此已經走到了無法回頭、徹底決裂之地步；所謂「新教」（Protestantism），其真正之誕生時辰，亦可視為在此處。我們若仔細區分路德對當時宗教狀況的不滿，可分為對教義解釋之不滿及對教廷（教宗）之不滿。對教義論爭之歷史其實由來已久，幾乎與基督教本身之歷史等長。而所有的詮釋論爭，似乎在某次「宗教會議」（the Church General Council）之後就被分為「正統」及「異端」，前者被納入「信條」而奉行，後者須被導正，否則即受撻伐迫害，這就是教會千年來處理教義爭端的方式。然而「正統」及「異端」雖定，事理未必清明，人心未必盡服，有時只是明暗分道揚鑣而已。

在宗教改革前夕的中世紀末期，基督教的教義之研究以「經院哲學」（Scholasticism，或譯「士林哲學」）之精神為主，於修院及大學中普遍遵行。經院哲學實乃是以哲學的方式來詮解、恢弘教義，發揚基督教，也就是給信仰一個理性的表達甚或理性的基礎。5 世紀時的偉大教父奧古斯丁（Augustine of Hippo）應算是這種方式的開創者，他用精妙的語言將聖保羅（St. Paul）有關罪性、救贖的觀念以柏拉圖哲學之架構表達出來，給基督教一個理性信仰上帝的基礎，以及墮落的人性需要恩賜而重生的聖經要義。但是到了 12 世紀以後，隨著希臘哲學的（拉丁化）重現，經院哲學有了一個重要的發展。亞里士多德主義被引介入「經院」（schools, universities）而成為以理性詮解信仰的流行方式。精確的邏輯、三段論法、辯證及修辭都被引入精密繁瑣而艱澀的論證中，使得神學及教義之討論猶如哲學殿堂中之爭辯，充滿了理性的氣味但卻可能抑制了若干信仰的熱情。深好亞里士多德哲學且又矢志弘揚教理的 Thomas Aquinas，是「經院哲學」最高峰的代表人物，他在 13 世紀把前此以來不相容的兩種傳統——希臘形上學與猶太基督教之創

世救恩——做出連結，「匯合了亞里士多德實存論哲學與奧古斯丁有關上帝、原罪、預選與救贖的神學」。接下來的 14、15 世紀，學校與大學中就普遍以此強調語法析究與邏輯演繹之傳統，作為教義研究的範式；哲人們與樂於思辯之文士樂此不疲，但某些從此中無法窺見信仰之奧祕者卻漸累積不滿。

　　而對經院哲學之於救贖的質疑，早在路德之前即已醞釀多時，英國的 Duns Scotus（1264-1308）及 William of Ockham（1300-1349）為較著者。他們認為信仰與行動才是接近上帝的方法，而除了聖經裡所給的啟示以外，我們很難憑理性去認識上帝。路德就讀的 Erfurt 大學本就受 Ockham 學派的影響很大，所以他雖曾受過經院哲學之薰陶，但對其不滿。此外，是時最負盛名之人文主義學者 Erasmus 常對教會有所批評，認為宗教應是內在的信仰與德行的生活，且聖經應讓每個人都看得懂，才能有自己深切的體會。Erasmus 的宗教觀加上 Ockham 的反經院哲學態度，應該對路德有很大的影響（當時歐洲有諺：宗教改革是 Erasmus 下的蛋，由路德孵出）。路德在 1512 年就任大學聖經神學講座時，就在課堂上陸續抨擊經院哲學的釋經方法，而這種攻擊的最高峰出現在 1517 年張貼〈九十五點異議〉之前，他公開發表了 *Disputation against the Scholastic Theology*，與普遍盛行的、權威傳統的及——最重要的——梵諦岡教會支持的教理研究方式決裂。

　　對路德來說，耶穌出現之意義應是整個基督教神學研究唯一的重心，他自認為走了一大圈之後終於回到（也找到）了初期耶路撒冷教會時期的門徒所關懷的核心問題[3]。根據舊約，上帝愛公義，故公義之人得永生而反之則否。但吾人如何知道自己是否可稱公義？是否會被揀選？路德被此問題困擾多年之後，終於得出「因信稱義」（Justification by Faith）的信念：上帝的對人的慈悲及公正來自於他啟示了得公義的方法，相信耶穌的血為人贖罪即是領受了上帝的公義慈悲之心；透過信仰耶穌，人對上帝的信仰得以堅定，罪性（the Sin）得以被洗清而成為上帝之前的義人，因此在最後審判時能獲永生。亦即，信仰耶穌成為整個神學中最重要的一件事，其餘都如同畫蛇添足，徒增困擾、迷失方向而已。所以他在 *Disputation against the Scholastic Theology* 中，最重要的概念即是 *Sola Gratia*（Only Grace），

---

[3] 他自述這個發現是某日靜坐塔中閱讀聖經時，上帝給他的啟示；一般稱此為 the Tower experience，其確實時間無法確定，但按理推應是在他的基本神學架構出現前夕（換句話說，應在 1517 年他發布 *Dispution against the Scholastic Theology* 及 *The Ninety-five Theses* 之前）。而此啟發他的聖經章節是〈羅馬書〉第 1 章 17 節：「義人必因信得生」（The just shall live by faith）。

「由於上帝的恩賜，我們可以成就許多事情；但如我們向智慧裡去尋找，卻只會更無知。」

綜言之，路德深深地認定了由保羅及奧古斯丁而來的因信仰（基督為人類贖罪）而解除罪性的觀念，使得他將耶穌與聖經視為是世人獲致救贖的僅有依靠，而非繁瑣「賣弄智慧」的「經院哲學」式神學。而將救贖的基礎從複雜深奧的義理化約為一個簡單的信仰，不啻可視為是傳統基督教的「個人化」與「平民化」，讓每一個人，尤其是中下階層的人，得以直接透過信仰進入基督宗教的核心，這是基督教會千年歷史以來的關鍵性轉變。而路德的下一個目標，就直指教會結構本身了。

二、信仰 vs. 教士——對教會體系的攻擊

路德的新神學顯然亦針對結構化的教會而來，所以他倡導「每個人作自己的教士」（The priesthood of all believers; Everyone be his own priest）；追求正確的信仰比奉獻事功來的重要，因為救贖在於除罪，而能除罪性的是——在耶穌已經以其血代人受罪後——誠心懺悔、信仰耶穌、臣屬上帝，而不是外在的事功[4]。路德的對手是有千年歷史的梵諦岡教會，高度結構化而且資源龐大、權力廣布。這個完全由神職人員組成的階層體制，由於在聖禮儀式中的獨占性角色，使他們成為人與上帝連結的必經樞紐。有史家認為聖禮儀式本身的重要性是來自於 13 世紀 Thomas Aquinas 的提倡，對他來說，聖禮是人與神之間的中介，「恩賜……可經由聖禮降臨於人。聖禮乃因耶穌的誓願拯救人類而有其功效；經由這些聖禮，人得以享因耶穌而來的降福，因為上帝透過它們做功。這些聖禮的功效繫乎上帝之恩賜，而非依於受禮者之態度。所以，它們的功效……在於 *ex opere operato*，意即是，出於行此禮本身。」

既然這些儀式的有效性不在於受禮者本身的虔敬，而在於——從人能及的方面而言——科儀（elements）是否完備；這樣一來，本身的角色具備儀式意義，且受過專業訓練能應付繁瑣禮儀的教士就成為聖禮儀式中的主角。研究宗教改革的德國史學家蘭克（Leopold von Ranke）對聖禮儀式造就教士權威此一現象做出歸結：

---

[4] 〈九十五點異議〉中的第 1 點：「我們的主、耶穌說：你要悔改，這即意謂基督徒生命中最重要的是乃是悔罪。」第 2 點：「悔罪非指聖禮儀式中由教士所主持的告解與懺悔……」

　　教士特殊地位的確立與教會的某些信條有關。由於其故，神職人員任命時上帝賦予的某些權力就經晉鐸儀式轉到他身上；他也在聖餐禮中以酒餅合成耶穌的身體；也代表耶穌的本人而牧道。這些都是 13 世紀時由於 Alexander of Hales 及 Thomas Aquinas 所形成的傳統。它們最後使得聖職人員與俗人分野擴到最大，而人們也開始相信聖職人員是人與神之間的中介。

　　路德正是對教士作為人與神的中介不滿。他認為基督教最重要的本質在於福音，而介於人與福音之間的，除了本身載明福音的聖經之外，別無他物。因此，基督徒應閱讀聖經，理解聖經，自己與上帝交談溝通，建立虔敬的信仰。「救贖唯信仰」，路德以此對抗、消解龐大的梵諦岡階層體制。路德的這些「改革」信念，自然也是他從閱讀聖經而來；他認為長久以來教會的某些措施都無法從聖經中找到依據（例如某些聖禮、教士獨身制及教皇永無誤論等），並不合於聖經。於是，誰對聖經有最終的解釋權，便成為問題的關鍵。路德否認梵諦岡教會（教皇）有此權，所以「人人可為教士」是必然結果，而 Christian liberty 則成為他最主要的訴求[5]。

　　這無疑是呼籲對舊制的「改革」、「開放」與「自由化」，使信仰成為基督徒內心深處與上帝的對話，毫無任何人為制度與儀節之枷鎖。前面已提到路德對經院哲學引領教義研究的不滿，現在我們又看到了他對教會階層體系的質疑，這種理論加上制度面的抨擊，使得一種全面性的「新神學」隱然成形，從 Wittenberg 逐漸向四方散布。縱使有薩克遜選侯 Frederick the Wise 盡力地保護與支持路德，但他的「新神學」卻是經過了重重的考驗與論辯，才有機會說服當時的許多人，影響稍後的時代，及流傳盛行在今日；而在這段過程中，他的生命安全也時刻受到威脅。首先是 1518 年教廷開始對〈九十五點異議〉做出反應。教宗傳喚路德至羅馬接受調查，涉嫌的罪名是異端及對教宗之違抗不敬。此召喚並附上了懲處神職人員所依據的「教儀法」（canon law）相關文獻，但路德當眾將其撕毀。路德不妥協的立場異常堅定，他認為除非提出聖經上的文字證明他有錯，否則他絕不收回其主張，也不願去羅馬。經過折衝後，結果是由教廷授權樞機主教 Cardinal Cajetan 在 Augsburg 接見路德，給其陳述的機會，史稱 Augsburg hearing。雙方由陳述聽證變

5　在路德 1520 年的〈致日爾曼貴族書〉中，認為教宗獨攬解釋聖經之權是梵諦岡設下阻撓改革的三面牆中的第二面牆。他認為教宗一如凡人會犯錯、也曾犯錯，故沒有包攬教義的特權。梵諦岡又認為，教宗是彼得的傳人，耶穌曾將天國鑰匙交付給彼得，故教宗有解釋聖經之崇高地位。路德亦駁之，他認為耶穌的意思是要交給整個教會。

成論辯，因各自堅持立場，結果不歡而散（路德堅持點為贖罪券之不當及唯信得救論）。

　　路德所面臨的第二次論辯是所謂的 Leipzig debate。其實這是教廷投鼠忌器、不敢得罪時有可能成為神聖羅馬帝國皇帝的 Frederick the Wise，而刻意給路德的機會。此次是一個公開的辯論，由夙負盛名的親教廷神學家 John Eck 與路德及其 Wittenberg 大學的同僚 Andreas Bodenstein von Karlstadt 教授對壘，時為 1519 年。由於雙方立場均無變動之可能——教廷怎可低頭、路德何願認錯？故此次之聽證亦淪為各自陳述，毫不相讓、痛陳對方之謬。在 Leipzig debate 之後，教廷認為路德頑抗不馴，於是採取較主動的措施，於 1520 年 6 月頒布了教皇詔令 Bull *Exsurge Domine*（上主興起），列舉 41 條路德所犯之錯誤，公告海內。此詔一出，路德深怕王侯們受此影響而對他採敵視態度，乃於 11 月時要求教廷召開宗教會議（General Council）公正公開地解決爭議，並希望王侯們在由專家公平地審議教理爭端並做出裁決之前，不要有任何壓迫他本人或改革運動之舉。但個性激烈的路德還是在 12 月時與一群Wittenberg 大學的教授及學生在學校廣場當眾燒毀教皇之詔令，此舉不但顯示他決裂之決心，亦充分證明了Wittenberg 大學完全支持他們的神學教授路德。

　　事情至此已無轉圜，教宗李奧十世（Leo X）乃在次年 1 月頒布另一詔書 Bull *Decet Romanum Pontificat*（正義之羅馬教宗），以掃除異端及維護教會免於分裂為由，將路德逐出教會[6]。接下來即是俗世之權威需執行此精神領袖之裁定了。神聖羅馬帝國皇帝查理五世的處理方式是世故的，他並不直接追捕懲處路德，而是給他最後一次公審（認罪）的機會，這就是歷史上著名的 Imperial Diet at Worms，時為 1521 年。此會議之序幕是由教廷樞機主教 Aleander，正式地在帝國君主及王侯們之前提出教廷對路德的指控；但長達三個月的會議最後的演變卻是：宣召路德之出庭並非給予其陳述辯論之機會，而只是質問被控者是否願意認錯及收回其歷來之主張。於是路德對在場之人發表了此震古鑠今的陳詞：

　　　　既然皇帝陛下及諸位大公們此刻要求於我者，僅為是與否的簡單答覆，那我

---

[6] 被逐出教會即是受到教廷之詛咒——the Roman curse，其連帶之結果是嚴重的，不獨其本人成為人人皆得鳴鼓而攻之人，所有收留他、幫助他、跟從他的人，不論階級，都要被剝奪榮耀、地位及財產，而此懲罰並及其子孫後代。他們不但財產被沒收，且人身安全亦因涉及叛亂之罪名而告危。

將直陳，亦不夾帶任何攻訐之詞。睽諸既往，教宗及宗教會議都曾犯錯，且一再犯錯，實不可信賴，故我現今只依從聖經或任何有意明白論理之言。我當依循聖經之所記載，因我等良知乃受之於上帝之話語。故如今我不能、亦不願收回前此之主張，因為違抗良知既危險又錯謬。今我於此，誓難遵命。上帝助我。阿們。

　　會議的結果是查理五世下詔帝國遵行教宗之教詔，宣布路德是帝國之罪犯與公敵，人人得擊殺之。路德變裝為一貧農賤民逃亡，在支持者（當然最主要的是 Frederick the Wise）協助下逃匿隱居於 Wartburg 十個月[7]，才再度回到 Wittenberg，這個對他而言是宗教改革發源之地與安全無虞之處。我們若回顧，路德從 1517 年發表〈九十五點異議〉，歷經四年的時間對教廷抗議、對話、交涉、論辯與決裂，終在 1521 年正式且公開地在舉世面前「宣告」了抗議運動的誕生。其間，路德以其學養（無數的論辯書告）、勇氣（生命安危數度告急）與堅定的信仰（他自信為上帝的忠誠使者）感動、影響了一般人與說服了許多學者，成就了宗教改革之運動。但是，此運動後續的走向，卻對他構成同樣大的挑戰。

三、激進運動的興起與社會改革

　　路德的改革立場，自然易受在制度下被摒除於外圍、在儀節上全然陌生的底層百姓所歡迎，一方面它簡單易行，另一方面也由於民族主義情緒的糾結其中，使得「改革者」等同於「本土」與「人民心聲」，幫助了改革運動的迅速蔓延。但這些底層的百姓，尤其是農民，所渴求的不只是救贖——清楚明白、簡單易行的救贖之道，還可能是麵包！此時此地的生計與永生的應許同樣不可缺。在經過 14、15 世紀的黑死病及大飢饉後，16 世紀上半葉的農民們在貧富不均、土地兼併劇烈、經濟逐漸轉型的社會裡常常落得貧無立錐，又求告無門。他們易流於痛恨社會階級，厭惡貴族富室。故當路德的宗教改革運動展開沒多久，特別是在許多農村地區，信仰的解放很快地就與社會的「解放」合流，帶動了社會改革的需要與期待[8]。

7　這段期間路德從事翻譯，他用了短短 11 週使首部德文新約問世，加以當時印刷術的發展，使一般人開始能直接閱讀聖經，這對新教運動幫助極大。

8　根據蘭克（Ranke）的說法，在路德的宗教改革前幾十年，德國的農民已經有了依據宗教的平等情懷來支持他們進行政治、社會平權抗爭的情況。所以路德的「改革」運動的出現，應

　　Thomas Müntzer 及 Andreas Bodenstein von Karlstadt 就是這個合流運動中、後期的主要領導者。尤其是 Müntzer，他本是路德的追隨者，但未幾就聲勢鵲起，而變成農民運動的核心人物。農民們要求有自己的耕地及財富的平均，他們於是沒收地主田地，劫掠富人，高喊平等口號[9]。Müntzer 本人發展出的基督教神學提供了農民運動的理論基礎。他曾是 Leipzig 及 Frankfurt 大學的學生，有足夠的知識及能力足以帶領下層民眾，並曾受路德提攜而出任 Zwickau 地方的牧師職。他除了懷抱社會改革的思想外，在宗教信仰上，他也有特殊的激進性格。他可能受到若干中世紀神祕主義的影響，強調人應該尋求一種（因著聖靈而來的）內在的「光」或「靈性」，而這可透過夢或是超覺冥想來的「心醉神迷」（ecstatic vision）而得。凡得著這種「光」的人就表示與耶穌連為一體，都可獲得上帝的揀選。他的神祕主義神學加上與下層社會的親近，形成了一種特別的「千禧年」式的信仰──現在的苦難將得抒解慰藉，或「美好新世界」即將來到。他認為：基督徒的現世福祉與靈魂永生一樣重要，因為上帝就活在現世；上帝不是只曾出現在〈舊約〉的先知面前與〈新約〉的福音中，他應該就在此時此刻與那些虔信者對話著。上帝就在我們身邊，照拂著我們每日生活中的福祉。祂嘉許那些不沉迷於俗世欲望之人，更垂憐在社會底層受盡壓迫、剝削與欺瞞的窮人。「凡勞苦擔重擔的人，到我這裡來，」這原是福音上記載耶穌所說的話；Münzter 把基督教變成苦難與受壓迫者的支撐──消極上精神的慰藉，積極上行動的鼓舞；他的上帝拯救靈魂，也關懷肉體。他的神學直通社會改革。

　　對聖經的如此詮釋，自然與路德大大不同。路德基本上是把現世與信仰分開，肉體的安頓與精神的自由分別處理[10]。對他而言，基督教會（或是說，神職人員）既往就是因為介入了太多俗世之事，爭奪、競逐權力，爭奪、競逐財產，以致流弊滋生、教風敗壞。基督徒當然要有正義感，同情並幫助困苦之人，但起

　　是為這個原本存在的爭自由、平權潮流更添了力量；甚至有可能二者相得益彰，如滾雪球般相輔相成。

[9]　在 Swabia 地區，其要求被歸結為「十二條款」（*The Twelve Articles*），用以集中地向統治及地主階級交涉，並請若干他們認為值得信賴、夠分量的「社會清流」來居間仲裁，而路德居首，因為條文中的文字充滿了路德式的信仰氣味及對聖經的引文（Müntzer 其時並未列榜，他的影響力主要在 Thuringia 地區）。這「十二條款」主要反對的是王侯富人強占公地、稅賦過高、經常被強迫勞役、司法不公等。

[10]　這在其「論俗世權力」（*On Secular Authority*）中可清楚看出（詳後）。Leopold von Ranke 亦認為這是路德整個神學體系的基本精神。而 Brendler 亦言「不論在路德的演講、傳道或靜思研習中，他從未想到要做社會改革」。

而挑戰現狀、破壞權威，直接介入結構之改變，則並不在路德的宗教改革初衷之內。當 Swabia 地區農民發布「十二條款」以鳴不平並爭取權益時，路德亦為文（*Admonition to Peace, Concerning the Twelve Articles of the Swabian Peasants*）指陳王公貴族、地主富豪們確有不當，應當檢討：

　　親愛的大公們，其實現在不是農民在反抗你們，而是上帝自己出來反對你們的倒行逆施啊。

　　雖然他認為在上者天怒人怨，但卻堅決認為農民不應自行搶掠造反，否則與攔路之盜匪何異？農民固然被壓榨侵吞，但「統治者之權位乃為他們身家性命之所繫，如果剝奪之，則你們所取多於彼所取於你們，你們所做之惡將更甚於彼。」所以在此時的路德並未聲援農民，而是對兩造「各打五十大板」；他要的是「和平」——如文章題目（*Admonition to Peace*），所以他呼籲農民放下武器[11]。

　　但在 1525 年 5 月路德發表 *Against the Robbing and Murderous Hords of Peasants* 時，由文章標題可知他此時已轉為明確地反對農民，堅決地反對——他要求擊潰、鎮壓以至於殺戮造反者：

　　親愛的大公們，保護、幫助、同情那些受害者吧！此刻應該要反擊、殺戮、絞死亂匪……因為暴亂不只是死幾個人而已的事情，它會像野火般燎原，最後將整個土地上布滿了孤兒寡婦，至摧毀一切殆盡為止。所以，應該記住暴匪之為患甚於惡毒之魔鬼，任何人皆應盡力殺戮之，公開或祕密皆可。正如同狂犬必須除去，暴徒亦然，否則他會在我們攻擊他之前就先攻擊我們。

---

[11] 但 Gerhard Brendler 認為此時的他表面上欲維持中立，其實早已是偏向統治者。Brendler 是兩德尚未統一前撰此文的東德學者，也許是意識形態之故，他一直就認為路德的「階級傾向」使他偏頗。但有其他學者不認為此時路德已然偏向王侯。而他們的立場顯然與路德一致，認為農民暴動實不可取，尤其是 Ranke。至於路德為何極力籲求和平？是因為「和平」本身是好的，還是因為基督徒本應服從俗世權威，即使權威為不義？此殆為本文全文中欲處理最關鍵問題之一，若以本文文末所呈現之立場而言（詳後），路德其實在此事上頗有權宜之跡，因其自己當初亦冒引發諸侯分裂、天下動盪之虞而反抗查理五世皇帝。故路德真正要的不是「和平」，也不是「雙劍論」下的「服從統治者」，而是此事之妥善收場，以保全日耳曼人對抗「不義」教廷之實力——換句話說，此時他對新教運動能否成功的關懷很可能壓過了其他考量。

　　路德此文一出，自然引起許多他早先支持者的驚訝與憤怒，認為他背叛了宗教改革運動中的大功臣——廣大的底層平民[12]。但路德心意已決，毫不為意，他繼續用最嚴厲的方式譴責農民暴動，絲毫不同情他們曾受的處境：

　　這些農民應該吃草。他們不聽話，而且瘋狂。所以應讓他們聽聽步槍的聲音，這對他們最有效。我們祈禱他們會學著服從，否則，絲毫不能對他們仁慈。就讓步槍來制服他們吧，不然，事情將比現在還壞千百倍。

　　此時的路德，我們已不用懷疑他會說出「君王似神祇，庶民如撒旦」的話來了，叛亂暴動之民，即是撒旦。此時他的政治觀已是對權威的絕對服從了：

　　世界上的君王們如同神祇，而百姓則似撒旦，因上帝有時藉撒旦之手所成就的事，偶爾卻會經由百姓們來實現。此意即是，生民暴亂以致社會動盪實乃是對人類的罪性之懲罰。
　　我寧可忍受不義之君，也不願容忍無錯之民。
　　不論有理無理，任何一位基督徒如果不服其政府而試行反抗，均為不智。

　　路德為何不同情農民？有一種可能的說法是：他只是一個（神學）老師，一心期待建立「正確的」信仰，而 Müntzer 與 Karlstadt 則是懷抱千禧情懷的先知，他們要把「新世界」帶來。這種說法有部分解釋力，因為路德確曾於 1525 年發表 *Against the Heavenly Prophets* 一文，撻伐這些「假先知」：

　　如你問他們怎麼得到這種奇異的啟示的，他們不會說是從福音，而會向你引介某種幻境，說：只要嘗試像我一樣保持靈性超覺，就可以有此經驗。會有聲音自天上來，上帝會與你說話。但如果你追問何謂此種靈性超覺，那你將發現他們對此所知之程度，約與 Dr. Karlstadt 知道的希臘文與希伯來文一樣多……其實，當他們口說聖靈、聖靈時，他們正將你們真正能接觸它的橋樑、道路及階梯拆毀了……他

---

[12] 此時已有人認為路德是「聖經教條論者」（bibliolater）及「君王崇拜者」（prince-worshipper），對他不諒解，認為他將俗世權位者之重要性置於宗教之靈性精神之上。也有人將 Doctor Luder 說成是 Doctor Liar，說謊者。

們能教你們的，不是聖靈如何會降臨，而是你們自己如何去瞎摸盲撞地尋找它。他們好似在教你們騰雲駕霧般。

雖然路德認為 Müntzer 及 Karlstadt 等人的教理走了偏鋒，離開了聖經，帶有神祕主義、甚或怪力亂神的色彩，所以最後竟致誤導農民，使他們走上叛亂之不歸路。但是路德自己的神學就必然不同情這些農民嗎？恐非如此，他的基本神學信念是譴責貪婪不仁者。Müntzer 認為王侯們所行不義，咎由自取，農民們迫於生計，不得不如此：

看啊，我們的王侯們是篡奪、偷盜與搶劫的淵藪；他們將天下一切東西視為己有：空中之鳥、水中之魚，及一切地上所長之物。他們慣於提醒窮人們，上帝的誡命中有不可偷盜，然而這誡命似乎不及他們自己。王侯們使那些窮困的農人、工匠們過著悲慘生活，但如窮人們稍做反抗，就要被吊死。對這種景況，說謊博士（Doctor Luder, Doctor Liar）只會說：阿們。王侯們自行不義迫使農民與他們為敵，他們如果不瞭解此點，事情怎得改善？如果我現在如此將事情分析出來也算造反，那就隨它去吧。

而路德在〈九十五點異議〉中也公開指出：

第 28 點：當人心中只有錢財時，貪婪之心油然而生，此時教會能否代其滅罪，也只有上帝能決定了……
第 43 點：基督徒應該明瞭，捐贈窮人或幫助急需者，遠比買贖罪券有用。
第 44 點：行慈善，則善心日增而人益善；如購贖罪券，則至多免於懲罰，但人並未向善……

雖然此處路德是批評贖罪券，但他反對貪婪、物欲及勸人行慈善之意圖是極明顯的。而在數年後農民暴動期間，於最關鍵性的時刻他發表的 *Admonition to Peace* 中，他更是對王侯們直言其所行背離聖經、有違教義：

對此次暴亂的禍因，不知除了諸位大公以外還能感謝誰。當然，那些盲目無知的主教及瘋狂的教士們也絕難辭其咎。你們這些人至今仍然鐵石心腸，無動於

衷。你們明明飽受良知的譴責，但依舊不斷地對聖靈咆哮吼叫，毫不羞愧悔改。作為統治者，你們但知欺矇劫掠百姓，以滿足自己之奢華浪費。那些窮人們如今已無法忍受了……

　　農民們剛發表〈十二條款〉，其中某些指控的確屬實且公允無誣，恐怕這對各位在上帝及舉世之人前都有傷害。舊約〈詩篇〉107 篇 40 節所言恐將應驗：上帝將使君王蒙羞被辱。

　　此處，路德明顯地指出王侯們所為違反聖經，違背基督徒之良知。這種作為，從古至今都是不被允許的，「即使這些農民不起來反對，其他人也會。即使你們這次打敗他們，他們也不會被消滅，因為上帝會另外扶助人起來對抗你們。」既然路德的神學與其他人一樣，都視那些為富不仁、欺壓庶民的王侯為引發暴亂的主因，而農民值得同情，農民既然被逼得「無法忍受」，王侯們卻依舊「鐵石心腸、無動於衷」，顯然農民別無選擇；那為何路德始終不鬆口、堅持農民無論如何不該叛亂？這個常理之下令人費解的問題，恐怕還得從他獨特的政治觀著手，才能究竟。

四、路德的政治神學

　　探討路德個人的政治神學之前，有必要先了解傳統上，基督教會對政教問題的立場是如何的？所謂政教問題，其關鍵處其實就是教會如何看待俗世政治權力一事──此或可稱為教會的政治觀。西元 1 世紀前期，創教之耶穌本身就曾昭示過最基本的原則：讓凱撒的歸凱撒，上帝的歸上帝。此意即精神肉體互不相屬，「我的國不屬這世界」。從這極簡單、清楚的原則中，我們應可以得出如下之意涵：精神與信仰的世界為俗世權力管轄不到，也不該管；但我們的身體應（可）遵守俗世君王的管轄（此身及其所擁有之物應〔可〕「歸凱撒」）。但令人矚目的是：使徒保羅在耶穌離世後不久，即對此語做了極關鍵之引申──它有可能超出耶穌原意之外，但卻確立了基督教會迄今近兩千年的最基本政治觀：

　　在上有權柄的，人人當順服他，因為沒有權柄不是出於神的。
　　凡掌權的都是神所命的。
　　所以，抗拒掌權的就是抗拒神的命；抗拒的必自取刑罰。

作官的原不是叫行善的懼怕，乃是叫作惡的懼怕。你願意不懼怕掌權的嗎？
你只要行善，就可得他的稱讚；

因為他是神的用人，是與你有益的。你若作惡，卻當懼怕；

因為他不是空空的佩劍，他是神的用人，是伸冤的，刑罰那作惡的。

所以，你們必須順服，不但是因為刑罰，也是因為良心[13]。

　　我們可以試問：「讓凱撒的歸凱撒」是否必然可以得出「一切掌權者乃為上帝所應允使用之人」？耶穌所再三強調者乃為靈魂、天國與永生，故其對凱撒之態度應可以有兩種詮釋：消極的看，他可能認為俗世之物（包括此身）由他（凱撒）拿去也罷，重要的是靈魂能否歸於「天父」？若積極的說，我們也只能得出耶穌認為凱撒「應該」拿這些俗世的東西，他既掌俗世權柄，他「應該」可以拿。故即使我們從此積極面來討論，我們可得出的邏輯是：既然掌權柄，故「應該」可拿。但我們難以說：因為「應該」給他，故其權柄必有「正當性」。因為「正當性」又可區分為（希臘羅馬古典）政治思想意涵中的「正當性」——由人民認可，與猶太／基督教中的「正當性」——上帝的認可。我們很容易可以知道，這兩種「正當性」之間難以雙向推論，從後者也許可以引發前者，但未有從前者必然可推論至後者之事。更何況古往今來統治者受人民愛戴者大抵居少數，則欲循此建一通論，謂有政治權柄之現實必乃受上帝之應允，於理更不易行。

　　數百年後，奧古斯丁承受保羅之罪性論及對俗世權力之看法，完整地建立了迄今長久以來教會一向的立場[14]——將國家視為上帝用以維持（懷著原罪的）人類秩序的工具，君王銜天命，懲惡揚善以牧民。已如前述，其實當初聖保羅所建立的「俗世權力觀」，並非從耶穌所口傳。保羅在此作的是引申，而非僅詮解；在此事上，他已是立法者，而非祖述。然而君王之本質是否為受上帝之命而牧民，此一問題之提出事關重要，它不但牽涉基督教徒要如何應世，面對俗世權力與法規制度，亦涉及政教關係當如何定調。換句話說，基督教長久歷史以來的政治觀，幾乎完

---

[13] 新約〈羅馬書〉13 章 1-5 節。如所周知，保羅的立場，後來被融會成為所謂的「雙劍論」，在西元 436 年被教宗 Gelasius 所提出，12 世紀政教衝突時教宗 Boniface VIII 又發布教詔 Bull *Unam Sanctum* 加以重申。

[14] 或許有論者會質疑，近代霍布斯、洛克等人的國家契約論不也是植基於「人因於（從天來之）理性而樹立統治者以維秩序」，故雖近代契約論也實可謂認為國家承上帝之旨意而生。但近代契約論與保羅／奧古斯丁「牧民論」之不同在於前者只承認經「同意」所生之統治者是有「天命」的，但後者則可能泛指一切存在之統治者。

全植根於對此問題之立場。而聖保羅／奧古斯丁之「牧民論」乃是確立此傳統的伊始。

而路德是如何看待這個教會一向的傳統呢？我們可以認為，路德所受到聖保羅的影響很深，也很重視他所傳的教理，所以他曾特別有對〈羅馬書〉所做的講演──Lectures on the Romans。對前引〈羅馬書〉十三章有關保羅對俗世權力的看法，路德詳加詮解引申。他認為保羅在此「修改了猶太人傳統的政治觀」，即使「對邪惡或不信神的統治者都要服從」，因為「政府及其統治權力之存在對人類有裨益，且來自於上帝之應允」。其實保羅並未明言如果統治者「邪惡」或「不信神」時怎麼辦，但路德可能依據「凡掌權的都是神所命的」來做推論引申。同時路德對本段文字（十三章）的出現做出了重要的總結：保羅在前章中強調對教會的尊重，本章則要求對統治者服從。因二者都來自於上帝，教會導引人的內在精神，而政府則照顧外在身體相關事宜。二者都重要，因為在此生中，我們的靈魂需依附肉體。

所以，在此處路德對世俗統治權力的尊重完全合於〈羅馬書〉之所言，甚且可能過之。然而，路德還有一篇專論《論俗世權力》（*On Secular Authority: To What Extent it Should be Obeyed?*）再次表達出他對基督徒應服從統治者的強烈信念。從本章之副標題可知，路德在意於釐清俗世權力的界限。這在基督教會來說是一個古老的問題，也是一切政教紛爭之起源。路德於此嘗試做出一個極完整的討論；值得注意的是，路德在 Imperial Diet at Worms 兩年後發表的此文，看似欲為宗教獨立於俗世權力之干涉與信仰自由而請命──屬上帝的，但他卻也在在標定出人民對俗世統治者的服從義務──屬凱撒的。

他的論述進程如下：先論俗世權力之必要，再論其權限，最後則是舉例說明統治者應如何作為。對於第一部分，路德完全援用保羅／奧古斯丁罪性說的架構來解釋統治者之必要[15]，儘管他尖銳地抨擊統治者，認為他們在人類歷史中以無道、顢頇者居多。世間之法律與權威是要懲罰犯錯與罪惡，然純粹、良善的基督徒不會犯罪，並不需要世間律法來規約；但靈魂真正潔淨、完全良善的基督徒何其稀有，故世間絕大部分的人都需要法律與權威來約束，這對他們反是好的（而若有任何完全不需世間律法的良善基督徒生存於他們之中，也會因體諒他們的需要而接受律法的

---

[15] 一般認為這就是他所繼受自奧古斯丁「兩個國度」（上帝之城，塵世之國）之理論而有的立場，以德文來說即是 *Zwei-Reche* 或是 *Zwei-Regimente-Lehre*。

存在——基督徒本應為他人犧牲、為他人而活）。然而哪些是「屬於凱撒」的權限呢？路德再次引用〈羅馬書〉，指明「凱撒」可以管的是「收稅納捐盡義務、懲惡揚善與諸般外在事項」，而他也認為保羅在此也不啻同時說明了君王權力的界限，「它不能干預信仰及對上帝話語的解釋，而只負責維持俗世秩序（懲惡）。」

　　換句話說，路德看似只是在重申「雙劍論」（Doctrine of the Two Swords）這個教會的千年老傳統——王權（*imperium*）及教權（*sacerdotium*）互不統屬而俗世歸君主管、信仰之事由教士或教會處理[16]，以對神聖羅馬帝國皇帝查理五世之「迫害」他一事鳴不平（雖然他在文中並未提及查理之名），但此文乃係呈給薩克遜公爵約翰（John, Duke of Saxony，為 Frederick the Wise 之弟），它所意欲的讀者群本身即為統治者，而在文中也討論君主應如何統治的問題。所以路德在本文中實際上使用了兩面之刃，一方面駁斥君主干預新教信仰之不當，而同時也在力爭其他王侯對他的同情與支持——透過對逐漸受社會改革威脅（來自如農民、狂熱派等）的統治權威的頻頻肯定。

　　路德在《論俗世權力》的末段中，特別強調對統治者的絕對服從，唯有其所號令明顯違背教義，才得不遵守；但如果我們難以確定某舉動是否合於教義或上帝之誡命時，仍然要先遵守之。路德從頭至尾並未言如果統治者無道、違背教義時我們得將之推翻，他只說此時可不服從之（如以權威介入信仰）。至於統治者無道所貽禍害，則視為上天對人之懲罰。他以黷武者發動戰爭為例，如說理勸誡不聽，則只能當是天意如此而接受此無奈。所以路德所標舉的乃是立基於「差序格局」世界觀之上對統治權威的「絕對服從」（passive obedience），亦是對保羅／奧古斯丁政治觀的極端強化了。

　　路德的政治觀既如此，則他必然毫不妥協地反對人民因任何理由傷害公共權威之穩定——也就是不得造反。對他來說，造反叛亂傷害了兩種「天然的秩序」：

　　叛亂是極端危險之事。它同時破壞了上帝的國度及世上的國度。如果叛亂得以持續並成功，則兩個國度都將毀壞，屆時沒有政府也沒有了神的話語，而終至於

---

[16] 教宗 St. Gelasius I 在 494 年致東羅馬皇帝 Anastasius 書信中指出，「此世界乃由兩個權力統治：教士的聖職權威及君主的王權。」在 496 年，他又發表「論逐出教門」一文指出耶穌為了使代他牧民者謙抑不驕縱，「特別區分了政權與教權兩種不同性質的管轄權力；如此則君主需要教士以得永生，而教士在俗世事物上亦需遵守國法規章。」此即為所謂「雙劍論」之由來，兩把劍代表上帝交付的兩種「牧民」之權柄。

整個德意志的覆滅。

這兩個國度都是上帝所允諾給人的；雖然前者（上帝的國度）較重要，但二者缺一不可。能致使二者同時毀壞的，就是在下之人不服權威、叛亂了。

我們綜觀路德的政治觀，可發現它實是對耶穌「讓凱撒的歸凱撒」教誨的二次引申：保羅／奧古斯丁做了一次大膽的引申，承認一切掌權者都是上帝所使用的人；而路德又再向前一步，反對任何對掌權者的不順從，認為這是同時毀壞兩個國度之事。但細看之下，路德的政治觀裡卻蘊含了兩個極端，與其間尖銳的轉折——他既認為統治者實多不堪，但最後卻導出我們應「絕對服從」的結論。此結論如何必然可得，委實令人困惑；但如果我們能把服從的對象稍加特定化，則路德的整個說法就成為新教運動的「政治白皮書」了：對於不同情新教的君主，呼籲他們不要干涉信仰事物；而對於傾向支持的王侯們，則服從其領導，牢牢地團結在他們四周。這樣一來，似乎我們正在給路德一個極為嚴重的指控：他的政治觀容有便宜行事之虞。但是，「便宜行事」的確是對路德面對俗世權力的一個公允的描述嗎？我們可試著從他生平經歷的兩次重大事件的「政治」面來做一解釋。

1520 年，在路德張貼〈九十五點異議〉三年後，他發表〈致日爾曼貴族書〉，希望日爾曼王侯們起來共同反對羅馬梵諦岡；又以拉丁文發表 *Prologue to the Babylonian Captivity of the Church*，希望歐洲的知識份子及教會內的神職人員們能正視基督教被教廷操控扭曲之危機。前者顯然是訴諸政治力量（雖然表面看是——在當時情況下很自然地——訴諸民族主義），毫無疑義。路德所持的理由是什麼？我們細看他的推論：

向來有一種說法，認為教宗、主教、教士及僧侶們是屬於所謂的精神界，而王侯、工匠及農人們是屬於俗世界。其實這是刻意的謊言，希望大家不要上當，理由如下：所有的基督徒其實都屬於精神界，除了個別工作不同之外，他們之間並無分別……

所以……俗人與教士、王侯與主教或所謂精神界與俗世界的真正差異只是每人社會功能不同，並非他們隸屬於不同界域；所有的人都屬於精神界，都是真正的教士、主教甚或教宗——聖俗之別只是分工問題，就像在教會內部每個人扮演的角色亦不同……所以我要如此宣稱：既然俗世權柄的出現是由上帝所應允，是要用來懲惡揚善的，那我們就來讓它在所有基督徒組成的群體中發揮功能吧，不論這人是

教宗、主教、教士、修士或修女，只要該懲罰，就予以痛擊。

　　若說此處路德企圖以政制教，亦可說他是在泯除聖俗之分野、政教間的區隔，籲請「良知的基督徒」起來對抗「腐敗的基督徒」。但，此處的關鍵在於：路德所欲籲請的「良知的基督徒」，不是別人，乃是具「俗世權柄」的王侯們，他們身上有權力、手中有武力可對抗教廷，又能號召支使百姓行動。路德呼籲、求助於他們，無論如何不能脫「涉及政治」，甚至是「運用政治」。但路德堅信他自己是出於良知與正義而訴諸政治力的，他希望「掌握權柄」的人能幫助他，達成公義的目標——在此即指基督信仰中梵諦岡這隻「幕後黑手」的除去。有趣的是，此時路德之所為，恰與我們所熟知的「公民不服從」相對比。「公民不服從」是指公民（自認為）基於良知或理念而刻意挑戰公權力以喚起社會注意某種議題，而路德乃是企圖結合「權柄」以冀實現某種理想。其實兩種都可視為是某種「政治運作」，只不過與「掌權柄的」要產生的「關係」不同。路德正要使「上帝所使用的人」一起加入他，完成建立正確的信仰的使命。他運用「政治」，以求「成全」宗教，這能否算是另一種「政教關係」呢？

　　再看 1524-1525 年的農民暴動事件。路德堅決支持「掌權柄的」統治者，任何挑戰現存權威的，都是「如撒旦」的行為；同時他也籲請王侯們以武力導正那些「假先知」與誤信「異端」的農民們。這些更是路德博士作為一個神學家與牧師「涉入」政治場域的鐵的事實。不論他是如此地「保守反動」，以致對農民一昧強調現世權威不可挑戰（但他本人不也曾挑戰了神聖羅馬帝國皇帝查理五世對他的禁令？），或是出爾反爾地在宗教改革運動漸成氣候之際，主張對「異端」加以武力導正，他在 1524-1525 年的言行絕無法被視為是貫徹他自己的神學立場——將信仰與俗世分開的宗教改革者。此外，如果說路德認為所有的基督徒可以共同決定他們的信仰，而不需教廷獨斷專權式的領導，那為何人民不能共同改變他們政治上的事務，而不被視為叛亂？1520 年路德被教宗 Leo X 逐出教會，1521 年在應教廷之請而召開的神聖羅馬帝國之帝國會議（Imperial Diet at Worms）中，路德被譴責為異端並被皇帝查理五世下詔捕殺。經過這樣一個辛酸與驚懼歷程的路德，在數年後竟然幾乎陷入導致這歷史悲劇的同樣思維中。信仰與俗世權威間關係之複雜，由此可知。

結　語

　　看完以上兩個路德「涉入政治」的例子，我們不禁要問：究竟是他的神學立場不可行？還是他是個言行不一的人？其實這兩個答案恐怕是有連帶關係的。從本文的討論，我們或許可以結論，政與教之間的關係很可能只有兩種：完全分離，或是——只要稍稍跨過界線——密切不可分。前者即是耶穌所說的「讓凱撒的歸凱撒，上帝的歸上帝」，身與心各有歸屬，互不相屬。這雖然很難——或應說極端難做到，但畢竟是主觀可以期許自勵的，同時，對基督徒而言，也（畢竟）是耶穌所親自昭示的。後者其實始自保羅，而在路德達於高峰。當保羅認定「凡掌權者都是上帝所使用的人」之時，他已經跨過了耶穌所劃定的界線，因為他把「掌權者」之存在與上帝做了連結，使「上帝的心意」伸入了「政治」。路德又亟言對掌權者的「絕對服從」，並且以之排除異端，當是政教區分之泯除達於極致。但政治與宗教信仰是完全分離好？或是結合好？我們殊難判斷。宗教之理想如能透過政治實踐之，則其效將百千倍，古今多少「理想國」式之藍圖豈非著眼、貪圖於此？但如何防杜其流弊，卻又百思無解，因其所面對畢竟為人性！

　　綜結所敘，路德的確是個執著之虔信者與震撼世人的改革家，他一心為建立基督教的正確信仰方式而奮鬥；但在因緣際會之時，他亦思利用政治來幫助完成他的理念[17]。早他一千多年的奧古斯丁不也如此？究其實，這正是教會在他之前千年以來所服膺的政治神學。教會既早思以政治力量來鞏固基督教，以及宣揚正統教義、導正異端，則必然其下任何追求「自由化」的改革者必須面對政治力量的介入與阻撓，正如路德受 Imperial Diet at Worms 的威嚇阻止一樣。如果沒有薩克遜選侯Frederick the Wise 的庇護，路德當初如何能全身而退？所以在傳統的政治／宗教聯合結構下，任何像路德一樣的改革者都必須選擇用政治力量對抗政治力量，用政治力量爭取「信仰自由化」下的改革。而這也就注定了改革者常易陷入的政治神學觀——既然所有的人都是基督徒，那利用王侯們之地位及力量以利改革又何妨？「掌權的人」更應服事上帝！（而此時最顯著的例外乃是耶穌及其門徒所帶領的原始教會，他們以「殉道」來回應羅馬的政治／宗教聯合結構）。

---

[17] 專事研究路德政治思想的學者 W.D.J. Cargill Thompson 在其書中亦結論道：路德對政教關係的看法是他政治思想中的原則與政治現實產生緊張關係最甚之一環。Thompson 還認為，某些時候路德「甚至在名義上不公然宣稱已放棄原則的情況下，他鉅幅地修改這些原則幾至完全否定它們的地步。」

是故路德的期盼——信仰乃是獨立超然的精神領域——其實在他欲尋求改革的政治觀下（或是保羅／奧古斯丁傳統中）是不可行甚或不可能的，故在此也非必言行不一問題。而當改革運動漸趨穩固後，路德又圖以政治力量宣揚、鞏固新教教旨，掃除異端；此刻路德用「掌權的人」來服事上帝，可否看成是傳播福音之「最大化」方法？所以路德無論在發動改革時或改革後，實都在歐洲傳統的政治神學結構下運作，他並無多大選擇空間；而路德的所謂「宗教改革」，實也是在教會的政治神學傳統之內對教會的「政治」（瓦解教士結構）與「神學」（因信稱義）所做的雙重革命。他被時人稱為 the Pope of Wittenberg，良有以也。

　　近代的研究者紛紛指出，加爾文（John Calvin, 1509-1564）對西方的影響極為深遠，絕不僅在基督教的宗教改革方面而已。所謂的加爾文主義，對於現代生活的信仰、社會結構、經濟觀，乃至思想文化的發展都有其影響。它的衝擊幾乎是全面性的，此點也許甚至超乎加爾文原來的期盼。當然這並不意味馬丁路德所帶來的歷史震撼要小的多，絕非如此。但加爾文教派及加爾文主義的流布幅員較廣——法國、瑞士、英格蘭、蘇格蘭及低地國等，當然，更不要忘記了坐五月花號飄洋過海的清教徒所居的北美洲；它所引起的衝突、動盪也較多——法國宗教戰爭、英國宗教紛爭（包含清教徒革命？）及在「血腥瑪莉」（Bloody Mary）迫害下清教徒的出走美洲等；而更不同的是，加爾文主義似乎全面性地參與了現代西方的醞釀與誕生，從宗教、政治到經濟、科技，甚至到文化藝術。從歷史角度看，我們當然可以把加爾文與加爾文主義區分，因為後者乃是一個龐雜且未必與前者完全一致的運動；加爾文主義，尤其在政治方面，可能幾至與前者大相逕庭，但加爾文其人卻是加爾文主義毫無疑問的源頭與催生者，在許多層面上「精神領航」著他的眾多追隨者，甚至以迄於今。我們要了解現代西方，有必要先了解加爾文的「世界觀」。

　　然而加爾文本人卻是個謎。他不太談論自己，我們對他的心路歷程缺乏自傳性的了解；他的言論中會有不一致矛盾處，但他並不清楚加以解釋；他個性冷僻、無法予人親和感，甚至常給人自負固執之印象；他加諸對手的攻擊尖銳而毫不留情，似乎正義之劍乃由他所執持，但他的傳記作者卻往往披露他不堪的一面。加爾文思想與其人其事之間的扞格我們無從考究；在此所要釐清的，是加爾文分別如何看待基督教與現世生活，及他如何連結二者。前一個主題，對於本章毫無疑問過於龐大，我們將集中焦點於他的「宗教改革」帶來了什麼樣的新視野，以致影響後世。至於加爾文如何看待俗世生活與其中最重要的「政治權威」，則是我們的重心所在；當然，作為一個基督教神學家，此二主題必然在他思想中密切糾結，甚至環環相扣，據以形成一個系統性的「存有之解釋」。最後，則有一問題殊堪玩味：

所謂「宗教改革」運動的領導者，不論是路德或是加爾文，都遵循聖保羅的「君權神授」觀——強烈主張我們面對俗世權威時之態度應是「絕對服從」（passive obedience），因「掌權者乃上帝所使用之人」；然而其後人卻持大相逕庭的看法，認為「不義」（tyrannical）之君得翦除之，尤其是加爾文的追隨者對「反抗暴君」論貢獻尤鉅，著書立說，不遺餘力。何至如此？這無疑是個極有趣亦非常重要的問題，因為近代西方民主思想之發軔受此（「反抗暴君」論）影響不小。我們將分別追述之。

一、秩序與失序——人類世界與自然法

對一個基督教徒而言，「神意治世」（the providential government of the world）是毫無疑問的。因日夜代移、寒暑交替、萬物生長於大地，乃至於人類世界的器用發達、人文化成，都是上帝所意欲與設計規劃的。然而人類的存在若是以歸趨復返上帝為目標，則了解其「心意」殆為根本。我們如何可知上帝所意欲？加爾文認為上帝之意盡展現於其事功中：從其所「成就」者可看出其「本質」。自然界中遍存著秩序，四時行焉、萬物生焉，大自然的運行都遵行著某些原則。所以，「秩序」就是上帝的「本質」與其所「意欲」，「自然」並非「渾沌」，「順其自然」也並非放任失序，反而是尋求、遵循含蘊於其中的法則。因此對加爾文而言，「自然法」宜乎是最重要的概念，我們從「自然法」中得知上帝的「規劃」與「旨意」。也由於此，加爾文鼓勵對自然的觀察與科學的研究，因為這是我們了解上帝所造世界的最起碼功夫。

然而何者是適用人文社會的「自然法」？我們如何可得知其內容？其實，以「自然法」來規範人文世界，早是沿傳久遠的觀念，希臘悲劇時代就已具體成型。加爾文在此處可說是承襲了這個古老的思考模式。但「自然法」概念的最大問題乃是其內涵因人而異；幾乎自始以來西方哲學就在爭辯此問題，因而一部倫理思想史約可被看成是「自然法」的詮釋史。一個企圖追溯當時歷史脈絡、而從 16 世紀的角度來研究加爾文的學者指出，對加爾文而言，宇宙萬有存在之方式是上帝智慧之具體顯現，宇宙中的諸奧祕如透過研究當可被吾人理解。例如，任何人從天體、四時運行必可看出「秩序」，所以這個「秩序」成了「自然法」的最大表徵。故就眾所好奇而自古人類就不斷探究的「自然」而言，在此加爾文所著重的是其「秩序」

之意涵——宇宙是一個差序格局的存有體系，凡是存在層級高的就規範管理層級低的。日月星辰懸於地表，予萬物日夜寒暑；人類具靈性，掌理草木鳥獸自然資源；在人類之中，君王統理人民，父母教養兒童，而丈夫引領妻子。「秩序」乃由「位階」（hierarchy）與「臣屬」（subordination）所構成，一如宇宙中日月星辰大小統屬、主從分明而各依軌道運行。星辰各依「軌道」（orbit），組成系統分明的蒼穹宇宙，人類依「位階」而「統領」、「臣屬」，構成社會「秩序」。

加爾文體悟宇宙是一「秩序」，而人類社會也應向自然看齊，遵循「秩序」。為何他如此著重「秩序」？有一種看法是他內心深處有深深的焦慮，這種焦慮來自他對生命與存有變幻無常的體會：

對他來說，這個世界其實是個充滿不確定性的地方，以至於「人只能經常活在焦慮與迷惘中」。對於福禍之交替與生命的起伏，他用天氣來比喻：晴空萬里時，我們沐浴陽光於蔚藍天空下，但切勿被這景象矇蔽而放心陶醉於此，因為此寧靜平和可能瞬息即逝，而暴風雨隨後而至。我們須知生命中萬事皆無常。在朝代興衰、世運交替中，上帝將世事的變化無常如明鏡般懸置於我們眼前，祈使我們從痲痺中警醒，再也不敢將一天、一時甚至一刻之幸福視為必然。

這樣一種對生命深深的焦慮，必須得到抒解。加爾文創發了一個逸出聖經的概念——失序（disorder）或混亂（confusion），來解釋這個世界或是我們存有狀態的變化莫測。「自從人類的祖先在伊甸園墮落之後，可怕的混亂隨之而來」。加爾文認為世界整體既由上帝所造，人與其所居時空是「連動」的，人在性靈上——及因此而來道德上的墮落其實會引發周遭事物的「失序」：「我們因罪性致使天地失序萬物混亂，但如我們能誠心服膺上帝，則會發現周遭事物將以完美之和諧呈現。」

這是前此較少見的一種看法，不啻將人的精神罪性與物質世界及存有之「現象」（更遑論本質了）做了連結。罪性導致有形、無形世界之混亂，混亂帶來恐懼、焦慮，進而沉淪於痛苦——這就如同是「詛咒」（damnation）般。在這樣一個思路下，加爾文神學的進路就清晰可見了。要得到至福及喜樂，就要反方向地尋求問題之解決：避免恐懼、焦慮與沉淪，就要恢復宇宙萬有之秩序；要恢復秩序，則先要在性靈上潔淨，而潔淨需靠啟示與救贖。所以，對加爾文而言，一切幸福的源頭是人們原罪罪性的免除與靈魂的救贖。他遵循了馬丁路德以來福音神學

（Evangelical theology）的中心信念，也就是把罪性的免除與靈魂救贖之前提歸於相信聖經中的「人子」即是「耶穌基督」（救主），而其血已為人類開啟贖罪之門。人若接受基督教信仰後，接下來所當務者乃是讓本身行為得宜，合於自然秩序，成為宇宙萬有整體秩序的一部分。這樣一來，我們的內在與外在都可避免混亂，焦慮、痛苦亦遠離。

從以上來看，我們就可以理解為何研究者稱加爾文的整個神學是以「回復秩序」（restoring order）為念，因為他認為這是個「脫軌的世界」（a world out of joint）。加爾文既然時時刻刻以秩序為念，我們就不難理解為何他總是致力於「規矩」、「典則」及「律法」等，予人一副嚴峻面貌。在此方面，路德就與他稍有不同：路德終其一生具有神學教授之氣味，而對於理念落實於現實生活中所需藉助的法律較不具興趣。或者應如是說：路德對於經世之實務較無實際接觸機會與經驗。但加爾文則不同，日內瓦（Geneva）這個城市居民的日常生活規約及法律之制訂，他本人參與甚深，甚至我們可說他就是那擘劃創制的主要「立法者」。在他整個制法以化民風、設度以調民情背後的主要理念即是「節制」（moderation）與「規訓」（discipline）。這些雖是古老即有的觀念，但因其執行有賴公權力，於是不得不牽扯出加爾文的整個政治觀：他對於俗世政府權威之本質及其界線的看法。

二、加爾文論權力

路德曾有專著《論俗世權威》（*On Secular Authority*），其實加爾文對俗世權威的態度——也就是他的政治觀——在他的神學著作中也有清楚、系統的表達。《基督教義原理》（*Institutes of the Christian Religion*）第四卷中的最後一章即是〈論俗世政府〉（*On Civil Government*）。而在對聖經各部書所做的註解評論中，他也經常於相關處表達了他的政治觀。約略而言，加爾文對俗世權威的態度遵循了基督教在他之前約一千五百年的傳統——從聖保羅就開始的「君權神授」說，這點可說是與路德不分軒輊的。對於俗世政府存在的本質，他曾做了一個很仔細的分析，而裡面其實已包含了對政治思想傳統中若干重要問題的探討。

加爾文首先區分世界上存在的兩種權力：一種是約制人心的，一種是管束人身的；前者「與永生有關」，而後者涉及任何政治組織，它們是「管理人的外在行為」。對大部分基督徒而言，因前一種乃是指上帝的教誨，故對其應有之尊崇毫

無疑義。但言及俗世政府時，就有不同意見了。加爾文特別欲駁斥類似「無政府主義」般的看法。有些人認為，雖然君王們號稱政府是保障人民，但人在與上帝相接的靈性國度內得到的自由才是真自由，而任何介於人與上帝之間的「權威」都會妨礙此自由，而且常對真正的正義做出扭曲。所以基督徒但求精神與上帝合一，不應受制於任何俗世權力。加爾文特別對此種反對服從俗世權威的論點大力駁斥，他不斷強調與清楚闡明俗世政府的必要性。他認為這兩種政府不是「互斥對反」（antithetical）的，我們固然可以「區隔這兩種權力，但這並不表示我們應該認為俗世權力是污染不淨的，不應與基督徒發生關連。」從這點來看，他其實可算是對探求人類政治生活的本質有其貢獻的「政治思想」家。

加爾文認為世界上的政治權威都屬於上帝所建立起的秩序的一部分，有其作用，而這作用大致分兩部分：一是維護正確信仰，一是維護和平與文明。前者在今日看來大有爭議，而後者卻在政治思想史中一向是核心之終極議題。關於後者，加爾文列舉了數項政府的功用：公共安寧得以維護（public quiet be not disturbed），個人財產得以保障（every man's property be kept secure），商業交易得以正常、公平地進行（men may carry on innocent commerce with each other），德行得以養成（honesty and modesty be cultivated）。而在另一處，加爾文亦用大同小異的詞彙來描述政府除護教外的俗世功能：使個人得以養成群性（adapt our conduct to human society），使人行為合乎公義（form our manners to civil justice），使人彼此和睦（conciliate us to each other），及維護安寧秩序（cherish peace and tranquility）。其實，他使用了一個簡單的對比來描述政府的所有功能：使基督徒能有一致信仰，使人能合於人性（a public form of religion may exist among Christians, and humanity among men）。

雖然本身是對傳統基督教的激進改革者，但在護教及維護社會秩序這兩點對國家功能的期待上，加爾文並未與先前的教會傳統有任何差異，甚至還可算是此立場的最完備的解說者。他用主權者、法律及人民之服從三者來論說俗世政治權威這個議題。加爾文援引保羅的話，「任何主權者都是上帝使用之人」，「他們應享適當榮耀並值得我們遵從。」於此，比較值得注意的是加爾文曾提及貴族政體較王治或共和好；而另一方面，他也認為對基督徒而言，戰爭並非全然不對，人類社會中有義戰之可能與需要。至於法律，他大抵遵循聖湯瑪斯的看法，認為規範社會行為之實訂法應以聖經中所載明的神聖法為依據，例如殺人、偷盜、姦淫及偽證等，都是普世所不容的罪惡。

　　最後，關於人民對主權者服從之程度，加爾文特別做了強調：他認為如果統治者是暴君，則被統治者只能視此為上天之懲罰，亦須逆來順受；只有當統治者明顯叛教、詆毀上帝、背離聖經時，人民才可以解除對其服從之義務。加爾文在討論對君主服從的問題時，特別羅列八個子題來闡明他的看法，可見其重視程度。他在對於不義之統治者亦須「尊敬地服從」（obedience with reverence）這個主題之下討論的八個子題分別是：

一、敬服之（deference）。

二、順從之（obedience）。

三、對不義之君亦須順從之。

四、不義之君由上帝來處置。

五、聖經亦載明須服從惡君。

六、耶利米書（*Book of Jeremiah*）中所載之事例。

七、聖經中對所有為君者（不論是否以色列人）尊嚴之認可。

八、誅除暴君是上帝、而非人民的權利。

　　又，加爾文在註解舊約〈但以理書〉（*Book of Daniel*）時寫下這一段「暴君勝於無君」之言：

　　　即使在最殘暴的統治者之下生活亦比沒有政府來的好。假設社會上無高下差等秩序，則將會如何？首先，即是人人不相讓；大家都將傾全力相爭，進犯他人，遂行欺騙、謀害，無止盡追隨欲望而肆行無忌。所以我們才會說暴君勝於無君，而且還較無君狀態能夠忍受，因為如果群體無主，則沒有統領之人將所有人之行為納入秩序……透過此領導者，上天顯示出祂為何希望人類有政府，及有如何形式的政府；為何在人類社會中設置君主、王侯及官長。其次，祂也告訴了我們即使曠廢職守、倒行逆施的暴君也是上天所任命，其權威乃由上天所加持。

　　以上就是加爾文的「絕對服從」政治觀，其「君權神授」之立場與路德、甚至所有之前的梵諦岡教父們並無不同。當然，加爾文所強調「應服從」的是君王其「位」而非其「人」，他說：「這個差序格局本身是我們應該榮耀與敬服的。」但是，強調人應該如此「完全地」、「毫不保留地」服從任何一個統治者，的確是他與路德很重要的共通處，也是他們二人政治思想的最大特色。

　　但讓我們好奇的是，為何──如 16 世紀歷史中清楚地顯示──加爾文的追隨

者會發展出「反抗暴君」這種完全不同的政治觀？關於此點，我們也許可從政治理論本身的發展性與歷史環境二者分別來看。若從加爾文與他的追隨者分處的不同環境看起，則加爾文在日內瓦所建立的「基督教生活體」（Christian Polity）是一個極獨特的歷史產物，但他的追隨者（在英國、法國）所面對的卻是完全不同的政治環境。在討論此點之前，首先，我們看看從理論本身可以有什麼變化的可能性。

　　從剛才引的加爾文這段話，我們驚訝於它與路德「君王似神祇，庶民如撒旦」觀點的如出一轍，幾乎都是一面倒的「尊崇主權者」。在這點上，其實他與路德應可說是霍布斯自然狀態／社會狀態（有主權者）論說的前驅：將兩狀況加以對照（雖非過程之推演）才知人類文明之可能存於何處，並且將主權者之出現視為出於上帝——基於仁慈——視乎人性之所需而作的設計。不同的是加爾文及路德只停留在「君權神授」之立場，而並無把此觀念用系統之邏輯演繹表達出。霍布斯、洛克等社會契約論者，因採用了「社會契約」理論，可說是把上天「為人類立君」之美意巧妙地由「君權神授」之說轉變為「民主」理論。但無論如何，他們每一個人都承認，在人性本質中存在著對主權者的需要，而這是出於上帝的安排與設計；但論述方法不同，竟然可出現「絕對服從」與「民主」兩種完全不同之結論，實為有趣。如果我們欲追究其原因，則我們將面對西洋政治思想史上最關鍵的問題之一：「民權」觀念的興起。

三、中世紀憲政主義的 16 世紀展現——Body Politic 與普遍同意權理論

　　我們從西方歷史階段性之發展知道，近代西方政治與政治思想史的演進即是一部從王治到共和的歷史。王治政治固為傳統因襲而來的政治型態，本不需要理論加以合理化，故自古雖有類於「君權神授」之說而其中並無具體之理論。但到王權漸受挑戰後，「君權神授」之說反而益形完備，最後成為專制王權之護符。我們試看王權如何漸受挑戰而瓦解？首先是專制王權受節制而成有限王權，再來則是有限王權逐漸轉化為君主立憲，而終至成為虛位，以進於共和。以英國為例，從 17 世紀開始陸續發生的三次革命，逐次削弱了王權，使得都鐸王朝遺留下的專制風在斯圖亞特時代及漢諾威時代無法再現。甚至，意圖恢復都鐸專制風的打算幾可說是這兩個王朝遭受政治革命的主因。古憲法思想、古典共和主義及自然權利觀念三者共同或個別地作用進行了對王權的牽制，使得理論上英國的君主不應是、也不再是一個

具完全權力的統治者。在此中，與宗教改革所帶來的衝擊最相關的，殆為自然權利政治理論的興起了。

自然權利政治理論立足於「天賦人權」（innate rights），每一個人基於天生的對自身生命、自由及財產的處分權而有相互締結契約、成立政府的資格與必要，這就是我們熟知的契約論。既然政府成立於契約，則其本質為一「委託」（trust）。這樣的說法當然正面對抗專制王權理論。但是這個對抗並不是立即出現的，它還經過了一個主張對統治者行使「普遍同意權」（popular consent）的階段。而這個「普遍同意權」的觀念卻是在 16 世紀宗教改革後的宗教紛爭中密集湧現的，成為影響近代政治思想發展的重要因素。

16 世紀的政治思想處於中世紀末及近代相交接處，它彷彿是一個重要的思維方式轉型點——縱使我們看不見許多赫赫有名的大家或典範型人物居於其間。馬基維利在此時段開始時揭櫫了「權力之祕」（arcana imperii）的操作技巧及神祕的「國家理由」（ragione di stato, reason of state）的政治思維，而英國的大法官 Edward Coke 也於世紀末發表《習慣法典評論》（Commentary），推動了英國的法制史與政治思想革命。但此二者皆與醞釀於歐陸的中世紀政治思想之傳統無甚關連，前者是「驚世駭俗」之「創新」（innovazione），而後者則是曇花一現的「迷思」（myth）。只有在本世紀中葉之後陸續湧出的一股思潮主要地承擔了這個承先啟後的工作：因宗教改革而起之衝突，其所引發的文字辯論大量地引用、繼承並發揚了中世紀（後期）遺傳下之政治思維，刺激了近代的新政治思想之萌發。

馬基維利發揚了 lo stato 的觀念致使「國家」——而不僅是統治者或政府型態——漸漸成為政治論述的焦點。「國家」本身彷彿為一有機體，有其生命與目標，只有最佳的行動選項才能滿足其最大福祉。而在馬基維利大肆討論「國家」的「主體性」時，中世紀政治思想中的一個類似概念也正逐漸昂揚，那就是 body politic（corpus politicum）的觀念。所不同的是，馬基維利以前者（lo stato）論述政治的行動，而 body politic 觀念的醞釀卻是牽動了對政治本質的反省。如本篇第二章所述，這種反省，整體來說是以「中世紀憲政主義」（medieval constitutionalism）的形式沿傳下來。

「中世紀憲政主義」的核心觀念是 body politic 的主體性。它認為「政治體」是因著各種不同階級、職業團體（公民社會，societas civilis）甚或地域等所組成的「人的集合」（universitas, communitas），它是為謀集體生活之共同福祉所集結而成，故任何一個「政治體」都有進行自我管理的權利。而所謂的統治，即是 body politic 將「政治體」之管理權「委付」給某些人而責其達成共同福利之目標。由於權力為「委付」而來，故統治者在行使時須回應人民之需求及以增進共同福祉為目標。如果無法達成此委付目的時，則 body politic 可以將其「委付」轉移，另與他人。因此，此憲政主義之意涵即是：body politic 之中各個部分各盡其職，相互合作以形成一良好秩序之公共生活共同體；被責成管理群體的統治階級——在 Marsilius of Padua 稱之為「統領部門」（*pars principans*）——須盡其職守、促進福祉，其權力之施行不應與所受之「委付」相矛盾。換句話說，在「中世紀憲政主義」的思考下無論如何是得不到「專制王權」（absolute monarchy）的結論的。

又，已如本篇第二章所述，「中世紀憲政主義」在宗教議會運動中得到發揚，但諷刺的是，宗教議會運動最後卻以失敗告終，它並未扳倒教皇的專制及教會的森嚴「差序格局統治」（hierocracy），即是教士有權判定任何俗人的罪性（sinfulness），包括國君。但是，從現在看來，它的遺產——對政治思想史而言——卻影響深遠。議會運動有兩個核心的觀念是其重要前提：一是它對「社團」的看法，一是它對教會作為「社團」的看法。以前者來看，它承襲了日爾曼法的中 theory of corporation 的觀念（以及有的時候亞里士多德式的 *communitas perfecta* 的觀念）認為每一個團體都是一個獨立、自主的「社團」，可以自行管理自己，而這種管理權是源自於「社團」本身而非外來，因此所有成員之集合乃是最高之權力來源，「集體之共識」是運作之指引。而另外一點，就是把本質為 *corpus mysticum* 的教會本身也視為是一個 *corpus politicum*，是一個 constitutional monarchy。所以，凡對於 body politic 的理論都適用於討論教會之權力結構。在此兩個前提下，討論教會內部結構的理論與俗世政治理論在本質上是無區別的，因此宗教議會理論在教會內部落幕後卻繼續與俗世政治理論合流，應用到政教關係與政府來源、國家理論的議題上。

對議會理論在 15 世紀末與 16 世紀之沿傳做了系統處理的是 Quentin Skinner。在 *The Foundations of Modern Political Thought* 的第二卷中，他把這個理論在羅馬教會內部及新教內的發展都做了追索。他在論及加爾文教派革命權理論時，特別提出了兩點新論。其一，與一般看法相反，加爾文教派的革命理論大抵乃是承襲路德派的革命理論。路德及加爾文兩人本身雖然保守，且宣揚對君主的「絕對服從」，但他們的傳人卻是近世「革命權理論」的前驅。其二，很諷刺地，新教（尤其加爾文教派）的革命權理論竟然是承襲了他們所反對的羅馬天主教內部的議會理論。新教原本的信念直承奧古斯丁，認為政府及國家本為人墮落後上帝有意之設置，

以為補救；所以他們遵循聖保羅之言：「所有掌權者都是上帝所使用之人」。但此時他們（路德及加爾文的傳人）竟開始接受日爾曼法的 corporation 觀念，以及 *communitas perfecta* 的前提，完全承接了後來在羅馬教會內部變成「異端」的議會理論立場。

在 Skinner 的研究中，15 世紀法國的 Jean Gerson、15 世紀末 16 世紀初英國人 John Mair 及法國的 Jacques Almain 是議會運動理論影響於加爾文教派革命理論的關鍵人物（而他們都受 William of Ockham 的影響甚鉅）。在 16 世紀初時 Mair 及 Almain 振興了 Gerson 在《論教權》（*On Ecclesiastical Power*）中闡明的議會理論：任何政治社群都是「自主團體」（*communitas perfecta*），故其權力存於全體成員；所謂統治者，其角色因此只是受全體之任命為「主事者」（minister），卻非肆行私意之「專制主權者」（absolute sovereign）；任何統治者皆須服從法律，依法統治，且以全民福祉為目標。Mair 及 Almain 甚至更進一步，主張「任何統治者如失職，則臣民有權將其推翻。」這些其實已經成為「革命」理論了。加爾文本人、加爾文教派的 John Knox 及 George Buchanan 都算是 John Mair 的學生，雖然 Mair 來不及看到加爾文教派茁壯，更並非新教徒，但是他對政治權力的看法卻準確地流傳下來。

當宗教紛爭之時，輒有一方引政治為武器，用國家的力量強行介入於信仰齊一化，這就使被壓迫的一方深覺不平。法國南部的 Huguenots 教徒及英國的清教徒即是被國家武力迫害之實例。被迫害者以行動及理論反擊，前者引發戰爭，後者見諸出版書籍。對於被迫害者而言，從理論上最基本的反擊乃在於質疑為何對方可以動用公權力以遂行信仰干涉之事。而他們在理論上的琢磨，後來反成為檢討政治生活本質的優良文獻。對被迫害者而言，他們在武力威逼、斧鉞加身下侈談信仰自由幾乎是毫無意義之事；也許根本之計乃在於檢討為何對方可以藉國家之力干涉宗教信仰——也就是說，對政府之本質及其權力施用之檢討反而能收釜底抽薪之效。如果僅以宗教衝突看待對方，則經常流於爭執不下，殊難言孰對孰錯；但如果對方係濫用國家權力，則被壓迫之一方其反彈就有正當性，甚至鼓舞士氣。

「中世紀憲政主義」就是在這種情形下被受宗教壓迫者拾起，而成為政治論述之主要依據。Body politic、統治正當性、須負責之權力觀及人民福祉等，結合成一個極佳的有限王權理論，而以「普遍同意權」（popular consent）為核心概念。1572 年巴黎屠殺 Huguenots 教徒事件後出版的《抗暴君論》（*Vindiciae contra Tyrannos*）就是典型的例子，它將被統治者之同意視為正當性之基礎，故已然脫離

了傳統「君權神授」立場中以尊卑服從作為看待政治關係的窠臼。這所顯示的意義極大：因為普遍同意權所象徵的是有回應的（responsive）及負責的（responsible）政府，它不但代表了個人層面上的自由，更意味自主。於是政治就成為一種契約或是準契約關係：被治者的同意決定了契約是否失效與 body politic 是否能繼續存在。

14、15 世紀的宗教議會理論建立了受治者「同意權」的堅實基礎，但 16 世紀宗教改革後的政治理論卻開始了「契約論」的思考，這是二者最大不同處。何以至於此？這大概是近世政治思想中最有趣的問題之一。當然，我們都知道，議會運動是對抗教宗的專權，但是如《抗暴君論》或 Buchanan 等人卻是對抗專制迫害人民（信仰）的君主。教會雖是「信仰者的集合」（*congregatio fidelium*），但是此教會當初卻不是依成員意願而自由結合成立，它是耶穌所創，是「耶穌的身體」（*corpus Christi*），是「神祕體」（*corpus mysticum*, body mystic），所以當然與國家作為一個依約定而成立的「政治體」（*corpus politicum*, body politic）是不同的。這段轉變應是中世紀政治思想邁入近代的重要關鍵之一。

一般相信，路德及（尤其）加爾文的傳人開始了「反抗暴君」的理論，以致催化了 17 世紀的民主理論。在其專書 *The Foundations of Modern Political Thought* 中，Skinner 對此點提出了兩項異於通說的看法。第一，他認為加爾文教派的「反抗暴君」論曾受路德派的影響；第二，路德及加爾文二人都曾有此一立場，也就是說，他們都曾從聖保羅「君權神授」說下的「絕對服從」轉折至「反抗暴君」。第一點大概可算是 Skinner 的特殊貢獻，他追溯了加爾文派「反抗暴君」論或「革命論」與路德派的淵源，這是以往較少注意所及的。但是對於路德及加爾文本人是否也曾持這種「反抗暴君」的立場，就是極有趣卻值得商榷的問題。Skinner 認為路德在對抗神聖羅馬帝國皇帝查理五世時曾容許了這樣的立場出現，但若從我們前章對路德政治神學體系之特色來探究此問題，這似乎僅是他在謀求新教之茁壯穩固這個目標時所權宜之方便，所以應是個例外。在前述對路德的討論中，我們已然看出他的說詞、立場中充滿了矛盾，但卻都指向一個最重要的目標，就是新教運動的生存。因此我們認為路德真正的觀點其實是保守的，就是維持聖保羅／奧古斯丁的「君權神授」傳統——只要這個統治者不迫害新教徒。加爾文亦然；而他似乎更沒有理由逸出原本對統治者「絕對服從」的立場，他並未受迫害，並且多半時候他反而就是「政治權威」。故他們二人其實都是基督教千餘年「正統」政治神學觀——君權神授的追隨者；在這一點上，他們二人算是「恢復」傳統，而不是「顛覆」傳

統，一如他們一向對自己基督教教義學之立場的宣稱般。

　　反而是羅馬教會內部有若干耶穌會及道明會的理論家之思想遠較接近「反抗暴君」的立場，例如 Suarez 及 Bellarmine 等人，這點 Skinner 自己在書中做了詳細的追索。因此，他對宗教改革政治思想的最大貢獻，大概是討論路德派及加爾文派在「反抗暴君」論此主題上的演進。在強調了前一、兩個世紀的議會運動理論家如 Ockham、Gerson、Mair 及 Almain 等人對路德派及加爾文派的影響後，Skinner 分別討論了在德意志的路德派傳人 Philipp Melanchthon、Andreas Osiander 及 Martin Bucer 等人及蘇格蘭的加爾文派傳人 John Knox、Peter Martyr、John Ponet 及 Christopher Goodman 等人在「抵抗權」及「革命權」上的論述。而最後將此理論的頂峰及集大成歸於蘇格蘭人 George Buchanan（著有 *De Jure Regni apud Scotos, The Right of the Kigdom in Scotland*）及德意志人 Johannes Althusius（著有 *Politics Methodically Set Forth*），認為他們不但將「抵抗權」成功地申論為人民的「天賦權利」，同時也開創了中世紀之後脫離神學、獨立於法學之外的純「政治學理論」：

　　　　Buchanan 及 Althusius 兩人在他們著作的標題中已清楚顯示，他們要討論的全然是政治、而非神學，其中主要的概念是權利，而非宗教義務。更且，當 Buchanan 有意不談所謂宗教義務時，Althusius 也故意如此，而在其書之序言中強調包括 Bodin 在內的法學家們，都犯了混淆政治學與法律學的錯誤，而那些神學家們則同樣地是把「有關基督徒的虔敬與慈悲」等議題滲入政治著作中，完全不察這些考慮「與政治無關且不適合於此討論」。比 Buchanan 還對此問題更加自覺，Althusius 實有將政治學解放於神學及法學之野心，而在建立政治學為一獨立學科之信念下將「神學、法學及哲學之元素回歸其本位」。

　　換句話說，宗教改革時期的政治思想是有關鍵歷史地位的，在內容上它開啟了自然權利的契約論政治哲學，在樣式上它啟蒙了今日俗世化的政治論述。對這樣的一段歷史，路德及加爾文二人當初發動宗教改革運動時，是無法逆料的。

　　根據 Skinner 的說法，所謂加爾文派的革命理論其進程約略可分為將革命、抵抗暴君視為是「基督徒的責任」（duty of resist）以及「公民的權利」（right to resist）兩階段。法國王室（王后 Catherine de Medici）1572 年在巴黎對 Huguenots 的大屠殺之後，Huguenots 在其後數年所生產的政治文獻屬於前者，蘇格蘭的 John

Knox 也是屬於前者；而蘇格蘭的 George Buchanan 及德國的 Johannes Althusius 等人則立論更為激進，屬於後者。前者與後者的差別殆在於是否還引基督教義為立論之依據：對 John Knox 及 Huguenots 而言，基督徒在宣誓信仰上帝之時，就已經與上帝定了一個約，要對不公義之事及凡引起上帝震怒之事加以滅除，以符合其心意、顯其榮光。因此，「滅除偶像及暴政是上帝不獨是王公大人、抑且也是凡民百姓的神聖責任；而就百姓言，不但他們所有人作為一整體有此責任，每一個個人在各自職守上亦都有此責任。」據此，他們對「暴政」不加容忍——在此「暴政」被定義為若不是扭曲褻瀆教義，就是違背公義與踐踏人民福祉，因這兩種宗教與非宗教的邪行，都不是上帝喜愛的。

但是 Huguenots 也某種程度地進入了將抗暴視之為「權利」的階段；這與上述的「宗教責任」理據其實是不共容的，因為「權利」似乎是「俗世」領域的概念，它是政治體本身應有的某些「特質」或是其成員所可具之「能力」，不需要如上述與教義或神意之判定有關。但「折衷」（eclecticism）或「兼容並蓄」（amalgamation）很可能是中世紀末思想的一種特質，他們在此中只看到了論理之齊備、綿密，而不察其矛盾。Huguenots 較著名的抵抗暴君文獻有 Hotman 著的 *Francogallia*（1573）；Simon Goulart 編輯的 *The Memoirs of the State of France under Charles IX*（1576）；及 Philippe du Plessis Mornay（以筆名 Brutus 發表）的 *Vindiciae contra Tyrannos*（1579）。據 Skinner 的解讀，後二者的確有進入「權利」的語言，他稱之為「訴諸自然法」，以相對於 *Francogallia* 援引古代前例的「訴諸實訂法」。而此處所謂的「自然法」又有兩種泉源，一是士林哲學家（例如前所述之中世紀法學家等）所致力的 theory of corporation 與 constitutional law；另一則是「政府之設立乃為保障人民福祉」的看法，而此處福祉係指生命、自由及財產等「不可侵犯的」及「未進入國家前就存在的」權利。人民與統治者訂「契約」（*pactum*），統治者以維護人民之福祉為務，故如違約，當然得推翻之。值得注意的是，對 Huguenots 來說，神學是政治理論不可或缺的一部分，在他們的國家理論中，必先有一個全體人民與神的「誓約」（*foedus*, covenant），尊奉上帝並奉行其意，再來才是人民之內的「契約」（*pactum*, pact），人民作為一整體擁有「權力」（*imperium*），故設「王治法」（*lex regia*）——有關國君職責與權力施行的條件等之規則——而選立統治者，委付其「權力」而課其治理之責。

但是 Buchanan 及 Althusius 的國家理論中卻沒有如此的與神之約，而完全是俗世化的，人因幸福生活之需要而設立國家，選立統治者以謀公共福祉。

此外，對 Huguenots 來說，人民主權（popular sovereignty）須透過其代表或是 inferior magistrates（官員仕紳）以行之，而 Buchanan 則採用我們今日認為是直接民主的原則，由全民直接體現「主權」，展現其「公意」或「同意」（popular consent），不須經過 inferior magistrates。也許我們會問，那如此的國家理論與 17 世紀或今日的理論有何差異？大概就是「權利」承載主體的範疇不同！在 17 世紀之前，「同意權」與「權利」的單元是人民作為一個整體，故曰 popular consent，但在 Hobbes 與 Locke 的契約論中，出現了每一個「個人」可作為自然權利的承載者，故曰 individual consent。

我們在追溯當代自由民主的起源時，通常是從 17 世紀的自然權利理論開始；而我們在慶賀古代希臘羅馬的共和思想透過文藝復興「復甦」於近代時，也對 14、15 世紀的人文主義緬懷不已。自然權利與共和主義對近代初期之歐洲影響甚鉅，眾所皆知，但是這兩種思潮卻是透過 16 世紀的「潛伏期」及「醞釀期」才得以光耀於 17、18 世紀，甚至於今日。什麼是 16 世紀政治思想的最特殊質素，以致可以使這兩種思想得以被「收容」、甚至成功地「醞釀」及「潛伏」卻不致被排斥？那就是以上所言的「普遍同意權理論」之傳衍！它興盛於宗教改革之後，而成為——如果我們引用 Skinner 的話——「當代政治思想的基礎」（the foundations of modern political thought）；而什麼是「普遍同意權理論」的前驅？那就是又早一、二個世紀時流行傳衍的「中世紀憲政主義」及「宗教議會理論」，這二者是——再借用 Skinner 的話——「加爾文教派革命權理論的源頭」（the origins of the Calvinist theory of revolution）。而不論是「當代政治思想的基礎」或是「加爾文教派革命權理論的源頭」，中世紀的歐洲自身都扮演一個重要的角色，這也就是中世紀日爾曼人及其封建歷史對政治思想的獨特貢獻。

第三單元
古典思想與天啓的新結合

前言

　　若回顧歐洲近代的民主，則其源流有二：自然權利（天賦人權）觀念的誕生與古典共和主義思想的再現。前者是商業及中產階級興起後，配合著宗教改革帶來的若干變化，所自然發展出的「近代思潮」——它是一種「觀念」。後者則是西方源自於希臘羅馬的一種古老政治傳統，始於亞里士多德，而大盛於羅馬時期——它是一種實際「歷史經驗」。自然權利與共和思想這兩者分別或是共同地促成了西方近代的民主，但是關於共和思想這個部分，學界對其歷史之研究，並非太久；目前我們已知，它的復甦於近代歐洲，背後有一段曲折而精彩的歷程。這是因為中世紀的歐洲，本質乃「基督教世界」（Christendom），它與希臘羅馬的人本主義並不相容，後者被視為是「異教文化」（pagan culture），長期遭受教會之打壓。因此，共和思想要能進入（近代之前的）日爾曼歐洲之政治想像中，並不是簡單的事。本章即試圖追索這段歷程中的一個最關鍵事件：當時敢於伸手熱烈擁抱共和主義的，竟然是一個教會內的思想家——13 世紀時由巴黎大學所訓練出來的「道明會修士」（the Dominican）聖湯馬斯（St. Thomas Aquinas 1224-1274）。在西方政治思想史上，由他首度為「天啟」（revelation）與「人為」（humanism）做了連結。

一、馬基維利時刻

　　美國的波考克教授（J.G.A. Pocock）在 1975 年提出了西洋政治思想史研究上關於共和主義政治中存在的一個著名信念，就是由 16 世紀初馬基維利（Niccolo Machiavelli）在文藝復興義大利所標舉的獨特政治觀：在世事必然多變的人類歷史長流中，一個共和國所面臨的最重要問題，在於如何面對「未知命運」（*Fortuna*）及「漸趨腐敗」（corruption）的雙重挑戰，而能維繫其長治久安於不

墜。其祕訣在於：在所有攸關救亡圖存及立國綱本抉擇的關鍵時刻，主政者能夠認識到古羅馬所傳下的一股偉大政治傳統，也就是打造出「富」、「強」國家的要素——建立均衡政體（balanced government）、培養積極進取的 *virtú* 精神，以及由普遍擁有財產的公民們所建立起的一支「寓兵於民」（armed citizenship）的國家武力[1]。文藝復興時期的馬基維利在當時為他的祖國佛羅倫斯構思擘劃其政治前景時，就是處在這樣一個問題意識中，因此波考克教授就以「馬基維利時刻」稱呼此「救亡圖存」的決斷時刻。藉著對於「馬基維利時刻」政治思想之來龍去脈的解析，波考克以鉅幅的歷史研究描繪了文藝復興以迄於近代歐洲（及美洲）的一個政治思想傳統——「政治人本主義」（civic humanism），或稱「古典共和主義」（classical republicanism）。這支共和主義的政治思想傳統，可謂起源於亞里士多德，復興於文藝復興時期而延伸到 18 世紀的英美等國，它在近代不但與新興起的自由主義傳統分庭抗禮，而若干英國學者對它的研究成果也正好與前此以來的政治思想史研究大異其趣[2]。

　　但本章所要闡述者，乃是在文藝復興之前的中世紀末期歐洲，其實還存在著一個「聖湯馬斯時刻」，它實可謂是「馬基維利時刻」的基礎及前驅！因為聖湯馬斯的出現，才使得有千年基督教傳統的歐洲，竟容許由亞里士多德所開啟的共和主義政治有一個重見光明的機會，甚至之後更有蓬勃發展的坦途。其實西方政治思想之發展歷史本涵醞多次轉折，其變化之大有時令人瞠目結舌，但是每一次轉變都帶來新的契機。亞里士多德之後希臘城邦政治消失，希臘化時代及羅馬時代之「普世帝國」（universal empire）興起，所謂「世界城邦」（*cosmo-polis*）的格局一反先前「小宇宙」（*micro-cosmos*）式的封閉城邦政治，而為「人類一家」（*universitas hominum*）的可能性帶來曙光。到了基督教興起，所有這一切的政治論述都被歸類為「異教徒思想」（paganism），縱使曾經文采斐然、勳業彪炳，但它們對於正義的追求將會徒勞無功。真正的國度，須是神的國度；上帝才是萬王之王，正義唯有在神國方能實現。

---

[1] J.G.A. Pocock, *The Machiavellian Moment*, second edition (Princeton University Press, 2003), pp. vii-viii.

[2] 參見前揭書，"The Afterword"

二、基督教對政治的態度

在西元 1 世紀基督教初建立時，它對於俗世政治權威的態度是消極而保持距離的，用「敬而遠之」這句話形容最貼切。耶穌說：「凱撒的物當歸給凱撒，上帝的物當歸給上帝」（路加福音 20 章 25 節）；「我的國不屬這世界」（約翰福音 18 章 36 節）。耶穌在世時，所做的這種俗世／聖域或是精神／肉體的二分，到了門徒聖保羅之際，起了大的變化。保羅所寫的〈羅馬書〉第 13 章如此說：

> 在上有權柄的，人人當順服他，因為沒有權柄不是出於神的。
> 凡掌權的都是神所命的。
> 所以，抗拒掌權的就是抗拒神的命；抗拒的必自取刑罰。
> 作官的原不是叫行善的懼怕，乃是叫作惡的懼怕。你願意不懼怕掌權的嗎？
> 你只要行善，就可得他的稱讚；
> 因為他是神的用人，是與你有益的。你若作惡，卻當懼怕；
> 因為他不是空空的佩劍，他是神的用人，是伸冤的，刑罰那作惡的。
> 所以，你們必須順服，不但是因為刑罰，也是因為良心。
> 你們納糧，也為這個緣故；因他們是神的差役，常常特管這事。
> 凡人所當得的，就給他。當得糧的，給他納糧；當得稅的，給他上稅；
> 當懼怕的，懼怕他；當恭敬的，恭敬他。

接續保羅之後，奧古斯丁政治神學的出現，確定了西方基督教會內對於政教關係的正統立場。奧古斯丁將國家的建立及俗世政治，視為是人類在伊甸園墮落之後上帝所給予的懲罰：人與人彼此相互統治，充其量只是人類「支配慾望」（*libido dominandi*）展現的舞台，其本質不可能是公義的。但是，若沒有君主統治國家，人類社會又將陷於分崩離析，文明亦無從維繫。所以政治是人類墮落後的「懲罰」，但也同時是「補救」。如果統治者不公義、殘暴或是昏庸，人民只能當成是天意，並不得反抗統治者。在奧古斯丁的政治神學架構下，統治者作為替上帝「牧民」之掌權者（the vicar of God），當然是要為教會服務的，他的主要職責是維持俗世秩序、協助教會傳播神聖教義，並且導正異端。也因此，最好的國家是「基督教國家」（Christian commonwealth, *res publica Christiana*），而統治者最好是由虔信聖潔的基督徒出任，國家大事以教義為指引依歸。這樣的狀況其實就類似希臘時

代柏拉圖的「哲君」追求以趨近「理型」（Form, *eidos*）與「道」（*logos*）作為統治的目標一般，只不過上帝會說話，給予天啟，而「理型」則否。但是二者的共同處在於不是由一個「抽象的」，就是由一個「超自然的」智慧來統治，一般人是在政治過程外[3]。也因此，聖保羅－奧古斯丁傳統就為基督教世界牢牢地樹立了「君權神授」（the divine right of kings）的政治觀，藉著把政治附屬於宗教，而把政治行為本身的重要性及正當性都加以邊緣化了。

三、聖湯馬斯時刻的來到（一）：聖湯馬斯政治思想興起的歷史脈絡

探索聖湯馬斯政治思想主要依賴他下列著作：《論君主統治》（*De Regimine Principum*）[4]、《亞里士多德政治學評注》（*Commentary on the Politics of Aristotle*），以及《神學大全》（*Summa Theologica*）。這些文字代表了西方在13世紀後半葉對於政治思想的一個系統性的檢討與轉折、創新，而先對於當時的環境作些追索，有助於我們理解這種轉折發生的原因。

1. 中世紀政教衝突

在奧古斯丁「君權神授」信念下，中世紀初期的政教關係是在「雙劍論」（the Doctrine of the Two Swords）的原則下進行，俗世統治者及教宗同是為上帝「牧民」。但是雙方無可避免的擴權傾向，遲早會讓這兩把劍竟至於彼此相向、錚縱交鳴。俗世統治者圖謀藉著「俗人授聖職」（lay investiture）之舉蠶食教會之權力及利益，而教宗英諾森三世（Innocent III）也曾提出「完全權力」（*plenitudo potestatis*）之說來攫取對行政、軍事之操控可能[5]。政教衝突的結果，在政治思想方面的最大影響（或是收穫），是促成了「宗教議會理論」（conciliar theory）的興起，認為任何一個人群團體都有「自我管理」的權利，所有涉及全體成員之事務都需要由全體成員共同決定之[6]。這種理論的出現，加上所謂「中世紀憲政主義」

---

[3] 有關柏拉圖與奧古斯丁的相似性，可參見本書第一篇古典世界之第二章。

[4] 本書他並未完成，由弟子 Ptolemy of Lucca 接續成書。

[5] 神聖羅馬帝國皇帝 Henry IV 為自行任命主教之事與教宗 Gregory VII 嚴重衝突，而後來教宗 Innocent III 也自行發布教宗應握有「完全權力」之詔書。

[6] "What touches all must be approved by all." 請參見本篇第一單元之第二章。

（medieval constitutionalism）的思想傳統，就形成了歐洲中世紀後期日爾曼人所持有的一種特殊政治觀。當這種政治觀竟得以遭逢希臘羅馬的人本主義政治思想時，就意外地匯聚成為一股打破傳統基督教政治神學的新力量。

　　對聖湯馬斯而言，政治權力（君主）有其必要性及獨立性，非從「教權」（*sacerdotium*, the authority on rituals）來，這可謂是回到「雙劍論」的立場。在《神學大全》中他指出，不論精神或是肉體（也即是「內在或外在事物」），人應完全臣屬上帝，但是對於君長等政治領袖之臣屬，只限於特定之事項，並以特定方式為之。也即是說，在這些事項上，君長居於上帝與百姓之中介[7]。他進一步說明原因，「所有的人民，在關係到人群公義之事項上（the order of justice）均必須服從君主，但如果君主之權力係篡奪而來，或是施行不義，則人民得不服從之[8]」。所以湯馬斯一反教會千年的聖保羅-奧古斯丁傳統，而認為政治組織有其正當性及自主地位，故他在《論君主統治》一書中革命性地承認了亞理士多德那非常雅典式的看法，以為「城邦」（*civitas*）因負有社會功能，是一個「自我具足」以及「完整」的組織（a self-sufficing and perfect association）。[9]

2. 信仰與理性的調和

　　聖湯馬斯政治思想內的最重要特色即是「政治領域」（*the realm of the political*）的興起。這個「興起」，有一個學術發展上的歷史背景。首先即是「士林哲學」（scholastic philosophy）的興盛，這使得以「哲學」──尤其是古典時代希臘羅馬之「異教徒」哲學──來詮釋基督教義成為逐漸流行之事。「士林哲學」本是一個欲將理性結合信仰的大膽且龐大嘗試，在中世紀的各個大學裡慢慢發展開來，而似乎以聖湯馬斯所就學的巴黎大學為最著。這個在護教學（apologetics）方向上產生的變化，無疑說明了教會中的一些學者們（雖並非教會本身）打算開始承認人類先天理性的能力──只不過同時給它一個上限，或是註明其需受天啟指引的必要。這種發展，使得橫亙漫長中世紀時期被壓抑的古典哲學思維方式，終於登堂入室進到學院中，而一個過去曾經光輝燦爛的文明傳統又悄悄地開始復活了。

　　也就在士林哲學發展到高峰期時，亞里士多德的若干著作也被由阿拉伯文譯

---

[7] *Summa Theologiae*, IIaIIae 104, On Obedience, 轉引自Dyson, pp.69-70.

[8] 同上註，Dyson, pp.71-72.

[9] 此處「完整」（perfect）的意思是指城邦或國家較家庭之功能來得整全，家不可無國。

成拉丁文傳回歐洲世界。雖然那時的士林哲學研究者並非是閱讀到這些古代典籍的希臘文原版，但是其中的思想卻大大地開拓了他們的眼界，使其對於「人」的認識不再侷限於聖保羅－奧古斯丁傳統：人性本沉淪，理性無足恃。古希臘人本主義下的若干哲學洞見，既然給予士林哲學家們更多的自由揮灑空間，亞里士多德的政治學及倫理學等久聞其名之經典著作，更讓他們得以窺見千餘年前人類社群「自我管理」的可能性。中世紀末頻生政教紛擾，亞里士多德思想於此際的適時復興，帶來的是對於政治（在人類生活中）其「基本性」（essentiality）的體悟，人類可以用智慧去經營對於社群的「自我管理」以及構思出好的政治結構安排，使得政治事務成為一個單獨的學問，它屬於理性鑽研的範疇，而不全然是歸於「信仰的神祕指引」——即是訴諸 gratia。把握住這種失去已久的信念，就使得「政治場域」終於又可以重新回到歐洲文明中。

四、聖湯馬斯時刻的來到（二）：聖湯馬斯政治思想的特色

1. 亞里士多德 homo politicus 觀念的再現

聖湯馬斯在教會中算是保守的理論家（著作曾被用來對抗某些教會內的自由派思想家），但是其政治思想卻出奇不意地竟是最「前衛」的！在其學思生涯中，亞里士多德思想一直為教會當局所敵視[10]，但是聖湯馬斯卻極有興趣不斷地在詮釋註解他的著作，顯然聖湯馬斯是對於古希臘的「理性」產生了高度的評價。在聖湯馬斯的政治著作中，亞里士多德 homo politicus（zōon politikon）的觀念是他所最著意的。

所謂 homo politicus，意指人是群居動物，有社會交往及政治互動的天性。這有兩層意義：一，人是萬物之靈，所以人的群居生活之特性與同樣是也是群居的動物都不同；人尚自由且有主體性，所以在社會生活中與他人互動是人的天性之所要求，並且每個人對事情會有各自的看法，每個人有各自的意志與願望。因此相處起來不免有意見紛雜之情況，共識不易達成，秩序不易維持。所以需要有統治者，作為仲裁，統一標準，社會生活才有可能。中國古代墨子說，「一人一義，十人十

---

[10] 請參見 R.W. Dyson, *St Thomas Aquinas Political Writings* (Cambridge University Press, 2002), p.xxiv.

義」，所以要有君主以齊民（尚同篇）。也就是說，政治制度及政治生活是人類天性所必需，政治社群因此是「自然」的，與家庭一般，並非「文明造作」。第二，人尚自由且有主體性，因此人應會有參與公共事務、參與政治以管理自身的天生願望。所以湯馬斯同意亞里士多德的說法，認為上天本就給人經營社會生活的理性，所以讓人適度參與公共事務並無不當，這是人天性的要求，也是每個人最基本的希冀。而如此一來也可以讓政治的管理及公共事務的運行更為符合每個人的期待。

當然，第一層及第二層意義並不必然連結。第一層是指人類社會的多元本質，因此「齊民」乃是集體生活所必須；而第二層意涵就代表了自己成為主人的可能性。但無論如何，基於以上兩層意涵，我們可以說，因為統治者的產生是因應人的這種社會及政治天性，所以統治者治理的目標就是使人在這種與生俱來的天性下活得幸福。也因此，對統治者之作為所加予的「課責」（accountability）就出現了：他是否能達成當初設立此職位之目的？能否滿足人們的需求？此目的、需求之總稱，即是所謂的「公共利益」（*salus populi*, public good）。湯馬斯非常同意亞里士多德以統治者是否追求「公共利益」為區分良好統治與否的標準。如何追求公共利益，以及如何判斷統治者是否在追求公共利益，這是人類「理性」可及的。在此方面，湯馬斯跟隨亞里士多德而承認了人類擁有可以管理政治生活的「理性」，這個「理性」的適當發揮並不受人「罪性」的影響。

統治者如是聖徒或是具有高度德行的人，會不會是個良好統治者？亞里士多德不似柏拉圖般以「賢明睿智」作為揀選統治者的標準，似乎間接說明了此點。「聖者」本身不會腐化，但是德行智慧並不能保證對於政治事務的知識。對於亞里士多德而言，「理性」來自實際經驗，經驗才是政治知識的來源，有經驗的統治者才能護衛「公共利益」。而在「眾人之事」上，眾人的參與往往是政治經驗最好的匯聚方法。湯馬斯承認「人是政治的動物」及政治領域的獨立性，則他對經世齊民的實踐性政治智慧必然會有正面的評價。也即是說，湯馬斯追隨亞里士多德，開始思考將「經世之學」獨立於「倫理學」之外。

2. 雙重秩序（*Duplex ordo*）

承上，由於湯馬斯相信「俗世秩序及幸福」（earthly well-beings）是可能且可欲的，所以他在面對教會源遠流長的聖保羅–奧古斯丁傳統時，提出了基督教政治思想史上「劃時代」的觀念：雙重秩序。這個「雙重秩序」本質上就是湯馬斯將「奧古斯丁主義」（Augustinianism）與「拉丁化的雅維若思想」（Latin

Averroism）作的結合[11]。雙重秩序意即天生蒸民，化育萬物時，實則展示出兩種秩序，神聖的秩序（the divine）與自然的秩序（the natural）。前者乃是我們經由天啟而得知的天人之間、天與萬物之間的關係；後者則是蘊含在萬物自身（自性）之中，規範其運作（或彼此互動）之法則。前者需經「天啟」而得，後者則藉「理性」可知。我們也許可以如此歸納：就基督教義而言，上天造人及世界之後，人神關係由天啟來指引，而人與萬物自身的活動則由「自然律則」（the law of nature）來規範，人類是唯一可藉「理性」了解此「自然律則」的存有，其結論稱之為「科學」。當然，對人類如何可以憑藉「理性」管理自身，其結論就稱之為「政治學」了。

　　這個雙重秩序的觀念，肯定了政治的在人類存有中的「基本性」及其合於自然之本質：John of Salisbury 在其著作 Policraticus 中所說的國家乃是「自然與天啟的結合」（the natural and the divine work together），殆為此意。也就是說，關於人類自身的管理，最高的理想就是在一群人之間能夠團聚而建立起一個 Christian Commonwealth，前一字是指以基督教義作為國家立國精神及方向上的引領，後一字 commonwealth（共同福祉）是指人藉著「理性」來追求「公共利益」。但是寫作於 12 世紀的 John of Salisbury 與 13 世紀的湯馬斯對於國家運作的看法是有差異的：前者的 Policraticus 被公認為湯馬斯之前中世紀最偉大的政治學著作，雖然它承認誅殺暴君是可以的，也認為國君的存在與責任在於為民謀福祉，但是它並沒有湯馬斯學說中的「亞里士多德主義」成分──也就是深信追尋 commonwealth 的動力在於每一個作為政治社群的成員（即公民）這種觀念。而這也可看成是代表中世紀國家理論的兩個不同階段[12]。

　　質言之，這個「雙重秩序」的觀念，打破了聖保羅－奧古斯丁傳統對人自身能力的懷疑，開拓出「政治領域」的空間，對近代歐洲政治思想影響之巨難以形容。我們很難想像，如果基督教中「人性本沉淪、理性無足恃」的這個概念關卡沒有能夠突破，後世的「政治」思想要如何大步前進？

---

[11] 咸信湯馬斯對亞里士多德的《政治學》的理解受到回教學者 Averroes(1126-1198) 的影響很大。

[12] 這是美國學者 McIlwain 的說法。請參考 C.H. McIlwain, *The Growth of Political Thought in the West*(New York: Cooper Square Publishers, 1968), pp.323-324.

3. 對財產的重視

　　截至中世紀末期，基督教在理論上對於私有財產的態度一直是反對的，因為人不應該「愛世上之貨財勝於愛上帝」，更且聖經中早有將這世界之萬物交由亞當、夏娃及其子孫們共同享用的記載。因此，私有財產的現象雖然早有其實──甚至跟人類歷史等長，但是在名義上基督教還是不願意承認其正當性，所有的財貨在理論上都是「公有財」。湯馬斯或許受了亞里士多德的影響，對「財產」與人類經營社會生活間的關係非常重視。對亞氏來說，「無恆產者無恆心」，財產是人類人格與個性的延伸，是私領域生活的重心與基礎，因為家庭正好是財產的累積處所，財產才能滿足人實際的現世生活需求之可能性。而湯馬斯合理化私有財產的方法，可謂「機敏權變」，不禁令人莞爾。他將「個人財產」一事視為是對上帝賜給人類的天然資源進行「更有效管理」（more productive management）的方法。他遵循教義，承認人對資源只能有「使用權」，並無「所有權」，但是將大地之物分割區隔而各自使用，則在人營求「私利」之心驅使下，確實可以增加利用的成效。這樣等於是替私有財產現象合理化，解除了基督徒千年來對於擁有財產的罪惡感。以共和主義而言，私有財產是很重要的經濟基礎，所以湯馬斯可謂是替亞里士多德的政治經濟學開啟了進入基督教世界的窗口。

4. 政治是技藝，並非倫理的延伸

　　其實這個觀念是古希臘固有的觀念，politics is an art，政治是一門技藝[13]。但是在柏拉圖的政治思想中，亞里士多德所謂的「實踐的知識」（technical knowledge）並未多受強調，反而是「理論性知識」（theoretical knowledge）被大加著墨。於是政治被「倫理化」，成為對於心性的教化，後來的奧古斯丁與柏拉圖一般，對此都有一致的偏重[14]。政治作為一種群體生活實踐上的技藝，應是到了亞里士多德時，才真正被注重講求，無論是政治體制（憲法），或是國民（日後成為公民）的生、養、育都被討論，更遑論前述的政治經濟學基礎──財產──了。湯馬斯採用了亞里士多德的立場，給予政治或是統治知識一個專門的地位，有「好的技藝」才能造就「公共利益」。何謂「公共利益」？必須用「理性」、經驗來設

---

[13] 對湯馬斯言，政治是技藝，不是倫理學，這是英國僧侶學者 Thomas Gilby 的強調，見其所著 *The Political Thought of Thomas Aquinas*, University of Chicago Press, 1963, p.xxiv.
[14] 請參見本書第一篇第二章：「理」（*Logos*）與「法」（*Nomos*）的對立。

定；而何謂「好的技藝」？則是為達到促進「公共利益」之目標的作為。亞里士多德常言，一個廚師是否優秀要由食客來判定，而自然地，施政是否合於「公共利益」就要由作為「政治人」的人民來判斷了。因此，對湯馬斯言，施政是一個專門的「技藝」，需賴「理性」切磋講求之；這種「政治理性」是上天給人的獨特能力，使人可以經營自身群體生活，發展文明。它並非代表人的傲慢或是完滿，只是在基督之下的「自治」能力。

但需要特別注意的乃是：在追求「公共利益」的共和思想中，這種「理性」所帶來的政治「技藝」（art），其目標是「治道」而非「治術」。共和國需要的是「治道」，而君主國或是現今的企業管理要的是「治術」，兩者的差異在於前者必須是有裨於全體成員，而後者只是鞏固特定人的利益。換句話說，「治道」追求全體成員之福祉及公義之實現，而「治術」則追求特定目標之達成，在君主國即是權勢，於企業乃是成長及利潤。因此，具政治「理性」與政治「技藝」的領導人其性質特殊，他／她是公義的僕人，自然法的執行者，大眾利益的捍衛者。無一己之私，無一時之好惡，一切都需以政治共同體之榮耀與福祉作為目標。

五、聖湯馬斯時刻的來到（三）：聖湯馬斯政治思想的影響及其困境

1. 天使下凡：天啟與公民德行結合的可能性

近代西方理想政治傳統的建立在此時已然日益明確，那就是從中世紀以來就不斷地被提出來的一種理想國家：*res publica Christiana*，基督教共和國。這樣的國家，在奧古斯丁時徒具其名，因為所謂的「公共」（*res publica*）並不易在奧古斯丁式政體中得以伸張。理由很簡單：聖徒之治只能確保不腐化，但是「公共利益」的追求及實現卻需要政治經驗、政治技藝或全民參與政治過程才克竟全功。湯馬斯之後的但丁（Dante Alighieri）及彌爾頓（John Milton）分別在其作品中一再申明此點[15]。

對但丁來說，如果教會及教宗能讓俗世統治者有一個獨立的空間，就是使政治更為美好的第一步。「天上不能有兩個太陽」，所以但丁認為教宗對於俗世統治者的干涉，是政治紛亂的主因。但丁在《神曲》中對於促成羅馬偉大之士多所讚揚，

---

[15] 請參見本單元之下兩章。

認為他們秉受天命而創此功業；《論王治》又把羅馬視為是地上的天堂，人間典範。這些在在都把政治（公民）與天啟結合，此世與來生相連。而英國的彌爾頓，在 *Areopagetica* 中一再強調的言論自由，當然就是亞里士多德古典公民「言說」（discourses）概念的延伸，透過思想論辯交流，公共生活的內涵才有機會改善。在《失樂園》中他屢屢暗示英國人的天命應與政治的改革、振興綁在一起，而這也就是「英吉利千禧年情懷」。最後，美國革命建國始祖們在制憲辯論上的針鋒相對，理念交互諍詰，也是一例：對於未來國體是聯邦或是邦聯的密集辯論，當然是把國政之擘劃當作一種技藝而深究之。大家最後的目的，當然是這個美利堅新大陸的邁向「黃金新西元」，成為新的上帝選民。以上這些都是基督教「天啟」與「公民政治」的結合，也就是所謂的 pagan Aristotelean citizen 與 Augustinian reformed saint 的近代交融。他們的起點，是在湯馬斯。

故總結而言，湯馬斯視人為「政治的動物」，揭櫫「雙重秩序」，承認財產的重要性，以及嚴肅地看待政治作為一種獨立的技藝，這些都在其時代中是前衛的思想，甚至背離主流。但是因為他的開路，使得古希臘羅馬人文主義中對政治的特殊理解方式得以延伸到日爾曼民族的政治歷史中，成為重要的——雖非唯一的——傳統。

2. 上帝已死：「人是萬物的尺度」與自由主義

如同波考克教授所言，近代歐洲最大的兩個政治思想典範乃是以「自然法學」（natural jurisprudence）為基礎的商業自由主義，與以「公民德行」（civic virtue）為基礎的古典共和主義。商業自由主義是在「自然權利」觀念的保護下，以累積財富為目標，視追逐個人享樂為幸福。其發展到了後來便容易成為在法律框架內的「個人主義」，或是思想行為之「價值相對主義」（moral relativism）——不承認絕對價值與「先驗」（*a priori*）規範。「人是萬物的尺度，是其所是，非其所非」，「著重自我」成為一種「新人本主義」。在這種情況下，自由主義威脅到基督教的權威，也使得所謂「公共利益」會在某些時候被邊緣化。

缺少了基督教教義規範或是「公民德行」薰陶的政治領域，對湯馬斯來說會是一個無目標感的人類活動。這時人類的「理性」只能有工具性的作用，大抵而言今日的世界就是如此。於是奧古斯丁的憂慮又將重現：政治成為一群揹負「原罪」之人的集體遊戲，因而吾人離「上帝之城」可能會愈來愈遠。商業自由主義的核心乃是「權利」與「利益」，「財產」取代了「德行」，「市場」取代了「城邦」，

「自由」代替「救贖」，於是古典文明與基督教在湯馬斯身上的奇妙結合就漸漸消失了。

　　湯馬斯當初接受了亞里士多德，是承接了 civic virtue 而非放棄了 Christian morality ——誠實、寬恕、勤勞、儉樸與謙卑。商業自由主義的出現，逐漸地——雖非立即地——把世人從上帝前的「同袍兄弟姊妹」（本質為 fellowship）變成自由市場上追逐利益最大化的「理性行為者」（本質為 competition）。關係轉變後的行為準則，在在與這些基督教德目牴觸，甚至影響到基本之「公民德行」的發揮[16]。盧梭曾經對這樣的發展悲嘆，所以他苦思以「社會契約」及「全意志」（*Volonté Generale*, General Will）來重建「政治領域」；馬克思更為明顯，他意圖用「階級鬥爭」來打造一個更新的「社會契約」。這些都可視為是重建「政治領域」的努力，當然它的肇始原因是天啟共和主義逐漸不敵商業自由主義。然而從 13 世紀湯馬斯之後到美國建國之初，天啟加上共和——也就是我們標題所謂的「天使下凡」——也曾風光了約莫 500 年，在歐洲近代史上留下烙印。

結語（一）聖湯馬斯的時刻：政治場域的再現

　　古典人本主義的政治思想，如以亞里士多德為代表，則其主要精神為「政治場域」的建構；透過政治，人類的精神及物質文明都於焉開展。在基督教出現後，這樣的人本假設被聖保羅－奧古斯丁傳統完全推翻：人性的必然「傾頹」（depravity）使得人透過政治進行良善的「自我管理」成為妄想。約有一千年的時間，西方中世紀的政治語言中並沒有諸如「公民德行」、「公共利益」之類的詞彙或概念，而是代之以法律（不論是羅馬法或教儀法 canon law）或是「君權神授」、「救贖」等語言。湯馬斯在中世紀政教權力專制的最高峰（也是政教衝突的最黑暗時段）的 13 世紀後半葉，令人驚訝地在亞里士多德典籍甫經阿拉伯人傳回歐洲時，毅然決然地擁抱了這消失千餘年的政治思想傳統。這在當時其實是有危險的，因為教會依舊敵視亞里士多德的異教徒人本思想，而俗世君主正虎視眈眈地要將教會的權威驅趕出國境之外；在如此氛圍中，湯馬斯要把亞里士多德對政治的看法介紹給他的國人及整個歐洲，從今日看來是個創舉。湯馬斯所做的事，一言以蔽

---

[16] 這是 Pocock 在 *Virtue, Commerce and History* 一書中不斷重申之旨。

之，就是「政治場域的再現」；而這種觀點，竟是由一個基督教的神學家所提出，實在令人覺得奇妙。

　　若從研究政治思想史的角度回顧，「政治場域」——the realm of the political，的確是西方古典時代甚至人類歷史上一個重要的發明！在各個共和主義的版本中，亞里士多德強調「政治人」對於人的社會本性實現上的助益，這還是偏重於倫理面向的思考；但是羅馬的興盛就告訴我們「政治場域」是實現「公共利益」及「國富民強」的重要憑藉（而 19 世紀的英國及 20 世紀的美國都可算是例證，雖然它們已經在面對如何可大可久的問題了）。柏拉圖作為哲學家，奧古斯丁作為基督教教父，他們各因追求「理型」或是「天啟」而「犧牲」了「政治場域」，唯有湯馬斯在千年後重新將它找回，這是在政治思想史上值得重視的一個轉折「時刻」。

結語（二）*Paradise Lost:* 現今消費文明的興起與自我主義的昂揚

　　如上所言，今世消費文明或是商業自由主義的興起本是與 *homo politicus* 不相容的政治經濟學發展方向，只有古典共和主義式政治才能體現「人是政治的動物」，而自我主義的昂揚更使得古典政治中令人讚揚的「群我關係」消失無蹤。換言之，消費文明與自我主義此二者皆為對追求公共利益及 *homo politicus* 理念實現的障礙；若此二者擅場，則人類的政治無可免於利益之爭奪與瓜分。這種「公益精神」的流失不啻是古典共和主義在中世紀末復甦後的最大挑戰，也可適用彌爾頓的話語「失樂園」來形容此危機。中世紀以來的政治理想 *res publica Christiana* 其實正是古典文明與基督教的完美結合，它包含共和主義的政治性與基督教的正義觀，但是在現今的商業文明下，兩者都面臨流失。

　　20 世紀以來西方已經有不少政治思想家對於商業自由主義下的民主政治表達不滿，他們希望從古典政治中尋求解藥。但是在如今的世界文明環境下要恢復「政治領域」及「公民德行」注定非常困難。商業文明、消費文明下的自我主義及個人化自由主義明顯地征服了古典共和主義，甚至是基督教，以至於普遍存在於各個國家內的狀況是公民精神的喪失，有時甚至於是基本人性的喪失。共和主義（及基督教）不敵自由主義的原因很簡單，那就是自我主義及私欲乃人性之常，可輕易凌駕公共利益及利他精神之上：立基於資本主義邏輯或是市場消費的商業自由主義，訴諸於人性中較易彰顯的「自利自保」本能，而「公民德行」及利他精神卻是需要高

度陶冶及自我要求方克有功。七百年前聖湯馬斯將古典與天啟結合而開創了曾經振奮人心達五個世紀的新典範，而我們時代的「聖湯馬斯時刻」不知何時來到？內容不知如何？

　　政治思想的經典作品通常不包含但丁（Dante Alighieri, 1265-1321）的《神曲》（*Le Divina Comedia*）。世人研究但丁，多以其為詩人，而《神曲》為詩作中之極品，但丁為唯一與荷馬齊名之「桂冠詩人」。然而但丁壯年從政，一生以「經世」為念，雖因佛羅倫斯內部黨派傾軋遭放逐垂二十載，但他最終的希望是「一切世人」能在「強有力政府的保障下安居樂業」，成為在「和平安定的世界中生活的公民」。在撰寫《神曲》之期間，但丁也寫下了著名的《論王權》（*De Monarchia*）。《論王權》是以政教衝突為背景的政治思想論述，立場清晰、主旨明確，歷來被視為是中世紀（帝國）政治思想的代表作。但《神曲》究竟有何政治意涵？它與《論王權》有何關係？甚至，在但丁整個的「政治思想」體系中，它占有何地位？這些就較少受到注意。事實上，一個極有意義的問題是：所謂的「政治思想」在但丁的整體思想中，是否極重要、甚或是居關鍵地位？這些問題在往昔都未被有系統地處理，理由當然很可能是「詩人但丁」的光芒太耀眼，世人已無暇它顧。

　　直到 1952 年 A. P. d'Éntreves 才以專書的形式對此問題著墨（*Dante as a Political Thinker*）。他提醒道：「別忘了《神曲》與《論王權》乃是出自同一人之手」；而且，「任何研究但丁政治思想的人首先都應該注意，政治一事在他人格形成過程中所占的獨特地位。」所以，A. P. d'Entreves 的結論是「《論王權》中所陳絕非但丁政治思想之全部，亦非最究竟者」；職是，我們有必要轉向《神曲》。但這不是一件容易的事，因為在其中「諸多政治概念不但被轉換成詩境（poetical images），抑且常被用既抽象又閃爍的譬喻言語（language of allegory）來表達。」在 1980 及 1990 年代，也各有一本重要專書（英語學界）探討但丁（或更精確地說——《神曲》）的政治思想，分別是 1984 年 Joan Ferrante, *The Political Vision of the Divine Comedy* 及 1996 年 John A. Scott 的 *Dante's Political Purgatory*。但丁研究的資深學者 Thomas Bergin 很早就指出「但丁在《神曲》中表現的哲學興趣主要是

在政治、社會哲學方面」。在與他們立場一致的前提下，本章的主旨與他們稍有不同：在他們所建立的文本分析基礎上，經由考察《神曲》所誕生的歷史與思想脈絡[1]，以及其所可能指涉的政治意涵，而嘗試把從這種立場觀察到的但丁，放入一個大的解釋架構中，希望能回答一個問題——詩人但丁與公民但丁如何關連？盼透過對這個問題的思索，能啟發一個俯瞰但丁思想全貌的新視點。

一、佛羅倫斯（Firenze）與《神曲》

但丁身為佛羅倫斯人，但卻對故鄉充滿了愛恨交織的心情，以致他後來曾言：「我雖生為佛羅倫斯人，但卻不具其氣味」。面臨對故土、祖國認同上的矛盾，無疑是一個人所能經歷的最痛苦處境之一。當時整個的歷史環境，實設定了這個悲劇的主要格局：神聖羅馬帝國的分崩離析、義大利半島上拉丁民族自身的扞格紛亂，以及佛羅倫斯內部家族黨派間永無止境的傾軋鬥爭，註定了這是個混亂的時代；而這三者間錯綜複雜的因果關連，更可能竟是導致但丁悲憤一生（流離失所、感時憂民）的最後原因。

14 世紀初的義大利，北部有若干獨立的城市，中部是附庸於教廷的一些小邦，而南部則有王國（西西里與拿坡里）。當神聖羅馬帝國在義大利半島上的統治力量名存實亡後，政治、社會及道德秩序一併瓦解。從但丁內心最深處的嚴肅期待來看，他所面對的世界是破碎、混亂而靡爛的。破碎，因為帝國已杳然；混亂，因為各邦國城市交相侵侮；靡爛，因為人心在追逐財富、權力等欲望中沉淪。但丁欲圖經世，加入黨派而投入故鄉佛羅倫斯的政治，他無疑想要振興家園；但在參政六年後，卻在無情的黨派傾軋中被迫放逐——如再踏入佛羅倫斯則將被處死——垂二十年，終告死於異鄉。他四處流浪於義大利，親見各地實況而極悲憤哀慼：各邦國交相併吞征伐，甚或引外人勢力來剷除國內異己，血腥動盪，民不聊生；而俗世的統治者與教皇間的權力鬥爭，即所謂的政教衝突，也在 13 世紀時達於高峰，雙

---

[1] 其實 Benedetto Croce 是最先肯定以此方向探究《神曲》的人。他認為研究《神曲》之人多從文義精微處發揮，但是「直到 16 世紀時 Vincenzo Borghini 提出了真正有益的方向，那就是在方法上考證同時代思想與知識之真實文獻，並研究當時之語言及習俗。」見 Croce, *The Poetry of Dante* (Mamaroneck, New York: Paul P. Appel Publisher, 1971), p.5.本文未能在原始史料證據上著墨，而只是對當時的思想脈絡與但丁的某些意圖作分析。

方互相掣肘，彼此攻訐，使百姓無所適從，亦幾使人信心盡失。而這一切（包括他個人與所有生民的苦難），都是神聖羅馬王朝作為一個帝國、教廷作為普世教會的領導者、義大利作為一個民族與佛羅倫斯作為一個共和邦國的「脫軌失序」有關，且彼此的混亂常是互為因果。

　　但丁十八歲時即以「方言」（*Provençal*）之愛情詩聞名佛羅倫斯，九年後更以《新生》（*Vita Nuova*）見證了他對故鄉少女 Beatrice 的愛慕，亦因而成為愛情詩之卓然大家。但一年後但丁二十八歲時，他忽然開始研讀哲學，並改寫具社會關懷、富人道暨倫理精神的詩作。這無疑是他生平中最具關鍵性的轉變，不但使他隨後加入政治，也影響了他的寫作風格——使得我們今日有《論王權》與《神曲》。但是什麼原因使得他由一個曾是許多「甜美的愛之詠」（sweet rhymes of love）的作者搖身一變而成為撰寫「嚴肅深刻之詩句」（harsh and subtle verses）的人，而最後竟被視為義大利文學史上「正義之歌者」（*cantor rectitudinis*, singer of righteousness）？一個當代的但丁研究者指出，但丁很可能是受了「文以載道」觀念的啟發：Brunetto Latini，這個素為但丁所景仰、而在文藝復興初萌芽於義大利時就醉心於 civic humanism 的佛羅倫斯前輩，用古羅馬西塞羅（Cicero）的例子啟發了但丁「人如何求得永恆」（*come l'uom s'etterna*, how man makes himself eternal）——那就是貢獻一己於社群，以事功享榮耀；而對文人而言，即意味用文學來淑世。所以在這個「亂世」中，但丁就展開了將自己的生命與文學、政治結合的悲壯旅程。

二、但丁與基督教傳統

　　但丁的《神曲》雖是以基督教的宇宙觀為根本架構而成，很多人亦認為《神曲》旨在表達但丁對罪、救贖與來世的探索，但是更深一層來說，《神曲》也隱含了對基督教會的全盤檢討與教義的重新詮釋。但丁寫作於政教衝突達於高峰的歷史背景中，他對這個問題的投入是明顯的。在 1314 年，他開始撰著《論王權》（*Monarchy*）一書。《論王權》是以拉丁散文（Latin prose）寫成，在此但丁很可能想嚴肅地介入政教衝突的論爭當中，故他以正式的語言及體裁希望能影響社會高階層及知識圈。當然，此書的主旨在闡明教權與政權的界線；它雖然是強有力地申明了政權的本質及界線，但事實上卻是巧妙地運用對基督教教義的重新理解而逐步

說理與證成。基督教的初期對於俗世政治權力有很明確的態度：「任何政治權柄皆為神所認可」（The powers that be are ordained of God），因此有其獨立、自主甚至正當性。但到了奧古斯丁時卻有了理論上的戲劇性轉折。他建立了古典基督教政治神學，但是卻同時也「混淆」了君權（*imperium*）與教權（*sacerdotium*）原本清楚的「本質」分野——雖然不是權力「界線」的分際。

　　自從基督教變成羅馬的官方宗教並受其保護以後，信徒的暴增導致教會迅速地組織化。由是而來的教會勢力增長遲早會引爆教皇與帝國或俗世權力之間的緊張關係——雙方管轄範圍間的「灰色地帶」之歸屬畢竟難以解決。這種導因於模糊屬性的衝突久之竟然引發了雙方「意氣之爭」，例如數世紀以後的「俗人授職爭議」（investiture controversy）。原本至為清楚的神職人員任命問題，由於它乃是「意氣之爭」，故使得雙方的辯論離開了原本存在數世紀之久的共識基礎——政教區分的「雙劍論」。平心而論，君權及教權之管轄細目本就不易完全釐清，其重疊模糊處必然存在；但歷來在「雙劍論」下，二者之「本質」是可明顯區分、毋庸置疑的。但是「俗人授職」引發的陸續辯論，開始模糊了這種區分；既如是，這場爭議也就更陷入了「意氣之爭」的惡性循環中。這種態度在解決爭議上並無助益，但弔詭的是：辯論的雙方均重新對治權與教權的「本質」做了檢討，因而教皇 Gregory VII 與神聖羅馬帝國君主 Henry IV 間的衝突，竟意外地引發了中世紀最精彩的政治理論之一端。為教權辯護的一方宣稱政權實則從屬於教權。較表面的理由是：因為在君王的加冕儀式中必須由教皇在上帝之前見證，且親手為其佩冕，故君權「來自」教權[2]。而較理論性的理由是：教皇（身為「首席大祭師」*Pontifax Maximus*）受上帝直接冊封並是其現世的代理人，故其權力直接來自上帝；而君王制之出現乃是墮落之人性所必需，故其源流並非是高貴的。擁護教皇的人提出的「教會至上」理論乍看之下令人耳目一新，然實則是奧古斯丁立場的延伸而已。至少在「異端改宗」一事上，奧古斯丁早就改變了初期教會的傳統，而主張以教領政的「政教合一」：只不過在當時的歷史背景下，這種「政教合一」並不落實在「教皇干政」的制度層面上，而是以教義與虔信者作為政治的標竿，而國家以武力來護教。但這是第五世紀；一旦教會勢力大大擴張：在經濟上擁有大量土地、在法律上以 canon

---

[2] 這即是教宗英諾森三世（Innocent III）在 1202 年的詔書 *Venerabilem Fratrum* 中所謂的「帝國移轉」（*translatio imperii*, translation of empire）：帝國此一政治形式從希臘人而羅馬人而法蘭克人而日耳曼人，教宗在儀式的層面上見證了此傳承。

law 作為揮舞「雙劍」中「另一把劍」的方式、而在儀軌中又是神聖羅馬帝國皇帝選舉結果的認證者及加冕主持者時，先前奧古斯丁式「政教合一」立場（即是修正式「雙劍論」立場）便自然以教皇是帝國的「太上皇」論調呈現[3]。教會的這種立場無疑是對久遠以來政治傳統的顛覆：從希臘城邦、羅馬共和、帝國以至於日爾曼人的神聖羅馬帝國，最高權力的行使與政治運作的過程中縱使有「制衡」，卻無「對立」或「監控」之事。這無疑違反政治運作之主權唯一法則[4]。而在 13、14 世紀但丁目睹的政教衝突中，由這種矛盾所引發的混亂卻真實、反覆地出現[5]。

　　但丁企圖解決此問題；他的《論王權》便是公然介入於此爭議的明證。他自言著此書的目的有三：說明君權為現世幸福所不可或缺；說明羅馬帝國之興起是得天應人的；最後，論證君權乃直接來自於上帝，而不必假他人之手。在此中，他曾逐條批駁了對手對《舊約》與《新約》聖經的引用，可見他認為從教義當中，是得不到「以教干政」或「教高政卑」的從屬關係的。末了，但丁引述耶穌之言：「彼得，跟隨我」、「我的國度並不在此世」，來說明教會的本質——耶穌（這第一位「宣教者」）本身對俗世政治權力的態度，正好就是後世的彼得（即教皇）與「宣教者」的最佳楷模。例證昭然，何復外求？

　　基督教教義強調道德，欲人遠離罪惡。罪惡是靈魂墮落的表徵，行罪惡者遠離了上帝，公義之人為神所喜愛，也是精神上與上帝同在的結果。而在《神曲》中，但丁站在基督教傳統裡，卻巧妙地將倫理道德從（中世紀一般而言強調）關乎靈魂救贖的面向，擴大而至注重其對社會與政治結構的衝擊。對但丁而言，罪惡不只使人遠離天堂，更有其在神學關懷下常被忽略的嚴重社會影響；例如「欺騙」（fraud），它是非常惡性的行為，同時也是「人類才特有的一種罪惡」（*Inferno, XI, 25*）；它破壞了人與人之間的互信，而互信是一切社會關係、行動或制度之本，所以但丁認為「欺騙」腐蝕了社會的根本，其影響至鉅。所以，但丁將「德」（virtue）與「罪」（sin）置於人與群體的關係中來看，而不只是強調其對人與神

---

[3] 事實上教皇毋須親自掌握權力，他只要宣稱握有君主施政的評鑑權與核可權即可——教廷本身無「國家機器」中的人員與制度之配置，故只求能號令俗世權力即可，實毋須取代之。而對帝國君主來說，將教皇影響力逐出國家事務範圍，即已是勝利。

[4] 其實在政教衝突文獻中，John of Paris 的《論君權與教權》（*On Kingly and Papal Power, De Potestate Regia et Papali*）對有關政府本質之理論頗富啟發，此書早就闡明了此義。

[5] 例如教宗英諾森四世（Innocent IV）在 1245 年「罷黜」（解除諸侯對其效忠之義務）Frederick II 時，有所謂「新雙劍論」之聖經詮釋出現：在路加福音中（22,38）耶穌給予彼得兩把劍，這意味彼得及他的傳人有「完全權力」（*plenitudo potestatis*），兼掌俗世及精神事物之最高權威。

關係的影響。正如同 Ferrante 所言：「《神曲》中所呈現的每一種罪或德，其實都有它社會的、也因此是政治的意涵」，因為，每一個人的作為或不作為，都會在社會上影響到他人，「尤其是那些《神曲》中常出現的重要俗世及教會領導人，他們的言行之衝擊是及於整個城市或民族的。」

　　所以，在此但丁乃是企圖恢復（對他來說的）原始基督教之立場。顯然但丁認為，基督教的教義、立場並沒有變，變的只是人：

> 羅馬，那個人類的美好居所
> 曾經有兩個太陽，照耀著兩條路
> 現世之路與上帝之路
> 但現在其中一個侵吞了另一個
> 牧杖加上了寶劍
> 但若二者相合，卻註定失其效
> 因為從此它們互不畏懼了。

　　但丁認為，是近代的教宗，淪喪於權力欲望中，以致背離原始教會的傳統，也導致了「政權」及「教權」雙雙不振。然而，除了訴諸歷史外，他也引用若干「理論」以為助。這就是由拉丁傳統所保留下來的古典政治理論中的某些觀念。

三、但丁與古典傳統

　　但丁是好古敏求之人，奮勉博學著於世。有但丁學者指出，他可稱為是中世紀時博學者之代表，「即使他不以詩聞名天下，亦當因其博學名揚四海。」吾人可在其著作中嗅出聖湯馬斯的氣味[6]：將古典和基督教文化兼容並蓄，未聞其扞格（他甚至還應用亞里士多德的「邏輯」理論來解疑基督教義中的爭辯）。在他的散文及詩作中出現的古典名人，幾乎網羅所有經典人物，包括：Homer、Plato、Aristotle、Virgil、Horace、Ovid、Lucan、Statius、Juvenal、Cicero、Livy、

---

[6] 一些研究者都指出聖湯馬斯對但丁的重要影響。最重要的是，我們可以把他們兩人一方面看成是中世紀思想的典型代表人物，而另一方面這兩個人同時都有「折衷」（eclecticism）的傾向——這種傾向不當為中世紀這個獨特的時代裡，若干思想家所共有的特色。

Orosius、Boethius、Seneca、St. Augustine 等。如將這一長串名字加上聖經與聖湯馬斯，則不啻為在他之前的整個西洋思想史了，可見但丁之博學。而其中最具關鍵性的人物，殆為聖湯馬斯，因為他可說是將古典政治社會思想復甦於中世紀之人。

1259 年 Moerbeck 將亞里士多德的 *Politics* 從阿拉伯文翻成拉丁文，從此開啟了古典政治思想的復興於基督教世界——在此之前，希臘羅馬的「異教」（pagan）政治思想已被壓制了近千年，從總的來說，是「古典」及「基督教」兩大文明典範興代的結果；從局部來看，是奧古斯丁政治神學必然的影響。此事是中世紀政治思想史上極為關鍵的一個轉捩點，因為如有任何人欲主張國家可被視為是一個「道德體」（moral entity）以及它本就是人類生活中不可缺的一部分，則自此有了理論上堅強的支撐。聖湯馬斯立即對這種社會哲學的復古運動有了回應。他曾分別寫下 *Commentary on the Politics of Aristotle* 及 *Commentary on the Ethics of Aristotle*，顯然意圖把基督教社會哲學正式注入古典成分。其實他對古典政治思想的態度著實令人稱奇：他能同時接受「人依其天性是政治的動物」（*homo politicus*）與聖保羅——奧古斯丁式的「原罪與沉淪」（Sin and human depravity）人性論。他據以調和的理由是：人均有「屬靈」（divine, spiritual）與「屬世」（humane, temporal）兩部分，前者攸關精神的救贖或永生，後者涉及肉體之給養或現世存有。這兩部分率皆由上帝以律法所規範，而這些律法就是人應有之 nature；精神的 nature 能完善則為聖潔與虔敬，而肉體的 nature 之滿足即是安居樂業、利用厚生。所以，聖湯馬斯在人的生活中同時觀照到了兩個世界，這兩個世界各有其規律，但同樣不可偏廢。這就是他獨特的 *duplex ordo*（double ordering）理論。這當然與前此主宰教會達千年的奧古斯丁「一元的」、「階層的」或「從屬的」靈／肉關係及現世／來世關係大異其趣：「人本的」（humane）質素再度獲得肯定，被賦予了正當性；它不一定要（像在古典時期般）必然與「屬靈的」相斥，它是整個上帝造人的一部分——它是我們必須合理接受和面對的 given nature。於是在聖湯馬斯的系統中亞里士多德的政治學就可以登場了：人類欲求之滿足有賴於群體生活；群體生活中最終之需要乃是政治生活；人有能力經營良好的政治生活；政治生活是完整人性的一部分；國家是應乎人類需要自然而生的；國家（或政府）是謀致現世幸福所必須者。這似乎又回到了基督教出現前的主流社會思想了。

但是既崇揚教會同時也擁護俗世政治的基本性與重要性，並非完全始自聖湯馬斯。在教皇 Boniface VIII 與法蘭西王 Philip the Fair 的衝突中，Giles of Rome 曾

——令人好奇地——先後為雙方立場都著書辯護[7]。1285 年，他發表《論王政》（*De Regimine Principum*），大力宣揚國家與其統治者對於現世生活的重要。我們無法確知 Giles of Rome 與亞里士多德政治思想的直接關係，但是他卻的確使用了亞里士多德式前提：人之自然天性必為社會性、政治性動物（*homo quia homo est naturaliter animal sociale, civile et politicum*; man as man is naturally a social, civil and political animal）。既然無所逃於社會生活，就自然會有家庭、村落、城市及國家等不同層級的社會組織，及其中應有的規範與道德；國君是人也是上帝的使者，他應以公眾福祉為念，致力於掃除人民安居樂業和平生活的障礙，以裨於人民實踐道德，且就此而言，國君實負有行政及教化雙重責任；城市因具政治機能，故比家庭及村落完整，而稱之為 chief community（*principalissima communitas*），然而國家的位階更高，因為它包含城市且更能提供具足整全的生活。這幾乎是亞里士多德政治學的翻版，只不過時間相隔千餘年。對一個生存於中世紀基督教世界中的作者而言，要能接受這種政治理論，他勢必已然相信人類與生俱來的某些天性並毋須逃避或加以貶抑；人就是人，對於人性順其自然地經營也應就是天意的一部分：「依欲望而行是禽獸的生活，終日沉思瞑想是天使的生活，而經營政治生活乃是人的生活。」

　　但丁也是從這樣的立場出發嗎？對 13 世紀中古社會的 Giles of Rome、Ptolemy of Lucca 及聖湯馬斯來說，被復甦的古典政治思想啟發了對現世存有的更多肯定，使得「人本的」在緊密的（奧古斯丁式）教義傳統中逐漸取得空間。但丁是否如同他們一樣，崇尚「公民德行」（civic virtue）、心儀政治生活的光彩而成為亞里士多德或羅馬共和思想的若干中世紀傳人之一？已有但丁研究者指出，其實在但丁年輕時，他所最敬仰的佛羅倫斯家鄉前輩 Brunetto Latini 就已經為 civic humanism 的復甦於義大利，打下了基礎。以下是一段但丁研究中極為重要的觀察：

　　由於西塞羅挺身捍衛羅馬，對抗不忠的貴族 Catiline，使得 Brunetto Latini 在他的著作中大大讚揚這位羅馬公民與政治家，這在當時的義大利是罕見的。Latini 藉由此事為佛羅倫斯的 civic humanism 播下了種子，同時也為但丁及其同胞們指出了所謂高貴偉大並非出於傳統觀念一向認為的血緣或財富，而是在於個人的成就以及對群體所能產生的貢獻。Brunetto 強調文辭言說（rhetoric）對政治的重要性，而

---

[7] 就是《論教權》（*De Ecclesiastica Potestate*）與《論王政》（*De Regimine Principum*）。

這正是整個 civic humanism 運動所立基的信念。他一再提醒派系紛爭是國家覆滅之主因，也因此的確預示了但丁在《神曲》中 Inferno X 所影射的教訓，同時也肯定了帝國的普世性格。

　　所以不難理解但丁如何可以在一個中世紀帝國的歷史環境與氛圍中，重拾起人本的古典政治理想——civic humanism，以之為標竿。而歷來都以為但丁撰寫《論王權》是對抗教皇、擁護君權而頌揚帝國的。其實《神曲》亦如是。但丁意圖「振興帝國」（restauratio imperii Romani, restoration of empire），以先前的羅馬帝國作為如今日爾曼人帝國的模範，一統義大利，一統天下；但無論如何，帝國與共和政治相去甚遠，如何可以關連？故一般並不重視共和思想在但丁研究中的地位，只有少數的學者例外[8]。

　　Hollander 和 Rossi 認為，但丁的理想政治中是離不開「公民德行」的，帝國與和平秩序云云，最終都是為了人的良善生活而存在。一般的看法是但丁在《神曲》中由於對人世的悲觀因而將希望轉向上帝——人死後的永生帝國。但是 The Political Vision of the Divine Comedy 的出現首度企圖扭轉這種想法：Ferrante 認為但丁的目光乃是在現世，他的「帝國」不在天上，而在人間——也就是 earthly paradise。任何現世帝國當然以古羅馬為榜樣：古羅馬一統天下，建立和平與秩序[9]；但古羅馬帝國已不在，故現在所當務乃是「振興帝國」——使今日之神聖羅馬帝國能恢復古羅馬的光耀於歐洲大陸之上。凱撒可被視為是羅馬的第一個「皇帝」，但在他終結了「共和」政治時也終結了可貴的「公民德行」——也就是「共和美德」（republican virtues）。而但丁認為「振興帝國」後，一個理想的皇帝亦將使「共和美德」隨之而恢復。理由安在？對但丁來說，帝國並不必與共和政治相斥；當普世帝國帶來了歐洲永遠的和平時（不再有國與國之間的征伐），也就是帝國內的各個城市或邦國中可以好好發展共和政治與弘揚公民德行之時。換句話說，

---

[8] 晚近針對此問題大聲疾呼的是 Robert Hollander & Albert L. Rossi, "Dante's Republican Treasury," *Dante Studies*, CIV (1986): 59-82. 根據他們的研究，1974 年才有第一篇真正算是以此為主題的討論。

[9] 這就是後人津津樂道的 *Pax Romana*（Roman peace）。許多常被侵侮的小民族不但不懷恨帝國之兼併，還為此感念羅馬人，因為戰爭從此消弭；在帝國的某些偏遠地方，甚至將羅馬皇帝奉祀為神祇。在《神曲》中羅馬的象徵是鷹，鷹揚四海「意味了羅馬人受尊崇於全世界」（*Paradiso*, canto XIX, 101-102）。羅馬被認為是文明世界的中心，是「世界之都」（*caput mundi*, capital of the world）；羅馬皇帝是「各城市及寰宇之主宰」（*urbis et orbis dominus*, lord of the city and the world）。

「凱撒」並非無法與上帝共存：「凱撒」建立世間秩序與永久和平時，就是上帝在現世社會生活中被彰顯——也就是公民德行——的契機。當然，對但丁而言，「帝國」與其說是「一人擁有天下」之治，不如說是一種獨特的「國際關係」架構，在「大一統」的基礎上消弭了區域紛爭的可能性而致「諧和萬邦」（concordia）[10]。另外，在普世帝國統一的法律架構下，「天理」（divine justice）得以藉之散布而具現於每個人身上[11]。但丁認為，一個普世君主以「書同文、車同軌」的一統法律及制度來諧和萬民，是帝國制度的神聖使命：

> 我們的靈魂是由造物所賜與，
> 它原如白板般純潔無辜，
> 但天性卻必受慾望吸引；
> 因此在得失之際，
> 會如同頑童嬉戲般，
> 時而歡笑時而涕泣。
> 倘無外力加以約制，
> 靈魂輒深陷欲求中不自拔。
> 因此法律乃為人類文明奔馳之韁繩，
> 而統治者猶城池之堡壘。

上天在設計人類靈魂時就已將其集體之活動必約制於一普遍法律之下，而普世帝國正為此「韁繩」之唯一確保。而基督教之歷史角色何在？羅馬的查士丁尼大帝（Emperor Justinian）自異教改宗皈依之後，就矢志實現其冥冥中之天命——編纂羅馬法大典，而人類也有了謀致現世幸福的工具。其實，在但丁之前聖湯馬斯的基督教帝國、之後 Thomas More 的理想國，也都有異曲同工之妙，也都是今日歐洲整合主義的前驅。

羅馬共和的珍貴特質就是「自由」（libertas），而帝國的優點是「和平」

---

[10] 據 D'Entreves 的看法，St. Augustine 的 Concordia 在中世紀時期涵意為 unity of peace，並非意味各個「國家」疆界的解消（如同馬克思主義或世界主義、無政府主義般）。其實這種想法從中世紀以來就未嘗中斷，今日的區域組織、國際組織如歐體和聯合國，不也正是這種原理的某種應用？

[11] 這是〈天堂〉中木星上的靈魂及老鷹所象徵示現的。

（*pax*）。有了「自由」就可在內部免於受專制統治，對外則免於受他國侵犯。具「自由」的共和奠定了日後擴展成帝國的基礎，但是在成就帝國之後，共和時代的德行卻消逝了：但丁透過對 Lucan 的 *Pharsalia* 之評論，點出了他對「振興帝國」的期待。當羅馬有了「帝國」及「和平」後，財富與享樂自然隨之而來。於是 Lucan 把帝國的傾頹歸因於：

> 隨著帝國建立，命運將財富賜與羅馬，但是代價是它原有的「公民德行」至此將被「奢靡」所取代；居室變得華美；男人甚至穿著婦女服飾；被征服國家的邪行惡習均被輸入；版圖大大擴張，以原本由羅馬人耕作之世襲故園現竟由外人照管。

但丁熟讀古典，在其著作中常以之譬喻，此斑斑可考，羅馬共和時期的英雄人物與亮節之士，在但丁的理想政治中，居於何種角色呢？他們是「捍衛羅馬」「護衛自由」的人，例如 Cato（the Younger）、Scipio（*Africanus Major*）。Cato 反對凱撒之專制稱帝，「寧為死於戰場之自由人，亦不願在專制下苟活」，因而自盡；Scipio 是著名的羅馬將軍，不但擊敗腓尼基大將 Hanibal 的來襲，也在第二次 Punic War 中保全了羅馬。保全羅馬，歷史意義重大，因為這就是使得「人世一切光耀福祉」得以保全；從此，他的名聲來自於被視為是共和的捍衛者，而也在但丁著作中多次被提及，僅在《神曲》中就有四次。另外，但丁好以 Cato 與凱撒做對比，來指涉公德與私用之形象；凱撒因一己之欲而行，罔顧公益且窮兵黷武，而 Cato 卻是德行崇高的愛國者，不但 Cicero 與 Seneca 視他為「集所有道德於一身之典範」，但丁甚至以其為《神曲》中 purgatory 的守護者（guardian）[12]。所以但丁心中的理想之治是崇奉德行、公忠體國的政治：公民德行昂揚，而社會風氣高潔，雖身在俗世卻近於美善之國度[13]。這樣的政治當然是羅馬，尤其是共和羅馬；因之羅馬人得以秉受天命（如以色列人一般），而建立帝國。羅馬一統天下，是天與人

---

[12] Cato 身為 pagan（非基督徒），能享此殊榮，至為不易。在 Purgatory 的開場中，「代表四達德的光芒照在他（Cato）的臉上，光耀了他」（Canto I, 37-39），這顯示了但丁對他的至高禮敬。

[13] D'Entreves 也明確地表達這種看法：「但丁之政治思想從頭至尾都受聖湯馬斯或更準確地說，受亞里士多德的影響。」

歸，符合神意：上天要羅馬——藉著其帝國統治及羅馬法——將正義散布於世[14]。所以在《論王權》之末尾，但丁將帝國比喻為 earthly paradise，一個可存在於此世的天堂。

佛羅倫斯在當時的義大利是商業及貿易的中心，財富集中於此，但人心的奢靡腐化亦趨極致；此外，但丁又痛恨其政治傾軋與無止盡的鬥爭，所以數度在《神曲》中將佛羅倫斯比為「地獄」（Inferno），以喻其中的道德淪喪。在「天堂」的頂端，朝聖者說他從人間來到天國，從有限的時光中來到永恆，而亦從佛羅倫斯來此能與公義及理智之人同在（Paradiso, XXXI, 37-39）。但丁也稱佛羅倫斯是「魔鬼的植物」，將其種子——florin（佛羅倫斯金幣）——四處飄散，所觸及者皆腐化，把牧人（教會）變成狼（貪婪者），以致使羊群迷失（Paradiso, IX, 127ff.）。同時，在地獄的大門上，銘刻著此城的名字為「不幸之城」（citte dolente）。在「地獄」中，有一層是專門處置犯聖經七罪中「饕食罪」（gluttony）者，而但丁將佛羅倫斯比為犯此罪之人，深陷「錢」與「權」之饗宴不能自拔（Inferno, VI, 49-54）。

對但丁來說，佛羅倫斯既是如此敗德之地，也就正好成為他構築對比的好題材。他處處將羅馬與佛羅倫斯對比成俗世生活的兩種極端樣式，羅馬近乎人世歷史中堅毅剛健之極，因此在「《神曲》的從頭至尾，但丁一直強調羅馬的承受天命，也選擇羅馬詩人 Virgil 作他的嚮導，又在〈煉獄〉中以羅馬人及以色列人分別代表具德行及行邪惡的選民，且以象徵羅馬的老鷹代表木星（Jupiter）上的天啟正義（divine justice）」，最後，甚至「在〈煉獄〉（Purgatory XXXII, 101-102）中把耶穌視為是羅馬公民。」他將義大利比為「煉獄」（Purgatorio），而將「羅馬」比為「天堂」（Paradiso）。換句話說，城市、王國與帝國正好類比於「地獄」、「煉獄」與「天堂」，「腐敗社會」、「過渡社會」與「理想社會」。以政教關係而言，這三個層級象徵了教會與國家分離的程度；以俗世政治組織而論，它代表了偏狹的黨派傾軋到普世一同。這種差序不但顯示出但丁對古典政治的嚮往，同時也明白意涵了他對政治規模層級的好惡[15]。

---

[14] D'Entreves 指出，羅馬詩人 Virgil 對但丁的「帝國觀」有莫大的影響。但丁出身於 Guelf，原本立場近於教會，因此認為羅馬政權的本質不過是「武力征服」；但後來 Virgil 使其認識到羅馬是秉「天命」（providential mission）來謀普世之秩序，以神基督在和平中降世。

[15] Ferrante 的書就完全是以此三層差序為架構寫成，所以她可稱為是闡釋《神曲》政治意涵最徹底的、也最有貢獻之人。以此而曾任美國但丁學會會長，可謂當之無愧，因為將《神曲》之政治意涵解析出而導致對但丁寫作企圖的重新了解，應是幾百年來但丁研究中最重要貢獻之一。

四、價值與行動、質料與形式

　　一般認為但丁的《神曲》及《論王權》係闡述羅馬之興是順天應人，但如果進一步推敲，他們也解答了更深入的問題。例如但丁悲嘆佛羅倫斯也走上了當年羅馬的後塵，傾頹的徵兆如出一轍；但他並不自囿於佛羅倫斯民族主義的情結[16]，而是寄希望於「振興帝國」。為何當「帝國」恢復之時，「公民德行」就得以復甦？這個耐人尋味的問題其實在但丁思想中可覓得線索。

　　但丁看到了羅馬帝國的好處——*Pax Romana*，但痛心這「普世和平」要付出的代價是腐化、奢靡與德行的淪喪。羅馬人秉有天命建立「帝國」，故「帝國」是歷史的「命定」與「趨勢」；而從另一方面來說，既為「命定」與「趨勢」，它也就應是——在天啟之下——人類所宜有的政治體制。但為何羅馬人從共和邁向帝國之後就逐漸「沉淪」？從（奧古斯丁）神學的理由來說，這是因為羅馬並非「上帝之城」，傾頹衰敗在所難免。從但丁的佛羅倫斯後輩馬基維利《羅馬史論》（*Discourses*）的歷史政治研究來看，這必然是因為它喪失了當初所以成就霸業的要件。而就但丁觀之，應是有雙重的原因：背離上帝與統治瓦解。背離上帝，故人心墮落，因而德行淪喪；一個德行淪喪的社會亦難以產生好公民，以致帝國基業動搖。這就是為什麼但丁說當 Scipio 保住羅馬的安全時，也保住了世間文明與福祉。這裡所包涵的政治思想是：政治體制是世間福祉的基礎，甚至是精神潔淨的根基。而政治與宗教這兩個因素互為作用：安定的世間秩序，搭築起追求性靈潔淨的舞臺——顛沛流離、朝不保夕的時候，生存取代悔罪成為生命重心；而在現世中每一顆誠摯與上帝連結的心，自然地會顯現於社會生活的德行中。於是但丁正式介入了中世紀政治思想中最有爭議、但亦最有趣的一個面向——政教關係。

　　而但丁實是接續聖湯馬斯傳下來的議題：如何把亞里士多德政治學應用於中世紀基督教普世帝國的歷史脈絡中？聖湯馬斯其實並未明確解決政教衝突問題：在脫離了奧古斯丁式人性論後，他一方面宣說政治生活之重要性與自主性，但另一方面卻仍不免承認教皇的最高權威——尤其在政教衝突中。所以雖然他的 double ordering 理論是奧古斯丁以來中世紀政治思想的大突破，卻仍無法解決 Innocent III 與法王 Philip 的衝突。但丁則不然，他明顯站在俗世君主這一邊。縱使他在政教衝

---

[16] 如前述，他反而極為痛恨當時佛羅倫斯內部之人與事，以至於嘗自言生是佛羅倫斯人，卻不具其氣味。

突上的立場並不突兀——極力擁護君權的虔信基督徒不少，他絕非唯一或罕見——但他對政治的看法是獨特的，這種看法很可能出自一個以「人本」立場所建立起來的政治神學。這種政治神學的奇妙處在於：身處基督教教義中，它竟能容納古典政治思想的某些基本預設，因而完全不類奧古斯丁政治神學，卻又能究竟了聖湯馬斯模糊的政治神學。以亞里士多德式的「形式」（form）及「本質」（內涵）（nature, matter）之對比來剖析它，我們較易看出它如何處理政治與神學之關係。

對但丁來說，毫無疑義地，俗世秩序與幸福之維持，端賴國家。"Think that on earth is now no governance; wherefore the human family runs astray." 在 *Paradiso* XXVII 近末尾的這個結論，卻是研究但丁立論的起點。換句話說，人類救贖與悔罪的場景，需要在現世秩序中完成。而什麼是現世秩序的最佳形式？普世帝國！所以，基督徒的「屬靈」生活，最理想的狀態是要在「帝國」中完成。「帝國」成為淨化的一個必要過程、架構或是政治形式，它本身不是救贖，但救贖卻需要在其形式下實現。所以在《神曲》中，但丁安排帝國詩人 Virgil 帶領他進入 earthly paradise，而純真聖潔的少女 Beatrice 引領他進入 heavenly paradise，實具深意。上帝對於這種人類需面對的歷史過程也給予天啟：羅馬之興乃得自天命（《論王權》已證之），而帝王之權柄乃直接來自上帝。然而宗教在此處的意義為何呢？人，存活於帝國內；也就是「屬世的」（temporal）及「肉身的」（flesh）由政府安排管理最適（亞里士多德政治學的信念——人有能力經營政治生活）。但即使「肉身」的絕對安全與幸福也並不是「救贖」，「救贖」首先需要「屬靈」的皈依。皈依於誰？皈依於何？於是我們需要教會與教會所帶來的正確的福音——教會是耶穌的新娘，而福音是上帝的話語。於是心靈的淨化在教會的監督及教誨下進行，這是基督徒此生生命的最高層意義。故可以如是說，人存在的「形式」——社會生活、屬世的、肉體的——是「救贖」必須藉助的，而「救贖」是人存在的「本質」——屬靈的、精神的、價值的。所以救贖的「本質」需依附於「形式」，「本質」不能替代「形式」，教會不能替代俗世政府。但同時，「形式」只是為「本質」服務，使「本質」得以發展或呈現。「形式」本身不是目的，不是價值，只是行動或過程。

如果用形式、本質來關照政教關係，則具現的本質會使形式更完美，而好的形式會使本質得以順利呈現。帝國如果「振興」，則亦造就好的基督徒，而好的基督徒將無疑是社會生活中的好公民，公民德行會是精神潔淨者的自然表現。這樣「形式」與「本質」的交相作用，會使俗世更安定而人心更潔淨。所以，如果教會干政，則整個機制被擾亂。在但丁的思想中，「帝國」此一形式在歷史中有著極特殊

的地位。凱撒竊據共和，因而「帝國」誕生；奧古斯都一統天下，使得耶穌能在和平中來到世間（羅馬帝國的統領下）；而 Tiberius 時「帝國」將耶穌釘上十字架，卻也成就了「人子為人類贖罪」；後來「帝國」毀滅耶路撒冷、驅走以色列人，可竟也算是替耶穌復仇；而「帝國」對教會及教徒的迫害，也更清楚地呈現了耶穌所謂神的國度並不在此世。耶穌必須經過正當的政府的判決，才是真正的、有正當性的處死；而耶穌若不被合法政府處死，則無法以血為人類贖罪。所以，「帝國」竟然介入了救贖的場景[17]，政治權威與教會的對立卻辯證地使天啟歷史得以展開。上帝在允許耶穌被羅馬處死時，就等於正式承認了帝國。

故綜觀之，「帝國」在天啟歷史的全盤計畫中不可或缺，「帝國」是神意的一部分：異教的羅馬在其皇帝的統治下竟然對上帝救贖人類做出事功，而教會反倒是因為處處干政、內部腐化而成就了若干罪惡。但無論如何，「帝國」只是「形式」——是一種人類社會生活與歷史發展過程中必定出現的「形式」，俗世歷史依據它而發展，文明因它而有和平秩序、免於覆滅。但「形式」不能替代「本質」，「帝國」並不是「救贖」。因此必須有福音及教會，幫助人類潔淨自身，走向普遍與永生。而在此，「形式」與「本質」間的辯證關係是：沒有「帝國」作為俗世歷史存在的形式，則人的精神「本質」——救贖——無從展開，但同時虔心潔淨的教徒乃是現世良好公民綿綿不絕的來源。而這樣的辯證關係之維持有賴於「形式」與「本質」各自獨力發揮其功能，無法相互替代的功能。

所以當教皇企圖干涉政治或帝國事物時，這種辯證關係就被打破，反而弄巧成拙。因而，但丁的政治思想可謂是加了限制的亞里士多德政治思想或是共和政治思想——與聖湯馬斯相仿，但較精確。它給予人本精神與政治生活自主性的肯定，但卻不似後者般樂觀，把人的最終幸福寄託於其上；雖然人類社會性格的發揮只能使生存之「形式」完滿，但此種「形式」也不應以任何理由加以阻礙。對於《神曲》中我們的佛羅倫斯詩人力陳政治與宗教區分的意圖，Ferrante 做了最為精闢的解析：

〔但丁所陳的〕天堂中充滿了宗教人物，尤其是在太陽、土星和一些固定星

---

[17] 其實，根據新約聖經路加福音第 23 章，當初羅馬總督彼拉多並未發現耶穌違反任何帝國法律，「我查不出這人有什麼罪來。」他是在眾人的企求下才勉強同意處刑。所以說，帝國的「介入」，是極偶然的。

球之中，但他們不是修會中人就是耶穌的門徒。除了彼得外，但丁只看到一個身為教宗的人，即是 John XXI，但他在天堂裡面的角色卻是學者，而非教宗。Gregory I 由於他曾給了錯誤的教誨而被間接地提到名字，可是在天堂內卻未見其本人。所以在但丁所描繪的天堂中，我們看不見教宗以教宗之身分出現，是最特別處。但丁所提到或描繪的宗教人物（如 Bernard、Benedict、Peter Damian、Francis、Dominic、Bonaventure、Thomas Aquinas）都曾是一些大的團體的領導人或主事者，但是卻與國家無牽連。他們從未企圖篡奪政治權力；事實上，當他們討論到政教關係時，他們都採取溫和的立場，主張尊重國家的權力而對教會欲干擾之者提出警告。在教會內，他們堅持改革而反對世俗化及腐敗；他們也從不在教會內的階層組織中尋求權力，甚至還會躲避它。他們清楚地知道自身職責何在——就是仿效耶穌過一種儉樸的生活，並且以身示範教誨他人奉行。而這正是但丁希望教會扮演的角色。至於維護秩序及正義，就是俗世國家的責任了，而我們在天堂中的水星、火星、木星、金星甚至太陽中，都可看到政治領袖居其中。

這段話總結了在《神曲》中但丁意欲回復「雙劍論」原則的意圖——對於「教儀權力」（*potestas ordini*）與「法治權力」（*potestas jurisdictionis*）的清楚劃分。其實在《論王權》的最後他已做了不能再清楚的表達：

浩瀚莫名之天恩賜與吾人生命兩種目標：一是追求現世幸福，它乃由吾人自身所本具之能力而來，而以人間樂土（earthly paradise）為代表；另一是永生之幸福，它需藉上帝之助（如無上帝之明燈指引，吾人自身能力實無法企及），而此以永生天堂（heavenly paradise）為象徵。這兩種幸福由不同方法所達成，因為它們之目的不同。前者乃係經由哲學，而倫理道德就是具現它們之法；後者則經由那些深深超越人類理知的教義，而吾人透過信望愛而實踐它們。上帝早已將這兩種生命目標及實現之法示現於吾人：一方面是經由往昔哲學家們所表現的人類智慧，而另一方面則是藉由先知、人子耶穌及聖徒們來啟示吾人神聖之真理。然而如果人類自甘受墮落天性之驅策而似脫韁不馴之馬拒絕引領鞭策，則終不達目的。故應此兩類目標，人類實需兩種引領：教宗帶領人依循真理尋求永生，而皇帝依哲學之義理帶領人入於現世幸福。

但丁似乎更堅定、更明確地重述了聖湯馬斯的志業：將亞里士多德式崇揚

政治與奧古斯丁式悔罪神學兼而用世，放在一個基督教普世帝國（*universitas Christiana*）之人身上。只不過在如何有效調和教會和帝國、宗教和政治上，他亦更為深入與精微，因為他加入了一個前所罕見的面向：視前者為「價值」，後者是「行動」；前者為「倫理」，後者是「政治」；前者為「本質」，後者是「形式」。「價值」、「倫理」與「本質」，歸於教會；而「行動」與「形式」，乃是政治。「當嫉妒、傲慢及貪婪成為世間苦難哀悽的主因時，解決之道在於承認並恢復適當之政治權威」。　國家是救贖所需經的「行動、過程」、所需有的「形式」及所存在的「環境」；當「本質」缺乏「形式」時，它是完全無由呈現的。因此，國家（帝國）絕非無關於救贖，而是在救贖過程中扮演了積極的辯證性角色。

五、淨化俗世之但丁式解決──詩人但丁與公民但丁

在《神曲》的〈天堂〉中，金星上的靈魂 Charles Martel 向但丁問道：「一個人在世上時如果不是公民，是否將更糟？」但丁回答：「是的，無疑如此。」（VIII, 115-6）世人秉賦不同、天性各異，但卻毫無疑問地都共同生活在這個世界上，生、老、病、死在一起。此生之後的歸宿也許不同，但在此刻都是人生逆旅上的共行者，或是（邁向永生的）朝聖之旅途中的伙伴。在現世的存在中，只靠自身，無法存活；在必然是分工的人類群體生活中，我們從其他的人身上得到衣、食、給養、友情、親情以至於愉悅或是痛苦。是故人只能存在於社會中，而社會也必將由一群具備不同能力、氣質相異的人組成。換句話說，在現世的共處中，我們對其他的人都有依賴與虧欠，而這將轉化為對於現世的社群組織每個人都應負的責任──社會與國家不但是我們之所從來，甚至（從分工之需要來看）亦可說是「存在之理由」（*raîson d'etre*, reason of being）。這在古今之社會理論中，已被一再重複、闡述甚明；而對但丁來說，此乃由他對 Charles Martel 的答覆來代表：一個人在世上必須是公民，以盡其（無可逃之）社會責任，否則此生之罪愆將更大（生而為人之原罪再加上後天所累積之不潔淨行為）。在此，但丁是將人的社會責任神學化了，他欲使人明瞭「公民責任」是神意之一部分。也即是說，但丁如同聖湯馬斯般，將亞里士多德政治學與基督教神學匯聚在一起：人生而有雙重 nature，以待實現，其一是「社會性」，我們成為盡責之公民以淑世；其二是「精神性」，我們仰望潔淨靈魂、悔罪，而進昇天國。前者是建設「人間樂土」（earthly paradise）的

工作，而後者是對「永生天堂」（heavenly paradise）之渴慕[18]。在 *Purgatory* XVIII
（46-48）中，但丁明確地講出了「理性」與「信仰」就是這兩種 nature 的本質：

> 凡理性所能及者，
> 我將儘量闡明傳達；
> 而超越於此者，
> 就有待於〔聖潔的〕Beatrice 了，
> 因其乃信仰之功。

　　但丁之〈煉獄〉，甚至《神曲》全詩，所要傳達之「真理」，其精華亦在於
此：在現世生活上，我們需要強固的政府以安民；在精神上，我們依堅貞純潔的信
仰而致福[19]。

　　改善現世，這當然是個「知易行難」的工作：「公民責任」與我們日常的「營
生活動」不同，後者係有投入即有產出、有耕耘即有收穫之回報性行為，而前者乃
是結果無法逆料之付出，但卻是一個良好政體所不能缺少。但丁早歲曾投身佛羅倫
斯政治，圖親身問政以淑世，但終究遭傾軋放逐之命運，無法一展抱負。在此情況
下，還有何方式可盡公民責任？除了政治活動外，什麼是像他一般的知識份子所能
貢獻於「淨化俗世」（transforming the world）以增益現世福祉之處？當然，在難
以「立功」時，知識份子通常以「立言」方式報效社會，古今中外皆然；著書立
說，教化人心，能振聾發聵，如玉振金聲。這似乎是但丁唯一的選擇，以文字作為
「淨化俗世」的工具。但丁一直長於創作，故以文學的形式為主來表達其思想，是
自然的結果；而體裁的問題，也應是但丁最重要的考慮了。

1. 文學與政治

　　文學之本源乃出自以精美之文字敘述或傳遞事物，而這些事物可以是事件、價
值觀或感情。這些事件、價值觀或感情構成了我們生命的情境，而發抒對生命情境

---

[18] 這是但丁在《論王權》一書最後所提出的重要對比（*Monarchy*, Book III, XVI），也因此但
丁關心的世界絕非僅是「彼世」。

[19] 這是 John Scott 的看法。對於「理性」應該發現出什麼「真理」？這必須待整個旅程到了
Paradise 才最後揭露；例如他引 *Paradise* XXVII (139-41)：「你必須牢記，如果世間無政
府，則人類之大家庭將迷失。」

之感懷（以各種體裁形式為之）並引發共鳴，大概是文學最終之價值。從古到今的社會思想家莫不認為，決定我們生命情境的最重要因素之一，大概就是政治了。這無疑是由於人皆無所逃於社會生活，因此制度的良窳、人事之興替都會基本地決定我們所處的生活秩序。也因此，自古文學作品對政治多有感懷，因其畢竟是作者反省世界時首先映入眼簾的層面。至於以文學評論政治，或寄託政治理想者，自古亦不乏其例，中西皆然，如柏拉圖及莊子等。古代較少「專論」（monograph）之文體，加以傳統社會常課文學以社會責任[20]，因之作者筆下文以載道，或寓事理，或申己志，故常有可被視為傑出政治理論之各類文學作品。

　　以論理推衍為主之「專論」，與一般所謂（各種體裁之）文學作品，在作為政治論述上，有何不同？當然，前者具有「專業」之形象，故首先顯現出之不同乃在於：二者予人之「氣味」不同，故其可能之讀者群亦不同，「專論」通常在特定階級或團體內討論流通，而文學作品則流傳較廣、不必針對特定對象。其次，乃是二者表達方式不同：「專論」層層剖析，逐步論證，朝向嚴謹之說理；而文學作品由於體裁活潑，表意自由，不一定藉由論說，而常出之以類比、譬喻、暗示、嘲諷或抒情等方式將主題呈現、把主旨揭露。然而這種表達（或再現）方式上之不同卻會帶來其他重要的差異，例如：探究主題之範疇及其抽象層次之高低。「專論」由於出於說理，故需陳陳相因，而除了合於邏輯之外，往往是以現實經驗之排比羅列為依據，故常難脫離「感官界」之所共識而論事；然而文學作品多以「虛構」為形式，故主題可以包羅萬象，且因不受現實經驗所拘，抽象層次極易提高，以致許多原本不易「客觀」討論之主題（如天理、信仰、情、愛、人性及人生觀等）在文學作品中都可以透過作者藝術化的手段，而獲得淋漓盡致的處理——它不一定是論證，但常常是極佳之說服。以西方之小說史而言，托爾斯泰的《戰爭與和平》及杜斯妥也夫斯基的《卡拉馬助夫兄弟們》被公認為是研究社會思想者所必讀——它們對生命本質的探討、對人性的期待與對現實制度的反省，匯聚成許多嚴肅之主題，而同時出現在作品中，交會成一部時代性「史詩」。這種主題廣泛、抽象層次高之含蘊豐富的藝術性表達，並非「專論」之形式所能供給的。

---

[20] 古代社會的重要社會化工具，如詩歌、戲劇、神話等，皆立足於文學之上。最好的例子是雅典的公民集會中必公開吟頌荷馬的作品。而孔子亦言「不學詩無以言」（也因而刪詩書），幼童學《三字經》、習《幼學瓊林》等皆是。

2. 詩歌作為表達形式

　　詩歌為文學作品之最古老形式，且其社會影響力可能亦最大。原因不外以下：
1.易於上口成風，故能傳揚久遠、深入人心；2.其形式特殊，言簡意賅，可達較高
之表現層次（故亞里士多德賦予詩歌較歷史敘述為高之形上及美學地位）。柏拉
圖、亞里士多德常引荷馬以佐其敘述，而孔子亦好引詩經[21]，至於古印度人稱頌
《吠陀經》（Veda）及《奧義書》（Upanisha）等皆是例。故不論在寓理或敘事功
能上，詩歌在各類文學體裁中可為冠冕，而桂冠詩人亦被視為文明之最高形式象
徵[22]。

　　舊約聖經中之大衛王，做了許多不朽的宗教詩篇；荷馬的長篇敘事詩，蘊含
豐富，成為希臘民族的文化淵藪；希臘悲劇作家在作品中穿插的詩歌（以歌詠團
頌出）深刻雋永，常有畫龍點睛之效。而羅馬時期的拉丁史詩（Latin Epic）更是
輝煌，此時，史詩已具有特別的「樣式」（genre），有別於「田園詩」或其他形
式的詩：在主題上，通常是關於英雄或一個民族的偉大事蹟，嚴肅且崇高；在篇
幅上，通常是第三人敘述角度的長篇巨構；而對「韻腳」（meter）之處理則以
「六步格律」（dactylic hexameter）為主。其中 Ennius（239-169BC）的 Annals、
Virgil（70-19BC）的 Aeneid、Ovid（43BC-18AD）的 Metamorphoses、Lucan
（AD39-65）的 Civil War（Bellum Civile）等都膾炙人口。羅馬的史詩常討論羅馬
民族之歷史、價值與命運等諸多莊嚴主題，它的崇高風格、雄偉企圖與巨構式的篇
章使人一望即知是史詩，而且大多數難免具有政治意涵。

　　然而，新的歷史環境使得拉丁史詩逐漸轉型。基督教出現後，著眼於敘述英
雄事蹟或歌頌民族榮耀的羅馬式史詩必然不再合適，因為此刻人要從征服式的英雄
變成謙抑悔改的罪人，而雄偉壯闊的敘事氣象被虔敬與純潔的禱詞所取代。從此，
偉大的詩歌不盡然是史詩，而史詩亦非盡然前此之拉丁式風格了。基督教會開始壯
大（約莫 4 世紀末）以後的中古時期，也目睹了帝國的逐漸崩析。於是，封建紛爭
與宗教乃成為此期詩歌內之常牽涉政治意象的兩個主題。作者不詳的《羅蘭之歌》
（Song of Roland）屬於前者，而但丁之《神曲》則融合了二者。《羅蘭之歌》約
莫是 12 世紀時的法國史詩，而神曲則是 14 世紀義大利的方言文學詩歌；二者均非

---

[21] 不但如此，他還認為「興於詩、立於禮、成於樂」（《論語・泰伯》）。
[22] 以西洋為例，在最重要的國家慶典或儀式上，都有國家頒定的桂冠詩人獻詩以為記，至今依
舊。

拉丁風，但卻不無其嚴肅之關懷——道德與罪愆。其中《神曲》更係出自於一個預先嚴謹構思的經世藍圖，在其中，人與上帝的關係被從宗教、政治與倫理中人與人的關係裡呈現出來；能對這種特別的關係作預示的人，當然在傳統角色上屬於「先知」——昭示出人的存有之本源及極限，然而用詩歌的體裁來表達出雋永動人且寓意深遠的警示，則我們需要一位詩人了。

3. 詩人與先知、《神曲》與經世

但丁年輕時的從政，是由地方而區域；而當他日後著書討論政治時，卻是由帝國而地方。這樣有趣的對比，是其來有自的。但丁曾對他的故鄉父老同袍，表達他如下的誠摯信念：

> 永恆的統治者上帝，祂在治理天上世界之餘亦不忘照拂人間，於是授權神聖羅馬帝國來管理世間事務，以祈人類能在如此強大的保護下安居，而無論何地之人都可成為這個和平世界中的一個公民。雖然聖經上是如是記載，且古人也曾憑理性悟解此理，但是事實上所發生的卻是，當帝國虛空不振之際，整個世界於是陷於混亂，教會內之掌舵者亦渾瞶沉睡，以至整個義大利各處竟可悲淪由私人掌控，缺乏明智引領，墮入言語難以形容之動盪不安中，即使以無盡之淚亦難以表達其悲戚。……
>
> 而各位，身犯上帝之律與世間之法，被無盡之欲望牽引而不斷行罪事之人，竟不懼靈魂的永死，而執迷於自我、為所欲為，以致無端議論那身為世界之君及為上帝牧民之偉大羅馬皇帝；且以若干部族古老權利為藉口，拒絕服從皇帝，進而瘋狂謀反。各位如此無知蓁昧及無狀，但仍須知曉有關天下之統理政治並不受制於某些古老的部族權利，其實，它更如時間一般永恆。且無論從神諭或人之理性都可發現，即使再虛弱不振，天下之統理政治皆不因此而無效或被他事凌越。……

在參政受挫後，他思以另外方式盡其公民責任，而所報效的政治體，也從佛羅倫斯擴大至義大利而全歐洲。也就是說，在「行動」上但丁從家園出發，但在「思考」的層次上他認為政治上的「大一統」是一切秩序的基礎。在信仰上，教廷是各教區的樞紐，而教宗是主教中的主教（*Pontifax Maximus*），是「基督教世界」（Christendom）的核心。這是一個井然有序的階層體系，將整個歐洲置於「教會法」之下而齊一。所以，在俗世之治理上亦應如此，以帝國統合各地，諧和萬邦。

也即是說，上帝將世間權柄（牧民之責）交付彼得（教會）與凱撒（帝國），前者如日（*Delius*），後者如月（*Delia*），各司日夜，同照大地；相輔相成，絕非扞格。各司日夜，亦即各有「管轄」，不但教會不應干政，而且世俗之統理應由一至高主權為表徵，如明月之遍覆大地江河山嶽。

以教會不干政一事而言，這是但丁在其《論王權》及《神曲》中所再三致意者。教會職司靈魂之淨化，故其為「價值之源」（repository of values）；既如此，則教會愈「純淨」（pure），愈能達其功能。干預俗世政治，涉入權力財富，反而未能勝任彼得之鑰。至於俗世之「大一統」，就是但丁政治理論中最耐人尋味之處。但丁出身 *Guelf*，本應傾向教會，而身為義大利首善之都佛羅倫斯之菁英，亦應懷抱鄉土，何故反而傾向外族王室（Harbsburg）之帝國？其實，若仔細追究，但丁對中世紀政治理論之貢獻，可能即在於此。如前所述，他深受古典政治理論影響，故對他而言，城市才是政治的最基本單位，而人從事政治活動的可能均來自於他是「城市的公民」（*cives*）。而建基於「城市的公民」的政治，內怕黨派分裂傾軋（內憂），外懼其他城市邦國之侵侮（外患）；可是但丁卻認為，「大一統」會帶來共和政治及公民德行的復甦，也就是說，解決了後者之憂，就解決了前者之患。但丁的說法，乍看之下，令人費解，但如果我們對共和主義深入檢視，就可看出這二者間，其實是有微妙關連的。這個關連，姑且可以「安內必先攘外」名之——即是當帝國諧和萬邦、（在帝國法律下）建立公義與秩序後，各城市（或國家）內部的共和政治就有了一個良好的基礎。理由是從此國內政治的定性乃趨於單純：因為此時一個不向外擴張併吞、亦不必面臨安全威脅的政治，其最大標的乃是「公益」（common good）之追求，而以「公益」為主軸的政治活動，應能催化共和政治的出現（反之亦然），而非僅止於權力的競逐。換句話說，但丁認為一個城邦（國家）之內憂要靠共和政治精神之發揚來解決，而外患問題則要靠帝國架構（universal protector）之出現來處理。其實，美國作為一個聯邦國就是一個很好的例子。穩定的聯邦政府及長期免於外來的侵擾，使得各「國」（州，states）可專心致力於自身的發展，而地方政治也很早就上軌道，堪稱世人楷模。唯一的例外是南北戰爭內戰時期，各「國」（州）之上並無一個共同承認的政府。無可否認地，在近兩百年的世界史中，在國家安全方面，「美利堅合眾國」是得天獨厚的國家；也因此存於其中的五十個小「國家」（states）極巧合地成了中世紀普世帝國政治的最佳寫照：「帝國」之下，許多「城市」及「王國」安享和平，繁榮發展。我們甚至可以如此譬喻，僅就政治「架構」層面上言，美利堅合眾國即是《神曲》的理

想世界,而《神曲》即是此合眾國五世紀前的預示。而但丁如果再世,在《論王權》及《神曲》中,他也許不妨將「帝國」一詞逕稱為 United States。

但丁在理論上揭櫫了以「帝國」統合萬邦的理想政治架構,並將之用以實現古典政治的共和理想,這在希臘城邦及羅馬共和時代消失已久的中世紀後期,不啻是一個傑出的發明。聖湯馬斯開啟了中世紀心儀亞里士多德「政治人」生活的傳統,但是到了但丁,我們才見到了如何在這個特殊的歷史環境中將之落實的方法。其實,即使當初但丁參政順利,未遭放逐且逐漸在佛羅倫斯掌權,他最後一樣要面對「馬基維利式問題」──就是如何在險惡的國際環境中建立並維持一個富強的國家。極巧合地,馬基維利也是佛羅倫斯子弟,晚但丁約兩百年,也同樣地為祖國的一蹶不振憂心。他提出的整套「現實主義」的對策雖然少有人能否定其實效[23],但究竟是從佛羅倫斯之本位主義出發,如以其他民族立場觀之,終非解決之道。站在「純理論」的角度來看,如整個歐洲欲有安定和平,則最佳方案殆為「普世帝國」(如同今日之歐洲共同體一般);雖然此構想理想性太高(例如今日歐盟之能否成功尚待觀察),但作為政治思想來看待,但丁顯然走在一個頗具吸引力的方向上,且為其前鋒。

所以但丁對政治的貢獻並不在他的從政生涯中,而在他腦海中所孕育出的理念。正如在《論王權》中他引 Juvenal 之言:「心智之高貴是唯一之美德」,他博學多聞,飽讀典籍,構思了一幅理想社會的藍圖[24],但是他要如何將這些理念傳達出來呢?如何將整個現世得享安定和平的方法告知世人?當然,知識份子總是(也只能)以著書立說來經世,以一個「作者」的身分來「說服」世人。這點但丁已經做了,那就是《論王權》的問世。但是他又找到了一個另外的方法:用不同的「身分」,以不同的「氣氛」,他希望能達成更好的效果。這就是《神曲》!由於這首詩歌的特性,但丁的角色此時不僅是「作者」而是「先知」,他不僅是「說服」而是「預示」;從「地獄」到「天堂」,但丁個人的「旅程」(odyssey)反

---

[23] 但丁與馬基維利對共和政治懷抱的景象不同:後者心嚮往其助羅馬之擴張,較取其富國強兵之效;而但丁則必將之置於一普世帝國內來發展,非以擴張為務。後者心儀的是「擴張的共和國」,而但丁要的是生活於普世和平中的「美德公民」。

[24] 如果我們強調《神曲》的「經世」在於其「政治的」意涵,Allan Gilbert 更擴大地視它為關乎整個人生一切存有的「正義之詩」(a poem of justice):〈地獄〉是關於邪惡之人受報應之正義;〈煉獄〉是關於如何面對人類困頓之正義;而〈天堂〉則是有關各種德行、才具、秉賦、貢獻受到獎賞之正義。見 Allan Gilbert, *Dante's Conception of Justice* (New York: Ames Press, 1965). 然而這也代表了傳統對於《神曲》的看法,雖然這種看法能含其全蘊,但對於特別研究政治思想者而言就籠統抽象了。

省（甚或昭示）了人類作為一個群體的「歷史進程」。他為什麼是「先知」？因為 Beatrice 命他將在天堂所見之景象傳達世人，且「無論我們將 Beatrice 視為是神學（Theology）或天啟（Revelation），抑或只是但丁個人對永恆之見地，我們都可以在她的囑咐中見到一切先知身分都會需要的超自然的應諾。」而作為一個詩人，但丁的一生似乎在冥冥中承受了一個使命，由他渴慕景仰的前輩詩人 Virgil 所留給他的一個文學的使命：「以一首詩歌，來表達暨實現那重振政治（帝國）的希望。」唯有以一個先知詩人的身分，但丁得以對整個世界說話（他的企圖顯然成功——至今全世界仍在研讀這部自荷馬以來最偉大的史詩）。唯有以詩的體裁，但丁得以把現世的歷史帶進「地獄」或「天堂」，也把「天堂」或「地獄」變成導引現世歷史的動力；也唯有以詩歌，但丁可以將包羅豐富的意象及不可勝數的隱喻指涉捲藏於有限的文字內；更唯有以詩歌，他可以將前此以來政治思想傳統中的各種不同質素置於一堂對話。但丁所做的經世之事是所有思想家所想做的（他的博學也實足以匹敵之），但是他的方式卻是中世紀基督教歷史中的第一人——先知、詩人、年鑑史者（chronicler）加悔罪者（confessor），他是演出者也是報導者，是朝聖者同時也是為我們報導朝聖之旅的遊唱詩人。而一直被人忽略的是，這幾個角色的加總竟使但丁成為一個極特殊但卻優異的政治思想家，他為政治思想開創了新的樣式：今生加來世，古典加中世紀，神學加哲學加文學。而更令人稱奇的是，他竟能將共和主義理想寄託於普世帝國之中。如果今日我們將莎士比亞之劇視為是「人性的發微展現」（the invention of the human）[25]，則但丁必是「人性之督責砥礪」（the criticism of the human）。但丁如果未撰《神曲》，西方政治思想的傳統將失色不少。

---

[25] 這是文學批評家 Harold Bloom 之語。Bloom 認為莎士比亞成功地描繪了人類各種性格，並承認其特異與獨自性（而非給予正面的道德評斷）；「他劇作中共創造了上百位主角，及數百位次角，對其性格一一描繪之成功，不啻為一文學奇蹟，在莎翁之前或以後，沒有任何一位作者能達於此。」見氏著 *Shakespeare: The Invention of the Human* (New York: Riverhead Books, 1998), xix.《神曲》中提及的人物數目也不遑多讓，但是但丁皆以春秋之筆或隱或顯褒貶之。

　　彌爾頓（John Milton, 1608-1674）可能是「近代初期」（early modern）英國文化及思想史上最具傳奇色彩人物之一。他是英國繼 Geoffrey Chaucer 與 William Shakespeare 之後最偉大的詩人，卻也是克倫威爾（Oliver Cromwell）共和時期之要角；他在內戰時期冒生命危險鼓吹言論自由（1644 年出版 *Areopagitica*），也曾於稍早著文倡議離婚之自由（1643 年發表 *The Doctrine and Discipline of Divorce*，後續又有數文）。四十四歲時（1652 年）雙眼已全盲，但在往後的二十餘年生命中，卻接連寫出了一生中最偉大的詩作（三篇史詩）、英國史（*The History of Britain*，1670 年）、神學研究（*De Doctrina Christiana*，遲至 1825 年出版）及若干政治論述。彌爾頓個性激進，著書直言、不畏時勢；胸懷經世，以一介詩人墨客投身極危險之革命政治；但最特別的是他悲天憫人，希圖以宗教先知的角色規誡世人，留下了三部基督教聖經史詩，振聾發聵：《失樂園》（*Paradise Lost*）、《樂園復得》（*Paradise Regained*）與《力士參孫》（*Samson Agonistes*）。17 世紀英國斯圖亞特政治興替之種種關鍵質素，相當程度反映在彌爾頓作品中；而欲了解其作品，17 世紀英國政治又適足以為其經緯。

　　彌爾頓生於倫敦中上階級的清教徒家庭，因此父親有能力盡力栽培他：延塾師使其自幼受良好啟蒙教育，其後又送入著名之聖保羅公學（St. Paul School），故小彌爾頓一直沉浸於人文、宗教、音樂中，並習得希臘文、拉丁文、法文、義大利文甚至希伯來文；十七歲時入劍橋大學基督學院，就學七年。這樣傳統、保守的養成過程卻造就日後「風格獨特」、「衝決網羅」的詩人彌爾頓，不禁令人好奇。身處變動的時代，歷經查理一世之專制、內戰、弒君、共和及斯圖亞特復辟，彌爾頓的政治思想也表現出激昂頓挫、波瀾起伏的不同氣象。他曾與其時英國的「地下激進思想」（the radical underground）氣味相通，堪可與「平等黨人」（the Levellers）與「掘地派」（the Diggers）並列；同時又是克倫威爾時代的著名共和

主義者，不但與 James Harrington、Andrew Marvell 等人齊名，甚至入朝為官，以其古典學養負責共和國的對外拉丁文書草擬工作。然而在《失樂園》中，彌爾頓之詩句一心專注的主題卻是一元論宇宙存有下的絕對秩序——即是「王治」[1]及其內應有之順從關係。這樣讓我們不禁迷惑：彌爾頓到底是激進的民主派、懷古的共和派還是主張君主制的人？在他的著作中，這三種意象似都曾浮現，那我們究竟要如何判讀其政治思想？他究竟是同時擁有多種面貌，還是一路歷經不同主張之轉折？欲解決此問題，本章的假設是：《失樂園》是關鍵的作品，它代表了彌爾頓對生命、自由、人生意義以及上帝的認識；透過《失樂園》，彌爾頓說出了他對現世的批判與期待。彌爾頓曾獻身——精力、智慧甚至個人安危——英國政治垂二十載，我們很難想像他會在晚年回顧性的、自認最偉大的作品中放棄對英國當時歷史的反思與一貫的淑世情懷；畢竟他曾自言：「自荷馬以來的真正詩人，無不是暴君的天敵。」如果《失樂園》含蘊了詩人最後的政治思想，則著名的彌爾頓研究者 Arthur Barker 所指稱的彌爾頓之「清教徒困境」（the Puritan dilemma）——在古典共和思想及「清教徒救恩主義」（Puritan eschatology）間的徘徊，在文藝復興之人本思想及宗教改革之價值觀間的選擇——我們應當如何解釋？希臘羅馬本是「異教」（pagan），我們該如何看待一個所謂「清教徒的共和革命」？而清教徒詩人彌爾頓又如何在《失樂園》中對此問題、以及更大的「人身之社會存在及靈魂的救恩」問題做出反省？

　　從主題、結構與範圍而言，殆無疑《失樂園》為彌爾頓最重要之史詩；相應於希臘史詩之荷馬，拉丁史詩之味吉爾（Virgil）及義大利（Tuscany）之但丁，彌爾頓之《失樂園》是英語文學中之卓然代表——尤其在「方言文學」興起不久的年代裡有著極為重要的象徵意義[2]。《失樂園》與其他史詩最大不同在於它是聖經史詩：其最主要的內容是建立在「上帝的話語」之上。此外，他欲仿效摩西對以色列人的宣說啟蒙，再次以先知角色昭告世人，所以在寫作時也彷彿自覺稟有天啟之靈感，「我喚求祂們（神明）的幫忙，來完成這在散文或詩歌中都無前例的勇敢嘗試。」（Invoke thy aid to my advent'rous Song ...）。由於《失樂園》是關乎人神關

---

[1] 在本文中，「王治」（kingship）特用以指上帝公義的「王道之治」，以對照世間經常是「霸道」、非公義的「君主制」（monarchy）。然亦有時 monarchy 被中性地用以指任何「君王政治」。

[2] 在文學風格上，《失樂園》也曾備受讚賞；但對於此，後代評論家 T.S. Eliot 卻有不同看法。他認為在文字運用上，彌爾頓手法拙劣，「將英語表現地像個死的語言」。

係、主題極其特別的史詩，因此在基督教世界裡與每一個人都有關：不但作者在寫作時彷彿親身參與場景，讀者們也一定會有切身之感；所以這位 17 世紀的盲詩人實在是創造了一種嶄新型態的史詩。彌爾頓之共和僚友，也是著名詩人 Andrew Marvell 為《失樂園》序道：「此詩包含一切重要思想，無所遺漏，已不能增一詞，無所累述，亦不能減一詞；任何人面對此詩時只能徒感無知或竟存剽竊之念，無法參贊一言。」此長篇英雄史詩既然是彌爾頓身為詩人最重要之作品，它到底與詩人的個人生平及時代背景有何關連，應是首先需要探索的問題。

一、《失樂園》與 17 世紀英國政治

　　彌爾頓史詩中之政治意涵素為學者研究焦點；近年來，極力強調《失樂園》之創作意圖與 17 世紀斯圖亞特政治息息相關的是在彌爾頓研究上迭有創見的 Christopher Hill，他認為「彌爾頓曾親身參與英國革命，故其著作中思想與此直接關連程度較一般所認知者為高，且此事影響之深遠程度亦是一般所不易理解。」其實，1640 年代的這場變局，王黨與議會派的內戰，也就是所謂的「清教徒革命」，不但影響了彌爾頓，當然也影響了諸如 Harrington、Marvell、Sidney、Hobbes 等人，以及許多同時代的知識分子，更是成千上萬受戰禍所折磨的英國人民最大的夢魘。英國在 16 世紀都鐸君主（尤其是獻身於她英吉利子民的伊莉沙白）的刻意經營下，已逐漸走上國際舞台，發展實業、累聚財富並開始經營海外，使得英吉利民族主義儼然成形。才剛歷經英吉利文藝復興的知識份子們無不引頸企盼光輝明日的來到。他們在倘佯（或徘徊）於剛萌芽的新科學或古典人文及經院哲學之際，也都密切注視著國政，以言論或出版引導著輿論。然而，注定是歷史命運的弔詭，接下來的斯圖亞特王室君主的剛愎自用，使得英國的民主進程在 17 世紀於艱苦中早熟。如果我們必須對彌爾頓的時代背景有所交代，則其主軸必然是那延亙將近十年的動亂──世紀中葉的英國革命。它是集統治者的個性、宗教教派間的疑慮傾軋、激進反對思想的再度浮現與英吉利民族主義及千禧年情懷等因素所成的一個弒君事件。

　　在三十年戰爭中因未全力支援在歐陸將士因而愛國情操備受質疑的英王詹姆士一世（原蘇格蘭王詹姆士六世），在 1625 年國政紛擾中辭世，使得足以堪稱「才學俱優」的這位君主，於 1603 年成立的斯圖亞特王室與議會關係劃下的深刻傷痕

向後沿傳。查理一世靠著與法國聯姻而來的英法結盟而風光繼位，但迎娶法國公主也意味著將天主教重新輸入英國。他所任命的坎特伯利大主教 William Laud 之所作所為更是破壞了臣民對王室剩餘不多的信任：Laud 起用教士擔任高官——例如以倫敦主教為財政大臣，觸動了原本在英國就極為敏感的政教關係議題，使得人民對主政者的疑慮雪上加霜；等到 Laud 向新教徒頒訂（以天主教為本的）《統一祈禱文》（*Book of Common Prayers*）後，臣民終於認清他與皇后圖謀將天主教在英國復辟的「陰謀」。各種抗議的文宣如雪片紛飛在社會中流傳，人民的怒潮有蔓延之勢；然而查理的回應是下令言論管制，行「出版審查」（censorship），以高壓方式面對積壓多時的民怨。國王的專制蠻橫，加上對天主教圖謀英國之疑懼，終於使得議會、平民與鄉紳形成聯合陣線，由蘇格蘭問題——國王為了用兵一意孤行地加稅徵兵——引爆了與查理的決裂，使英吉利土地上首次發生了因理念問題而起的全面戰爭，國人相殘。

　　1649 年 1 月 30 日，英吉利人民將他們的國王送上斷頭臺。於此北風怒嚎的陰沉冬日裡，英國人民首次必須自己掌握其命運。由 Cromwell 所領導的共和（Commonwealth）雖然一開始未能順利得到外國君王的承認，但在國內的「承諾服從爭議」（the Engagement Controversy）卻漸次沉澱，共和國成為政治現實。如同其他熱情的共和派人士般，彌爾頓也以實際行動加入新政府，為祖國的政治新西元效命。但在 1653 年 Cromwell 背叛了共和，他解散了「殘餘國會」（the Rump Parliament）而自任「護國主」（Lord Protector），此舉實讓共和派人士寒心不已。1658 年，Cromwell 過世，其子 Richard 繼任「護國主」，但這種將治國權柄恢復家傳的醜劇再加上 Richard 實不成材，英國人民終於在兩年後決定迎查理二世返國而讓斯圖亞特王室復辟——如同十二年前一般，英吉利此次又做了自己的選擇。共和派此時已然夢醒心碎，紛紛亡命海外，但彌爾頓卻一如往昔般敢言強諫，不畏時勢變化而發表《建立自由國家的現成易行之道》（*The Readie and Easie Way to Establish a Free Commonwealth*, 1660），圖力挽狂瀾，而卻只落得螳臂擋車之譏，且於稍後被捕短暫繫獄。以上英吉利歷時十二年共和政治之興與滅，即為本於聖經的英雄史詩《失樂園》之時代背景。

　　本詩之寫作由共和時期延伸至復辟（1658-1667），並在詩人生命之最後期重訂完稿再版（1674），當然可視為其對人間世界最後之看法。盲詩人希望警醒世人：人如何「失其樂園」？然而既已有舊約〈創世紀〉之記述，則作者寄望於此史詩者必然在於重宣此主題以反映現世；故極可能意欲溶現實政治於宗教故事，以宗

教意象涵寓政治興替——所有現世的種種變化或景象、悲歡或禍福，都是上帝的旨意與設計。用彌爾頓自己的話來說，他希望能藉《失樂園》來「宣揚永恆的神恩與證明神對人的公義」（I may assert Eternal Providence and justify the ways of God to men）。而從詮釋理解的邏輯來看，我們有必要探索他早期的其他著作以勾勒《失樂園》之政治意涵；當然，在《失樂園》之政治意涵浮現後，我們亦更能夠描繪出彌爾頓整體政治思想之輪廓。

二、彌爾頓政治思想之質素

在彌爾頓的論文（prose）或詩作（verse）中，我們約略可以發現以下幾種政治觀：

（一）激進地下思想

1649 年在內戰獲勝的「新軍」（the new Model Army）將他們的國王送上了斷頭臺，不但歐洲各國王室、貴族甚至人民都震驚，連英國社會自身都難以承受如此巨大之衝擊。到底應如何看待這個非比尋常之事件？一時之間，歐洲知識界似乎尚不知如何回應如此劇烈的變化。不久後，一篇署名 Claude Salmasius 的文章出現，標題為《為國王查理一世辯護》（*Defensio Regia pro Carlo Primo*）。約莫兩百年之後，德國的社會主義者 Friedrich Engels 提醒道：「讓我們不要忘記彌爾頓，這位首先為英國弒君辯護的人。」彌爾頓於 1651 年以拉丁文發表《為英國人民辯護》（*Pro Populo Anglica Defensio*, A Defense of the English People）一文答覆 Salmasius[3]，在國際外交界間為祖國所發生的事件辯護：統治者的權力來自人民且需依法而行，同時人民有權利懲罰暴君。此著名辯護不但有助於為英國革命重新定位、挽回名聲，且為他自己帶來若干政治名聲。

近代初期英國社會中其實一直有一股存於社會中下階層（農民、工匠等）反對統治勢力之傳統（即是所謂 the English opposition thought），它是由宗教千禧教

---

[3] 在 1654 年他又出版了 *Defensio Secunda pro Populo Anglicano* (Second Defense of the English People)，再度辯護。

派、農民運動及英吉利民族主義（加上反諾曼情結 anti-Normanism[4]）所混成的一種複雜心態，始於 1380 年代 John Wyclif 領導之農民暴動，而其後若隱若現、延傳變化，卻於 17 世紀中葉英國政治社經情況驟變之際迸發，由「平等黨人」、或更甚由「掘地派」所集大成。根據 Christopher Hill 的看法，這些地下反對勢力其實並非組織化的，而宗教教派上的歧異是這種地下激進思想最初的成因。在當時的英國，約略有三種宗教思想類型，一是官方的國教；二是清教徒思想；第三就是這種被打成「異端」的教派之總成，泛稱「地下激進思想」，一些常被視為異端的教派思想，像「再洗禮派」（Anabaptists）、「家庭主義派」（Familists）及「羅拉派」（Lollards）之思想都可見於其中。這些存於中下階層的異端文化，有他們一些對教義的特別看法，例如：反對教士制度，認為俗人一樣可以是潔淨完善的；反對偶像（images）之崇拜，強調直接對聖經的閱讀與體會；反對「預選說」，強調事功重於信仰且主張人的自由意志；反對三位一體說，承認耶穌的人性；此外，還主張並無所謂「煉獄」（purgatory）以接納靈魂的「靈魂滅絕論」（mortalism），及反對靈肉二元、承認肉體價值及反對禁欲主義的「物質論」（materialism）。

　　在宗教上既然屬於少數，且被目為偏激與異端，這些教派自然備受壓迫，所以對他們來說最大的痛乃在於國家藉武力予以迫害，而任何政與教之間的掛勾對他們而言都是極為敏感之事。他們既然熟讀聖經，於是並不難在舊約〈申命記〉中找到這樣的一段話，是耶和華藉摩西之口告訴以色列人的：

　　　　到了耶和華你神所賜你的地，得了那地，居住的時候，若說：「我要立王治理我，像四圍的國一樣。」你總要立耶和華你神所揀選的人為王；必從你弟兄立一人，不可立你弟兄中以外的人為王。只是王不可為自己添加馬匹……他也不可多為自己多立嬪妃，恐怕他的心偏邪；也不可為自己多積金銀。

　　　　他登了國位，就要將……律法為自己抄錄一本，存在他那裡，要平生讀頌，好學習敬畏耶和華他的神，謹守遵行這律法上的一切言語和這些律例；免得他向弟兄心高氣傲，偏左偏右，離了這誡命；這樣，他和他的子孫，便可在以色列中在國位上年常日久。

---

[4] 英國王室本為 1066 年「諾曼征服」（the Norman Conquest）後所建立的「外來政權」，故安格魯撒克遜民族常有不服之心態。

　　對基督徒而言，這是經文中少數且極珍貴的上帝所曉諭的「為君之道」，其詞甚簡，其理易明。首先即是不可「謀己利」（不可為自己添加馬匹），其次是不能「侮臣民」（免得他向弟兄心高氣傲，偏左偏右）；但是還有一項，可能易為人所忽略，但對於安格魯撒克遜人來說卻是別具意義的：那就是「不可立你兄弟以外的人為王」。所以，在 16、17 世紀的英格蘭，這些少數教派有兩種明顯的原因使他們在政治上走向「反對意識形態」（the opposition ideology）：第一是國家基於教派歧異對他們的壓迫，不論是出於國教派或是親天主教之君王；第二就是從 1066 年「諾曼征服」以來就存於草根的英吉利「反諾曼情結」竟然在這些「異端」教派信徒身上，以狂熱的基督教情懷之方式再度被掀起。於是融合了民族主義與基督教千禧年情懷的「反對意識形態」在面對專制且無法包容的斯圖亞特君王時，很自然地提出了「選擇他們自己政府」的口號。在「平等黨人」及「掘地派」之後，彌爾頓於 1649 年發表的《論君王及統治者》（*The Tenure of Kings and Magistrates*）中就明白地附和這種主張；他指出，統治者之職位實是為了增進人民福祉而設的，因此聖經上（前引述）的那些文字就是「賦予我們選擇自己的政府的權利，而這種權利是由上帝賜與人民全體的」。

　　Christopher Hill 一再地強調彌爾頓之思想（例如在 *Areopagitica* 與 *The Tenure of Kings and Magistrates* 之中）與地下激進勢力間的共同性：主張所有統治者都只不過是人民所委以任事的；自亞當以來人即生而自由；反對社會階級；反對君主制及上議院；主張統治者應由選舉而來，且反抗暴君是人民之權利更是責任；此外，他也甚信約六百年前的「諾曼征服」一直為英吉利人民帶來「諾曼桎梏」（Norman Yoke）之說。Hill 總結性的觀察是在政治理念上（即使並非行動上）彌爾頓與 Levellers 與 Diggers 其實並無二致：彌爾頓的主張「剝奪人民自行選擇政府的權利即是剝奪他們所有的自由權」與平等黨人 Colonel Rainborough 在著名的新軍內部辯論 Putney Debates 所言之「每一個人所服從的政府首先一定要經過他自己的同意才可」是如出一轍的。

（二）清教徒主義世界觀

　　如論及彌爾頓基於他的新教（清教徒）主義、千禧年思想及英吉利民族主義所形成的特殊神學——政治觀，則他的《論基督教義》（*De Doctrina Christiana*, The Christian Doctrine）甚為關鍵。他典型的強硬新教立場，如主張政教分離，反對教廷及教士制度（即所謂的 anti-clericalism），甚至認為教宗及其教士乃是「反基

督」（anti-Christ）等，可說實源自於其中對「基督徒的良知」（Christian liberty）之探討。一般認為《失樂園》之創作大抵在此書寫作完成後才開始，故其中「論上帝」、「論神意」、「論創世」及「論天使」等等篇章，應都是彌爾頓後來那些聖經史詩的思想基礎。換句話說，《論基督教義》在彌爾頓形成他立基於其特殊聖經詮釋的整體政治神學觀中，具有重要之先導地位，因為它協助他確立了身為基督徒應有的「宇宙觀」及「世界觀」，與對神的性質、人的本質以及現世之意義等問題的認識[5]。

對彌爾頓而言，人的墮落與上帝的救恩其實都有與現世生活積極相關的內涵。在新教觀點下，「上帝只對虔敬信仰者允諾開啟救恩之門」，所以彌爾頓戮力從事教義之鑽研；但是，虔敬的信仰必也同時帶來現世之「安利」（earthly comforts），因為「正確的信仰當把人類從奴役及迷信中解放出來……」。因而，人因福音而在另一世界中精神得享自由，就可被類推為人在政治社會中也應當得享自然權利。所以，如就以教義導引、形塑政治思想之過程而言，彌爾頓的清教徒主義與英國當時之「地下激進思想」是雷同的，那就是可由宗教的自由推展到人民追求良好生活的自由與權利。

（三）共和主義理念

英國人原本不知古典共和思想；它既非由近代英國人所創建發明的政治方式之一，亦非英國本土從事政治之一向形式。由於 16 世紀後半葉的英吉利文藝復興，才使得英國的鄉紳及士人在接觸古希臘羅馬人的文學、思想與文化之際，同時習得了他們特殊的政治觀。Plato、Aristotle、Polybius、Cicero、Seneca、Tacitus 及 Livy 等人的著作開始流傳——從大學及於大部分上流社會。

古典共和思想也主張人民選擇政府、自我管理的權利，但是其立基之概念卻與地下激進思想不同。它的核心觀念是尋求與保障「自由」，但是此「自由」並非來自於宗教的天啟或是教義的引申——相反地，它有一個人本的來源，那就是承認個人的尊嚴、價值，而以此為基礎來建立政治觀。許許多多自主的個人群聚之後，就形成一個「共同體」，這個「共同體」應該而且也有能力進行自我管理，而「政

---

[5] 彌爾頓自己是非常看重這部書，他在 1658 年宣稱，「要為全人類（不只英國）之基督徒寫一本較《為英國人民辯護》更具重要性之文章」，而他也視此書為「最心愛與最佳之作」（dearest and best possession）。

府」就是受「共同體」委託而執行治理功能的一群人。在如此的觀念下，「共同體」的自我管理及成員間強調參與的「平等互治」就對傳統的王治政治構成莫大的挑戰。霍布斯始終認為這種政治思想是很危險的：「吾王陛下的臣民們，在受到這些主要由古代的演說家及歷史家所流傳下的文獻影響後，他們甚至可以做出弒君的舉動——只要他們在如此行動前先宣稱他們的國王是暴君即可。」

Marchamont Nedham、Henry Neville、Andrew Marvell、James Harrington 與 Algernon Sidney 等人都是英國內戰當時著名的共和主義者，而彌爾頓與他們聲息相通，志同道合。但是，在學界一直有這樣的一個疑問存在：彌爾頓到底是不是一個共和主義者？如果是，為何他總只是厲言聲討暴君，而對王治之存廢問題（除了極少數場合外）總是不願正面碰觸？有學者認為，所謂共和主義者之嚴格定義是需主張一個社群的「公益」（common good）在王治之下很難真正實現。雖然彌爾頓在此問題上態度曖昧（見後），但他在以下數點上卻是符合一般所謂共和主義者的特色的。

第一，他自幼受古典人文教育，熟讀希臘羅馬古典，精通希臘拉丁文（甚至擔任共和國之拉丁文祕書），且在政治論文中時常引用古典以為良好政治或理想人格之佐。他的 *Of Education, Eikonoklastes* 實可說是 Cicero《論義務》（*De Officiis*）中討論德行（尤其是「堅毅」，fortitude）的翻版：他認為政治人物最需要的，除了好的口才與思辨之外，就是堅守理想的堅毅性格，而教育的理想目標是造就出「聞名的傑出領導者來為國家服務。」他對於理想政治的憧憬是寄望於一群有德行的國民身上：

> 　　一個國家的幸福來自於其國民在宗教上的虔敬、公正、敬謹、恭順、堅毅以及鄙斥權謀貪念。如果國民能具現這些美德，則不需任何國君替他們謀幸福，他們就是構築自己幸福的建築師。

這樣的政治觀無疑是共和主義式的，且與 Aristotle、Cicero、Machiavelli 等人幾無二致。

第二，彌爾頓注重羅馬史，且認為它是偉大的民族肇建的偉大歷史，足供後世傚效。他尤其受其撰史者 Sallust 及 Tacitus 之影響很深，他們對羅馬起伏興亡的歷史解釋給了彌爾頓重要啟發，使他在《論君王及統治者》中主要以野心及貪念造就暴君的例子來評論時政。在《建立自由國家的現成簡易之道》中，他勸勉英國人

（在抉擇王治或共和時）應珍惜自由、堅定心意，否則「如何能建造足以遮蔽國王光芒的共和高塔，以及變成一個西方的羅馬？」研讀羅馬史並以其興為模範、以其衰為殷鑑，這不正是典型共和思想者的特徵？

第三，彌爾頓在革命後數度為文大力支持並辯護之，而且畢竟曾親身加入了共和國之運作，如果這樣還不能算是共和主義者，則實在說不通。在斯圖亞特復辟前夕，冒著極大生命危險，他發表《建立自由國家的現成簡易之道》，在其中他對此次英國革命做了以下令人動容的回顧與總結：

> 英國的國會，在許多忠誠而誓死捍衛宗教及公民自由的國民之支持下，公正而勇敢地取消了君主制，因為他們認為，經由長久的經驗顯示，君主制是不必要的、沉重負擔及危險的一種制度。所以他們毅然將英國由受國王的束縛變為自由的國度，此舉令鄰國既豔羨又恐懼。

故由以上諸點看來，彌爾頓可列名 17 世紀英國共和思想家是毋庸置疑的，只不過我們有必要探究他的政治思想是否還有其他更複雜的成分？而任何讀《失樂園》的人，都可輕易發現它是一部充滿「王治」（kingship）的英雄史詩。

三、《失樂園》中的王治與共和

《失樂園》於 1667 年出版時為十卷，但在 1674 年以十二卷重新再版面世。顧名思義，它是敘述亞當和夏娃如何受撒旦誘惑而墮落，以致被逐出伊甸園的聖經故事。這無疑包含了天上的戰爭與人間的戰爭：在天上由於天使的墮落（撒旦嫉妒耶穌成為上帝之子而懷恨上帝），於是有了撒旦反叛上帝、進攻天堂的戰爭；在伊甸園內，則是撒旦為了報復上帝將其打入地獄，而將戰爭延續到人間——亞當與夏娃面對撒旦的誘惑而背叛上帝。值得注意的是，在《失樂園》內充滿了「王治」的意象：上帝是天上的王、是宇宙的王、甚至是萬王之王；墮落的天使撒旦是地獄、幽冥世界（*Pandemonium*）[6]的王，是邪惡世界的王；亞當是伊甸園的王；Moloch

---

6　這是彌爾頓自創之字，由 pan 及 demon 所組成，意為「群」「魔」所處之地——地獄魔宮。

是王，同樣地，Christ、Death 及 Chaos 都是王。所以，《失樂園》的最直接主題可被理解為墮落的天使背叛了上帝，而他又引誘人類背叛上帝，於是人類被逐出伊甸園，也背負了罪，承擔了死亡。撒旦及人類先後背叛了上帝——這個造物主，也因而是萬王之王。天上的世界以上帝為首，而這個世界也由祂所造，故上帝是整個「差序格局」（hierarchical order）的宇宙中的主宰，祂的意志構成世界之運作，引導宇宙之運行。上帝是金字塔之頂。所以天上的戰爭及人間的戰爭究其本質都是不服從領導與不承認從屬——即是在「差序格局」中不安其位的叛變。因而當撒旦被擊敗，打入火湖，人類被逐出伊甸，整個宇宙、世界又回到原有的秩序；或甚至可以如是說，這些都是在全知全能上帝的預知中所會發生的插曲，宇宙及世界從來沒有、也不能夠須臾背離上帝的旨意，逃脫那涵攝萬有的規律。換句話說，宇宙、世界是在天意下被管理著（也即是基督教所稱的 providential government）的一個「王治政府」（monarchy），沒有一個天使、人或事物，應該、或可能絕對背離這個萬王之王的統治。當萬有進入到這個服膺臣屬的狀態時，就是回歸到本然的秩序——是一個各盡其職、各安其位的龐大「差序格局」體系。聖經所述的就可被看成是這個「差序格局」體系的創造、發展及宣說於人類，而《失樂園》也因此可被視為是一個人類自身對此的再次重述與警醒。它的整個訊息是：人類應當如何自我認識，了解我們不是王，上帝及耶穌才是王？

如果《失樂園》明顯是個「神意統治」、「差序格局」的宣說，再加上——如先前所言——彌爾頓時常刻意避談「反對王治」而只是戮力誅伐不當統治及暴君，那麼他心中理想的政府型態到底是什麼？是否可能《失樂園》還有其他的寓意，使得彌爾頓的政治思想看來並不如此複雜或矛盾？針對此問題，歷來不乏對《失樂園》政治意涵之探討；一向有若干學者將此史詩視為是彌爾頓共和主義的文學體現，它含蘊了——在斯圖亞特復辟後——對共和思想的讚揚、懷念及復甦之期待。例如，處理《失樂園》對一世紀後美國共和思想影響的 Lydia Schulman（*Paradise Lost and the Rise of the American Republic*）及大力指陳《失樂園》堅守共和立場的 Roger Lejosne（"Milton, Satan, Salmasius and Abdiel"）及認為《失樂園》係以主張政治應回歸共和主義為收尾的 Armand Himy（"Paradise Lost as a republican 'tractatus theologico-politicus'"）。他們的探討其實頗有見地。

在 *Paradise Lost and the Rise of the American Republic* 中，Lydia Schulman 認為「墮落」（the Fall）所隱涉的乃是「共和政治」的崩解。她認為，正如眾所周知，彌爾頓在政治思想上之關切乃在於如何防患共和國之腐化墮落，但卻「無人曾明

確指出在何種程度上《失樂園》中的那些道德及神學主題反映了他一貫的的政治思想。」她這種指控雖然未盡公允，但對她所關切的主旨——the Fall as a republican theme——的確尚未得到過多的重視，遑論明顯共識。然而她所觀察的確發人深省：

> 《失樂園》寫作於共和崩解之後，故此詩反映了彌爾頓對肇建與其後維繫一個共和國之困難的省思，而所謂共和國應是立基於其公民的德行及自我約束之上。在敘述人性的易於墮落然而又可矯治一事上，《失樂園》亦表現出共和思想之氣味：因為人易受撒旦之誘惑，但如果「能隨著時間加以矯治」，人卻是可以重新獲得當初在伊甸園時所保有的自由、順服，甚且可以更過之。

欲闡明此種解讀，Schulman 首先必須指出何所謂在共和思想中的「誘惑」與「墮落」。從古典思想及馬基維利我們清楚地知道，創建與維繫一個共和國首要在於成員的「公民德行」（civic virtue）的養成——將私利置於團體利益之下，將奉獻於社群與公眾服務視為是個人最大之職責與榮耀之所在。果然如此，則英吉利於 1649 年成立的共和國，其在維繫上最大的威脅來自於何處？自近代初期以來英國在社會經濟上的變化，此時成為了以共和觀點分析的必要背景。工藝技術的發展，商業的興起與海外的拓殖，促進了資本的累積、市場經濟及資本主義的逐漸興起；而於同一期間歐陸在政治上的動盪，更加速了英國此種資本主義發展的相對優勢。而這些發展的重要社會結果之一，就是充滿了資本主義價值觀及企業精神的鄉紳階級（gentry）之興起。Schulman 以 James Harrington 的《海洋國》（Oceana）為當時最重要的紀錄：

> 對於 16 世紀時英國那些懷抱企業心的鄉紳們之興起，以及因此對 17 世紀政治的影響，當時最有名的觀察來自於 James Harrington 之 Oceana。它是對於國王、貴族及平民間權力關係改變所做的歷史觀察。Harrington 記述了從亨利七世以來土地不斷地從貴族移轉到平民的過程，及亨利七世以後這種過程地更快速發展。透過將土地歸還或分配給許多自由民之政策，亨利七世將諸侯們從賴采邑而生變為經濟上獨立自主的地主階級。
>
> 同時，亨利八世將傳統舊教之寺院解散並徵收其寺產之舉，使得英國全國四分之一的土地成為王室擁有，而當王室再將這些土地出賣時，就造就了……在英國

社會經濟及政治歷史上影響深遠的……有產階級（landed class）及中產階級（the professions）。

　　擁有土地的自由民（yeomanry）或鄉紳、中產階級的出現，使得專制王權對於人民私有財產安全的威脅大增，甚至變成 1640 年時「朝廷派」及「鄉紳黨」（Court and Country parties）間無法消彌的敵意之首要來源。就是這種對於財產權利的衝突，實質地引發了王黨與國會間的戰爭，並肇致弒君與共和之建立；但是新成立的共和無可避免地建立在一個日漸追逐商業利益及資本主義正萌芽的社會上。依照 C.B. MacPherson 的講法，這是一個「占有式個人主義」（possessive individualism）興起的年代：

　　個人是他自己能力及人身的主宰，與社會無關。個人並不是所謂的道德體，亦不是社會群體的一部分，而只是他自己的主人……如果一個人能夠完全支配他自己的身體及智能，則可稱得上是自由的。人之本質乃存於不受他人意志宰制之自由，而自由乃源於財產之擁有。而所謂社會，就是一群擁有自身自由及財產的人的組合。社會同時也是由這些人之間的商業交換關係所構成。而所謂政治，則就是為保障財產及交換關係所設計的一種制度。

　　在這種「市場社會」中，「私利」取代「公益」成為個人行動之重心，財產也替代德行成為追求之目標。17 世紀中葉英國的革命，就是發生在如此的社會脈絡中，故 Schulman 將此時建立之共和國稱之為「商業主義之共和」（commercial republicanism），以別於植基於傳統農業社會之上的「古典共和」（classical republicanism）。以共和國之維繫而言，著重「私利」會傾向「腐化」，而砥礪「德行」意味尋求「公益」。所以 Schulman 認為《失樂園》乃是在悲嘆英國革命所帶來的「商業主義之共和」，而通篇之要旨在警醒世人如何面對「英倫共和國之失敗」（the fall of the English republic）的教訓。

　　既然以共和主義之價值觀為主軸來詮釋《失樂園》，則撒旦必然代表「慾望」與「貪念」，即是 passion；而亞當及夏娃則是共和國中的成員——不管是政治領袖或是公民們，他們代表了需不斷接受 passion 的挑戰與試煉的 *homo politicus*。Schulman 清楚地點出在彌爾頓政治思想中，人無法克服 passion 時所會帶來的政治後果：

人一昧追求私利實則就是一種淪為奴役之事……因為當人之理智屈從於內在慾望之時，例如追逐政治的野心或是財富與奢華，則極易導致人人彼此淪於他人實現慾望之受害者。結果是國家易形成暴政……所有暴政中不變的特質是私欲橫行，而且同樣不變地都將使暴君及屈從之臣民受其苦。

　　人人只顧追求私欲之心態將遭致雙重之禍害：一方面我們被 passion 所奴役，另一方面則是最終會引來政治上之奴役。而這就是「英吉利共和國之失敗」的背後原因；就像羅馬當初就是因為內部先腐化，才引來了外族的入侵，英吉利共和中的人民未能警覺防杜「腐化」，並獻身於公益、密切關注國事，才導致 Cromwell 的專權及日後斯圖亞特終致復辟，再度受君王統治而失（政治）自由。所以對 Schulman 而言，《失樂園》就是一部以共和主義為主角的英吉利政治史詩，亞當夏娃被逐出伊甸園表示了人的私欲終究竊據其心靈，所以在這一幕中，以人間的戰爭言是私欲獲勝（結果導致君主統治），而就天上言則是撒旦的報復得逞[7]。唯有當人能夠克制私欲時（也即是與上帝連結），則地上的戰爭與天上的挑戰都指向了魔鬼或其依附者之失敗。

　　另外一個作者 Roger Lejosne 則指出，即使《失樂園》中的天上明顯是王治，但並不影響彌爾頓在地上擁護共和之決心。的確，他在詩中尊崇上帝是真正的王，但亦有些篇章中（予人如此印象）將撒旦塑造成「革命英雄」。因此，可能有不少《失樂園》的讀者會同意我們當代一位學者的立場：

　　我們可能會不自覺地將彌爾頓視為是王黨，就如同有可能將他視為是為魔鬼辯護般。確實，有些《失樂園》中的片段讓我們會留下他是為君權辯護的印象。

　　而 Lejosne 的立場是：我們必須小心解讀《失樂園》的整體意涵，而不應為部分段落之意義所迷惑。也就是說，上述學者的觀察是「見樹不見林」的；彌爾頓對在天上的上帝之王治與撒旦反叛之處理其實是互補的，它們是構成一個整體策略的

---

[7]　當然最後的勝負在「樂園復得」（*Paradise Regained*）才看得出。此外，Schulman 認為在《失樂園》中雖隱喻地上的共和維繫不成，但天庭則具共和精神（the Republic of Heaven），因為她採用若干 17、18 世紀之觀點（如美洲之 John Adams）來解釋彌爾頓的共和思想，主張他的共和是「混合政制」（mixed constitution）的，故即使存在君王，但如非人治而是法治，權力能均衡，亦不妨害其為共和之治。但是亦有人不同意彌爾頓的共和是 Polybian 式的混合政制，認為其與 Cicero 式共和較近。

兩個部分：上帝的統治愈是完美公義，愈是證明了地上行共和之治的必要。

　　這無疑是個令人意想不到的證成《失樂園》共和論之方法。真正的王治，只見於天上的上帝，或是「上帝之子」耶穌作為萬王之王，因為唯有他們的統治才稱的上是合於天理、充滿榮耀及實現公義的——他們是真正有正當性的「君主」，不但是「王」，而且是「父」。世界上其他的統治者，如何能比擬？用彌爾頓自己的話來說，這種類比是一種幻象：

　　只要統治者是人中之極且能榮膺冠冕而無愧，則歷來許多賢明之士都曾稱讚王治；但如所得非人，王治很容易流於暴政。但如有人說王治本是「摹倣上帝之治」，則試問世間有幾許人其才德能遠超同儕之上、直比上帝而堪任如此掌管世人之大權柄？

　　換句話說，彌爾頓是不能接受「君權神授」邏輯的，如果世間少有人堪負此重任，則上帝不會讓某些人凌駕其同儕之上，一如神統治人般。Lejosne 認為《失樂園》中提及舊約聖經裡企圖造 Tower of Babel 的猶太妄君 Nimrod，就是用以反映這種「傲其同類」（arrogate dominion undeserved over his brethren）心態的不當。 所以人世間最合理的政治型態就是「平等互治」的共和政體，而彌爾頓在《失樂園》的最後兩卷中藉著天使 Michael 回到這個主題應是有所意指的。

　　還有一位彌爾頓研究者 Armand Himy 則是認為《失樂園》本就是我們的盲詩人代表性的共和主義政治神學作品，他乃是用基督教神學來證成（亦可說建構）其特別的共和主義觀，《失樂園》的政治意義無比重要。這部詩的終極意旨在於表明人類的最適政治體制應是共和。一方面，人既然不免沉淪，人性惟危，則如何可以讓某些人握有絕對的權力統治其餘的人，則不但「自由」將喪失，「幸福」亦不可得。另一方面，彌爾頓將自然法分為「原初自然法」（primary law of nature）與「引伸自然法」（secondary law of nature），前者是上帝旨意之不成文法，而後者乃是人類所制作之實訂法，而所謂人類之政府即是源出於此實訂法：因為上帝並沒有給予某些人統治其他人類之權力，故統治者可被視為是接受人民之委託而執行此法。《失樂園》第十二卷中明白寫道：

　　除上帝外，人類社會中本不存有任何權力，
　　上帝只曾答應與人類管理野獸、禽魚之權，

> 而並未給予某些人掌管其他人之權，
>
> 此種權力保留在上帝手中，
>
> 而人類彼此則是互不相屬

　　也即是說，在秉賦才智、身分地位上，每個人雖並非生而平等，但卻應同享自由。因此，所有人世之統治者應都只是接受「委付」之責而管理公共事務，所以彌爾頓的想法可看成是一種「契約論」。「委付」之必要性來自於：存於自然法中的理性之光難以在一般庶民大眾之中清晰顯現，故屬於菁英的少數勢必以其能力之卓越及信仰之堅定而必須出來為眾人服務。所以 Himy 認為彌爾頓在《失樂園》中的主張乃是接近馬基維利式的共和主義，以共和民主為基礎，以菁英為領導。

四、天上的戰爭與人間天堂的建立

　　以上三種對《失樂園》政治意涵之解讀都認為彌爾頓是為已經在英國失敗的共和主義辯護，並認為它是人類最適合的政治制度。但是在接納此種詮釋之前，有一件事實我們終將面對：彌爾頓始終未曾對王治本身明言抨擊，而只是對濫用權力、褻瀆神聖的人君職位之暴君撻伐。所以，《失樂園》到底是悲嘆並檢討共和之失敗還是維護共和？彌爾頓政治思想究竟已在前此的論文中（如《論君王及統治者》、《為英國人民辯護》及《建立自由國家的現成易行之道》）表達殆盡，或是在《失樂園》中還有最後的反思？

　　對彌爾頓來說，他人生最精華的歲月中有著約二十載關懷政治與參與政治的經驗——他曾將自己獻給了英吉利祖國。他對祖國懷抱著熱愛：「上帝將首先對祂的英吉利子民們現身」。對英國的深切期盼與這段從政的經歷、感受，使得彌爾頓的詩人角色轉變為先知，「以證明上帝對世人是公義的。」上帝如何對待世人？給予世人如何之啟發或警醒？當然由現世的歷史中可得到教訓，因為俗世的歷史是整個天啟神聖歷史的一部分，也是上帝「神意」（providence）的映現。對「上帝的英吉利子民」而言，當下的歷史中最重要的就是英國革命的興起與失敗。如何解釋英國革命的失敗必然是橫亙於每一個「上帝的英吉利子民」心中的問題，更何況是矢志成為詩人加上先知角色的彌爾頓？所以斯圖亞特的復辟是他無可迴避的歷史解釋問題。

　　因為是取材自聖經，《失樂園》固然是以全人類、而非英國人為範疇的史詩，但是我們有理由相信《失樂園》是彌爾頓在復辟後的政治神學反省。第一，在1660年代，追捕誅殺革命叛黨的活動此起彼落，彌爾頓的確身陷危險，如果以他在共和時期的立場及地位避難都唯恐不及，更何況以文字再來公然為革命辯護。所以，在《失樂園》的詩句中充滿著暗諭及隱指（accommodation and indirection），這固然迎合詩作通常之隱晦性，而也實為時局下之不得不然。此外，彌爾頓在退隱政治後原欲本亞瑟王與圓桌武士之故事來撰寫一英倫史詩，但是後來卻決定寫聖經故事的《失樂園》，其原因雖不易確知，但是無疑《失樂園》之主題較具有直指人心之警醒效果；而如果能夠以此隱喻當時政治，則亦不啻為一英吉利之民族史詩，而與亞瑟王的故事同樣具振奮民族情懷之作用。所以我們首先應知道的是：上帝給「祂的英國人」什麼教誨？

　　〈創世紀〉的故事其意涵非常明顯，人類背叛了創造他的上帝，是肇因於人類誤用了他所曾經享有的自由意志，選擇接受撒旦的誘惑而背離上帝之訓示，以致他必須面對錯誤決定下所帶來的懲罰。這個懲罰，就是被逐出伊甸園，其結果第一個就是「罪」（sin），第二個就是「死」。撒旦、罪與死就成為新的「三位一體」（Trinity），但這是地獄中的三位一體。所謂人的墮落就是與這個新的三位一體為伍，若無上帝之救恩，則無法回到聖潔、快樂與幸福之地。從整個彌爾頓對〈創世紀〉的解釋中，我們可以得知他強調在墮落一事上，人是在自由意志下作成的決定，所以雖然上帝預知人之將背叛，但卻是人自己——而非撒旦或上帝——須為此事完全負責；撒旦引誘人類，乃屬天上的戰爭（之延續），但人類不能自持，接受引誘而墮落，則須痛自檢討為何「貪念」與「邪惡」戰勝了「順從」與「聖潔」？在《失樂園》第六卷中，彌爾頓詳細描述了天上歷時三日的的戰役——忠於上帝的天使與墮落天使間激烈的征戰，而最後由於上帝之子耶穌的出場而將撒旦一干叛徒擊潰而鎮壓在地獄的火湖中。而第九卷中夏娃及亞當面對撒旦的（權力欲望之）誘惑時——這就是人間的戰爭——輕易地投降了，他們決定要把自己放在上帝的地位上，也能作一切的主宰。也就是說，輸掉天上戰爭的撒旦不甘臣服，因而發動了地上的戰爭藉以報復。但是，上帝既為全知全能且對世界有全盤之計畫（即providential government），所以祂就一定會戰勝惡——甚至可以從惡中變成善，而不致讓惡永遠成為惡。亞當對上帝之救贖計畫——耶穌的降世及帶來福音——讚嘆：

啊！無盡的美善，無限的美善都將從這邪惡中產生

當邪惡轉成美善——這將比創世時將黑暗轉成光明更令人驚奇

我如今疑惑

不知應為先前之罪而悔恨

或為即將因罪而來的更大美善歡欣？

何謂從惡中變成善？人的墮落本為追求貪念之邪惡，在亞當即是希望如同上帝一般之野心，而在後世人類則是不斷沉淪私欲之中。然而弔詭的是，人類也唯有從墮落沉淪中了解救贖之需要與產生對救贖之渴求；在伊甸園中的祖先是純潔但矇昧無知的，他們不知上帝於人之意義，更不知彌賽亞。換句話說，人的墮落使上帝的救贖計畫出現，人不墮落不知上帝對人的愛。也因此，從墮落的邪惡中產生了救贖的善，墮落只是通往善的一個過程，而善終將成就。這就是所謂的「帶來福音的墮落」（the Happy Fall），透過此墮落，上帝全盤的「救贖」（redemption）及「神恩」（grace）得以經由耶穌降世實現。經過這整個過程後，人將更愛他的創造者。此外，若對照至聖經的〈啟示錄〉，這種從「惡中來的善」也反映於上帝在世界結束時將撒旦擊毀，打入永死之地。

在彌爾頓眼中，這一切都是在天意的全盤計畫中，人類無可逃也無所逃。而人所需要知道的乃是人為何失去樂園？能明瞭為何失去樂園就是獲得救贖的開端，就是離開地獄之三位一體——撒旦、罪與死——的契機。在《失樂園》第一卷中，他就已點出了此最為關鍵之概念：

不論何時，無論何地

心即是其所處之境

它可將地獄變成天堂

也可將天堂變成地獄

心中之意念轉換，即是「人間的戰爭」；追逐貪念或是遠離誘惑，接近魔鬼或服從上帝，常為瞬間形成之事[8]。於是，內心的交戰是人最困難的戰場，也常是決

8　由於彌爾頓重視人以其理性及自由意志去追尋救贖，所以他也被人視之為偏離正統教義（強調救贖唯有靠神恩）的「亞美尼安主義者」（Arminianism）。

定人類世事變化的終極原因。對彌爾頓及他的共和僚友來說，共和革命與建立一個新英國——西方的羅馬——失敗的原因有三：革命派內部的不團結；新軍將領本身的野心與私心自用；第三則是中間階級中大多數人的只顧自利及對國事之冷漠。如由此觀之，政治亦不過是取決於個人內心之交戰。此刻所謂的制度云云，實非最關鍵因素。既如此，彌爾頓在《失樂園》中究竟傾向王治或共和此一問題，其解乃現端倪。

上帝之統治，確屬王治無疑——祂是萬王之王，創造了世界，並以神意治理世界，祂是公義與至善的統治。但是人世間的君王統治卻非如此，經常我們看到暴君虐民，一意孤行。既然暴君使人忍無可忍（例如查理一世），故革命而行共和當然為可行的矯治之道[9]；然而，由於領導者的野心及人民大眾的自私與漠不關心，共和之治數年後亦逐漸走向終必覆滅之道。所以，建立起一個良善英國社會的成敗關鍵並不在於是君主制或共和：君主制不必然壞，共和不必然好。每個「基督徒的良知」（Christian liberty）才是社會生活良窳的最終因素。對晚年以盲目之軀而力圖警醒英吉利社會的彌爾頓而言，政治既生於人的社會，政治的成敗將可化約至個人之德行，而政治的終極場域乃在個人之心中；無論在何種制度下，良善之人則有良政，貪念之人則趨暴政。

他理想中的國度應由良善的基督徒來掌理，故存任血緣的世襲制絕不可取，更何況出現了橫暴之君如查理者，而這也是先前彌爾頓支持革命之理由。然而非由血緣之共和政治亦為克倫威爾所出賣，以致其後英國在政治潰亂之下又將行復辟。在眼見共和瓦解成定局之際，彌爾頓曾倡言即使要行君主制，也應推選賢能而不應逕行復辟，可見他所在意者乃是國之大位能得其人，而非必某種制度。對他來說，壞的革命派或議會黨人也可能變成如同他們原本所反對的保皇黨般，其實也是撒旦；而若人人向善，則世界太平：「當上帝遍存於人心中時，世間毋須任何政治權威。」同時，種種政治理念的不同並非政治成功或失敗的必然原因；而他確信只要人受私欲之誘惑宰制則終將《失樂園》，上帝並不厚此薄彼。政治的改善繫乎民族的「再造」（regeneration），而民族的「再造」須經由個人精神層面的「再造」。所以彌爾頓願勉力奮發、撰就史詩以「在這個偉大的民族中種下公德與善行之種子。」

---

[9] 彌爾頓認為人在墮落後其實並未失去自由，它可以在公民社會、政治體中被保留下來。此點造成他與奧古斯丁的不同。

　　至於我們如何可知何人為擁有 Christian liberty 的「良善之基督徒」，這可能是個實踐上重要之問題。彌爾頓存有「差序格局」之世界觀，每個人秉賦自然法中自然理性之程度不一，故世界如同一三角錐體，上帝為其頂點而智賢愚不肖依序排列人數遞增（他雖然倡共和，但極輕視一般平民大眾）。在這種宇宙間必然的「差序格局」下，（在此世生活中）只有少數的人可能領受理性之光而知道良善與成為良善。所以他們應該是領導者，而人民共同推舉應是決定孰為良善者最客觀之法。在共和體制中人類較易更迭替代推舉出良善者，而如為君主制則極易流於世襲而失去共同推舉之可能。所以彌爾頓倡議共和，並非因為它本身一定好，而是因為非植基於「良善」與「能力」的血緣繼承，已然見其弊病。他認為共和政治的理想是：「使人民有最好的能力選擇治者，使治者有最好的能力治理。」但經過共和政治之失敗後，他終於瞭解要達此理想須先經過人的轉化「再造」之過程。上帝以聖經中所昭示之鐵律——從上帝者獲救，隨撒旦者沉淪——來管理世人，而並非令人世中之各種政治制度自行決定世事成敗。所以，《失樂園》之寫作有其絕對之重要性，它是先知對世人的警醒，是基督教世界必然的政治神學，也是（彌爾頓眼中）最終極的政治哲學。它的信息再簡單不過：良好的個人才有良好的國家，政治必須化約至個人的天理與欲望之交戰：「自由乃雙面之刃，正直及美德者獲之如魚得水，而於敗德傾頹者則為難以操持之禍患。」所以對彌爾頓而言，Christian liberty 與 earthly paradise 是密切相連的，前者彷彿是建構後者過程中的充分必要條件；而 earthly paradise 正即是 Kingdom of Christ，是唯一的公義國度。不立基於 Christian liberty 的任何政治（包括共和主義政治），都不可能是正義的，也更絕不是 Kingdom of Christ。而正也是在這樣的一個架構下，彌爾頓終於有可能融合了「歷史中的天堂」（the natural paradise）、「神諭中的天堂」（the celestial paradise）與「心中之天堂」（the inner paradise）。

　　千餘年前奧古斯丁就已經揭櫫此種對所謂政治場域的重新思考，並以之批判古典政治思想；但在《失樂園》中，基督教神學與（在各種制度中相對較為理想的）古典共和政治卻有了結合的可能，這無疑是無論亞里士多德或奧古斯丁都無法想像的轉變，而它乃是由 17 世紀「上帝的英吉利子民」所發動的革命所促成的政治想像。佛羅倫斯的但丁與英吉利的彌爾頓堪稱古典時代以後最偉大的兩位史詩作者，而——已有學者指出——彌爾頓的《失樂園》也受到《神曲》若干重要的啟發，且兩人都不約而同地藉著文學的想像，一方面抒其感時憂國之悲憤，而另一方面企圖建構一種古老的、源自柏拉圖的「意象式政治學」（politics of vision）。而同樣值

得我們注意的是：古典政治與基督教神學這兩種始終不相容的政治思維模式，卻在史詩的樣式中得以被融合且沿傳下來。如果說馬基維利及哈靈頓曾經強調制度規劃對共和國之建立與保障公民自由的重要性，則但丁及彌爾頓可被視為為共和國中公民的「內在自由」做出呼籲。《神曲》在前，《失樂園》在後，近代歐洲的自然權利政治思潮興起後常被遺忘的一項政治智慧卻早已被預先叮嚀：「自由」的最終極場域是存於個人之內，而非人際間。

第三篇

近代英國

　　大英帝國曾是近代世界史中的耀眼明星：它以英倫三島為基地所成就之影響力令人嘖嘖稱奇。若追究原因，則在 17、18 世紀時帝國內所發生的三次政治革命實為此霸業之根本基礎。本篇探索在當時所浮現的政治思想與這三次政治革命間的密切複雜關係。古憲法思想（或習慣法思想）、古典共和思想及自然權利思想從 17 世紀起陸續湧現於英吉利民族之政治語言中，協助他們對自身的歷史及從事政治的方式或意義做出深刻的反省，英國人把法國人與德國人拋在後面，取得了近代初期西方政治思想舞台上之擅長地位。

　　17、18 世紀的英國人，提供了西方民主轉型的楷模，而一般認為這大致要歸功於所謂的「三次英國革命」[1]，即是斯圖亞特王朝（the Stuarts）時的「內戰」（清教徒革命）、「光榮革命」與漢諾威王朝（the Hanovers）的「美洲革命」。在「光榮革命」之後議會主權大致確立，英國以有限王權型態出現；而經過 1776 年的「美洲革命」後，英國人的後裔建立了第一個現代的民主共和政體。習史之人不禁要問，在這三個革命之後的思想動力究竟為何？其如何形成，又如何演變，致使英國人能在其政治生活中，歷經絕對王權之統治而轉能享受共和政治之保障？本文所企圖指出的，就是三種醞釀於都鐸王朝（the Tudors）末期、斯圖亞特初期，而爆發於斯圖亞特中期的思想，可被看成是各種反抗王權理論中的耀眼明星，他們互相作用、互相連結的結果，提供了當時英國革命理念與反對意識形態的泉源。其中有兩種屬於「訴諸傳統」的政治思想，他們是奠基於歷史研究的，而另一種則是抽象政治理論，發軔於理性主義式思考（rationalist theorizing）。他們的核心概念分別是古老習慣（immemorial custom）、公民道德（civic virtue）及自然權利（natural right），而其思想通稱為習慣法（common law）或古憲法政治思想、古典共和主義（classical republicanism）政治思想及啟蒙理性自然法（Enlightenment natural law）或理性主義政治思想。

　　「近代初期」（early modern）是研究歐洲歷史與思想進展的一個關鍵時期，它約略是指涉文藝復興至工業革命這段時間，而通常討論的範疇是 16、17 及 18 世紀。本文主題所處的時代背景為此，而所引用之史料也皆為關乎此特殊時段的歷史考證或思想追述，因此嘗試努力進入這個特定的時空及其氛圍下去重履歷史是自始至終的一個希冀。對於前述的三股思想的探究，我們將以呈現其發生之歷史背景為主要手段，再副以其思想內部理路之解析；也就是先敘其何以發生、如何發生，

---

[1]　此係波考克教授（J. G. A. Pocock）用語。見氏所編之 *Three British Revolutions: 1641, 1688, 1776* (Cambridge University Press, 1980)。

再論其意義。庶幾乎能循之此原則體現「歷史中的思想」（ideas in context）之目標。以下乃分三個歷史時期闡述其個別之內容及相互之關連。第一個時期為都鐸末期及斯圖亞特初期，這是各股思想蓄勢待發及醞釀之時，也是本篇之主題——民權思想對抗絕對王權思想——開始展開之處所，而所要指出是伊莉莎白都鐸是英國政治社會歷史及思想史開始發生變化的關鍵時期。第二個時期是斯圖亞特中期以至於漢諾威初期，「內戰」及「光榮革命」均於此際發生，而思想史中夙負盛名的許多人物也寫作於此時，可謂是英國「近代初期」的最耀眼期。最後要呈現的則是漢諾威的喬治三世時期，美洲革命於焉發生，而 17、18 世紀英國政治思想也在此得到一個收束匯總的機會。本篇之行進依此時段順序而行，然有時為了行文之需要，前後互見之處亦偶見，循此原則閱讀本書或有助益。

　　不列顛西元第 1 世紀時被羅馬納入其版圖，而也從此開始其拉丁化、文明化的過程。羅馬衰亡後，盎格魯撒克遜人代之入主英倫，建立了所謂的「英格蘭」文明，並也在基督教的洗禮下加深了與歐陸的關連。1066 年「諾曼征服」後，封建時代隨著諾曼王朝登陸不列顛島；但隨著社會的變遷及戰爭（如約克王朝時的薔薇戰爭或十字軍東征等）或其他緣故，貴族逐漸凋零，而專制王權也在 16 世紀以後趁勢興起。本書的主題即關於「政治思想與歷史變遷」；所指的歷史背景就是都鐸王朝的伊莉莎白女王之後至 18 世紀末的兩百多年，而企圖從思想的角度輔助說明英國人如何在這段決定往後歐洲各民族優劣態勢的關鍵時刻裡——也就是所謂「近代初期」——醞釀出三次爭取「自由」的「共和」革命，因而領先群倫成為 19 世紀在政治發展舞台上最耀眼的明星，也無怪乎它在該世紀的國力達於頂峰。

　　歐洲文明從傳統過渡到現代是一個痛苦掙扎的過程。大凡一個社會要產生基本的變化，常需要全體成員均經過「動員」（mobilization）的過程方能成功；而近代歐洲人所歷經的兩次「動員」——文藝復興與宗教改革——均深深地刻劃了他們的心靈，使他們向中世紀告別，而迎接「摩登」時代的來臨。就如上帝所言，英國人在這方面拔得頭籌；在政治上，成功的議會民主使得中間階級的要求得到了紓解；在科技工藝上，工業革命也是首先在英倫如火如荼的展開；而在經濟及海外貿易上，它較早成型的資本主義常令他國豔羨並且是積極仿效的對象。而這一切蓬勃的發展其背後之助力可能大部分要歸因於斯圖亞特期間的轉型與漢諾威的發展；轉型乃指朝廷的納入國會——所謂「國會中的國王」（King in the Parliament）——而使政府成為一個理論上以反映社會結構為目的之「政治機器」，而發展乃指社會在整個「政治機器」的推動下從農業社會走向工業社會。三次「英國革命」為其催

化劑，而「自然權利」、「古老習慣」及「公民道德」是三次革命的思想後盾。

　　在文藝復興時期的義大利，對於一個國家如何在歷史的不斷變遷中維持政治長治久安於不墜，普遍被認為有三種思考模式可供利用：一是訴諸「祖宗之法」，即「習慣」，一是訴諸上帝，即是「恩寵」（gratia），最後則是直接向那普遍被認為是造成變遷的原因──「命運」（fortuna）──挑戰。而在不到兩世紀以後的英格蘭，很巧合地同樣的三種思考模式亦出現於其政治思考中，以對應當時的種種歷史變遷。習慣法、古憲法思想是「祖宗之法」，「自然權力」來自上帝的賜予，而「公民道德」則代表政治體成員向「命運」挑戰的能力。它們都在 17 世紀中葉以前悄然醞滋，而至內戰及共和時期爆發，並在光榮革命前後風行遍布。在此期間它們之間或獨立發展，或合流互補，甚或可能交相攻訐。而是時英國的政治也就在這三股思潮所經緯的系絡中摸索、發展。而在 18 世紀的喬治三紀時，移植匯聚於美洲的這三股思潮便在「清教徒千禧年」思想的鼓動下躍然而起，成為美洲革命的意識形態起源。

　　在英吉利民族的千禧年思想裡，他們相信英國人才是上帝的選民，而他們更樂意於引用彌爾頓的一句話，那就是上帝曾顯現，但卻是「首先向祂的英國人現身。」而我們從彌爾頓之後三百年的今天來看，上帝也許曾向度過「從王治到共和」光輝階段的英國人現身；但自 20 世紀前期以後，上帝的「選民」也許已不是英國人了。

第一單元
伊莉莎白都鐸與斯圖亞特初期

都鐸王朝的最後一位君主伊莉莎白，帶領英國驕傲地揮別 16 世紀而迎接斯圖亞特的來到。擊敗無敵艦隊（the invincible Armada）、國內產業的逐漸發展及宗教領域的嘗試努力整合等，這些都使得英國在內部的發展及對外的地位上首度成為歐洲國際社會的一顆明星，也讓莎士比亞及其僚友們得以歡慶所謂英吉利文藝復興的來到。就在這樣的一個背景之下，英國政治思想的新頁也悄然展開。

　　16 世紀歐洲政治思想的舞台在法國而非英國，這乃因為後半葉的嚴重宗教衝突在法國激起了重要的王權及反王權理論，而這些理論隨後亦在英國造成影響。大抵而言，都鐸英格蘭在伊莉莎白之前其政治思想多集中於討論政教衝突問題，如果對國家之目的、王權之本質等問題有所探究，亦著墨不多；而到了女王後期，約莫是 1580 年以後，此現象有了轉變，探討主權、王權界限等的理論開始發達，而這多半是受了布丹（Jean Bodin）的《國家論》（*Six Livres de la Republique*）於 1576 年出版的影響。史家大都同意，都鐸王朝是英國傳統封建政治轉型的關鍵：由於薔薇戰爭的影響及工商業的興起，貴族階級逐漸沒落而所謂的「中間階級」（the midding class）開始出現填補其空間；而當貴族凋零而亨利八世又掌控教會之後，絕對王權的架構就隱然成形了。因此當伊莉莎白建立的如日中天的統治成為事實之後，對王權作理論上的探討就隨著布丹旋風吹入而成為水到渠成之事了。

　　如果把英國此際有關絕對王權的理論作一區分，大致可得到兩類，一是著眼於擁護王權，強調王權至上與君權神授，而另一類則致意於建構「主權者」（the sovereign）之理論，著重「大一統」為政治體所帶來的裨益（commonweal）。布丹的理論雖替王權張目，而他本人也不諱言偏愛王治，但另外他也替「主權」這個概念做了一般性的初步理論探討，所以他實可稱兼為上兩類理論的先驅。第一類包括了蘇格蘭王詹姆士六世（即 1603 年以後的英格蘭王詹姆士一世）及菲爾默（Sir Robert Filmer）絕對王權理論，而第二類則包含艾略特（Sir Thomas Elyot）、海華德（Sir John Hayward）、克萊格（Sir Thomas Craig）及胡克（Richard Hooker）等人的著作。實際說來，第二類理論並不是「絕對王權」理論，因它雖受都鐸王權刺激而生，但卻與一味擁戴君主專治之氣味漸行漸遠，而應稱為「絕對主權」理論；而這類理論強調為了人民的福祉以及經由人民的「同意」而方生主權的絕對性，故其在後一世紀的發展可能與絕對王權大異其趣，甚至竟相反。

　　詹姆士一世在 1598 年（那時他應尚是蘇格蘭的詹姆士六世）出版了《君主國

家之真律》（*Trew Law of Free Monarchies*），這是一部標準的宣揚「絕對王權」的書，然而尷尬的是竟然是由一位國王所親自寫出。他討論蘇格蘭王權的起源，認為在初始這個王位並非是由某人或某些家族「入主」蘇格蘭民族而生，而是由一位英雄 Fergus 在這片土地上創建了一個國家後所產生的；所以這片土地上的一切文物典章制度及政府等等，都是由此人及其後裔所設，而非由他們「接收」。因此，「我們必須說，是國王創造了法律，而不是法律創造了國王。」即然國王在一片土地上的地位是如此高，那他就可比擬為天地間的上帝一般，對他所掌握的事物享有絕對的權柄：「他們可使臣子成為臣子，亦可使其不為臣子；他們使物起，使物落；使物生，使物死；可用任何理由審斷其臣子而不受任何人的干涉——上帝除外。他們可任意崇高卑賤之物而卑賤崇高之物，並將臣民耍弄如棋子般。」而這種無比的權力——宛若人間上帝——若非經由上帝認可且來自於上帝，還可能由何處來呢？詹姆士以人世間至尊以喻君王，對於當時的某些人言，可能並非完全無法接受，只可惜他標明的立場可能遠較他所能提出的理由來得明顯——以一個君王來說，與其說他在「說明」什麼，不如說他在「宣示」什麼。然而其後的菲爾默則不同，他確是在找尋一種「理論」，以期用說理來讓人們接受絕對王權。雖然《君父論》是 1680 年在菲爾默身後約三十年才出版，但這卻是他首先完成的著作，君主之於人民猶父親於家人，都享有完全的、絕對的權力，這是人類組織中最原始的定律；君主與父親很自然地「擁有」整個國家及家庭，他們不對任何人負責，上帝除外。君王的權力是「自然」的（natural power of kings），而如有所謂「人民的自由」，其卻非自然（unnatural liberty of the people），故人言「天賦自由」（natural freedom of mankind）云云實是一種嶄新的、雖有可能但卻危險的意見（new, plausible, and dangerous opinion）。而「君」「父」的這種絕對權力是在人類歷史過程中由上帝親自授與的，我們可以從舊約聖經中找到證據：根據〈創世紀〉的記載，在洪水之後挪亞的三個兒子及其子孫分居各地而成為現今各民族及國家的起源；故家長自然即是部族領袖或君主，而現今的君主即是當時君主的後裔子孫。

　　詹姆士及菲爾默的君權神授理論無疑地替啟蒙時代初期的英國政治思想投下了一個難題。在文藝復興之後，人本主義及個人主義之說漸入人心，這原本就對「君權神授」及「絕對王權」之說有腐蝕根基的作用，再加上中世紀末期所留下的一個寶貴遺產——憲政主義（constitutionalism），就使得「王權至高無上」（即是所謂的 *imperium legibus solutus*）的一向觀念開始面臨自政教衝突以來的另一次嚴

重挑戰。中世紀憲政主義與現代的憲政主義不同，現代憲政主義一般指為保障人權、制約政府權力因而制定憲法以規範之，而中世紀的憲政主義則有較含混而廣闊的意涵，但卻不是指對「天賦人權」的保障而立法。它乃指在中世紀普遍流行的一些觀念之下（如權力的出現是為了謀求人群團體的福祉，一個團體應由一套基本的法律——leges imperii——來自律等），普遍同意權（general consent）理論遂興起，繼而亦有政治權力不能漫無限制的主張，於是「依法而治」（rule by law）及設立某種制衡機制便成為節制政治權力的原則，這也是中世紀憲政主義最主要的表現方式。它與現代觀念的最大不同在於，它並沒有特定的人權要保護，也沒有公認的最佳政府組織類型以為範式，而只是要尋求某種方式使權力不致成為任意與絕對的。而有趣的是，這個於今看來頗具「進步」色彩的觀念卻或多或少和封建制度的特色有關。封建本意為「裂土分封」（feudum），乃是一種巧妙的層層契約關係，透過權利義務相對緊扣的特殊安排，國王與諸侯、領主與附庸之間的關係是有限權力與有限義務、權力分散而非權力集中；也就是說，在封建制之下，政治權力本身就受到來自制度面上的很大拘限，並且「依法而行」——封建制中最重要的機構是 feudal court——的傳統使得政治權威成為有限與受牽制的，而這不正是當代政府特質的雛型？以英國來說，這種思想就表現在王權的行使同時包含「王治」及「法治」的觀念上。按照馬克衣文（Charles H. McIlwain）的說法，英國 13、14 世紀時的布來克頓（Bracton, Henry of Bratton）、弗特斯鳩（Sir John Fortescue）對英國王權的看法正是其中世紀憲政主義思想的代表。布來克頓認為英王的統治包含兩種不同性質的權力，一是「個人決斷的統治」（gubernaculum, government），一是「依法而行的統治」（jurisdictio, jurisdiction）。Gubernaculum 之原意是「掌舵」（the holding of the tiller），顧名思義其為「個人權衡」之意；Jurisdictio 原意為「法律所言」（the saying of the law），即為「依法而行」之意。而弗特斯鳩有句名言，他認為是時英國的政體為 regimen politicum et regale，此處 regale 自然是王治之意，而對 politicum 之精義則後人看法不一，有人認為代表「王與議會共治」，馬克衣文則以為此應即是前述布來克頓所謂的法治（jurisdictio）。但無論如何，politicum 代表的是受某種機制制約的王權殆無疑義，故所謂的 regimen politicum et regale 實質上就是指在有些事情上國王可以專斷、有些事則否的一種「非絕對王權」政體。

　　而代表中世紀末英國憲政主義思想的布來克頓及弗特斯鳩所提倡的有限王權觀念，在 16 世紀時得到了更進一步的發揮，那就是史密斯（Thomas Smith）及史

塔基（Thomas Starkey）所提的「混合政體」（mixed constitution）理論。史塔基著有《對話》（*Dialogue*），宣揚國家各個組成部分或階級間應維持合作、和諧關係，而按適當比例相連結以組成政府，並透過普遍參與來促進道德生活及謀求公益。但因《對話》遲至 1871 年始出版流傳，故我們在論較 16 世紀末思潮時暫不論他。而史密斯之大著《論英倫共和國》（*De Republica Anglorum*）則自 1583 年出版以來便受矚目，在其內容中他表露了與西塞羅幾乎一致的對國家的定義，他認為國家即「一群自由人為了共同目的及誓約遵守共同規範所組成的團體，而如此作的最終理由是確保他們在平時的福祉及戰時的安全。」這段話有三個重點值得我們注意。一是「自由人」，二是「共同規範」，三是共同的「福祉」及「安全」。從第一點論，政治體成員應有所謂的「基本權利」並得到主權者的認可與保障，姑不論其為何；第二當然是「依法而行」的意思；第三則指出國家之成在於使人民均享公益，而並非是某人或某階級的私器。這幾個特色加總起來便與古希臘的城邦、古羅馬的共和政治思想近似，都強調共同的參與及權力的「擴散」或「非絕對化」。在這種理念的籠罩下，無怪乎史密斯要視英國為一個「有限王權」、「權力制衡」的政體；他認為英王的權力要受巴力門的制衡，無論制定法律或徵稅都須在國會中為之，也即是並無所謂的「英王的權力」，而只有「議會中的英王之權力」（king in the parliament）。巴力門代表整個的人民、自由人（也即是西塞羅所謂的 *populus*），而其中的上議院代表貴族，所以英國的政治實是王室、貴族與平民三個群體共同合作的結果。但這是指制度與結構上的組成，而實際整社會生活的運作卻是靠一組有權威性、受尊崇的「規範」——即是法律——來指導，也即是說，整個政治機制最終的目的在推出一系列有正當性的法律（立法）並施用之（司法），如此一來，一方面任何權力的行使都可看成是受到「公益」的前提所拘束，另一方面，（廣義的）「法庭」可被看成是整個機制中最重要的機構，而所謂巴力門正是最高的法庭。總而言之，在史密斯的觀念中，英國不但並非絕對君權的「中世紀憲政主義」國家，抑且還是個政治權力均衡的「混合政體」。

　　這樣的思想當然是絕對王權理論想要擅場的一個大障礙，它強調權力的均衡，強調巴力門的重要，在在都企圖表現「絕對」不應是政治權力的最佳使用方式。然而，如前所述，此時尚有另外一股思潮亦與詹姆士一世及菲爾默的絕對王權理論不同調，那就是包含了艾略特（Sir Thomas Elyot）、海華德（Sir John Hayward）、

克萊格（Sir Thomas Craig）及胡克（Richard Hooker）等人的強調因「同意權」[1]而形成政治體的理論。前三人或因年代稍早（艾略特），或著作較晚刊行（克萊格），一般而言其重要性均不及胡克，故於此僅以寫作於本世紀末期之胡克（1554-1600）為論。其鉅作《教會國家的法律》（*The Laws of Ecclesiastical Polity*）可謂是承接中世紀轉續近代思想之作，有相當的重要性。本書最重要貢獻當在於論究政治義務此一主題，並以此為中心建立一體系性之政治哲學，也為16 世紀英國政治思想劃一句點。當然，16 世紀宗教改革後所引發的教派紛爭，在英國的情況並不比歐陸來得好，清教徒與國教會（the Anglican Church）的尖銳衝突，是為引發胡克作此書之動機。在法國自囂格諾教派（the Huguenots）興起及1572 年巴黎的巴梭羅渺屠殺慘案（St. Bartholomew's Day Massacre）後，在 1576 年出現了《國家論》，布丹力思建構一有關主權之政治理論以期和平秩序之來到。而在伊莉沙白之英格蘭，宗教衝突令女王憂心不已[2]，天主教與清教徒均不服從都鐸王室為首的國教及其教儀規定（ecclesiastical laws）。天主教人數雖不少，但自亨利八世以來，受壓制極深[3]，他們固憤怒於 1534 年的《國王至上法》（*Act of Supremay*），亦不可能接受稍後的《共同祈禱文》（*Book of Common Prayers*），後來乃走宮廷路線尋求外援以謀立天主教之君主；清教徒則在理論與行動上均有對策以應當道，持續抗爭不斷[4]，否則就移民北美洲，曾造成了著名的「瑪利期間流亡潮」（the Marian exile）。鑑於清教徒問題的日益嚴重，胡克亦效法布丹起而立說，謀以基本政治理論之探討而根本解決此問題；雖然，他並未仿效後者之理論，而乃是以類似「政治義務」之概念為討論主軸。所謂政治義務的觀念是指國民對主權者及法律有一必須服從之道德義務；如果考究地說這是 17 世紀以後才興起的概念的話，那胡克就顯然是用在此之前——中世紀——的若干觀念來趨近這個概念的。要說什麼人把中世紀的思想做了重要的歸結的話，那這個人可能就是提供胡克為解決政治義務問題所須之靈感的人。此人乃聖湯馬斯（St. Thomas），而這個靈

---

[1] 「同意權」（consent）與「契約論」尚有一段差距，前者可謂是中世紀後期的一股重要思想。只有胡克可稱已具「契約論」思想。

[2] 女王嘗謂，在一個國家中，即使久遠以來被認為是國家整合致命傷的貧富差距亦不如教派衝突般地撕裂一個國家。在她的父王亨利八世創建英國國教派後，英國社會及王位繼承受宗教問題困擾亦達二世紀之久。

[3] 教會財產被沒收，神職人員無法再任政府要職，這些是較著者。另外，摩爾（Sir Thomas More）問斬，也是一個驚心動魄的插曲。

[4] 迦地納（Gardiner）稱英國內戰為「清教徒革命」，良有以也。見 S. R. Gardiner, *A Student's History of England* (London: Longmans, 1920)。

感就是「理性」、「自然法」與「政治秩序」的關連性。

　　從希臘、羅馬以迄於中世紀的思想傳統中，一直有股由法律來管理群體、由法律來建構秩序的觀念，這可視由亞里士多德、西塞羅、羅馬法學家及聖湯瑪斯等人一脈相承，我們可姑且稱為「法律－自律－秩序」典範。而他最大的特色在於視法律為雙面之利刃——同時滿足人的需要與規範人的行動，也即是說，遵守法律即符合個人之利益，亦符合社會之需要，不管在任何型態的政體之下。究其原因，除了最基本的理由——「規律化」即是「秩序化」——之外，亞里士多德強調法律本身常是經驗、習慣的化身，因此它是有裨於人、滿足人的需要與有過去成功的實效的。而在西塞羅作品中，法律變成了連結人與人間的基本關係的總結，甚至國家亦只不過是人與人之間形成的「法律團契」、「法律會社」（*juris societas, partnership of law*）而已。而另一方面，也從西塞羅開始，人的「理性」與「自然法」進入了法的理論之中。於是經西塞羅整理後的這兩支觀念，橫亙中世紀而傳沿至今其影響不絕。然若人的「理性」來自於「天啟」，則討論「上帝」、「理性」與「自然法」的集大成者自非聖湯瑪斯莫屬。聖湯瑪斯給予我們一個清楚的法體系的觀念；永恆法（*lex aeterna*, eternal law）→神聖法（*lex divina*, divine law）→自然法（lex naturalis, natural law）→人為法（*leges humanae*, human laws）。人為法即是民法（*jus civile*, civil law），其作為法律的屬性，是人的智慧及經驗的結晶，而永恆法則是上帝的智慧；民法的法理泉源須是自然法，而自然法則有待神聖法或永恆法啟示其內容。民法是制定法（positive law），但我們如何知道制定法是合於自然法原則的？這是由於我們知道什麼是自然法。早在希臘時代，這個問題就被悲劇作家所討論。索福克里斯（Sophocles）藉著安提格尼（Antigone）回答克里昂（Creon）的話點出了「天理」與「人法」的優位性問題：安提格尼認為上天寫在她心中的「不成文法」——雖然我們不知道它何時何地始出現的——必須超越國家的法律而成為我們行為的最終依循。而在西元前 1 世紀，西塞羅亦重新拾起了這個問題：他指出自然法是世上最高的法則，其內容即是上帝賜與人類的自然理性，人天生皆秉賦之，也因此人皆平等。但若問人的自然理性或自然法的內容如何落實（於不同時代、不同地域、不同事物），則聖湯瑪斯告訴我們此有賴基督教義之指引，聖經（Scripture）及道（*Logos*）就是神聖法及永恆法的含蘊及啟示，於其中我們窺得並領受上帝的智慧，以及恩寵。早先，奧古斯丁（St. Augustine）曾質疑人類理性的能力，他接受聖保羅的說法認為人在「墮落」（the Fall）之後，不但失去了自由意志，連理性的能力也受到極大的限制；因此，若不與上帝接近，他不

僅不能自立，亦無由獲得「救援」。但聖湯馬斯卻承襲亞里士多德對理性的樂觀態度，只不過稍加保留與修正：他認為對現世事物的了解與管理、甚至對環境的支配上，理性都有其不可否認的功能，但如有信仰加以輔助，則錯謬的機會將減少。理性本是上帝賜予吾人之禮物，而信仰卻是使此禮物發揮最大效能的訣竅；理性是天生而成、自然而得的天啟，信仰則是後天去追尋天啟，當理性及信仰能相輔相成，人追求智慧的過程才算完成。由此可推知，基督教國家的法律，因其須合於教義，且法律本身之成又反映了自然法的規則，故其必然是理性及信仰的融會；人服從國家的法律，就是服從自己的理性及服從上帝的意旨。因此，由於信仰使我們更能信賴理性，由於信仰使我們作為一個理性的動物能參與「永恆法」的探究──也就是落實「自然法」的內容而在世間尋得理想生活之原則，所以西塞羅的名言「正義的基礎在於忠誠的信仰」，在聖湯馬斯的體系中得到完整的詮釋。

對胡克而言，聖湯馬斯所傳衍下來的法的觀念無疑是一個重要的墊腳石，讓他得以順利解決「人為何要服從法律」這個問題；但胡克是 16 世紀而非 14 世紀的人，他面臨的環境與聖湯馬斯不同，普世教會被教派分立的局面所傷，而國家的俗世性格[5]亦漸強烈。所以他仍須面對的問題是：國家的法律的重要性為何高於宗教的歧異性？為了解決此一問題，他深入了政治理論的核心，以致導出了對國家起源及政治義務等觀念的精彩探討。胡克首先指出，人作為一種生物，必須結群而居：在生理上無社會生活之互助分工則無以謀衣食圖溫飽，而在心理上無社會生活之交際關懷則飄零似浮萍無歸屬。群居即屬絕對之需要，則維持其安定及秩序乃為吾人理性所能推衍得之第一定律；維持安定及秩序須靠法律，則法律之崇奉乃為群居生活首要之務。至此，似乎與聖湯馬斯之結論無多大差異，只不過其係由功利效用之立場立論。然而要任何人接受以上之論點應不困難，但接下來的問題才算棘手：怎樣的法律方算適當？誰訂的法律才應遵守？胡克於此結合了中世紀的傳統及文藝復興的精神，點出了處理此問題的劃時代性思考方式。一個群體有權替自己訂定法律管理自己，且其統治權威須徵得群體的普遍同意（universal consent）才享有正當性，這些都是中世紀留傳下來的觀念。而如此所表現的是一個自治自主群體的觀念，任何權威的加諸其上，不但需要獲其認可，亦須為其謀福祉。但個人與這個群體間的關係究竟如何，則中世紀之理論並未作深入探究，而中

---

[5] 即是所謂的 Erastianism（伊斯拉主義），其基本立場是教會是國家的一個部分，宗教生活須受政治生活中的規範所節制。

世紀之歷史亦缺乏鼓勵此種探究之動機。迄文藝復興及宗教改革後，個人的價值被提升至重新檢視許多理論的樞紐位置，普遍同意權的理論於此獲得更精緻化的機會。就胡克而言，每一個人依其「理性」（law of reason）而替自己作選擇，而此「理性」乃為一種「天生而成」、「不證自明」對事物判斷之能力。在莽昧時代，罪惡叢生，民不聊生，而人類竟能免於滅絕，實有賴上蒼庇祐；迄有文明法制之後，雖罪惡未絕，但較諸往昔已幸甚！故每一人如不同意立尊長以治國君民，則衝突禍患不止；而在每人均願意樹一權威以弭亂止爭之同時，國家或政治社群於焉成立。此權威有制法之權，而法之實施乃使社群可享秩序及和平。故對胡克言，同意與權威乃同時出現之事：當每一個體皆願進入法制及政治社群中之時，權威始生，法律始生，秩序始生。而個體願意進入政治社群中乃個人理性推衍所得之必然結果，不太需要其他外在原因加以證成。於此胡克雖未揭櫫契約論之名，卻了然有其實。而亦因此「契約」之成，受委任之制法者始出，而其制定之一切法律亦應皆具正當性，以利對此社群之管理。此處「一切」法律包含了「民法」（civil laws）及「教儀法」（ecclesiastical laws），亦即是俗世及精神生活皆納入其中。故人類遵其理性而行，則自然對主權者（即制法者）及一切法律有服從之義務，此即今世所謂之政治義務。然若有人（如清教徒）曰，精神、宗教生活乃獨立於政治之外，不應受所謂「契約」、政府、法律之約束，則以胡克的立場言，如此一來，以往「雙劍論」（Doctrine of the Two Swords）所出現的問題又將浮現，也即是政教的重疊地帶將會引發無限的衝突。唯有統一的權威才能避免爭議與矛盾，亦即唯有絕對服從主權者的命令才有和平。但如此一來豈不犧牲了某些人的宗教自由？胡克的解釋是，君王所能頒法統一的是整個宗教信仰中外在的、形式的部分，亦即是教儀，而其本質卻是「無關緊要之部分」（things indifferent），故硬行將之統一所帶來的弊將小於避免掉干涉信仰之指控所需付之社會成本。而接受整個「俗世化主義」（Erastianism）的必要性及優點是極為明顯的。故總而言之，胡克對個人理性及政治秩序間關係的探究，不但幫助他討論了英國清教徒的歸順問題，同時亦幫助我們建立了對政治權威來源與性質的新的詮解。當然，也由於《教會國家的法律》的出現，替 16 世紀及都鐸王朝的政治思想史留下了一個精彩的句點，自然也替後來的斯圖亞特王朝思想啟發了不少靈感。

一、作為政治思想者之莎士比亞

　　莎士比亞一生之戲劇創作可說是以歷史劇為啟始，在其前期創作生涯中占很重
分量。十大歷史劇皆以英國君王為名[1]，其文學成就固世所公認，但是其政治或政
治思想意涵卻較少人探討。莎翁之劇作有莎學研究者、戲劇研究者或是英國文學研
究者從各方面討論之，研究成果當然汗牛充棟。但是莎翁歷史劇之政治意識或政治
思想指涉卻非傳統或經典之莎學主題，只是間或有人研究之；而遲至西元 2000 年
才有以類似《政治思想者莎士比亞》（*Shakespeare as Political Thinker*）為名之專
書問世，集中地、聚焦地將莎翁視為懷具政治思想（並承接前此的「偉大政治哲學
傳統」）之寫作者來探究。

　　本章旨在申論劇作家莎士比亞的歷史劇中含蘊若干以當時眼光看極為重要之政
治思想關懷——為君之道，而莎士比亞其實是個一直被其文學風采所掩蓋的政治思
想者。政治思想中最重要的主題，舉凡國家之本質、統治者之本質與目的、最佳統
治者之形象及統治者所面對之難題等，都在其劇作中屢屢觸及。莎翁寫作於 16、
17 世紀之交的英國，時值都鐸王朝伊莉莎白女王統治之晚期，「專制君王」及
「君權神授」觀念深入人心，但女王無子嗣，繼位問題顯然逐漸為整個國家帶來困
擾——到底這個擔國家大綱的統治者如何產生？如何的人適合？什麼才是一個理想
君主的形象？莎士比亞會致力於創作歷史劇，本身就是一個耐人尋思的問題：觀眾
對此類題材會有興趣嗎？當然是有興趣，而且頗獲好評，所以接二連三寫了十部。
而以君王為名的歷史劇當然都不脫君王行事及個性的描述，所以自然也是對各該王

---

[1] 理查三世、亨利六世（上、中、下）及理查二世、亨利四世（上、下）、亨利五世，這就
　是通稱的兩組四聯劇（tetralogy），再加上約翰王及亨利八世兩部單劇正好十部。而其中理
　查二世、亨利四世（上、下）及亨利五世被稱為 *Henriad*，也就是有關亨利王的「史詩傳
　奇」。

朝間接的批判。觀眾有興趣，一方面固因君主之性格及施政良窳，對國計民生影響至鉅，另一方面，顯然百姓已有回顧歷史、臧否統治者之習慣。

　　然而，值得注意的是，莎翁撰寫歷史劇，固然係針對觀眾口味、迎合風尚，但同時也不啻將他自己對君王的看法、甚至論斷融入其中[2]。換句話說，莎士比亞自己如果對此有關王侯將相、治國平天下的主題夙無研究、毫無興趣，怎能連寫十部？以《理查二世》、《亨利四世》（上、下）而言，其中所透露之政治思想或治術思想幾乎與馬基維利之《君王論》所差無幾，不禁令人好奇莎翁是否讀過該書[3]？甚或是在面對實際政治上熱衷馬基維利主義[4]？無論如何，在以下的討論中，我們將指出，莎翁的歷史劇中（至少《理查二世》、《亨利四世》《亨利五世》）輕易地可找到與馬基維利「為君之道」同樣的思想與立場。也因此，若就關心「國君性格」、「治術」與「國家安全」之關係而言，莎士比亞應可稱得上是「文學風的馬基維利」，而他的若干歷史劇是英國風的《君王論》[5]。

　　什麼是馬基維利在《君王論》中所闡明的「為君之道」？依據一般常見的理解，那就是「審度」與「明察」用人——*prudenzia*（prudence）；「順應時勢所需」而權變的性格——*necessità*（necessity）；及以「保君位、持國家」為念之責任感——*mantenere lo stato*（maintain the status）。在第一項上，馬基維利要君王「像獅子、也像狐狸」，才能識人臣、御下屬；在第二項上，人君如能應時勢、順

---

[2]　著名的莎學研究者 Allan Bloom 認為對莎翁劇作中若干英雄人物的評斷需要以政治哲學之知識作基礎，而莎翁本人也是一個「對政治價值極敏感的作家」（"Shakespeare was an eminently political author"）。參見 Allan Bloom with Harry V. Jaffa, *Shakespeare's Politics* (University of Chicago Press, 1986)。

[3]　伊莉莎白時期英國社會對《君王論》及馬基維利主義的認識之探究，可參照：Hugh Grady, *Shakespeare, Machiavelli and Montaigne* (Oxford University Press, 2002)，第一章中有詳細之討論。Grady 的結論似乎是肯定的，他認為當時英國社會知曉《君王論》一書及其思想，而且莎士比亞也頻繁地使用馬基維利觀念於其歷史劇中。

[4]　莎士比亞可能跟當時的崇尚馬基維利主義政團 Earl of Essex 集團有某些聯繫，而且使用馬基維利政治與權術概念於創作較前此任何的劇作家都來得深入。

[5]　此處有一個詮釋上的問題略作交代，就是：在戲劇作品中，我們如何可判讀作者的思想及意圖？在專論式論文著述中，作者清楚交代其立場；但是戲劇中，我們如何知道劇中人及情節與作者立場之關連？首先，只要是從任何角色發出的任何一個對白，當然都是作者思緒的產物，代表作者知悉、並圖運用此觀點；而劇作以人物對話為形式的優點是作者可以將數個觀點並陳，然後巧妙地利用情節的安排來「呈示」其觀點或立場。技術上，他是一個敘事者（narrator）而不是宣道者（preacher），所以基本上我們須經由其刻意安排（角色變化、情節發展或劇情氛圍上）的對某事件陳述的「敘事手法」（dramatic representation）來討論他的意向。當然他有可能只帶出問題，無法提供答案；但即使如此，經由問題意識的呈現，我們已可以略窺作者內心寫作企圖之輪廓了。

當下所需而行，才能生存以至勝利；最後，統治者要了解君位為國之大器，任重道
遠而肩負天下安危，事事應以臨淵履薄之心、夙夜匪懈以從事，力圖鞏固權位及維
繫國運於不墜。莎士比亞寫作於伊莉莎白統治晚期，目睹女王從即位後就面臨的諸
多問題：在內部有她自己在宮廷政治中的生存與權力鞏固問題，以及如何團結（被
教派衝突撕裂的）社會、正確導引國家方向之問題，對外則是列強對由一介女子統
治之英格蘭虎視眈眈與國際間海權與殖民貿易競爭之問題。就其所有戲劇作品中以
描寫君王──或是擴大來說，王侯將相──居於多數的莎士比亞而言，統治者的性
格、識見或能力，自然是他無可逃的主題；也就是說，「為君之道」應是他在敘述
描寫了包括希臘、羅馬及英國（以及如《李爾王》及《暴風雨》中的虛構）的統治
者時，隱身於對白及情節後的問題意識。我們且以歷史劇《亨利四世》（上、下）
為主（旁及於《理查二世》及《亨利五世》）嘗試揭開莎翁對君王之道的想像。

二、《亨利四世》（上、下）之歷史背景

　　亨利四世是英國蘭開斯特王朝（House of Lancaster）的創建者，他名叫 Henry
Bolingbroke。前朝（金雀花王朝──House of Plantagenets）最後一位君主理查二世
是亨利的堂兄弟，他不當地沒收亨利的家業財產，並將之流放國外，於是亨利趁其
遠征愛爾蘭時返國號召一班貴族舉兵謀反，一舉擒獲理查二世，將其監禁。亨利在
重新取得其家產後，卻更肆擴大野心，逼迫理查下野而自己篡位登基，成為新王。
在此同時，也祕密將在獄中的遜王處死，以絕後患。亨利雖得天下，但是人心不
服，叛亂不止，終其在位十四年間（1399-1413），都忙於征伐平亂，未得絲毫喘
息，且自身時時為謀殺堂兄弟、篡弑正統君主之大逆行為良心不安。

　　亨利在位期間，除了平亂外，心中一直懸念兩事：他希望親自帶領十字軍東
征，一方面可以朝聖、替自己因篡弑而長久以來的良心不安減輕罪惡感，另一方面
則可以趁機轉移焦點，將國內不滿情緒導匯入對外征戰之同仇敵愾中；另一件事則
是憂心太子 Hal（未來的亨利五世）的不成材，每天與一班佞人奸邪者為伍，不是
廝混坊肆酒店、放浪形骸，就是竟日好行小慧、言不及義，甚至有偷盜劫掠之情
事。這些太子之「損友」中最惡名昭彰者就屬 Falstaff 爵士（Sir John Falstaff），
他的形象幾乎是莎翁歷史劇甚或所有戲劇中最為人樂道的──肥胖而好吃懶做，
集卑鄙、貪婪、奸邪、齷齪、頹廢、怯懦於一身，是個標準的「痞子」型人物，雖

則他的口鋒機智、幽默詭辯與洞察見識也時有過人處。在《亨利四世》（上、下）中，Falstaff 與太子 Hal 有著亦師亦友、亦父的關係：已屆知天命、耳順之年的 Falstaff 帶著太子四處狎遊、頹廢沉淪，當然「亦師亦友」；但是生性叛逆、在宮中得不到溫暖因而有疏離感（也很可能對父親之篡弒引以為恥）的太子，於是就把這個荒唐下流但逗趣易親近的「老臣」作為親近摹拗的「父執」，也就不足為怪。

莎翁寫作此劇（1597 年）是伊莉莎白統治之末期，也是英吉利文藝復興的高峰[6]。義大利文藝復興所留下的政治思想遺產當然是共和主義，但是隨著共和思想一起飄洋過海而來的也有著興盛於當時的「謀士獻策」（advisor to the prince）式文體，主題皆是有關君王之「治術」（statecraft）（莎翁寫歷史劇的重要參考資料中就有一本名為 A Mirror For Magistrates 的書，於 1559 年由 William Baldwin 所纂集，我們姑可譯之為《治者明鑑》，其中包括了許多有關人君統治的小故事）。馬基維利之《君王論》在當時對英國知識文化界已非陌生，而女王從一羞澀年輕女子轉化為君臨天下的威主，也早就是社會上街談巷議之話題。此外，英國在都鐸王朝（尤其亨利八世）開始進入專制王權（absolute monarchy）階段，伊莉莎白時到了頂峰，也因此，為君之道自然幾乎是政治上最重要的主題。君為一國之樞紐，亦常是風俗厚薄之繫與人倫之表率，更因其角色與位置充滿各種引人注目之色彩、傳聞或爭議，輒成為古今中外戲劇之最佳題材。

三、馬基維利式君王（一）：權位與責任 *duty & lo stato*

對馬基維利言，君主之位有極大的壓力與責任，居此寶座並非愜意，戴此冠冕亦非容易。君主為政治之中樞，其責任在於「建國」或「中興」；而達此二目的首要基礎乃在「維繫權柄於不墜」（*mantenere lo stato*）（其意即是：「維繫現狀，並充分掌控政局」），因為唯有如此，任何後續之作為才有可能。念念不忘確保維繫權位，與時時思忖一己之身負重責，此二事應常駐於任何一位明君的心頭。但是，這卻無疑是極沉重的擔子。

在《亨利四世》（下）中，太子 Hal 看著病重熟睡中的父王，有感而發：

---

[6] Hugh Grady 認為 1595-1600 這五年間是莎士比亞使用馬基維利主義之若干主題（themes）於戲劇創作的高峰，他甚至稱之為莎士比亞的 Machiavellian Moment。

　　這一頂王冠為什麼放在他的枕上，擾亂他魂夢的安寧？啊，光亮的煩惱！金色的憂慮！你曾經在多少覺醒的夜裡，打開了睡眠的門戶！現在卻和它同枕而臥！可是那些戴著粗劣的睡帽酣睡通宵的人們，他們的睡眠是要酣暢甜蜜得多了。啊，君主的威嚴！你是一身富麗的甲冑，在驕陽的逼射之下，灼痛了那披戴你的主人。在他的嘴邊有一根輕柔的絨毛，靜靜地躺著不動；要是他還有呼吸，這絨毛一定會被他的氣息所吹動。我的仁慈的主！我的父親！他真的熟睡了；這種酣睡曾經使多少的英國國王離棄這一頂金冠。我所要報答你的，啊！親愛的父親！是發自天性至情和一片孺愛之心的大量的熱淚和沉重的悲哀。你所要交付給我的，就是這一頂王冠。因為我是你的最親近的骨肉，這是我當然的權利。瞧！它戴在我的頭上，（以冠戴於頭上）上天將要呵護它；即使把全世界所有的力量集合在一隻雄偉的巨臂之上，它也不能從我頭上奪去這一件世襲的榮譽。你把它傳給我，我也要同樣把它傳給我的子孫。

　　而亨利四世自己又是如何看待他十幾年來的「號令江山」之生涯呢？答案是：夜不安寢。在未得病之前，亨利已是戰戰兢兢地度過每一個夜晚：

　　我數千上萬最貧賤的人民正在這時候酣然熟睡！睡眠啊！柔和的睡眠啊！大自然的溫情的保姆，我怎樣驚嚇了你，你才不願再替我閉上我的眼皮，把我的感覺沉浸在忘河之中？為什麼？睡眠，你寧願棲身在煙燻的茅屋裡，在不舒適的草褥上伸展你的肢體，讓嗡嗡作聲的蚊蟲催著你入夢，卻不願偃息在香霧氤氳的王侯的深宮中，在華貴的寶帳之下，以最甜美的樂聲把你陶醉？啊！你冥漠的神靈！為什麼你寧可在污濁的床上和下賤的愚民同寢，卻讓國王的臥榻變成一個竟夜聆聽鐘錶鬧鈴聲的無眠之所？在巍峨高聳驚心炫目的桅杆上，你不是會使年輕的水手閉住他的眼睛嗎？當天風海浪作他的搖籃，那巨大的浪頭被風捲上高高的雲端，發出震耳欲聾的喧聲，即使死神也會被他從睡夢中驚醒的時候，啊！偏心的睡眠，你能夠在那樣驚險的時候，把你的安息給予一個風吹浪打的水手，可是在最寧靜安謐的晚間，最溫暖舒適的環境之中，你卻不讓一個國王享受你的厚惠嗎？那麼，幸福的下民們，安睡吧！而戴王冠的頭是不能安於他的枕席的。

　　君位真是「難以承受之重」，而王冠為其表徵。當老王亨利在病榻上奄奄一息之際，太子問道：「這一頂王冠為什麼放在他的枕上，擾亂他魂夢的安寧？」於

是將之取走。國王醒來，人告以太子已取走冠冕，國王誤會之餘不禁悲慟，命速傳太子前來，告之：「我耽擱得太長久，害你等得厭倦了。難道你是那樣貪愛我的空位，所以在時機還沒有成熟以前，就要攫取我的尊榮嗎？」老王亨利此時語重心長地告誡眼前的年輕人：「啊，傻孩子！你所追求的尊榮，是會把你壓倒的。」

　　太子 Hal 是個聰明人，也是馬基維利式君主的最佳人選。他早已知道王冠是沉重的：如前所述，「光亮的煩惱，金色的憂慮」，他從小親見父王的鎮日不安，也一定曾目睹其徹夜難眠。所以在劇中，當太子即位為亨利五世後，他所說的第一句話竟是：「這一件富麗的新衣，國王的尊號，我穿著並不像你們所想像的那樣舒服。」當眾王子們哀痛父王之薨時，新君雖有繼大位之喜悅卻也同表難過。但是在莎士比亞筆下，這位年輕的君主早已經決定將哀痛化為力量，勇敢地承擔起王國未來的興衰大任：

　　你們所表現的崇高的悲感，使我深受感動，我將要在心頭陪著你們哀悼。所以悲哀吧，好兄弟們；可是你們應該把這一種悲哀認為是我們大家共同的負擔，不要獨自悲哀過分。憑著上天起誓，我要你們相信我將要同時作你們的父親和長兄；讓我享有你們的愛，我願意為你們任勞任苦。為哈利〔老王〕的死而痛哭吧，我也要一揮我的熱淚；可是活著的哈利〔新王〕將要把每一滴眼淚變成一個幸福的時辰。

　　在此處，莎翁所描繪的，正是一個馬基維利式的年輕君主，充分了解他自己、王冠與國家三者間的關係。「光亮的煩惱」、「金色的憂慮」，代表了「為父」、「為長兄」的責任；可以「享有你們的愛」，卻也須「為你們任勞任苦」；一個奮袂而起的君主可以「把每一滴眼淚變成一個幸福的時辰」。其實，在馬基維利主義下，一個國君的使命是維持絕對秩序、讓國土之內安享和平，沒有內戰濺血之事。在亨利四世即位之初，莎士比亞就讓這個「篡竊」的新君深深意識到他最重要的責任乃在於確保國境之內的和平：

　　在這風雨飄搖，國家多故的時候，我們驚魂初定，喘息未復，又要用我們斷續的語音，宣告在遼遠的海外行將開始新的戰爭。我們絕不讓我們的國土用她自己子女的血塗染她的嘴唇；我們絕不讓戰壕毀壞她的田野，絕不讓戰馬的鐵蹄踩躪她的花草。那些像擾亂天庭的流星般的敵對的眼睛，本來都是同種同源，雖然最近曾

經演成鬩牆的慘變，今後將要敵愾同仇，步伐一致，不再蹈同室操戈的覆轍；我們絕不再讓戰爭的鋒刃像一柄插在破鞘裡的刀子一般，傷害它自己的主人。

　　我們看完《亨利四世》（上、下），知道亨利四世做到了，而他也告誡他的太子要如此做；事實上太子也體認到、並且幫忙父王做到了。莎翁在這兩劇中，都是以「國家的危機」作為開場，而以克服危機結束。莎士比亞對於國君的責任與角色的認定，是非常明確的，而這當然可說是他寄託於戲劇中的政治思想裡「為君之道」的犖犖大端者。

四、馬基維利式君王（二）：依時勢所需而行 *necessità*

　　馬基維利式君王的第二個重要特質就是在前項目標下，任何行動均以肆應眼前需要、順應時勢為宗，並可以權謀任何非常之舉措[7]。這可能包括：權謀、背信甚至篡弒等。馬基維利從不諱言，為君之道在於以國家利益為優先考量，也就是 reason of state（*ragione di stato*）的概念。在此前提下，國政的任何舉措以「安邦定國」為最高目標。既曰「安邦定國」，則可導引出兩項政治上的「馬基維利新道德」：一是凡有助於鞏固國君權位之舉措都是可採納的；二是有「能力」（*virtù*）之士才適合領導江山，足以「安邦定國」，若國之大位所任非人時，謀殺篡弒亦不為過。馬基維利舉出了文藝復興義大利 Bologna 的 Caesaro Borgia，古羅馬的 Romulus 與 Remus 等人以為例。其中 Borgia 以欺瞞及血腥手段鎮壓異己、鞏固權位，而 Romulus 親手殺死兄弟而得大位，有如中國古代唐太宗李世民玄武門之變般。

　　莎士比亞筆下的君王們又如何？理查二世治國無方，民怨不斷，但是跋扈專擅，削藩鎮反時卻不餘遺力，陰狠異常。在《理查二世》中，國王理查命其大臣 Duke of Norfolk（Thomas Mowbray）陰謀害死王叔 Duke of Glouceter（Thomas of Woodstock），而當 Bolingbroke 在朝廷上指控 Norfolk 謀害 Glouceter 時，國王並不敢承認是他下令，反而讓 Bolingbroke 與 Norfolk 兩造比武決鬥，以定指控輸贏。這可謂一石兩鳥：如前者輸，則不啻除掉心腹大患；如後者落敗戰死，則也算

---

[7] *Necessità*，也即是英語中所謂的 acting according to the dictate of necessity。

滅口。但更狠毒者還在後面，在比武行將開始前，國王突然終止比武，而決定將二人同時流放國外，前者六年，後者終生。後者終生流放，已可謂跟前述戰死一般的封口。但同時間前者亦遭流放，此對國王極為有利：因其民間聲望隆著，對統治者早已形成壓力。所以，理查終止比武而同時流放二人，此舉可謂盡得「馬基維利式君主」精神。尤有甚者，當 Bolingbroke 之父（同時也是王叔的國之重臣、老臣）Duke of Lancaster（John of Gaunt）過世後，理查隨即宣布將 Bolingbroke 改為終生流放，並全數沒收其采邑封地。這真是袪除潛在心腹大患的好方法，先求借刀殺人，再來則是順水推舟：流放、封口、削藩整肅。理查二世這般處理藩鎮權臣固屬巧智，但是如此一來，貴族人心惶惶，怨懟叢生，皆對能否保有安享身家財產有危機感。

　　然而《理查二世》劇中的英雄人物 Bolingbroke 卻精彩演出「王子復仇記」。他在父死、遭流放國外、被抄家喪爵後，趁理查得意地親自西征愛爾蘭之際，返國號召貴族舉兵討王，獲得響應；因為用兵得當，竟一舉擒獲理查而使成階下囚。Bolingbroke 先是強迫理查退位，自己取而代之；接下來為了根本翦除後患，竟謀殺理查於獄中，而演變成為標準的「篡弒」。我們來試看在《理查二世》中莎翁所呈現的劇情：理查的統治不當已激起公憤，天怒人怨、盡失民心；Bolingbroke 廣受貴族支持而百姓愛戴，於是「篡弒」成為「時勢所趨」之「需要」。在莎翁筆下，Bolingbroke 是刻意地營造百姓對他的好感——他需要深得民心，彷彿早已在對日後謀篡之舉悄悄地試圖消除阻力。而這一切，當然也看在攻於心計的國王眼中。於是，King Richard the Machiavellian king 對這個 Henry Bolingbroke the Machiavellian king to be 做出了如是的觀察：

　　　　寡人……目睹他對群眾百姓那種討好賣乖的模樣，他如何一下子好像鑽進他們的心坎裡去，用一套卑屈而親切的頻頻示禮之手勢，他向奴隸們拋擲了多少的敬意，用巧計的笑臉取悅了窮困的藝匠，對於自己被放逐的命運坦然忍承，他帶走了民眾應該給予朕的愛戴。一摘帽他對一個賣牡蠣的少女致意；一群拖拉大車的力夫祝他上帝保佑，而他居然軟曲關節屈膝為禮以相報，還說，「謝謝，我的同胞，我的朋友」——好像英國不屬於朕而屬於他，他是英國臣民的下一個指望。

　　理查不是明君，甚至因天怒人怨已不適任，在此 Bolingbroke 一方面固然是順著時勢所趨毅然決然取理查而代之，但是另一方面他亦未嘗不是在主動地塑造「時

勢」，修德養望，爭取民心，為未來之踐祚預作準備、掃除障礙。這就是我們在
《君王論》中可看見的積極、主動、引領時勢的「馬基維利式君主」應有的心態。
而反觀理查，莎士比亞將之描繪為被小人佞臣包圍、一意孤行的統治者，逐日身陷
險境而不自知。兩位臣子的對話道出了對理查苛政的不滿：

　　Northumberland：上帝明鑑，這太可恥，如此迫害強奪這樣一位王公，而更多
的貴族，在這塊衰敗的土地上，亦將遭厄。國王已失良知，愚昧地為佞小所左右，
只要他們出於妒恨，指控我們全體中任何一人，國王就言聽計從，嚴厲地對付我們
危及包括生命、財產、子孫及後裔。
　　Ross：平民們遭他以苛捐雜稅剝了皮，無一人敬愛他。對貴族他也找出往日
爭端算舊帳，王亦失去他們的擁護。

　　在這樣的形勢對比下，莎士比亞最後終於透過 Northumberland 對理查之對話
點出了他認為理查被黜一事之「順天應人」：

　　如今你已讀到這一紙對你的指控，它包含了你本身及追隨者對這個國家、這
片土地及其福祉所做之傷害。如你坦承以上不諱，則所有生民都會認為將你罷黜是
正當的。

　　其實也就是說，Bolingbroke 的篡位，不是造反，而是基於國家利益的「馬基
維利式君王」的應有表現。而理查對此的抗辯也只是一再地提及「君權神授」的觀
念，他自己猶如耶穌——是猶太人之王，天命之王，而叛黨如處死耶穌之羅馬總
督彼拉多（Pilate），隨意羅織罪名而意欲將之處死。至此，莎士比亞已經把「君
王」與「國家利益」兩觀念連結，明顯地與馬基維利 reason of state 的立場一致。
　　在《亨利四世》（下）中，更有經典的一幕說明了莎士比亞對馬基維利式
君王所需有之作為的了然於胸。在第四幕中，叛軍在約克大主教與毛勃雷（Lord
Mowbray）、海司丁斯（Lord Hastings）兩勛爵的帶領下與亨利四世之小王子約翰
（Prince John of Lancaster）等人之保皇軍遭逢，兩軍即將決戰之際，約翰王子卻突
然提出和議，擬接受叛軍之要求而停火：

　　威斯摩蘭：請殿下直接答覆他們，您對他們的條件有什麼意見。

藍開斯特：它們都很使我滿意；憑著我的血統的榮譽起誓，我的父親是受人誤會的了，他的左右濫竊威權，曲解上意，才會造成這樣不幸的後果。大主教，你們的不滿將立即得到補償；憑著我的榮譽起誓，它們一定會得到補償。要是這可以使你們滿意，就請把你們的士卒各自遣還鄉里，我們也準備採取同樣的措置；在這兒兩軍之間，任我們杯酒言歡，互相擁抱，使他們每個人的眼睛裡留下我們復歸和好的印象，高高興興地回到他們的家裡去。

但是當叛軍解甲後，藍開斯特王子卻立即違背其承諾：

威斯摩蘭：好消息，海司丁斯勛爵，為了你叛國的重罪，反賊，我逮捕你。還有你，大主教閣下；你，毛勃雷勛爵；你們都是叛逆要犯，我把你們兩人一起逮捕。

毛勃雷：這是正大光明的手段嗎？

威斯摩蘭：你們這一夥人的集合是正大光明的嗎？

約克大主教：你願意這樣毀棄你的信義嗎？

蘭開斯特：我沒有用我的信義向你擔保。我答應你們設法補償你們所申訴的種種不滿，憑著我的榮譽起誓，我一定盡力辦到；可是你們這一群罪在不赦的叛徒，卻必須受到你們應得的處分。你們愚蠢地遣散你們自己的軍隊，這正是你們輕舉妄動的下場。敲起我們的鼓來！驅逐那些散亂的逃兵，今天不是我們，而是上帝奠定了這次的勝利。來人，把這幾個反賊押上刑場，那是叛逆者最後歸宿的眠床。

一般人讀到這情節一定都會不恥蘭開斯特王子等人之所為，堂堂一國之王子竟然以發假誓、詐和之卑鄙手段以求擊敗敵人。但莎士比亞卻對此不加處理，本景就在此處收場。莎翁在稍後或別處也並不對此事特別評論，他只是「客觀地」敘述事情的發展：一直為叛亂而心焦的國王在宮中收到了捷報，當下轉為欣喜：

威斯摩蘭：敬祝吾王健康，當我把我的喜訊報告陛下以後，願新的喜事接踵而至。約翰王子敬吻陛下御手。毛勃雷、大主教、海司丁斯和他們的黨徒已經全體受到陛下法律的懲治。現在不再有一柄叛徒的劍拔出鞘外，和平女神已經把她的橄欖枝遍插各處。這一次討亂的經過情形，都詳詳細細寫在這一本奏章上，恭呈御覽。

　　亨利王：啊，威斯摩蘭！你是一隻報春的候鳥，總是在冬殘寒盡的時候，歌唱著陽春的消息。

　　莎士比亞在此處是用了一個核心的馬基維利主義概念——「時勢所需」（*necessità*）——來婉轉地解釋這一切。猶如大臣威斯摩蘭規勸叛黨時所說：「您只要把這時代中所發生的種種不幸解釋為事實上不可避免的結果，您就會說，您所受到的傷害，都是時勢所造成，不是國王給予您的。」「時勢所需」，造成了叛黨王公們的損失與冤屈；「時勢所需」，也使得王子不得不用卑鄙的手段解決叛亂。何謂「時勢所需」？其實就是在「安邦定國」目標之下的「國內的和平」，亦即是秩序。莎士比亞藉著威斯摩蘭責怪約克大主教之詞，解答了何謂 *necessità*：

　　大主教，您的職位是藉著國內的和平而確立的，您的鬚髯曾經為和平所吹拂，您的學問文章都是受著和平的甄陶，您的白袍象徵著純潔、聖靈與和平的精神，為什麼您現在停止您的優美的和平的宣講，高呼著粗暴喧囂的戰爭的口號，把經典換成甲冑，把墨水換成鮮血，把短筆換成長槍，把神聖的辯舌化成了戰場上的號角？

　　國內的和平是宗教、文化、精神文明等等能發展的基礎，沒有了它，一切都成空。所以「安邦定國」是統治者最重要的職責，和平是政治最重要的目標。為達成於它，則一切作為都是「時勢所需」，成為「事實上不可避免的結果」了。莎士比亞在此點上，可說與馬基維利甚至霍布斯都有同樣認識。

　　本劇中另外有一件事也可算是君王遵循「時勢所需」而行之良例。老王亨利四世在臨終前交代行將繼位之太子，務必要帶領十字軍東征耶路撒冷聖地，藉著對外戰爭，使國內異議人士之怨懟有所移轉——甚至可以將他們的憤怒與生命索興一起埋葬在聖地。

　　過來，哈利，坐在我床邊，聽我這垂死之人最後的遺命。上帝知道，我兒，我是用怎樣詭詐的手段取得這一頂王冠；我自己也十分明白，它戴在我頭上，給了我多大的煩惱；可是你將要更安靜更確定地占有它，不像我這樣遭人嫉視，因為一切篡竊攘奪的污點，都將隨著我一起埋葬。它在人們的心目之中，不過是我用暴力攫取的尊榮；那些幫助我得到它的人都在指斥我的罪狀，他們的怨望每天都在釀成

爭鬥和流血，破壞這粉飾的和平。你也看見我曾經冒著怎樣的危險，應付這些大膽的威脅，我做了這麼多年的國王，不過在反覆串演著這一場爭殺的武戲。……那些擁護我的人們，也就是你所必須認為朋友的，他們的銳牙利刺還不過新近拔去；他們用奸險的手段把我扶上高位，我不能不對他們懷著疑慮，怕他們會用同樣的手段把我推翻；為了避免這一種危機，我才多方剪除他們的勢力，並且正在準備把許多人帶領到聖地作戰，免得他們在國內閑居無事，又要發生覬覦王位的圖謀。所以，我的哈利，你的政策應該是多多利用對外的戰爭，使那些心性輕浮的人們有了向外活動的機會，不至於在國內為非作亂……

亨利四世當初即是因著理查二世的削藩起而反抗，終於成功地篡弒；諷刺地是他即位後也是用同樣的政策，「多方剪除他們的勢力」。所不同的是，亨利的手段較高明，不至出現失控的局面。甚至他還想出東征的「聖戰」把戲，把反對者送到異域沙場效命。這樣精巧的安排，如果佛羅倫斯的馬基維利知道了（馬基維利約莫晚英國的亨利四世數十年），他很可能會寫入《君王論》當教案的。

五、馬基維利式君王（三）：審度明辨 *prudenzia*

理想的人君，除了明白「時勢所需」之原則外，用人及遇事還要能夠「審度明辨」；也即是說，以武俠小說的話語而言，馬基維利式君王不但要「快、狠」，還要「準」──也就是能對人明察、對事理做正確的判斷。莎士比亞在《亨利四世》（上）（下）中，就有幾處刻劃表現了這種明君應有的「審度明辨」之特質。

《亨利四世》（上）中最戲劇性與出人意料的一幕，殆為太子 Hal 在與叛軍決戰中手刃了英勇的 Hotspur 而取得勝利。 Hotspur 是何許人也？叛黨首領 Northumberland 伯爵之子，是個具有英雄氣質的人，廣受國人好評愛戴。連太子 Hal 也承認他是英雄，「這英勇的 Hotspur，這被眾人所讚美的騎士」，「這世上再沒有一個比他更勇敢、更矯健、更大膽而豪放的少年壯士，用高貴的行為妝點這衰微的末世。」甚至連亨利四世本人都對他讚譽有加，恨不得 Hotspur 才是他的太子：

……提起這件事，就使我又是傷心，又是嫉妒，嫉妒我的 Northumberland 伯

爵居然會有這麼一個好兒子，他的聲名流傳眾口，就像眾木叢中一株最挺秀卓異的佳樹，他是命運的驕兒和愛寵。當我聽見人家對他讚美的時候，我就看見放蕩和恥辱在我那小兒哈利的額上留下的烙印。啊！要是可以證明哪一個夜遊的神仙在強褓之中交換了我們的嬰孩，使我的兒子稱為潘西，他的兒子稱為普蘭塔吉納特，那麼我就可以看得到他的哈利，讓他把我的兒子領去吧。

　　而在與叛軍決戰前夕，在對太子的一番語重心長的談話中，亨利王更如此地責備太子：

　　如今的你，就像當我從法國出發在雷文斯伯登岸那時候的理查一樣；那時的我，正就是現在的潘西。憑著我的御杖和我的靈魂起誓，他才有充分地躍登王祚的資格，你的繼承大位的希望，卻怕只是一個幻影；因為他以一個毫無憑藉的匹夫，使我們的國土之內充滿了鐵騎的馳驟，憑著一往無前的銳氣，和張牙舞爪的雄獅為敵，雖然他的年紀和你一樣輕，年老的貴族們和高齡的主教們都服從他的領導，參加殺人流血的戰爭。他和夙著威名的道格拉斯的塵戰，使他獲得了多大不朽的榮譽！那道格拉斯的英勇的戰績和善鬥的名聲，在所有基督教國家中被認為是併世無敵的。這 Hotspur，強褓中的戰神，這乳臭的騎士，卻三次擊敗這偉大的道格拉斯……

　　這次談話極為重要，是亨利王先摒退臣下，與太子二人間的親密懇切談話。亨利王一方面責備，另一方面也訴諸父子之情而愛之深、溫馨地勸勉太子，當然是希望父子二人能攜手共同面對如今叛黨大軍當前的危機：

　　哈利……因為你自甘下流，已經失去你的王子的身分，誰見了你都生厭，只有我卻希望多看你幾面；我的眼睛不由得我自己作主，現在已經因為滿含著癡心的熱淚而昏花了。

　　現在我們來看看亨利王與太子這次關鍵的談話的作用。亨利王一方面固然是痛心疾首於太子 Hal 的不長進，另一方面也應是激將法，在決戰的前夕，希望還能使太子「警醒」，或是讓這個「將死的靈魂」能「迴光返照」，有所貢獻於藍開斯特王朝的存亡絕續。果然，亨利王的一番苦心，終於得到太子的回應：

不要這樣想；您將會發現事實並不如此。上帝恕宥那些煽惑陛下聖聽、離間我們父子感情的人們。我要在潘西身上贖回我所失去的一切，在一個光榮的日子結束的時候，我要勇敢地告訴您我是您的兒子……

太子 Hal 在王朝臨危的最後關頭，決定要振奮，「我的最仁慈的父王，從此以後，我一定痛改前非」；他要英勇地出征，捍衛父王——以及，將來屬於他自己——的江山。他在老亨利王前發誓，「憑著上帝的名義，我立願做到這一件事情」：

那時候我將要穿著一件染滿了血的戰袍，我的臉上塗著一重殷紅的臉譜，當我洗清我的血跡的時候，我的恥辱將要隨著它一起洗去；不論這一個日子是遠是近，這光榮和名譽的寵兒，這英勇的 Hotspur，這被眾人所讚美的騎士，將要在這一天和您的被人看不起的哈利狹路相逢。但願他的戰盔上頂著無數的榮譽，但願我的頭上蒙著雙倍的恥辱！總有這麼一天，我要使這北方的少年用他的英名來和我的屈辱交換。我的好陛下，潘西不過是在替我爭取光榮的名聲；我要和他算一次賬，讓他把生平的榮譽全部繳出，即使世人對他最輕微的欽佩也不在例外，否則我就要直接從他的心頭挖取下來。

老亨利王知道太子已然覺醒，他有了「繼承人」了：「你能夠下這樣的決心，十萬個叛徒也將要因此而喪生。你將要獨當一面，受我的充分的信任」。果然劇情的發展就是太子 Hal 在戰場上手刃英勇的騎士 Hotspur，而解除了王朝的危機。我們試看，老亨利王曾對太子說過如此絕望至極的話：「我不知道這是不是上帝的意思，因為我幹了些使祂不快的事情，祂才給我這種祕密的處分，使我用自己的血液培養我的痛苦的禍根；你的一生的行事，使我相信你是上天注定懲罰我的過失的災殃。」令人好奇的是：既然他對太子早已如此灰心，又何故來此一臨戰前的談話？莎士比亞在此的安排，應是暗示著老王其實是「知人」的：知道他的太子是有能力、有潛力的，一貫以來的「頹廢」都只是因為情緒之故（生在深宮中承受太子之角色壓力，甚至父王篡弒惡名之壓力）所生之反彈。「知子莫若父」，所以在關鍵的時刻，亨利王與太子的懇切談話就表示了老王正圖喚醒「睡獅」。莎翁在此所呈現的，乃是亨利王的知人之明——他雖然罪惡感及內疚纏身，但是他的頭腦終究是清醒的，他知道他的繼承人「可以是狐狸，也可以是獅子」！而太子——也就是未

來的亨利五世——也是明大體、能屈能伸，甚至是個「潛藏不露」之人；「韜光養晦」、「一擊中的」，這也就當然是馬基維利筆下最理想的君主類型了。

與其父一般，我們再來看看亨利五世在即位時所表現出的「知人之明」與氣度。他在身為太子之時，曾在一次與 Falstaff 鬼混之時因違法犯紀遭皇家法庭大法官審判並監禁下獄，以常理言當然會懷恨在心。所以亨利五世在即位後碰到這位大法官時，亦自承「對其很不滿」：

向我這樣以堂堂親王之尊，受到你那樣大的侮辱，難道是可以輕易忘記的嗎？嘿！你把我申斥辱罵不算，竟敢把英國的儲君送下監獄！難道這是一件小事，竟可以用忘河之水把它洗滌掉的嗎？

而大法官凜然陳詞的回答，無疑表現出莎士比亞對君王之道及治國政術中 reason of state 觀念的充分認知：

那時候我是運用著您父王所賦予我的權力，代表您父王本人；陛下在我秉公執法的時候，忘記我所處的地位，更然蔑視法律的尊嚴和公道的力量，凌辱朝廷的命官，在我的審判的公座上把我毆打；我因為陛下犯了對您父王大不敬的重罪，所以大膽執行我的權力，把您監禁起來。……請陛下設身處地，假定您自己是有這樣一個兒子的父親，聽見您自己的尊嚴受到這樣的褻瀆，看見您神聖的法律受到這樣的輕蔑，您自己的兒子公然對您這樣侮慢，然後再請陛下想向我為了盡忠於陛下的緣故，運用您的權力，給您兒子的暴行以溫和的制裁；在這樣冷敬的思考以後，請給我一個公正的判決，憑著您的君王的身分，告訴我我在什麼地方犯了瀆職欺君的罪惡？

而亨利五世的回答，也大概是整個《亨利四世》（下）中與拒斥 Falstaff 一節（詳下）一般最戲劇性、最膾炙人口的段落吧！亨利五世此時展現了一個「新生」的 Hal 的樣貌，他堅強地面對、克服了「人之常情」：

你說得有理，法官；你能夠衡量國法私情的輕重，所以繼續執行你的秉持公道、挫折強梁的職務吧；但願你的榮譽日增月進，直到有一天你看見我的一個兒子因為冒犯了你而向你服罪，正向我對你一樣。那時候我也可以像我父親一樣說：

「我何幸而有這樣勇敢的一個臣子，敢把我的親生的兒子依法定罪；我又何幸而有這樣一個兒子，甘於放棄他尊貴的身分，服從法律的制裁。」因為你曾經把我下獄監禁，所以我仍舊把你一向配戴著的無瑕的寶劍交在你的手裡，願你繼續保持你的勇敢公正而無私的精神，正像你過去對待我一樣。這兒是我的手；你將要成為我的青春的嚴父，我願意依照你的提示發號施令，我願意誠懇的服從你的賢明的指導。

　　這就是所謂的自我砥礪、廓然從公。亨利五世的內在經歷了一個「重生」，原因是他已是號令天下、擔負萬千生民福祉的君王，而不再是隨時得空閒嬉遊的太子；他明白自己已經進入一個新的角色，於是必須向過去的他告別：

　　我的狂放的感情已經隨著我的父親同時下葬，他的不死的精神卻繼續存留在我的身上，我要一反世人的期待，推翻一切的預料，把人們憑著我的外表所加於我的毀謗掃蕩一空。今日以前，我的熱血的浪潮是輕浮而躁進的；現在它已經退歸大海，和浩浩的巨浸合流，從此以後，它的動盪起伏，都要按著正大莊嚴的節奏。現在我們要召集最高議會，讓我們選擇幾個老成謀國的樞輔，使我們這偉大的國家可以和並世朝政清明的列邦媲美，無論戰時平時，都可以應付裕如。

　　莎士比亞身處伊莉莎白時期，親眼目睹女王個人的轉變：從一個年輕不更事的女子（25 歲即位）迅速轉變成為一個明達、幹練的一統大局之君。明主需要「公爾忘私」，克制一己之情緒、好惡，開闊胸襟任用賢人以輔弼國政——也就是「按著正大莊嚴的節奏」而行，這大概是莎士比亞在撰寫此段劇情時的胸中感懷。

　　現在我們來看看《亨利四世》（下）當中最高潮的一段，也就是太子 Hal 即位為亨利五世後拒斥以前的「狐群狗黨」Falstaff 的一幕。Falstaff 自以為在過去那麼多時日中曾經與太子「出生入死」共患難，所以他在「今上」面前應是呼風喚雨的紅人，理應成為新朝新貴。但是當他帶人興沖沖地去見新君以證明自己「身價」時，卻遭到亨利五世的突如其來的嘲弄與嚴峻的拒斥：

　　我不認識你，老頭兒。跪下來向上天祈禱吧；蒼蒼的白髮罩在一個弄人小丑的頭上，是多麼不稱它的莊嚴！我長久夢見這樣一個人，這樣腦滿腸肥，這樣年老而邪惡；可是現在覺醒過來，我就憎惡我自己所做的夢。從此以後，不要盡讓你的身體肥胖，多多勤修你的德行吧；不要貪圖口腹之慾，你要知道，與他人相較，墳

墓張著三倍大的闊口在等候著你。現在你也不要用無聊的諧謔回答我；不要以為我還跟從前一樣，因為上帝知道，世人也將要明白，我已經丟棄了過去的我，我也要同樣丟棄過去跟我在一起的那些伴侶。

　　長久以來，世人對太子的印象就是「紈絝」與「驕縱」，與一群小人弄臣廝混在一起，群居終日言不及義。老王亨利四世臨終前還把他的擔心明白地說出來。他彷彿感覺到，他日新君繼位後，就會：

　　貶斥我的官吏，廢止我的法令，因為一個無法無天的新時代已經到來了。亨利五世已經加冕為王！起來吧，浮華的淫樂！沒落吧，君主的威嚴！你們一切深謀遠慮的老臣，都給我滾開！現在要讓四方各處遊手好閒之徒聚集在英國的宮廷裡了！鄰邦啊！把你們的莠民敗類淘汰出來吧；你們有沒有什麼酗酒謾罵、通宵作樂、殺人越貨、無所不為的流氓惡棍？放心吧，他不會再來煩擾你們了；英國將要給他不次的光榮，使他官居要職，爵登顯秩，手握大權，因為第五代的亨利將要鬆開奢淫這條野犬的羈勒，讓他向每一個無辜的人張牙舞爪了。啊，我的瘡痍未復的可憐的王國！我用盡心力，還不能戡定你的禍亂；在朝綱敗壞、法紀蕩然的時候，你又將怎樣呢？啊！你將要重新變成一片荒野，豺狼將要歸返它們的故居。

　　但是亨利五世早已知道他必須跟以前的太子 Hal 不同了；在他父王臨終前，他就已經轉換了對自我角色的認知，而告訴父王準備好要承接治國重責：「陛下，眼前這一頂王冠，您曾經掙得贏取它、榮耀地配戴它、盡力地保有它，現在傳給了我。所以我理所當然地繼承，也會以最大努力好好地維持住。」因此，即位後的新君昭告天下：「不要以為我還跟從前一樣，因為上帝知道，世人也將要明白，我已經丟棄了過去的我，我也要同樣丟棄過去跟我在一起的那些伴侶。」

　　其實，太子 Hal 早早就知道 Falstaff 是什麼樣的人，只是他還身為太子之時，既然不治國，也就不必採取升麼行動來制裁他。我們試看他們彼此在一次精彩的嬉遊對話中（兩人分別變換不同角色發言——此時太子扮成父王，Falstaff 扮成太子），太子是如何描述 Falstaff 的：

　　一個魔鬼扮成胖老頭兒的樣子迷住了你；一支人形的大酒桶做了你的伴侶。為什麼你要結交那個充滿了怪癖的箱子，那個塞滿著獸性的櫃子，那個水腫的膿

包，那個龐大的酒囊，那個堆疊著臟腑的衣袋，那頭肚子裡填著臘腸的烤牛，那個道貌岸然的惡徒，那個鬚髮蒼蒼的罪人，那個無賴的老頭兒，那個空口說白話的老傢伙？他除了辨別酒味和喝酒以外，還有什麼擅長的本領？除了用刀子割雞、把它塞進嘴裡去以外，還會幹什麼精明靈巧的事情？除了奸謀詭計以外，他有些什麼聰明？除了為非作歹以外，他有些什麼計謀？他幹的哪一件不是壞事？哪一件會是好事？

　　太子於此已將他的「老朋友」簡言之為「那邪惡而可憎的誘惑青年的 Falstaff，那白鬚的老撒旦。」而另一次精彩的對話發生於 Falstaff 提到太子將接班之事；他開玩笑地籲求太子，如果繼位以後應該對像他們自己這種夜夜嬉遊、飲宴甚至偷盜見不得天日者多多包容：

　　Falstaff：呃，我說，乖乖好孩子，等你做了國王以後，不要讓我們這些夜間的紳士們被人稱為掠奪白晝的佳麗的竊賊；讓我們成為戴安娜的獵戶，月亮的嬖寵；讓人家說，我們都是很有節制的人，因為正像海水一般，我們受著我們高貴純潔的女王月亮的節制，我們是在她的許可之下偷竊的。

　　太子：你說的好，一點不錯，因為我們這些月亮的信徒們既然像海水一般受著月亮的節制，我們的命運也像海水一般起伏無定。舉個例說，星期一晚上出了死力搶下來的一袋金錢，星期二早上便會把它胡亂花去；憑著一聲吆喝「放下」把它抓到手裡，喊了幾回「酒來」就把它花得一文不剩。有時潦倒不堪，可是也許有一天時來運轉，兩腳騰空，高升絞架。

　　此處彷彿已經把太子登基後 Falstaff 的命運預做交代了！這是莎士比亞留下的明顯伏筆，正如太子稍後又說，「……老傢伙，弄一件軟皮外套不是最舒服的囚衣嗎？」可見太子頭腦是清楚的，他已預知有一天「老傢伙」會因「多行不義」而「命運像海水一般起伏無定」，但是現在他還毋須、也不便發作。太子其實曾經向狐群狗黨們透露他只是在隱藏真正的自己，時機未到而已，但是他們似乎未注意到：「哼，你以為我也跟你和 Falstaff 一樣，立意為非，不知悔改，已經在魔鬼的簿上掛了名，再也沒有得救的希望了；讓結果評定一個人的真正價值吧。」而太子亦曾在某一場合中，竟不排斥親身變裝以觀察人：「我們今晚可以看看 Falstaff 的本來面目，而不讓他看見我們。」這樣的行徑，太子認為，「……這正是所謂但問

目的，不擇手段。」可見莎翁讓太子 Hal 在平日的生活與狎趣嬉玩中顯現出他的善於隱藏自己與作事手段之靈活，而這正是馬基維利用以教人君者。

其實在《亨利四世》（上）的結尾處，莎士比亞就已透露出太子可以成為「英主」的可能性，也就是說，實已為《亨利四世》（下）他即位成為亨利五世後的表現做了預告。莎翁透過太子戰場上的對手 Sir Richard Vernon 做出如下令人驚訝的觀察，他認為太子將是「英國歷代以來一個最美妙的希望」：

> Vernon：……尤其難得的，他含著羞愧自認他的缺點，那樣坦白而率真地責備他自己的少年放蕩，好像他的一身中具備雙重的精神，一方面是一個疾惡如仇的嚴師，一方面是一個從善如流的學生。此外他沒有再說什麼。可是讓我告訴世人，要是他能夠在這次戰爭中安然無恙，他就是英國歷代以來一個最美妙的希望，同時也是因為他的放浪而受到世人最大的誤解的一位少年王子。

這樣的陳述，再加上以上的事例，我們可輕易看出，劇中所謂「太子的轉變」絕非突然，而是一個深諳自己角色、嫻熟馬基維利式處事原則的年輕人的「應時而起」。莎翁刻意做此安排，他對「君王之道」的看法躍然紙上。

另有一件事情值得我們反思的，那就是莎翁如何微妙地呈現亨利四世與太子間的父子之情。在《亨利四世》（上、下）中，莎翁做了很特別的安排：凡是父子二人間重要的對話，都是私下進行，沒有第三者在場。例如在太子與 Hotspur 決戰前的深談，以及亨利垂危前對太子的叮嚀。在前一場合中，亨利摒退群臣，私下跟太子的談話其實是《亨利四世》（上）的重頭戲。如前所述，亨利表面在痛責太子，其實他是對太子早有信心的，否則他不可能寄望在決戰前僅僅以一次談話便可以讓「浪子回頭」而扭轉局面。亨利是標準的馬基維利式君王，有知人之明，更是了解自己的兒子。但是他──正如天下許許多多父子一般──不知如何與兒子相處。所以，他對太子那段劈頭就罵的話，其實只是個父子間重要交心談話的開場白而已。他不知如何跟太子相處，正如太子不知如何跟父王相處，以至於成天在外與 Falstaff「鬼混」，好個「認賊作父」。但是兩人之間的血肉相連，絕對給予他們某種默契。父王責罵太子，應半是埋怨、半是玩笑，否則兩段情節的發展（亨利立即轉憂為喜）都轉折太快，未盡合理。所以父王絕對不在人前痛斥太子，以免太子日後真的在檯面上「望之不似人君」，無法治國。亨利作為一個父親，其實是跟天下諸多父親一樣，往往口中斥罵不斷，卻是無盡地疼惜兒子的。「〔那王冠〕一定

是〔太子〕把它拿去了；快去找他來。難道他這樣性急，看見我睡著，就以為我死了嗎？找他去……把他罵回來。」「我害著不治的重病，他還要這樣氣我，這明明是催我快死。瞧，孩子們，你們都是些什麼東西！亮晃晃的黃金放在眼前，天性就會很快地變成悖逆了。」口中不斷咒罵，但是臨終之際思子益切：「啊，那個等不及讓疾病把我磨死的傢伙在什麼地方？」

雖然依舊嘴硬，但在這最後的時日，亨利其實是服膺著天性，誠實地克盡父職，希望好好把江山交代給兒子，正如每一個父親都會把家業傳下一般：

那些癡心溺愛的父親們魂思夢想、絞盡腦汁、費盡氣力，積蓄下大筆骯髒的家財，供給孩子們讀書學武，最後不過落得這樣一個下場；正像採蜜的工蜂一樣，他們辛辛苦苦地採集百花的精髓，等到滿載而歸，他們的蜜卻給別人享用，他們自己也因此而喪了性命。

可是亨利要留給兒子最寶貴的東西，卻是統治之密法：

……我在平時是深自隱藏的，所以不動則已，一有舉動，就像一顆慧星一般，受到眾人的驚愕；人們會指著我告訴他們的孩子：「這就是他」；還有的人會說，「在哪兒？哪一個是 Bolingbroke?」然後我就利用一切的禮貌，裝出一副非常謙恭的態度……我從人們的心頭取得了他們的臣服，從人們的嘴裡博到了他們的歡呼。我用這一種方法，使人們對我留下一個新鮮的印象；就像一件主教的道袍一般，我每一次露臉的時候，總是受盡人們的注目。這樣我維持著自己的尊嚴，避免和眾人作平凡的接觸，只有在非常難得的機會，才一度顯露我的華貴的儀態，使人們像置身於一席盛筵之中一般，感到衷心的滿足。

這時，我們可以看見一個父親的依依不捨與關愛，他要盡一切可能把作為統治者的「口訣心要」傳給兒子：「過來，Hal，坐在我的床邊，聽我這垂死之人的最後的遺命……我還有許多話要對你說，可是我的肺力不濟，再也說不下去了。上帝啊！恕有我用不正當的手段取得這一頂王冠；願你能平平安安享有它。」莎士比亞筆下的亨利王，是一個標準的馬基維利式的君主，他博取名聲，審度時勢，知人善任，趁勢而起奪取君位，然後逐一弭平國內叛亂，維繫大位於不墜。但是他卻還是一個一般傳統下的父親，愛子心切卻常常不知如何表達，但求最後留下最多、

最好的給後代。在「公」的方面，馬基維利主義變成「為君之道」的根本，也是老亨利王要交給太子的「密術」；在「私」的方面，做父親者只能跟著血肉之親的紐帶走，袒護、寵愛、擔心、焦慮、愛深責切又叮嚀再三，於是有諸多情感與心緒的起伏。有無可能在此莎翁所要暗示的，是「經國濟民」的治術乃是一種學習而來的「知識」，而親子相處則根據「天性」；「為君之道」可以依不同狀況、環境來講求、磨練，但「人倫天道」則萬世不變。因此，亨利在政敵、臣民之前是莫測高深的君王，但面對兒子時他永遠只是一個焦慮、呵護與不知所措的父親。

　　為君者之難處，在於身處「公」與「私」之交際，時常須穿梭於「理智」與「感情」兩種不同領域、心態之間而能自適。國君由於所擔負之責任，必須有「超越常人」之思維及行動；而國君也是不折不扣的人，也受人性本然之驅使。所以在《亨利四世》劇中主人翁們（老、小亨利）的這種困頓，又豈非莎翁所有戲劇之共同主題——「理性」與「感性」的對比交錯、「天」與「人」的拉鋸掙扎——在政治面向上之呈現？莎翁長於角色之創造，但政治這個主題卻很可能是角色內部分裂——我們姑且名之為「角色之再創造」——的最主要原因之一。

六、莎士比亞的政治觀：legal tyrant vs. effective usurper

　　最後，我們要探討的主題是：莎士比亞究竟對於理查二世的遭篡弒一事，持如何的觀點？關於理查二世的不當統治以及被逼遜位、被刺殺，很明顯的，乃是「合法的昏聵暴君」（legal tyrant）對應於「英明能幹的篡弒者」（effective usurper）的例子。莎士比亞到底是注重「正統」還是「政績」？「血緣」還是「人緣」？當然，寫作於一個尚是絕對王權的君主當政的時代，公然對篡弒問題明白表示某種立場，顯屬不智，要不就得罪當道，要不就是有公然諂媚之嫌（當然，如此一來也不配稱得上是個馬基維利主義的研究者！）所以，莎翁的態度注定是要隱於文字間矣[8]。

---

[8] 據考證，此劇在 1597 年剛寫成出版時「逼宮」一幕被刪除，而是直至伊莉莎白女王駕崩後才加入。當然這是有政治敏感性的一幕，因為當時有一種說法指稱女王好比是理查二世，而稍後於 1601 年陰謀造反被誅的 Earl of Essex 是 Bolingbroke。當然，在女王過世後，莎翁儘可以較自由地表達其觀點，但我們認為因為這是個太困難又太敏感的主題，所以不論在政治上或是在文學技巧上，莎翁都有理由做曲折的呈現。

　　首先，對於弒君，莎翁明白地透過若干角色來表達這是不對的。畢竟，「君權神授」（the divine right of kings）觀念以及「正統傳承」觀念深入人心久矣；也許亨利可以舉兵迫使理查歸還其財產、家業、封地、名號，但不可以逼退；或也許就算可以逼退，但絕不能謀殺之。首先，莎翁透過卡來爾主教（the bishop of Carlisle）表達了這件事上「君權神授」的基本底線原則：

　　在這貴冑叢中，且容我這最卑下之人開口，但是我將直言無諱。但願上天保佑能有貴德之士來公正地審判顯貴的理查，此人的德宇必不容許他犯這彌天罪過。哪有臣子能把國君判罪？座中又有誰不是理查的臣子？盜賊不在場尚且不能審判，雖然他們罪惡昭彰；那麼，代表了上帝尊嚴的形象，而由上帝委派為提轄、管家、代理人，經過塗油加冕、多年在位的人，又怎麼可以被臣僕審判？何況他並不在這裡。啊！上帝啊，且不要在這基督教的國度裡，讓文明的人幹出那凶殘邪黑、大大不祥的勾當。我在對臣庶說話，我也是臣子；奉天之命，我為我主直言。這位 Bolingbroke 爵爺，你們稱他為王，實在是傲岸叛君的亂臣；假如你們給他加冕，則我可預言，英國人的血必然澆地，未來的世代為這罪行呻吟；和平將與異教徒、土耳其人共寢，在這昇平之地，驚心的戰亂，叫骨肉與骨肉、同胞與同胞，互相殺戮，紛亂、惶恐、驚懼、叛變，在此棲身，吾土將易名為〔聖經中〕歌各它骷髏之野。啊，要是你發動這王室對抗那王室，在這遭殃的國土上，那當會有最可悲的瓦解。這事千萬要阻止，不好發生。要不然，恐難逃子子孫孫的詛咒。

　　國王理查自己也援引聖經，指斥叛徒們之所為違背了天條。他認為現在被臣子審判的他就像當時「猶太人的王」耶穌一般，正被羅馬總督彼拉多送上十字架：

　　你們可曾在聖經中找得到任何一項有關於人臣可以違背效忠誓約、罷黜君主的條目嗎？不可能的！好呀，現在你們所有在此觀看者，如果認為此刻保持緘默、心存同情，就是潔淨了雙手；錯了，只要你們容許讓那篡奪者遂意，那就如同彼拉多把我送上殘酷的十字架上一般，而這種罪行是無法洗淨的。

　　所以理查毫不自覺自己「怨尤四起」該下台，而是衷心認為這些人都是些大逆不道的叛亂者，「推翻了真命天子而雞犬升天」。「真命天子」、「〔像耶穌般被〕送上十字架」，以及「塗油加冕」、「上帝委派的代理人」，這些說辭都是

訴諸「君權神授」，也因此違反它的後果就是「無法洗淨的罪行」、「英國人的血必然澆地」、「互相殺戮」與「詛咒」等。而連亨利王自己都承認他的王位寶座是「用暴力卑鄙攫取而來的尊榮」；他在臨終前向太子坦承了他的不安：

> 過來，Hal，坐在我的床邊，聽我這垂死之人的最後遺命。上帝知道，我兒，我是用怎樣詭詐的手段取得這一頂王冠；我自己也十分明白，它戴在我頭上，給了我多大的煩惱。……一切篡竊攘奪的污點，都將隨著我一起埋葬。

這是國君本人的「良心不安」，所以當然可說亨利篡弒是有違天理。最後，還有那英勇的 Hotspur 也曾經向他的長輩們提出諍言：

> ……你們把王冠加在這個健忘的人的頭上，為了他的緣故，蒙上教唆行事的萬惡的罪名，難道你們就這樣甘心做一個篡位者的卑鄙的幫凶，一個弒君的劊子手，受盡無窮的詛咒嗎？

因此，有關理查被篡弒一事，莎劇中有不少的段落都明顯做了「譴責」的處理；這樣看來，莎士比亞是否就是以「君權神授」作為敘事的主軸以及他自己立場的基調呢？可能未盡如是。曾幫助亨利「黃袍加身」的最關鍵人物，也是國之大老的 Northumberland 爵士，曾經在「逼宮」的政變當下對理查二世說，他的統治引發天怒人怨，下台理所當然：

> 如今你已讀到這一紙對你的指控，它包含了你本身及追隨者對這個國家、這片土地及其福祉所做之傷害。如你坦承以上不諱，則所有生民都會認為將你罷黜是正當的。

這個情節的安排頗耐人尋味。其實，Northumberland 所言就是足以與「君權神授」相對抗的 reason of state 觀念：國家最重要者乃是持續存在與壯大，而國君的功能與貢獻才是他的權力正當性之基礎；當統治者所為有悖於國家利益、危害這塊土地的安全福祉時，他就不是好的統治者——或可說，他就不適合當統治者。理查剛愎自用、狂妄而目中無人，在治國上疏離貴族、無恤於百姓之疾苦。在他當政下國貧民弱，因此換上有為者乃是順天應人之事（也有評論者認為《理查二世》、

《亨利四世》（上、下）中的篡弒、叛變等情事代表著君位是必須「爭取」而來的
這種「新價值觀」）。

　　而另有一處，我們看到莎士比亞似乎又在呼應這種「以臣民福祉為中心」
的政治觀：只要國君不得民心，就可以鳴鼓而攻之。諷刺地，以下一段話乃出自
Northumberland 的兒子 Hotspur，在出戰先前他們輔佐登上王位的亨利四世前夕的
誓師之詞：

　　　朋友們，生命是短促的；但是即使生命隨著時鐘的指針飛馳，一小時後就要
結束，若卑賤地消磨這段時間卻也嫌太長。要是我們活著，我們就該活著把世上的
君王們放在我們足下賤踏；要是死了，也要讓王子們陪著我們一起死去，那才是勇
敢的死！我們舉著我們的武器，自問良心，只要我們的目的是正當的，不怕我們的
武器不犀利。

　　這時，彷彿任何（因民怨而起的）叛亂沒有先天性的對錯、並不受「君權神
授」說的牽制，而吾人可逕以其成敗論英雄。當年亨利戰勝理查，所以他成就了
「所有生民都將會認為將你罷黜是正當的」；今日討伐亨利四世之舉，如果贏了，
乃因我們的「武器犀利」、「目的是正當的」；如果輸了，也不致「卑賤地消磨生
命」。

　　更有進者，在《亨利四世》（下）的開場段落中，莎士比亞明白地否定「君權
神授」說可以有任何固定的涵意；也就是說，我們無法確定推翻任何現在在位的君
主——亦即叛亂——必然是錯的事。在劇中的此處，Northumberland 集團正謀商懸
旗揭竿來反抗國王，其中一成員說道：

　　　在公子爺手下作戰的兵士，不過是一些行屍走肉、有影無形的傢伙，因為叛
逆這兩個字橫亙在他們的心頭，就可以使他們的精神和肉體在行動上不能一致；他
們勉勉強強上了戰陣，就像人們在服藥的時候一般做出苦臉，他們的武器不過是為
我們虛張聲勢的晃子，可是他們的精神和靈魂卻像池裡的游魚一般，被這叛逆兩字
凍結了。然而現在這位大主教卻把叛亂變成了宗教的正義；他的虔誠聖潔為眾人所
公認，誰都用整個的身心服從他的驅策；他從邦弗雷特的石塊上刮下理查王的血，
加強他的起兵的理由；說他的行動是奉著上天的旨意；他告訴他們，他要盡力拯救
這一個正在強大的波林勃洛克的壓力之下奄奄垂斃的流血的國土；這樣一來，已有

不少人歸附他。

　　本來是明顯的舉兵叛亂的事實，但是有了好的「理由」跟能服眾的「領導人」之後，竟可變成正義之師。所以莎士比亞在此處要表明的彷彿是，在政治的場域中，似乎有不同的角度可以觀看同一件事。而稍後（約克）大主教自己的這段陳述，更是把政治中的「現實主義」本質徹底宣說出來。他認為，當初舉國擁戴亨利王（Bolingbroke）登基的心態現已不復，「民意如流水」，現在大家卻懷念起那位被廢黜殺害之理查王。因此，討伐亨利反而是「順天應人」了：

　　讓我們前進，把我們起兵的理由公開宣布。民眾已經厭倦於他們自己所選擇的君王；他們過度的熱情已經感到逾量的飽足。在群眾的好感上建立自己的地位，那基礎是易於動搖而不能鞏固的。啊，你愚癡的群眾！當波林勃洛克還不曾得到你所希望於他的今日這種地位以前，你曾經用怎樣的高聲喝采震撼天空，為他祝福；現在你的願望已經滿足，你那饕餮的腸胃裡卻又容不下他，要把他嘔吐出來了。你這下賤的狗，你正是這樣把尊貴的理查吐出你的饞腹，現在你又想吞食你嘔出的東西，因為找不到他而猖猖吠叫了。在這種翻雲覆雨的時世，還有什麼信義？那些在理查活著的時候但願他死去的人們，現在卻對他的墳墓迷戀起來；當時跟隨著為眾人所愛慕的波林勃洛克的背後，長吁短嘆的經過繁華的倫敦的時候，你曾經把泥土丟在理查莊嚴的頭上，而現在你卻在高呼，「大地啊，把那個國王還給我們，把這一個拿去吧！」啊！人的思想真該詛咒！過去和未來都是好的，現在的一切卻為他們所憎惡。

　　這表示了政治的現實決定了行為的對錯，人民愛戴之則造反有理，人民厭棄之則雖正統又何如？但是人民的好惡如何？「在這種翻雲覆雨的時世」，誰能預知？所以，「在群眾的好感上建立自己的地位，那基礎是易於動搖而不能鞏固的。」這就正是馬基維利主義誕生之處：如果能博取群眾好感，則應盡力為之；但是如果「民意似流水」而不可恃時，君王就該努力自強，厚植實力。「正統」不足護身，「民意」亦不能常保；戰勝現實，是唯一出路。

　　換句話說，在「篡弒問題」一事上，莎士比亞的態度是曲折迂迴婉轉但最後卻有被歸結之可能的。首先，他照常理提出了「君權神授」的傳統觀念，但卻接著用「天聽自我民聽」來巧妙地扭轉它，直陳百姓的福祉及愛戴是君位正當性的基

礎。從邏輯來看，當這二者被允許並存時，「君權神授」就不是唯一而不可挑戰的價值標準。但最後，莎士比亞又以「翻雲覆雨的時世」、何信義之有的觀點間接地把前兩項都否決了。也就是說，當三者可以並存時，最後剩下的可能性，有關「天下名器」之授與及「為君之道」的祕訣可能就只是赤裸裸的「現實主義」（realpolitik）！也就是說，當每一項理據都是有可能、卻無法作為絕對的依靠時，國君就必須採行馬基維利主義，力求「莊敬自強」、「處變不驚」與「慎謀能斷」，也就是發揮 virtù，才能保全江山。以下這段話，很可能就是莎士比亞與馬基維利《君王論》精神最接近的一例：

> 要是我們把這次戰爭的命運完全寄託在冀望上，那冀望對於我們卻是無益而有害的，正像我們在早春時候所見的初生的蓓蕾一般，冀望不能保證它們開花結實，無情的寒霜卻早已摧殘了它們的生機。當我們準備建築房屋的時候，我們第一要測量地基，然後設計圖樣；打好圖樣以後，我們還要估計建築的費用，要是那費用超過我們的財力，就必須把圖樣重新改繪，設法簡省一些人工，或是根本放棄這一項建築計畫。現在我們所進行的這件偉大的工作，簡直是推翻一個舊的王國，重新建立一個新的王國，所以我們尤其應該熟察環境，詳定方針，確立一個穩固的基礎，詢問測量師，明瞭我們自身的力量，是不是能夠從事這樣的工作。

其實，整個馬基維利《君王論》的精神可說就是「推翻一個舊的王國，重新建立一個新的王國」，而書中他所要教導君王的，也正是「熟察環境」、「詳定方針」以及「確立一個穩固的基礎」！與馬基維利一樣，莎翁深深明白（或是感嘆）人間世與現實二者的本質，他透過 Falstaff 說道：

> 在這市儈得志的時代，美德是到處受人冷眼的。真正的勇士都變成了管熊的役夫；智慧的才人屈身為酒店的侍者，把他的聰明消耗在管帳報帳之中；各種從人的身上所能顯現的天賦與才能，都在世人的嫉視之下成為不值分文。

莎翁果有此世界觀，則他創造了 Falstaff 這個角色是寓意深遠的——Falstaff 是現實主義下唯一適合生存的人，他了解現實，嘲諷現實，但也充分利用現實，在現實中「無恥地」活著。但是同時，在《亨利四世》（上、下）中，他的出現卻有著微妙的政治教育意涵：Falstaff 是馬基維利式君王養成過程中的教材與反面教材；

或是如此說，是他參與塑造了現實主義的君王。（從馬基維利的觀點來看，很有可能太子各方面都勝於他的父親亨利四世。例如，有學者指出，「如果說亨利四世是馬基維利式君王，則相較於他兒子亨利五世，他其實只算是半個。」此外，也有人認為太子「早就處心積慮且自覺地要在〔馬基維利式〕政術上超越其父」。）Sir John Falstaff，某種程度上可以看成是莎翁版《君王論》的旁白者。

　　作為一個劇作家，寫盡人生、道盡社會，難道現實主義就是莎士比亞對政治這件事情的最後結論嗎？《君王論》中，馬基維利描繪出一個灰色的世界，於中他教導君主如何在政爭跟戰爭中獲勝。而莎士比亞的歷史劇就是以王朝興替及王侯將相為主的政治劇，其中最主要的情節也多是政爭及戰爭。莎翁的歷史劇／政治劇也不啻是一個權謀爭鬥的灰色的世界。也許在他內心深處，他對此般世界有一種深深的感慨，雖然他並未刻意地在任何劇尾終結處強調它；一如他慣常的委婉深邃風格，他竟是透過全劇中有著悲劇宿命的 Northumberland 之口把這幽闇心態吐露出來：

　　讓蒼天和大地接吻！讓造化的巨手放任洪水氾濫！讓秩序歸於毀滅！讓這世界不要再成為一個相持不下的戰場！讓該隱的精神統治著全人類的心，使每個人成為嗜血的凶徒，這樣也許可以提早結束這殘暴的戰劇！讓這劫後世界歸於黑暗！

　　在這灰色世界、現實主義之後，隱藏了有這一股黑色的憤怒、絕望與悲觀，或許這才是莎士比亞源源不斷創造歷史劇的初衷與寓意。

第二單元
斯圖亞特中期至漢諾威初期

　　查理一世與共和時期——查理一世在 1625 年即位後，替英國的政治發展史開啟了新的一頁，英國首出的「共和」時期可謂因他而生，而各種政治思潮也在他在位期間或被弒後風起雲湧，薈萃爭輝。固然，查理繼承其父詹姆士一世的王權至上理念，並一意孤行，導致了他的走上斷頭台，但在這些政治劇變背後的意識形態背景，卻有著精彩的發展歷史，值得我們考察。也可以這麼說，17 世紀英國政治思想所以蓬勃耀眼，還得感謝查理這個悲劇人物作為其催化劑，使得「內戰」及「共和」成為醞釀政治理論寫作靈感的重要因素，古憲法政治理論、理性主義政治理論及所謂的古典共和主義政治理論都在此時陸續登場。

　　斯圖亞特復辟與詹姆士二世——王位排斥法（Exclusion Bill）與光榮革命的醞釀。

　　奧古斯都英格蘭——農業與商業，道德與財富，長治久安與腐化。

　　波考克（J. G. A. Pocock）在 1957 年出版的《古憲法與封建律》（*The Ancient Constitution and the Feudal Law*）替 17 世紀英國政治思想史的研究帶入了一個新的主題：也就是，習慣法（common law）思想成為介入斯圖亞特王朝歷史變遷的一支政治語言。我們且來看看他在別處對古憲法說與習慣法所下的精要定義：

　　古憲法說的基本架構約莫成形於 1600 年。它乃習慣法法學家之作，而深受有關英國習慣法之種種假定的影響——此等假定乃深植於每一習慣法學者之心。根據此等假定，英國之所有法律均可稱為習慣法；其次，習慣法乃為共同之習俗，此習俗源自民間而經由法庭所宣告、解釋及施用；再次，所有習俗顧名思義而知其久遠無可考（immemorial），因而若宣告任何法律之成立即如同宣告其內容乃為久遠無可考之習慣。此等假設稍後均被採用以為歷史解釋之基架，而由是而生之歷史解釋將植基於過去的記錄、原則與判斷——而非編年史上之某些記載——並且於每一關鍵處均包含法律乃久遠無可考此一假定與前提。於此，可得一結論，即是整部英國法典及「憲法」（此指權力之分配，與宣告及施用法律之原則）均係開始於英國史上若干無法確知之時，而自有歷史記錄以前之某些時刻即已存在。由是而來之法律史讀之乃似一系列有關法律無可溯源論之宣告。亦由是產生若干極精緻之迷思，此等迷思主要由 17 世紀以降之英國人所倡設，且互相結合而最後形成所謂對古憲法之崇拜。

　　既然英國習慣法的來源出於其民族古老的傳統（traditions）、習俗（customs）與慣例（usages），而這沿傳久遠的習慣或做法經過時間的考驗後就自然成為具有權威性的規範；當這些規範經過習慣法法庭的宣告或判例的過程後就成了習慣法。它屬於一種不成文法（*jus nonscripta*），不是在某一時由某一人或某一群人所制定；它的本質是習慣，而習慣依其定義即是「久遠無可考」，其延續性本

身就是它具有權威的原因。習慣代代相傳，綿延不絕，其所倚者乃是「繼承」這個概念：由於「繼承」，我們不但接收了祖先的財產，更及於其生活方式——即是自由與權利。關於此點，波考克特別提醒我們注意 18 世紀的習慣法思想家柏克（Edmund Burke）所作的解說。柏克在回顧 17 世紀的英國政治史時指出，英吉利民族有一古老做法，就是一貫地聲言他們是擁有諸項自由權的民族：

> ……從大憲章至權利宣言以來，我們的憲法之一貫立場是聲言與主張吾人之自由權係繼承自祖先而來，且將傳之子孫；它是一種特屬這個國度內人民的一項財產，不須依附任何其他先決或普遍原則而成立。經由此方式，我們的憲法得以在包含許多歧異部分的同時維持整體的完整性。我們有世襲的王位、世襲的貴族、一個下議院、以及從綿延久遠的祖先手中繼承若干特許權及自由權的一群人民。

顯然柏克要提醒英國人民，訴諸歷史而尋找各種權利，是一個祖先所傳而吾人所承之法，而其亦將由吾人傳諸後世；自由權為大英王國內人民所擁有之天然財產，並毋須借助其他理論或某種更原初的權利使其成立。這樣的一種訴諸遠古以來的傳統、習慣及世代繼承的觀念，波考克稱之為「習慣法心態」（common-law mind），而它的最著名代表者就是柯克爵士（Sir Edward Coke）。如果說習慣法思想是一種迷思，那柯克就是一個偉大的——雖非唯一的——迷思製造者。

但為什麼習慣法思想是一種迷思呢？難道他所指稱的並不合於歷史的事實？要解決這個疑難的人必須面臨英國法律及制度史的問題，而事實上，也等於走進英國古史的領域。而就在這個領域的歷史研究中，17 世紀英國的歷史與政治找到了一個重要的舞台。這個舞台上最早的要角是生於 1552 年的柯克，他在 1600 年以後陸續出版了一系列的習慣法《報告》（Reports），並在 1628 年以後陸續出版了《英國法原理》（Institutes of the Laws of England），而在這兩部著作中他揭櫫了影響極深遠的兩個信念，其一是視久遠無可考的英國習慣法為保障英國人若干自由與權利的古憲法，其二則是視巴力門為此制度下護衛人民自由的機構，它也應是久遠無可考的。即然如此，則習慣法與巴力門的歷史都將至少與王制一樣長，而甚至更可能比它還長，故人民的自由與權利其成立之基礎並非來自君王所頒法律的賜予，而是獨立於王權制度之外的。當然，作這樣的宣稱，必須依賴一些具說服力的基本預設，而這些作為習慣法思想成立的基本預設是柯克所不斷強調的。首先，他認為，大多數法律之所以取得「法律」的地位是因他們原本就為（久遠無可考的）

習慣；其次，由習慣而來的法律其優點是它秉賦有一種「人工智慧」（artificial reason），也即是許多世代智慧的累積與精鍊，其含蘊的豐富及深邃亦不是某個絕頂聰明的人可比擬。因此這種有關久遠無可考的古憲法與巴力門的說法，其政治意涵即是王權必須尊重這塊土地上的「基本法」與古老制度，也即是說，人民的生命、自由及財產應受合理的保障——國王不得隨意拘捕、徵稅或徵兵。由於傳統以來，英國人與習慣法的密切關係——他們認為習慣法是英國唯一的法系，再加上柯克及那些習慣法學家對古憲法觀念的推波助瀾，這樣的信念逐漸占據了17世紀英國人的心中。

但是這樣導致了一個後果，就是它醞釀成一股政治思想，而卻扭曲了歷史。根據《古憲法與封建律》，英國的史學可能就發軔於對這個主題所進行的歷史研究。從 11 世紀諾曼王朝建立，取代薩克遜王朝而統治不列顛群島以後，英國的中古社會究竟受古憲法的支配抑由國王所頒定的封建法所管理？不同的法律史就勾繪出不同的英國歷史面貌：如果在歷史中習慣法仍是英國社會的主要規範及諸制度之基本，則薩克遜部族的特有傳統就成為英國歷史的主要內容；可是如果征服者所頒定的法律及他犒賞征服集團的分封制度（Norman baronage and knight-service）取代了舊律及舊制，則英國從「諾曼征服」之後就應是一個一如歐陸的封建國家，有一段封建的歷史。而在此英國人對他們自身法律的了解就塑造了他們對自身歷史的認知：執著習慣法的學者以為所有的法律均源於習慣，且盎格魯薩克遜的特有生活方式及政治傳統源遠流長而使英國的制度異於歐陸國家，但反對此說的人則強調國君的頒法定制，並從 11 世紀以後出現的封建中看到了歐洲封建王朝的擴張於英土與薩克遜民族之上。故就歷史研究而言，如古憲法思想可以成說，那對它成立的最大障礙將來自於 1066 年的「諾曼征服」：如果威廉王的入主的確是一個「征服」，那麼一切盎格魯薩克遜傳統自應在「征服」之日時即中斷，而王國由諾曼人之領袖「征服者威廉」所頒之律令統治；假如不是如此，則所謂征服豈非虛言？這的確曾是令習慣法學者尷尬的事實，因為無人能說「諾曼征服」並不是一個真正的征服。但柯克為他自己找到了自圓其說的「證物」，那就是自 12 世紀起進行編纂的《愛德華王法典》（Leges Edwardi Confessoris）及轉錄此法典的 16 世紀作家蘭巴德（William Lambarde）所撰之《論英國古法律》（De Priscis Anglorum Legibus）。雖然這些法條正是對習慣法確認的證明。他指出諾曼征服者開始時的策略是恩威並用，設法倚賴若干原來的傳統而統治，因此宣布愛德華王之法律仍可適用，所以盎格魯薩克遜人的古老習慣並未斷絕，仍寄存於前朝的法典內，而在往後的諾曼王朝

裡規範著百姓生活中的許多事宜。由蘭巴德的書中柯克找到了英國法律在諾曼征服後仍持續之證明，另外，由 14 世紀傳下的二本書 *Modus Tenendi Parliamentum*（論議會的組織與權力）及 *Mirror of Justice* 中，他看到了巴力門制度實是薩克遜人古老傳統的延續；也就是說，巴史門與習慣法一樣都是久遠無可考，並成為諾曼征服後英國政治制度與法律的基礎。

但問題在於《愛德華王法典》及之後的那兩本書均屬偽作，本係具「習慣法心態」之學者於先前年代所杜撰，其內容並不合於史實。17 世紀習慣法學家們對於習慣法的出奇固執——視法律由習慣而來，且具「隔絕、不受外來影響」之特性（insular）已使他們無法看見其本身「習慣法想像」以外的世界，而失去了從事真正歷史研究的機會。然而反對習慣法優位性及主張封建歷史的人卻也多半未能提出令人信服的史料來支撐他們的說法，只不過是一昧基於意識形態的理由而擁護王權，否定巴力門及習慣法有限制王權作用的先例。也即是說，在習慣法的歷史這個主題上，柯克等習慣法學家與他們的反對者已捲入斯圖亞特王朝（尤其是兩位查理）時議會黨及王黨關於英國君主權力之論爭中，而分別成為某一方的理論提供者了。讓我們今日得以知道習慣法思想是一種史學迷思的，即不是那些大陸法、封建法的法學家，更不會是習慣法學家們自己，而是英國 17 世紀的古史學者（antiquarian）。史培曼爵士（Sir Henry Spelman, 1564-1641）即是波考克筆下的英雄人物。他在中古史中尋獲了「封建」（*feudum*）的痕跡，他發現了英國有一段封建的過去：從 1630 年代起，史培曼陸續考據出諾曼征服的確替英國帶來了封建制度，為盎格魯薩克遜民族帶來了封建的歷史。可惜史培曼的著作在查理一世年間並未出版，甚至在內戰、共和時期人亦無從知曉，而要遲至斯圖亞特復辟時才首見付梓。他雖然寫作於查理一世年間，然其研究之初衷並不在介入黨爭，而是純粹的考古之興趣；但亦正因如此，他的《古史辭典》（*Glossary*）經由道格戴爾引介出來成為復辟之後王黨史學家最佳助力。而在他之後的一些封建史研究者可能就沒有如此之超脫黨派了。

而在「王位排斥法爭議」（Exclusion Controversy, 1679-1681）後期出現的古憲法辯論，其黨派性更為明顯。早先的王權理論家菲爾默（Sir Robert Filmer）的君權神授說及史培曼發現的封建史若結合起來，自然成為王黨及托利的犀利武器。而於此際，身為王室御醫的劍橋教授布來迪（Robert Brady）也加入了這場古史的辯論，兼採史培曼、道格戴爾、培英（William Prynne）等人之說以立論，更為古憲法說帶來另一波的重擊。對於這個事件的意義，《古憲法與封建律》做了特別的說

明。根據波考克對 17 世紀習慣法思想史的研究，柏帝（William Petyt）是繼柯克、謝爾登（John Selden）、戴維斯（Sir John Davies）、海爾（Sir Methew Hale）之後的懸古憲法大旗者。他在查理二世晚年力戰王黨理論家，先是批道格戴爾，繼而駁菲爾默、史培曼，最後則掀起與布來迪的辯論。柏帝《英國人民的古老權利》（*The Antient Right of the Commons of England Asserted*）於 1680 年出版，而布來迪之《英國全史》（*Complete History of England*）則於次年問世。但這場爭論的結果是，即使有前人像史培曼這樣優秀的史學者之（部分已出版的）著作的幫助，布來迪還是未能說服他那受「習慣法心態」影響甚深的國人接受封建歷史的事實；而光榮革命的結局更使得史培曼及布來迪之「封建史學」被柯克及柏帝的「習慣法史學」之氣燄所壓倒。這中間自然有所謂的「反諾曼情結」（anti-Normanism）因素在內[1]。

　　但史培曼及布迪並非對輝格及「習慣法史學」不具威脅，因為他們也的確逼得輝格理論家明瞭，耀格在這條歷史研究的戰線上已無法持續太久，於是終於有洛克的「天賦人權」這種非歷史的、理性主義政治理論出現。而現在是我們檢討古憲法思想在 17 世紀之影響的時候。從柯克於本世紀初陸續發表著作以來，習慣法與古憲法就隱然成為一股對抗絕對王權的「迷思」。在查理一世時，他的力量明顯地被凝聚起來。1628 年的《權利請願書》（*Petition of Rights*）就可看成是柯克「迷思」的首場政治勝利。1642 年由寇派柏（Sir John Colepeper）及福克蘭男爵（Viscount Falkland）共同為查理一世起草的《對國會十九條建議之回覆》（*His Majesty's Answer to the Nineteen Propositions of Parliament*）替所謂的「古老傳統」做了新的定義，也替古憲法思想注入了君主、貴族、平民三階級「共享立法主權」（conjoint legislative power）的新意涵。這雖是國王對議會言不由衷的讓步，但至少表示他表面上願意承認有某種「古老傳統」存在於英國的政治生活中。至此，不論古憲法思想的內容是柯克所強調的或是《對國會十九條建議之回覆》所指涉的，「古老習慣」在政治過程中所扮演的角色都已被清楚地突顯出來。所以，內戰期間圓顱黨（the Roundheads）反對意識形態的鞏固恐怕也得力不少於習慣法思想中的「久遠無可考」的權利及議會這兩個觀念及傳統。而 80 年代初的立法主權辯論（legal sovereignty debate）更有助於輝格黨其意識形態之形成——不論是習慣法

---

[1] 關於「諾曼枷楛」（Norman yoke），詳可參見 Christopher Hill, *Puritanism and Revolution* (London: Secker and Warburg, 1958).

史學或非歷史之理性主義理論。特別值得注意的是古憲法竟成為夏弗茨百利伯爵（Shaftesbury）派輝格人士心中的光榮革命旗標，習慣法思想及訴諸傳統竟成為革命後「革命善後辯論」（Revolution Settlement debate）及「王位繼承法」（Act of Settlement）的中心思想。也即是說，古憲法及習慣法思想雖在史學研究上被證明為「迷思」，但在政治的舞台上卻大有斬獲。因此我們如果要探究所謂光榮革命時的「輝格意識形態」（Whig Ideology），可能除了「天賦人權」思想外，尚且要注意這一支從柯克至海爾至柏帝等人的古憲法思想。

　　反對由柯克所謂的「習慣法迷思」的人，大部分以「諾曼征服」立說，且多半為史學家，但也有少數的例外，霍布斯即是其一。他的學說與典型的保皇派論調即不相類，亦非採歷史途徑論事。正當習慣法與封建律的史學辯爭在內戰及共和期間如火如荼展開之際，霍布斯卻捨歷史考證之研究而提出所謂的「理性主義政治理論」。柯克等習慣法學家視限制君權、保障民權為政治太平之道，而霍布斯卻思以建構絕對主權者之角色以謀長治久安；習慣法學家講歷史中的確切傳統，霍布斯卻訴諸抽象理性；前者的底牌是「久遠無可考的權利」，而後者的支柱則是「自然權利」。

　　霍布斯對柯克的批評可見於一本他少為人知的身後出版著作：《一位哲學家與一位英國習慣法學者的對話》（*A Dialogue between a Philosopher and a Student of the Common Laws of England*）。柯克認為法律乃習慣化身，而霍布斯認為法律是應人自保之天性而生；柯克以為由習慣而來之法律因蘊含高度之「人工理性」而有正當性，但霍布斯則宣稱凡由「主權者」意志所生皆有正當性，皆為法律。然而從以上所陳可推知，對法律有這樣的不同看法，只是二人差異的果而非因：對於政治理論之探求，柯克以具體且本質「殊相」（particular）之歷史為宗，霍布斯則由抽象而本質「普遍」（universal）之理性演繹入手。對霍布斯政治理論之理性演繹面向的探討，是霍布斯研究的傳統焦點，早有經典作品問世；而晚近一些新的興趣則在發掘他政治理論產生的時代背景、學界思想背景及個人的撰述動機等。對於前一種研究方向——也就是對其政治哲學作邏輯與哲學層面的解析——文獻已多，於此擬僅就其政治理論的產生背景，來討論霍布斯在整個斯圖亞特王朝政治理論發展史中的角色。

　　霍布斯早在 1640 年所著的《法律元素》（*The Elements of Law*）中，就表達出他對政治權威之性質的最基本立場：任何政治體勢必要有一個「主權者」（the sovereign）以維秩序；而此「主權者」若要符合其當初出現之目的，則其權力必須

為絕對的方可。這簡單的兩句話貫穿了霍布斯的全部政治理論。而這兩句話所表達的兩個理念同等重要：從前一句中我們並不訝異於發現他日後會斤斤於主權者之理論，因為他強調的是任何政治體「勢必」要有一個統治者、主權者；而在後一句當中他明白表示出秩序的出現要倚靠絕對的權力之信念，也因此「專制權力」本身不是善、惡的問題，而是可否或缺的問題。在內戰前夕議會派聲勢高漲之時，表達如此的看法毋寧是危險的，霍布斯後來亦承認當時確有生命安全之顧慮——許多議會派人士閱讀此書後均表不滿，所幸查理一世湊巧也在 1640 年春末悍然解散了這個「短國會」（Short Parliament）。但顯然這並未使議會派忘記霍布斯那不受歡迎的論調，所以在初冬時所謂的「長國會」（Long Parliament）組成後，他還是不得已而流亡法國十一年。在巴黎，他繼續政治思想之寫作，先後完成《論公民》（*De Cive*）及《利維坦》（*Leviathan*），並分別於 1642 年及 1651 年出版[1]。而最關鍵的在於《利維坦》，倒不只是因為這是霍布斯最有系統、最著稱之著作，而是因為其出版時間。這正好就是內戰甫畢共和政府初成立時期；了解這個背景，也就是了解恰於此際霍布斯某些在政治思想界的敵人或朋友正在忙些什麼？

查理一世被處決、共和政府成立後的頭二年（1649-1651），克倫威爾政權面臨所謂的「承諾服從爭議」（Engagement Controversy），許多人在討論對於這樣一個革命弒君的政權到底應不應服從？而這就牽引出一個關於「政治義務」的辯論，而這個辯論對勸服皇派及那些持溫和立場的人停止敵視「動亂者」，接受新政權極為重要。贊成的一方常通稱為「承諾者」（Engagers），他們所持的理由是任何一個「事實上」（*de facto*）的統治者都應享正當性，因此都有權要求人民的「服從效忠」（allegiance）。當然保皇派的人不可能同意這樣的「異端」觀點，因為這樣不啻鼓勵造反篡弒。而在意料中的，這個「承認爭議」最後很自然地回溯到英國歷史中，而把討論的焦點集中在「諾曼征服」。對擁護斯圖亞特君主的人言，「諾曼征服」是個令人難堪的話題：在與習慣法學家辯論時，他們必須聲言「諾曼征服」造成薩克遜傳統的斷裂；但在面對「承認者」的挑戰時，他們則須避免承認在 1066 年威廉一世完全是靠武力強行征服了這個地方，否則要不就是諾曼君主的正當性有問題，要不就是以武力強取政權之舉差無不可。而「承諾者」則不

---

[1]　De Cive 是以拉丁文寫作，而於 1651 年由霍布斯親自譯成英文出版，名為 *Philosophical Rudiments Concerning Government and Society*。霍布斯英文全集（*The English Works*）由 Molesworth 於 1839 至 1845 年出版，而拉丁文著作全集（*Opera Latina*）亦由 Molesworth 於 1845 年出版。

吝大談「諾曼征服」，咸以為此即是人民對「征服者」——「事實上」的統治者
——聲言「服從效忠」的最佳歷史例證。我們如果嘗試著在「承諾服從爭議」的歷
史背景下看霍布斯的政治理論，則會看到他學說的另一種面貌，也就是他的思想是
相應於特定環境而生，呼應特定政治立場而發，而非像某些詮釋者所以為的是獨立
於當時政治思想辯論的異數。

　霍布斯捨棄歷史而以「理性推理」（rationalist）方式建構他的「契約—主權
者—服從效忠」理論，對君權神授說及古憲法說的影響很大。從此君王不再是上帝
在世間的「代理人」（vicar of God），而竟然是滿足人的需求、由人的意志所立；
君王的權力之正當性不再只因是由「繼承」而來，而是由「契約」以及他是否能有
效履行其功能而定。這樣的說法在主張君權神授者看來不啻藐視造物者的權威，甚
至是無視乎其存在，因此當然是悖亂的無神論；而對古憲法說的追隨者言，具絕對
權威的主權者，當然是對英國自由與法治傳統的極大威脅。所以在斯圖亞特復辟期
間，這種理性主義政治理論惡名遠播，頗受各方夾擊。而在另一方面，他的理論對
中世紀以降的亞里士多德——士林哲學傳統同樣造成挑戰。亞里士多德認為人本
是具社會性的動物，也因此而組成國家及社會；但對霍布斯言，人在自然狀態中呈
現的反社會性——人人交相為敵（belli omnium contra omnes）——才是人不得不組
成社會、國家的原因。而傳統士林哲學所抱持的本質論（essentialism）思想也受到
霍布斯的否定，他在激烈的唯名論（nominalism）觀念下主張道德的內涵來自於人
為的制定，特別是君王所頒布的命令更是規範的最終來源——主權者所是為是，
所非為非。他反本質論，又以機械的生理心理學來解釋人性，無怪乎被時人目為
「無神論者」而大加撻伐。而這一切之所以如此，可能都要歸諸他對自然法（jus
naturale）的重新理解了。

　自然法在霍布斯的眼中是什麼？大概史特勞斯（Leo Strauss）的描述最切
要，那就是一系列的「自然權利」及其維護了。自然法的歷史淵遠流長，在斯
多噶學派中它代表天生的理性能力所歸結出的道德律；而對中世紀教父言，
「天啟之光」（lumina Dei）成為具現自然法所必須，也即是教義及經典是詮解
自然法的泉源。到了格老秀斯（Hugo Grotius）及霍布斯，所謂的「近代自然法
理論」（modernized theory of natural law）誕生，自然法不再被強調它作為「規
範」的意涵，而被強調它的「權利」的意涵。於是自然法從一組道德條目變成
一系列的自然權利，自然法理論從屬於道德哲學的討論範疇跨越到屬於法律學
（jurisprudence）的領域了。霍布斯以為追求「自利」（self-interest）及「自保」

（self-preservation）是人的基本權利、自然權利，故一切社會理論應奠基於此，由此出發。故政治社群成立的原因在於人對混亂的恐懼、人對安全感的需要，及人人皆平等的原理和人皆追求自利自保的實況。所以接下來他的「契約論」及「政治義務」等觀念就成為邏輯推衍之結果了。霍布斯崇慕解析幾何之層層嚴密推理方式，故他仿效之而成的政治理論較訴諸歷史的古憲法或訴諸舊約聖經的君權神授政治理論更具嚴謹性——「歷史所提供的是事例資料（facts），但卻未必使我們更接近真理（truth）」；也因此他的「自然權利」就對君主的「天賜權力」產生了嚴重的威脅，且更與支撐教會權力大幅擴張的理論不相容了。

為什麼他會反對宗教（或任何其他因素）介入政治權力呢？欲解決此問題，若暫時捨棄對某些段落文字的推敲其旨，而試圖從了解他的整個思想體系著手，可能更易得到清晰的答案。勾繪出其全盤思想架構，找出其反對「君權神授」或教權干政的理由，並以此來詮釋其政治思想中尚未受人重視的若干面向，是波考克對霍布斯研究所做的極「獨特」的貢獻。如前所述，霍布斯的政治理論中有層層嚴密的邏輯推理，但他也有對人類歷史（因而對宗教）的特殊看法。波考克指出，霍布斯注重對前者及後者不同知識屬性的區分：

> ……他致力於分別邏輯的世界與世事變化的世界，前者是理性可知其演繹結果的世界，而後者乃在時間流變中所觀察到的世界。前一種知識稱為科學或哲學，而後一種是歷史。……在這種（科學及哲學的）知識方法下，我們發現了表現我們良知良能的自然法則；發現了主權者之重要性並想出樹立他的方式；也推論出上帝是存在的並且是萬能的，同時理解到我們人類理性所找到的法則必然代表祂的命令。從事類似的思考活動固然是在時間中進行，但是它本身並沒有所謂的歷史；它是共時性的（synchronic），在任何時地都可發生，且適用於對任何社會之政治生活本質做建構。故於此，霍布斯使用了常見於西洋哲學史中的一個方式，就是從政治歷史的討論進入政治空間的討論，理由就是他一貫的信念：歷史時間中事件的演變方式我們無法如邏輯推理般地準確掌握其結果，故其研究不能稱為哲學。只有當我們放棄貫時性（diachronic）思考方式而採哲學思考時，我們才能科學地了解政治權威的來源為何，或是在理性能確定的情況下建立一種政治體制。

所以波考克也同意霍布斯的「利維坦」是由「政治哲學」所導出的，他享有「合理確定性」（rational certainty）作為他的證成。但他還指出，霍布斯的整個

學說中，除「哲學」外還有「歷史」討論在其中，這是我們不宜忽略的。而霍布斯並不像馬基維利（Machiavelli）或習慣法學家般地與歷史對話——前者從歷史中汲取教訓，而後者從歷史中歸結出管理社會運作的規範。他的「歷史」出入於俗世事件與宗教「啟示」（Apocalypse）間，而可用一個詞總結地稱呼為「末世論」（eschatology）。對波考克言，霍布斯思想中的「歷史」因素其重要性未必低於「哲學」，即以《利維坦》而論，畢竟對基督教教義、其歷史、「末世論」與人類歷史關係等的討論占了全書篇幅的正好二分之一。

　　「反儀規主義」（antinomianism）及「末世論」、「啟示錄」是霍布斯的思想中較少受人注意的面向，但我們卻可從中得知不少有關他對政教關係問題的重要態度，而這又可幫助我們了解他理性主義政治理論的更深一層背景。在此問題上，霍布斯的新教信念（Protestantism）及反羅馬（anti-Popish）立場提供了極重要的線索。「唯信得教」（Salvation is faith alone）與「人人皆為教士」（Everyone be his own priest）這兩個新教守則，再加上微妙的英國民族主義情緒，早就使得「反儀規主義」呼之欲出；而其末世論又替「反儀規主義」證成。霍布斯有獨特的末世論，它特別強調上帝的啟示與預言——已過去的為啟示，尚未發生的則為預言。而當然，這些都只有在聖經上才看得見，與教會之規制或神職人員本身無關。照霍布斯的說法，基督教僅是一個「上帝預言的國度」（prophetic kingdom of God），而所有的預言都見諸聖經，所以信徒只要相信聖經——相信上帝所說的每一句話——虔心期待救贖即可。上帝創造人類，也開始了人類的歷史；但上帝曾宣示人類的歷史終將結束，在千禧年之後，最後的審判來臨前結束。整個的創世過程及「永生」、「永死」的來到都出於上帝的安排，這是屬於「神聖歷史」（sacred history），與人無關，而人也絲毫未能與聞；人的歷史始於伊甸園的「背叛」（the Fall）而終於彌塞亞之再度降臨，這是「人事歷史」（secular history），也即是「塵世」（*saeculum*）。但人在背負「原罪」之後，上帝並沒有離開他們，而且還曾經走進他們的「歷史」，親臨統治他們，那就是希伯來民族的早期歷史，上帝透過他們的先知而領導他們、做他們的王，雖然他們看不見祂。但希伯來人終於二度「背叛」了上帝，他們要先知撒母耳（Samuel）為他們立王——從他們之中選立他們自己的王，像異教徒及外邦人一樣。然而上帝卻還是讓他們滿足了這樣的要求，於是從掃羅王（King Saul）開始，上帝的選民自己統治自己。人的原罪深重，於是上帝親遣其子耶穌降世（incarnation），為人類救贖，傳播福音；從此人世間也有了教會。耶穌受難，臨去前說他還會回來；而上帝也透過先知告訴世人祂會再回

來，那就是千禧年時，上帝又將親臨統治人類──造物（the Creator）又直接面對祂的創造物（creature）了。這種種聖經上的記載都是上帝對其所造物的擘劃，也就是 divine plan；祂對人的許諾已實現的即是「啟示」（revalations），而尚未來到的即是「預言」（prophesies）。故對霍布斯而言，整個基督教聖經就是一本已實現及尚未實現的預言的書；上帝親口說祂還會再來，而作為一個基督徒的責任就是相信祂、相信祂說的話（to believe in God），而期待千禧年及彌塞亞的來到。人類經常期望以理性來了解歷史、預測歷史，但是對歷史作再好的預測，其準確度亦不及預言，理由很簡單，預言乃是百分之百正確的預測，因為神不是歷史事件的觀察記錄與研究者，祂是他們的作者！所以霍布斯會認為末世論實是基督教神學中唯一的主題，整個教義可化約成一預言的體系，故對聖經經文考證重於詮釋；而羅馬教會及其龐大的宗教管轄權（*sacerdotium*）──包括教士（clergymen）及儀規（canon laws）對信徒的控制──都是對原本極其簡單的基督教義之扭曲。這當然是不折不扣的新教立場（雖然過激了一些），也是典型的反公教（anti-Popish, anti-clerical）主張。它在新教百派雜陳的教義史上，也許無甚特殊之處，但對了解霍布斯政治哲學的另一種面貌，就極具關鍵性了。

　　對許多 17 世紀的英國新教徒言，所有具真正純淨信仰之人的最大敵人不在教外，也不是那些異端，而很可能竟是羅馬的教皇。聖經新約中啟示錄裡的怪獸（the second Beast）、帖撒羅尼迦後書中的不法者（the man of sin）通常認為就是約翰書中的「敵對基督者」（anti-Christ），此三者同為一者，就是「敵對基督者」，而此位基督教徒最大的夢魘竟然被認為就是教宗本人。這樣的想法在斯圖亞特英格蘭的清教徒中並不是罕見的；許多名人都在討論「敵對基督者」，其中包括克倫威爾（Oliver Cromwell）、「平等黨徒」李爾本（the Leveller John Lilburne）及「掘地派」主角溫斯坦利（the Digger Gerrard Winstanley）等，甚至皇家學會（Royal Society）的執行長歐登柏格（Henry Oldenburg）及牛頓都相信其存在。霍布斯痛恨羅馬教，他雖未必認為教宗即是「敵對基督者」，但他在《利維坦》中將之形容為「已滅亡的羅馬帝國之不散陰魂，戴著冠冕坐在其墳墓上」，並且相信「教宗源起於本就是異端政權的羅馬帝國之皇帝制」。於是他重拾起中世紀晚期政教衝突辯論中的主題──擴張權力的教會體制（ecclesiastical hierarchy）會扭曲吾人對政治生活本質的認識，並以此為他的建構新政治理論做廓清戰場的工作。波考克指出，在他的末世論中，上帝過去曾親自統治，而祂允諾未來也還會再回來統治，而在中間的這一段時間中──也就是「塵世歷史」（*saeculum*）──人類自

己統治自己。然而此預言體系（上帝親自說的話語）中，在這過渡的時段裡上帝並未把救贖的權力委託於任何人類，或是指定任何人為祂的人間代表來代理統治。人自己的統治者乃是由他們秉賦著自然的理性（當然是由上帝而來的）發現其需要而互訂盟約樹立的，而其目的就是要讓他們能生存下去。故任何藉上帝名義而宣稱的權力都是沒有根據的，因為上帝並未委託他們；況且任何政治權力都要經由盟約而來，即使上帝當時直接統治祂的選民猶太人前也是與他們訂約過的。如有人宣稱雖未獲造物之委託，亦未經由人類的盟約，但他因能了解上帝的意旨故可指導、帶領人群團體。對於這樣的說法——相當接近公教教團（Roman hierarchy）的自辯詞——霍布斯會如是回應：人類的理性能力無法了解上帝的本質（the nature of God），我們一切所能知道的僅是存在著一位造物與祂曾親口說過的話——祂曾經是王，祂也會再回來為王。相信祂（to believe in God）的人就是基督徒，而基督徒能做的就是等待最後審判與救贖；而人類的君主應做的事就是維持秩序，等到千禧年來臨時把政治權力交還給上帝——這位真正的王。故總結而言，霍布斯認為俗世的政治權力的形成基礎完全在於「理性」、「哲學」所找到的自然法則，與此法則所要保障的自然權利；「歷史」與「神學」在於幫助我們了解自身的定位與上帝的預言，但是由於他們的幫忙，使我們更清楚地認識俗世政治生活的本質。也就是說，我們透過理性了解自然及萬物運動所依趨的自然的「法則」，進而讓我們了解到「政治」（人作為依自然法則運動之物之群聚現象）之本質；而經由「歷史」，我們知道自然及萬物之運動的「歸宿」。

雖然霍布斯以自然權利立論，但後人對他的印象卻多半集中在他強調君主的絕對權威這個面向上，所以在內戰時期，如平等黨人（Levellers）等激進派就留給人遠較鮮明的爭取「權利」印象。也就是說，在以自然權利立說的文獻中，平等黨人所占的角色特別引人注意。洛克亦曾自承受平等黨人學說之影響，而 18 世紀後期的潘恩（Thomas Paine）更是深受其啟發。平等黨人留有一極著名之文獻，即是 1647 年 11 月 3 日發表之（第一號）《人民宣言》（the First Agreement of the People），其中揭櫫了一個在近代思想史中非常重要的概念，就是所謂的「不可割捨的自然權利」（inalienable natural rights）。他們認為人天生而秉賦有某些權利，這些權利在任何情形下必須受到尊重，而且不能拋棄或讓渡。既然如此，則政府係接受委託而執行保護人民福祉的責任，其應受如下原則之約制：第一，人民不論貧富均應享有投票之權；第二，議會代表人民，故應有最高權力；第三，政府的權力應受某些自然法則的限制。而這些原則的意涵甚廣，甚至某些地方比現今的情況還

要「進步」。有研究者對其可能的影響作了以下的觀察：

第一，所有的人在法律前均平等：沒有任何一個階級或團體得享特權。而這同時也意味所有壟斷的不合法。第二，所有人民得享信教自由，不必一定要遵奉國家的官方宗教。則此點意味著各種言論表達的自由。第三，國家不得強行徵兵：人民雖然應納稅，但是當他們認為不應進行某場戰爭時，得拒絕接受徵召加入軍隊。最後，任何法律均不得侵犯人民的安全及福祉。而這意味了如果遇有惡法，陪審團得拒絕採用，並且在極特別的情況下，人民應有革命的權利：也即是說如果人民所選出的代表有負所託時，人民可以共同直接逕行行使他們的主權。

這對 17 世紀的英國而言，實是異常激進的思想，因為這整個社會還是在傳統制度及階層社會的結構下進行思考，人們所要求的最多是在由國王、貴族及平民共治的均衡政體下能保有久遠留傳下來的權利。平等黨人主要集中於反對查理一世的新模範軍（New Model Army）中，及一些倫敦的中下階層市民，而這些都是些沒有政治社會地位、遠離權力核心的人，他們在議會中沒有代表，而有的只是許多視他們為動亂根源的長老會議會員及王黨人士。由歐弗頓（Richard Overton）、李爾本（John Lilburne）等人所領導的散布請願書（petitions）及小冊子（pamphlets），成為他們最主要的活動及組織宣傳方式，也是英國繼 14 世紀農民暴動以來的另一次民粹運動。於事後觀之，這樣的一個運動顯然比它所處的社會早熟了一、二個世紀，也就是說，很明顯地無論當時的社會狀況或是思潮都尚未足夠醞釀出「充分民權、人人平等」的政治行動綱領；那我們不禁要問，平等黨人思想的來源究竟何在？

對於此，我們可能要從一個更大的問題——清教徒的政治思想——來開始。自從迦地納（S. R. Gardiner）認為英國內戰即是「清教徒的革命」以來，陸續有學者研究他們投身於此搖撼斯圖亞特王朝的事件之原因。有人以「聖徒的革命」（revolution of the saints）形容之，但亦有人將之視為是歐洲的最後一次宗教戰爭（因為王黨是國教派，而議會以清教徒及長老教派為多）。而有一點很明顯地，那就是清教徒思想有「教派意識」（sectarian thinking）的屬性，一方面有獨特的教義主張，另一方面又強烈要求宗教寬容，但最重要的一點乃是，它服膺所謂的「英吉利千禧年思想」（English apocalyptic）。這是英吉利民族主義下的產物，在都鐸亨利八世與教廷決裂時邁向了一個新的里程碑。其實在古憲法思想中就意涵著

英國有它自己特殊的制度，也就是說有自己的俗世歷史，不受「羅馬帝國」的控制；而亨利八世更要建立一個連在宗教、精神上亦自主於「羅馬」的「英吉利帝國」更使得所謂「英吉利千禧思想」呼之欲出了。英國人才是上帝的最愛——他是「上帝的英國人」（God's Englishman），而英吉利民族是「上帝的選民」（the Elect Nation），就如彌爾頓（John Milton）所言，「主首先向祂的英國人現身」。這種英吉利民族主義的千禧年思想加上原本教派意識中所常見的「末世論情懷」（chiliastic fervor），就使得 17 世紀中葉的清教徒們以改造英國社會及政治為己任，要在英國建立一個「新世界」，以迎接彌塞亞的來到。

　　當然首先他們表現出的是「反儀規主義」及「反教士主義」（anti-clericalism），對羅馬所主導的教儀及教士都加以排斥；在這點上他們與其他的新教國家並沒有什麼不同。但清教徒們隨即將他們的目光焦點轉到國內社會的性質上。他們都是所謂的中產階級、小市民、鄉紳等，對傳統的封建社會並不深深留戀，反而是展現那個變遷時代裡「中間階級的勤奮刻苦精神」——或許以韋伯的「新教徒倫理」（the Protestant ethics）來形容更為生動。對這樣的一群人來講，「平等的社會」其意義是重大的，它就好比是「人皆可為教士」這個「宗教平等主義」的政治社會版本。在傳統社會的法律、人際關係及經濟生活中，他們看不見「新世界」的「活力」，看不見每個人可以充分實踐上帝賦予他的潛能的機會，因而就看不見「個人的價值」，而這正是將近三世紀以來文明經過深刻的蛻變——文藝復興及宗教改革——後所肯定的價值。作為一個聖徒，當時的清教徒注定要成為一個激進的變革者，改造他自己，改造他所處的社會，改造他所處的世界；因為他是一個激進的聖徒，所以「英吉利千禧年」才能來到。

　　而平等黨人可看成是在清教徒思想背景下的中低階層（工匠、學徒、販夫走卒等等）平權主義者，他們強烈要求參政權，是要求走入這個社會的實際管理中：

　　在英國即使一個最窮的人也有權像最豪富高貴的人般過他自己的生活，所以每一個國家中生活的人都有權說他是因為自身的同意，而將自己置於這個政府的管理之下。以此來看，那些現在沒有投票權的窮人們應該並不受這個當初他們並未參與設立或認可的政府之管轄。

　　以上藍博若（Rainborough）在普特尼辯論（Putney Debates）之所陳，就成了平等黨人政治信念之最精要簡述。而這個顯然是平等的天賦權利的觀念，若問

其來源，那最可能的答案就是：上帝。14 世紀農民暴動時的口號此時又彷彿浮現：「在亞當種地而夏娃織布的時代裡，有誰是貴族？」（When Adam delved and Eve span, who was then the gentleman?）平等黨人根據基督教的根本教義，首度揭櫫了類似「天賦人權」的信念，並倡言政治權力須立基於「普遍同意」之上，而強調「普遍主權」（popular sovereignty），若似替後來的「權利法案」（Bill of Rights）思想起稿；如果近世英國的民主有助於其國力之強大，那平等黨人所發軔肇端者豈不啻是有實無名的「英吉利千禧年主義」？故我們似可總結而言，平等黨思想代表了「新模範軍」中士兵（都市中下階層之人及農民）尋求突破傳統社會的封閉階層鎖鍊的一種「社會千禧年主義」，它乘著清教徒的「英國千禧年思想」而起，但卻轉化為明確的憲政改革之要求，而以由基督教基本教義而來的平等思想及天賦權利，作為它要求政治社會結構全面重組的理由。平等黨人不擅組織，未通謀略，甚至算不得黨派，而只是由一股信念帶動起的鬆散組合，故在意料中地，他們在 1649 年被模範新軍的領袖克倫威爾滅除了。新軍的領袖有極矛盾的心態，他們不僅是追求千禧年的激進聖徒，但同時也是保守的改革者——視傳統為值得珍惜的典型英國鄉紳。然而平等黨運動雖然失敗，它的理念卻並未全然從歷史中消失。

洛克就正是「自然權利」與「天賦人權」的下一個鼓吹者——雖然他顯然並不代表中下階層講話。於本文中我們最主要目的不在於重述洛克的政治哲學，而在於解析他的理論出現的背景及在當時所具有的政治發展上的意義。傳統上認為他的《政府論》是為光榮革命辯護之作，但在 1960 年劍橋史學家賴斯里（Peter Laslett）的翻案文章出現後，現在學界大致能接受其乃為革命前幾年成稿的說法（雖然出版時間稍後）。新說與舊說間的差異乃在於，如其果非係事後為輝格的光榮革命辯護的文獻，則其可能屬學界中或黨派間的純理論（意識形態）的辯論文字，而考當時的歷史狀況，則最有可能的背景是 1679 年至 1681 年的「王位排斥法爭議」，而洛克著書立說的動機就宜從此系絡加以了解。在此爭議中，輝格與托利倏然成形，使得查理二世的晚年在喧囂中度過。而其中托利的最有力武器是 1680 年出版的菲爾默遺作《君父論》（Patriarcha），他把托利的立場清楚有力的表達出來：王權（royal prerogatives）來自於宗長之權（pater familias），其必為絕對與至高的，世間無任何其他理由或力量得以逾越或加以限制。而洛克的《政府論》就可視為是夏芙茨百利（Shaftsbury）派輝格人士對《君父論》所構思經營的理論反擊。他背離了前此以來訴諸歷史的論戰方式，而改以非歷史的哲學論述方式——其實這也是菲爾默《君父論》的方式——參與論爭，成為繼《利維坦》之後的另一個

理性主義政治理論巨構。

在前一章我們已提到，由於古憲法說在歷史考據上站不住腳，所以 80 年代的輝格黨人——特別是洛克——亟思以尋求另外的戰場以致勝。如果「權利」並非由祖先不中斷地流傳而來，那就何妨由天而來——洛克說他是「訴諸天」（appeal to Heaven）。也就是說，如果不是「久遠無可考的權利」，那何妨是「自然權利」？所以現在他們要做的工作，首先是駁斥菲爾默，再來即是宣揚「自然權利」；有破，也有立。菲爾默認為了解人類社會的本質要從了解當初上帝創世這段歷史開始，而我們從舊約聖經〈創世紀〉中，可以推知上帝的全盤計畫與祂統治人類的方式。上帝造了亞當，並為他造了其他許多東西。這世界所有的物質及草木鳥獸都屬於亞當所有，他就是他們的主人；而亞當的子孫由其所出，他是他們的父祖。所以亞當對所有的人及物都有權力，這是上帝的意思。菲爾默由人類最初的歷史論及權力的屬性，他的論述乃是循以下邏輯進行：上帝替人類設置了各種行為的規範，而這些規範都可由各種社會控制制度中顯現出來。這些制度必然由一個最高的權威所掌理，而人在這些社會制度中所得以享受的權利，也必然是出於此最高權威者的意志。正因為所有的權利及權力都是出於他的意志，也正因為他是人類權力的唯一匯集之處，所以他的權力必然是可以傳承移轉的。也就是說支配與權力本身是永久財產的一種形式。它原本屬於上帝，然後被授與某些個人，而又根據祂的意旨再在歷史中傳遞下去。要了解這種天意顯現的最簡單方法就是去看上帝第一次、最直接的授與權力，那就是祂把這個世界送給亞當。

菲爾默引述聖經，如何駁斥？依據聖經，人世「權力」的起源絕不是契約或同意——因為每一個人都是亞當的子孫，自然要服從他，而他「君父」的權力是如同財產一般可以移給他的繼承者，所以每個人也應當服從亞當之後的「君父」。所以人世「權力」的起源是「上帝的贈予」，而更明確地說應是「上帝的意旨」。洛克採用了迂迴的戰術，他決定把主要的焦點不放在「繼承」，而放在「所繼承之物」——即是「財產」。洛克決定以「財產」為出發點建立一個全新的政治理論，而在其中探討關於「政府的起源、目的及權力的界限」（這就是《政府論》的副題）。洛克很滿意於他的「財產論」理論，並認為是有史以來最完備的，而事實上，他也是集前此之大成。洛克的「財產權」理論淵源於他的「自然法」觀念，而他的「自然法」觀念正是前已述及的「近代自然法理論」的最典型代表。由此而來的「財產權」理論與「自然權利」是牢牢結合的。

根據一個對「財產權」理論演進歷史所做的回顧，洛克的角色在於泯除了從

中世紀以來的這個理論中存在的一些交疊與模糊處。對 13 世紀的聖湯馬斯言，他願同意傳統基督教義中的看法，認為世上一切貨財均為上帝賜予人類全體共享之用，他們是一個集合體，稱為「公共財」（community of goods），其中沒有任何一部分可以分割而屬於某人；故私有財產是不存在的，個人對「公共財」之部分儘管有使用之權，但無所有權。然而聖湯馬斯也容許對此傳統見解做某些調整，那就是有時為了讓貨財得到更好的利用與更有效的管理，可以允許私人的擁有，但此須視為例外的情形，而在遭逢如災荒等非常情況時一切又回到原來的「公共財」原則上，讓每個人都有權享受上帝賜予人類的天然資源以免於飢寒凍餒。但是聖湯馬斯這樣的一個處理方式無疑蘊含兩種完全相對的啟示：一是既然原則上不宜有私產，則人類應儘量奉行儉僕生活以便使「公共財」足夠大家之所需；另一則是假如允許私有時可增加生產力與促進更有效之利用，則若全面推行豈非可以增加世上資源之總量而人們亦毋須儉樸度日了。這樣的一個問題就留給了後來的理論家推敲了。格勞秀斯（Hugo Grotius）首先接續了這個問題的討論。他承認在非常時期窮人有權取用富人多餘之財貨而並不可稱為掠奪或偷竊，然這不是因為教義中的「要愛你的鄰人」之訓誨，而乃是由於在每個人占取一部分「公共財」而成為私有財產之際，其所有權中都有一部分被有所保留（不能完全被占有），這稱為「仁慈的保留」（benigh reservation），而在非常情況時就由於有「仁慈的保留」之存在使得恢復原本每個人對「公共財」的「基本權利」有所依據。所謂的「公有共產」，格勞秀斯認為只有在單純質樸的初民社會中才可能存在，而隨著文明進化，私有制是必然之事，因為隨著慾望的增加及人際關係的複雜化，「公共財」的共同使用必然會衍生出很多問題，而唯有將其區隔化使用——也就是私有化——才能避免糾紛。這就是「定分止爭」。所以格勞秀斯對此私有化的過程提出一個歷史解釋，他認為當初曾出現一個契約，將土地貨財等瓜分（或承認現有之占據狀況），而凡是尚未在此契約中被處理的公共貨財，則一律按先到先占原則決定所有權。而自有此契約之後，「財產權」於焉成立；它是一種絕對權利，任何人必須予以尊重，而它也只有在非常狀態時因為「仁慈的保留」之故而被解除——此時窮人可以取富人之物，「需要」凌駕於「權利」。但稍後的普芬道夫（Samuel Pufendorf）不完全同意這樣的說法：他以為如果基於人道的理由讓富人賑濟窮人固為至當，但我們只能說富人有作為人而盡「人道」的義務，可是卻不宜說富人的「財產權」在非常時期可被「仁慈的保留」之理由穿透，否則它就不是「絕對」的「權利」了。因此如要維護「財產權」為絕對的權利，就必須以另外的方式定義對窮人急迫需要的滿足。普芬

道夫提出他的看法：他認為賑濟窮人是富人的「自願性義務」，理由是人道及宗教的，但卻不是法律的；在法律中宜只承認「權利」，而在非常時期，窮人可分享富人之糧食衣服並不代表前者對後者之物可聲言任何一絲「權利」。如果格勞秀斯認為有關財產的劃分在開始時會出現一契約，則普芬道夫以為開始時生活質樸無此需要，當文明日漸繁複時則須此以維持經濟秩序。但最後出現的洛克則不談財產權契約，他認為剛開始時地廣人稀，無此必要，而文明繁複後則僅有財產契約還是不夠的。洛克完全同意前述二人的認為財產權是絕對（不可穿透）的權利的看法，甚至在主張的程度上還有過之；他認為文明繁複後很自然會造成財產的私有化與累積，也因而造成不平等。因此解決不平等所衍生的問題就變成他的焦點所在。

　　但他似乎認為光憑劃分「公共財」的財產契約還未臻完備，因為這只是確立了財產權與製造、保障了不平等，可是有產者和無產者之間的秩序如何維持呢？這就牽涉到公共權威的問題，也就是說會進入了政治理論的核心問題——公共權威的起源與性質——的討論了。換句話說，洛克的真正企圖是從一個財產權理論牽引出一個有關政府本質的政治理論，這是一個大抱負，而也正好可作為他對菲爾默王權理論的準備已久的「回敬」。事實上洛克在《政府論第二篇》中最主要的部分就是關於財產權的討論，而他亦自詡這段討論是「歷來最完備的」。他的整個討論可說是立基於對上帝賜予人類之「公共財」的「挪為己用」（appropriation）這個概念上。「挪為己用」其實即是「個人化」（individuation）及「私有化」（privitization）之加總，在洛克看來由於它才使得「公共財」中自然之物得以「為每一個個人帶來實際維生之可能」（do him any good for the support of his life）。洛克認為「挪為己用」的過程是隨著「勞力」的施用於自然物之上而自然展開，也即是「勞力」是構成「挪為己用」的正當理由，構成「財產權」發生的理由。而「勞力」附著於一個人身體之上的，一個人對他自己的身體既享有完全的主權，故其「勞力」乃與他的身體與生命般是他個人最基本的財產，也因此其「勞力」的成果應屬其財產。但洛克與格勞秀斯及普芬道夫不同在於，他並不強調在「挪為己用」過程中需要訂定財產契約，而是認為「挪為己用」本身已是一個很明確權利宣示的現象；但權利產生是一回事，別人尊重與否卻是另一回事，因此我們需要的是一種保障財產權（包括生命、自由及物質財產）不受侵犯的機制，這就是政府。稱為「政府」的這種機制若是以保障財產權為目的，則它必然不只會得到大家的贊同，而是醞釀推動其成立，也就是訂定契約創設「公共權威」、「公權力」。所以對菲爾默所稱的政治權力是來自於繼承的說法，洛克不能同意；依據他的邏輯，只要私

有財產在歷史上出現之時起，就是「契約政府」應運而生之日：「任何人拋棄他的天生自由轉而承受政治權威拘束的唯一途徑，就是與其他人共組政治社群以便過舒適、安全、和平的生活……」。對洛克來講，拋棄自由而受權威管轄，但卻不是出於自己意願，而是因為統治者自稱是亞當的繼承人，是不可思議之事。

菲爾默的說法，他認為是理性思考無法接受之事，但另一方面他也自認自己的論述並沒有牴觸基督教義的地方。他認為上帝造人並給他世界上的資源，就是希望他活得幸福快樂；而上帝同時也沒有忘記給人類另一個追求幸福快樂的工具，那就是「理性」。人憑著「理性」發展出文明，也因為文明日漸繁複而有需要將「公共財」之資源加以「挪為己用」以對個人產生效益。這都是「理性」引領我們必然趨向的情況，故跟著「理性」走就是跟著上帝的意旨而行，並不違背教義。而「理性」及「政治」的終極目的也就在於讓我們過更「舒適、安全、和平」的生活，僅此而已；不比這個多，也不少於此。我們看看這樣對政治生活的期望，的確是與古典政治哲學有相當差距的。在柏拉圖、亞里士多德的思想中，政治生活的最後目的在於臻於「善」的生活，而政治過程就恰是一種「成德」的過程。但洛克卻僅視政治的目的為保障「舒適、安全、和平」，不需要沾染道德的意含。為何會有如此差距？原因之一很可能就是洛克對自然法詮釋的方式。

事實上在格勞秀斯及霍布斯的觀念中，自然法的最重要內涵已成為自然權利的討論，而不是傳統以來的道德條目的檢討。也就是說，把一切的討論都集中於「權利」的界限及維護；然若要有「權利」，先要有「權利」所由生之物，那就是「財產」（dominium）。洛克就是在這樣的現代自然法思想下進行思考。他認為所謂「財產」就是我們的所「擁有」，那就包括了我們對自己的生命、人身自由及物質貨財的「擁有」；我們會擁有它們是因上帝的賜予，上帝賜予我們之後就希望我們「好好保存」以便過得更「舒適」——當然，這一定要在「安全、和平」下方有可能。在追求「舒適、安全、和平」的生活目標下，求「自利」（self-interest）與「自保」（self-preservation）就成為行為時的準則，也就成為討論人的本質、人際間互動關係的最基本前提。所以如果「自然權利」是自然法的主要內容，則「自利」、「自保」是建構政治社會理論的出發點。洛克的政治理論就著力於「自然權利」：人因「自然權利」的維護而形成社會創設政府，政府的起源若是保障「財產」，則政治生活之本質不必然蘊含形而上的道德目的，政府僅係公正之裁判與執法者而已。也即是，古典思想家構思政治理論時以人性之發展方向著眼，而洛克以為僅以人性之實然立說即可。

　　洛克訴諸自然法，但令人訝異的是菲爾默事實上也認為他是訴諸自然法，所以他們之間的差異在於對自然法的內容與方向有極大之分殊。菲爾默要向世人指出的是上帝管理人類的計畫，祂將權力交給亞當，亞當再傳其繼承人，於是他們都成為上帝統治祂所造的世界的工具，而這個全盤計畫就是自然法；國君既然遵上帝之命而統治，則他的權力豈能受議會通過的法律所拘限？自然法豈能受制定法的管轄？議會固然代表人民意志之凝聚，但人的意志焉可用以對抗上帝的旨意——自然法？所以在「王位排斥法爭議」期間的辯論，保皇派與以夏芙茨百利為核心的「激進輝格」實際上也就等於在進行一場以「自然法」為主題的對抗。在其以「自然權利」架構起來的政治理論中，他把「財產」完全與絕對地「私有化」了，政府藉其所享之「委任」（mandate）與「信託」（trust）成為維持人民經濟生活所須之秩序的「公正第三者」（impartial arbitor）；據此，洛克不啻為近世資本主義意識形態的奠基者。然而值得注意的是，洛克或是「激進輝格」的「自然權利」並不一定是 1680 年代政治辯論的中心思想，其他還有一些看法——例如，古憲法思想、共和主義思想等——都摻雜交融在一起而形成所謂的「輝格意識形態」（Whig Ideology），只不過因為洛克的名聲大，所以這支「自然權利」思想就顯得耀眼。「自然權利」以自然法立說，而在當時不涉及自然法思考的除了古憲法思想外，就是共和思想了。

一、「自然權利」進入近代政治語言

　　使用「自然權利」（natural rights）作為討論群體生活時的基本預設，在 17 世紀其實是新的觀念，因為在往昔甚少使用此詞進行政治論述[1]。「自然權利」的拉丁文名稱與「自然法」是一樣的，就是 *jus naturale*。拉丁文 *Jus* 可以作為大自然中的「理則」或是社會生活中衍生出的「規範」解，而另一方面，它也可以意為「權利、能力」。所以說，*jus naturale* 我們就可理解為人類群體生活中，在「自然法」這一觀念籠罩下，人所本應有的最基本之「權利」或「能力」。當然，作為「孿生概念」，「自然法」概念對「自然權利」概念的影響是複雜的，且經過了不同階段。最早，「自然法」乃意味天生理性及人心中之良知，它是最高倫理律則，不受人為法律之牽絆。羅馬法家西塞羅（Cicero）對自然法的經典定義清楚地總結此立場：

　　事實上有一種真正的法律——即是理性——它是與自然一致的，適用於所有人，而且永遠不變。這種法律召喚人們行使他們應盡之責任，同時也禁止人作惡事。但它只對好人生效，卻對惡人不起作用。用任何人為制訂的法律來使它失效將是不道德的；去限制它的效力也是不可以的。更不用說，要全盤否定它是不可能的。不論是國家中的議會或是全體人民的決議都無法改變我們實行自然法的義務，而我們也毋須透過一位天才演說家才能了解它的意涵。它不會在羅馬是這樣而在雅

---

[1] 大致來說，近代 *jus naturale* 的觀念在 Hugo Grotius 之前，並不指涉自然權利之意涵，而是沿用中世紀聖湯馬斯以來的倫理意涵，以致它並未給予政治思想新的影響。遲至 17 世紀前，政治思想在主要概念方面並未有突破性的進展；一本對 16 世紀政治思想的著名研究指出，本世紀「政治思想的性格基本上還是中世紀的⋯⋯這是因為 16 世紀政治思想中的若干基本預設與中世紀思想家所使用的並無二致。」

典是那樣，也不會今天是這樣而明天那樣。它只會是一個永恆不變的法律，在任何時間都規範任何人。而有一位，他是此法的作者、解釋者及維護者，因而他是人類共同的主人及統治者，他即是上帝。一個人若不遵循自然法則無異自暴自棄，否定了自身之人性，縱使他能逃避人世間之懲罰，最後亦將受最嚴酷之報應。

若據西塞羅之意，自然法是理性所能循繹出之倫理規範，故若其能衍生出任何在生活上的「自然權利」，那就是相應於一組「道德律」之下，人類對彼此之存在及行動的互相尊重；然而在近代，由於「自然狀態」（state of nature）概念的創發及廣泛使用，「自然法」已經與「自然狀態」概念深深連結，也就是說，「自然法」脫離了往昔受到人文化成影響的特性，而直指人作為「物種」所具有的生物性特質或須服膺的「理則」。於是，從這個階段開始，「自然權利」就意涵了「自然狀態」下人所應享及應為。對多數理論家來說，這即是人在尚未進入文明社會的「自然狀態」中即開始享有的「天賦的權利」（innate rights），一般而言這包括了他對自己的生命、人身自由及財產的支配權利。17 世紀的政治思想家霍布斯（Hobbes）、洛克（Locke）等人都明確地使用「自然狀態」這個詞，而對於他們來說「自然權利」即是依附於「自然狀態」這個概念下被定義的。霍布斯明確地使用了「自然權利」一詞來描述人在「自然狀態」下的特質，而洛克雖然沒有完全一致地也用這個字眼，但是他使用了人「在自然狀態下具有的自由」（a state of perfect freedom）這種講法，所以其義亦同，因為我們可以將「自由」理解為「意圖」或是「從事」任何行動的「權利」。

至於與霍布斯同時、較洛克稍早的「平等黨人」（the Levellers），很明白地點出了每一個人都有與生俱來的「基本權利」。在著名的 1647 年 Putney Debates 中，Colonnel Rainsborough 一開始就直言：「在英格蘭即使最窮苦的人也跟任何富貴人家一樣，有權利過著屬於他自己的生活」；這當然是指，個人對於自身生命、自由、財產應有絕對支配權，而且此權利應受他人（指統治者）尊重。所以，更進一步地，在 Colonnel Rainsborough 緊接著的陳述中，他就說出了「每一個人對其統治者都有接受與否的同意權」這樣的話，這也就無異是指政治上的「自然權利」。當然，也正是因為平等黨人堅決地主張人的「自然權利」並欲付諸實現，所以在當時他們被視為是企圖改變社會現況的「激進者」（the Radicals）。

由以上看來，「自然權利」是 17 世紀時若干政治理論家經常使用的概念，而他們以此概念為基礎建立起政治哲學之推論及結論。例如霍布斯導出了服從「利維

坦」（Leviathan）的政治義務；洛克則因著「自然權利」的觀念而欲成立我們今天所謂的「自由主義式民主政治」（liberal democracy）；而平等黨人更是緊守「自然權利」概念作為保護人民的憑藉及國家成立的理由。但是，一個有趣的現象是：如果我們以霍布斯及洛克、平等黨人為例，則可以看到同樣是由「自然權利」出發，卻有完全不一樣的結論。前者建立起統治者有絕對權力的威權主義政治，而洛克及平等黨人則推論出限制政府權力的當代民主之雛型。吾人難免好奇：在當時運用同樣的「自然權利」概念，為何會有截然不同的結論？建立起完全不同的兩種政治？本章在將此兩種政治做充分對比之後，擬探討造成其差異的可能原因。霍布斯是代表以「自然權利」概念建立起「主權者理論」（theory of the sovereign）的一方，而平等黨人則是代表另一方，因著「自然權利」而申揚「民權理論」（theory of civil rights）的政治。又，因為洛克之諸多立場與平等黨人相近，所以本章以下部分會時常將二者並稱。

二、兩種政治（I）：誰是國家最高主權者？

1. 君主

自古以來，無論東西方，王治政治就是人類成立國家的標準模式；直到今天為止，世界上還是有不少國家有國君，雖然其只徒具形式。君王掌握國家權力是我們熟知的政治型態，但是以君王為主權者，並為其角色提出完整的、系統性的理論解釋，卻是直到近代才出現之事。在西方，這主要源於因應宗教改革後民族國家的次第崛起，加以各國國內與國際間問題叢生，「國家理論」（theory of the state）遂成為凡思考政治者的必然議題。誰該擁有國家最高權力？是君王或是廣大人民作為一個整體？而以君王作為主權者，自然是理論家們無可逃避的一個首先可能性。

如一般所熟知，對霍布斯而言，人類成立國家的目的是造出一個有莫大權威的「會死的神」（mortal god）——即利維坦——來保衛社會秩序。而統治者（霍布斯並不諱言，他認為君主是其最佳形式）個人代表了這個有莫大權力的利維坦；也就是說，由一個真的人來代表我們所「造出來的人」，所以這個真的人——即是國君——應有莫大權力。他是社群「正義的尺度」（*justitiae mensura*），也是世間「至高的驕榮」（*ambitionis elenchus*）。

國君有最高權力的國度就是一個王國（kingdom, monarchy），而它的優點是

「定分止爭」，有明確的發號司令者及被治者之區別。羅馬法的傳統將君王視為是法律體系的核心，也因此是政治權力的核心[2]：法律由國君頒布，它是國君的意旨，毋須人民的認可，而且國君並不受到他自己頒布的法律所規範，這就是所謂的「君王凌駕法律」（*Princeps legibus solutus est*）的古老觀念。這與當代法律必然規範所有人的信念是不同的：理由無它，就是因為君王是主權者，法律由他而來，他藉法律統治，法律也係因其主權者之地位而有效力；反觀當代，法律先於統治者存在，統治者乃恰恰因為遵守、捍衛法律而得享正當性。

2. 公民全體或其代表

自古希臘以來即有民主政治之形式，以人民全體為主權者。亞里士多德的《政治學》如此敘述：

> 在一國中，凡有資格與能力參與公共事務的思辨或是參與司法事務的人我們即可稱之為公民；而簡言之，國家乃就是由一群相當數量的公民為了能夠自我具足地生活而組成之機構。

在亞里士多德的共和思想中，「一群公民」構成了國家及其中的政治活動。古希臘、羅馬及文藝復興之後的歐洲，一直斷斷續續有共和政治之形式。所以「以民為主」在西方的歷史中亦絕不陌生。國家屬於全體人民的觀念在西方漫長的中世紀中，也一直是「政治體」（*body politic*）這個概念的其中一種可能意涵，所謂的「中世紀憲政主義」（medieval constitutionalism）即為一例。「中世紀憲政主義」的觀念認為每一個「政治體」都是屬於群體所有成員共有，而此「政治體」亦因此有權自我管理，而不受任何力量凌駕其上統治之。而如果公民全體成為國家最高主權所在，則政治的意涵不在於「統治」，而是由全體成員一起（或是委派代表）經營攸關全體福祉的「共同事務」（commonwealth）。

平等黨人很明確地說，「國家最高的主權應在於人民全體或其代表」。也就是說，政府乃是經由人民委託而執行公權力，統治者只是公僕，其權力是被委任而來

---

[2]　君王的特殊身分如下：他「對國家事務有全面的掌理及監管權」以及是「法律及習慣的掌理人」。見《羅馬法史》，Giuseppe Grosso 著，黃風譯，北京：中國政法大學出版社，1994年。

且有限的。換句話說，平等黨人即使一樣接受國家來自於契約論的「訂約」，但還是選擇把國家的主權留在人民自己手中，而不是如霍布斯般將之讓渡予統治者，使其成為「主權者」（the sovereign）。洛克提出契約論的說法，更是直接將國家視為自主的個人的連結、全民所共有共管。

　　從以上看來，雖然霍布斯與平等黨人／洛克都使用了「自然權利」理論，但很明顯地我們看出有兩種政治之對比：統治者為主權者，或是人民保留「自然權利」而全體共同成為主權者。以體制言，前者即是 autocracy，後者即是 democracy。這樣大的差別，究其因，乃是由於對於國家權力之本質的看法不同。

三、兩種政治（II）：對國家權力之本質的不同假設

　　霍布斯式政治所建立的國家是一種類似於君主獨裁的國家，也就是我們今日所稱的「威權政體」。當然，這是由於霍布斯念茲在茲的乃是「秩序」，國家權力最重要的功能即在於維持社會安定；而唯有當國家權力強大到像「利維坦」一般時，人類社會才能真正脫離「人人相征戰」的「自然狀態」。但是平等黨人所憧憬的國家則是「服務性」而非「統治性」的，也就是說，國家的存在是要協助「自然權利」更圓滿，即是使個人對生命、自由、財產的享受更確實，而把人原本在「自然狀態」中不好及不方便的地方除去。所以，造成這兩種對國家權力本質不同看法的原因，我們就有必要細究，茲分述如下。

1. 和平／安全或增進福祉：為何要有國家？

　　對「自然狀態」的不同理解，應是造成兩種政治的關鍵因素之一。如我們熟知的，霍布斯一再提及，建立國家的目的是「為了人民的和平及安全」（the end of this institution is the peace and defence of them all），因為霍布斯的「自然狀態」是朝不保夕的「人人相征戰」狀態，因此他才會將離開此「自然狀態」視為是政治社會建立的主要原因及目標，而其接下來的推論皆以此為基礎。

　　但是，平等黨人及洛克等卻有不同的「自然狀態」觀。我們都已經很清楚洛克心中的「自然狀態」並非是如霍布斯所形容的「戰爭狀態」（state of war），而是由人人自行詮釋與執行自然法時因認知、立場差異所產生的「不方便」（inconveniences）。至於平等黨人，就需要特別做觀察，因為他們並非政治理

論家，對此問題並沒有做系統性的討論。雖如此，我們還是可以從他們留下的文獻中找到線索。首先，平等黨人一貫地認為，英國人生來是自由的，他們常以"Englands Birth-Right"、"Free-born Englishman"或是"Free people of England"等來描述。這些自由，即是「權利」，Richard Overton 以「自然權利」（natural rights）稱之。他在一篇致上議院貴族議員的文章中，對於他們濫權、欺壓百姓的行為，痛斥道：

> 諸公能享有今日權力，乃是因為生具自由的英國百姓們，將他們的自然權利委付到你們身上，為的是要你們能夠有此能力來給予他們更多的福祉，也使他們更安全生活及財產更有保障，因此你們其實是他們賦予重要權力並任命的合法執事者，但也僅此而已……

因此，對於懷抱類似平等黨人的「自然權利」觀之人而言，人在政府出現之前的狀態應是自由自在的——雖然不一定是「很幸福」的，因為群體生活必須要經過某種管理才會理想。於是，人們自然地就會選立君長官員來為其增進福祉、確保安全。所以，人民選擇進入有國家的狀態是為了要謀求生活「更幸福」，但是也不希望因此而喪失了原本在無國家狀態時所擁有的若干自由。但是對霍布斯而言，成立國家是為了離開無政府情況下的可怕自然狀態，它是不得不然的必須選擇，統治者能否賢明任事並非其主要關懷（他所在乎的是統治者應具有的各種權力），但是國家的建立秩序本身就是群體生活中莫大的福祉。故歸結之，這兩種政治觀顯然對於為何成立國家、國家之最大功能的看法不同。霍布斯認為離開毀滅性的自然狀態而建立秩序即是國家之基本目的。但是平等黨人卻認為政府的出現應是以滿足人民生活上之各種需要為主，使臻於更幸福；如果不能達成此目標，人應該是寧可解消政府，回到原本「自由自在」、各自護衛其「自然權利」的「自然狀態」中才對。換句話說，對霍布斯而言，主權者的出現乃是一種「必須」，但是對於平等黨人而言，它毋寧是一種「效益」，如果「效益」竟成「反效益」，則可推翻之或是不如沒有。比較這兩種立場，我們其實不難發現：對於「自然狀態」的不同看法導致了對政府功能之期待上的基本差異。

2. 盟約授權或信託委付：國家權力之來源

「盟約」，是霍布斯所觀察到建立政治權威的必要方式。他指出，在《舊約》

聖經中，上帝也是透過「盟約」來建立與以色列人之間的統治關係。所以，即使是神與人之間，也須透過盟約來建立權力關係，更何況是人與人間？而透過「盟約」建立的統治關係，其特色就是「完全地臣屬」（total subjection）。在神人之間，它是將人完全歸於神的意志及指引之下，以尋求「拯救」（salvation）；而在人際間，霍布斯意欲人們立「盟約」將彼此結合成一個大的「人」，也就是「國家」（commonwealth）或是「利維坦」，當然這時「盟約」勢必會將個人消融於整體之中，否則大的「人」無由出現。霍布斯意欲「緊密連結眾人為一人」，以造「可保全真人之假人」，這即是說，新的「人格」取代了舊的分散獨立的個人，因此許多的「個人」被集體轉化為一個新的、巨大的「假人」，它即是「政治體」（*body politic*），而這個「政治體」乃是要由一個「真人」（或一些人）來代表，來完全操控。霍布斯在一段有關訂盟約以成立國家的異常重要的段落中指出，若是一群人生活在一起想要獲得外部安全（不被侵略）及內部秩序，希冀能安享平日辛勤勞動成果並安泰度日：

　　那就需要把他們的力量集中在一人或一些人身上，以期能化不同意見與聲音為眾口同聲及眾人一心；而這也就是說，讓一個人或是一些人完全地代表他們每一個人，來處理有關大家和平及安全的事宜，也因此，他們都須以這一個人的意志為意志，以其判斷為判斷。這不只是眾人間達成共識或和諧，而是真正的凝聚成為一體，表現在這個主權者一人身上。

　　霍布斯意欲這個主權者——利維坦——之威猛無與倫比，使其「睥睨一切偉岸者，為驕傲眾生之君」。既然霍布斯認為人民間互相訂定盟約是離開「自然狀態」的唯一途徑，則邏輯上此盟約會傾向於將人原本的「自然權利」完全轉讓與利維坦，就是國家——因此「自然權利」也就由「統治者」所完全接收。「即使有自然法，但如果沒有主權者，或是主權者力量沒有大到能絕對地維護秩序，每個人還是會回到以自己的智慧或力量護衛自身的地步。」其理由很清楚：如果照霍布斯對「自然狀態」下人的特性的描述，這些「狡詐、孤獨、可憐、殘暴及短命的」個人時刻汲汲於攫取權力以圖自利自保，則唯有人將「自然權利」完全移轉給國家，在一個強大力量的壓制控管下，「自利自為」不斷向外侵張的個人——「驕傲眾生」——才會安守法度分寸，而社會才能離開「自然狀態」。於是，國家成為文明的守護神，而握有完全權力的統治者變成人類政治組織中最重要的機制與獲致幸福的關

鍵。在此，羅馬 Tacitus 的概念 *arcana imperii*（mystery of state，國家的奧祕）[3]及文藝復興的 *ragione di stato*（reason of state，國家理由）就隱然若現於霍布斯的國家理論中[4]。

而此時，我們就更能理解 Quentin Skinner 在霍布斯研究上的著名翻案文章 "The Ideological Context of Hobbes's Political Thought"之意義了。他在研究了霍布斯當時及後世對他的頌揚或批評之後，認為傳統上對霍布斯的解釋不符歷史事實。以 Howard Warrender 為例的詮釋者們，認為霍布斯的政治義務理論來自於參與訂約的臣民們對於自然法必須被遵守的認知，因為自然法是上帝的命令。所以人從「自利自保」（self-preservation）的心理推展到有服從主權者的「政治義務」（political obligation），都是出自於人所從屬的自然法的要求。但是 Skinner 確認為宣揚沒有所謂「正統」、「篡奪」之別的「有效統治理論」（theory of *de facto* rule）式的政治義務觀，才是霍布斯之真正意圖，也才是時人如此畏懼或是贊同其立場之真正原因。而霍布斯為何如此強調主權者的完全權力此一問題，也在此更得到清楚線索。從自然人的欲行使「自然權利」而圖求「自利自保」，到最後每一個人都有服從主權者的「政治義務」，這中間其實乃是由 *de facto* rule 連結起來，也就是能夠「全生」的現實才帶來服從之義務。而我們若要問 *de facto* rule 為何可以連結兩端的「自然權利」與「政治義務」？前述的 *arcana imperii* 與 *ragione di stato* 概念庶幾乎提供了最好的解答：國家（利維坦）與其中之國家機器、國家權威（*imperium*）對霍布斯言真是一個神奇之物，唯有它能夠給人類安定與生活幸福。而任何君王及主權者如未能藉助 *arcana imperii* 及 *ragione di stato* 來達成使人民「全生」的「有效統治」，則他不配獲得臣民對其有「政治義務」。對霍布斯言，人民立約乃是要成就這個能創造幸福的 *arcana imperii* 之出現——因為它而國家得以成為威猛之利維坦來保全他們，而不是因為人民習於遵循自然法作為一種法律，因而將服從任何因立約而出現之主權者。

但是，平等黨人及洛克卻不認為國家是由一個盟約行為所塑造出的「人造

---

[3] 在此乃是指人類組成國家後，國家機器是一個奇妙之物，它有很大力量、也可以成就許多原本無法出現之事，但端視掌握者如何運用而已。請參照 Peter S. Donaldson, *Machiavelli and Mystery of State* (Cambridge University Press, 1992).

[4] 霍布斯與文藝復興政治概念 reason of state 的關係是一個新興而尚未發展完全的論題。晚近，有學者研究新出土的霍布斯著作，而宣稱在其成熟之政治著作中，的確可以見到 "reason of state" 觀念的呈現。見 Noel Malcolm, *Reason of State, Propaganda and the Thirty Years' War: An Unknown Translation by Thomas Hobbes* (Oxford University Press, 2007).

的人」——也就是說，每一個人將「自然權利」交出給予主權者後，一個有強大力量的國家（巨人利維坦）於焉誕生。對他們而言，國家機器只是人民全體（作為立法者）信託委付行政、司法權等的對象而已。洛克區分政治社會／公民社會（political society／civil society）與一般所謂的國家；前者乃是特別指「一群人中每一個人都放棄親自執行自然法的權力，而將此權力交付給眾人聯合而形成的社群之謂」，而後者當然就是指傳統上的君王統治、絕對王權的國家。這個「政治社會／公民社會」中所成立的政府，也即是他《政府論第二篇》的副標題所用的名稱——「公民政府」（civil government）。由於此名詞是他全書的主題，故他對「公民政府」的定義極為清楚明白：

　　一群人結合成一體〔one body〕，依賴著一套既定的法律及司法裁判制度〔judicature〕而行，並有公權力來執行法律以解決紛爭及懲罰違犯者，則他們可稱為形成了一個公民社會；但在這世界上，對於那些尚未有如此共同生活的機制之人群，則可謂未進入文明中，每一個人都無他人可以訴諸仲裁，而必須單獨地自行詮釋及執行自然法，如前所述，這不啻是身處全然地自然狀態中。

　　洛克認為，「公民政府」與君王制下的絕對專制政府性質截然不同：

　　很明顯地，被很多人認為是世上唯一可行的政府——絕對王權的政府，它完全與公民社會的本質不合，也因此絕對不可能是一個公民政府；公民社會成立的目的乃是要避免自然狀態中每一個人自行執行自然法以求自保所帶來的不便，因此大家才共同設立一個公認並都願意服從的公權力，來處理紛爭或是其中任何成員權益受損之情事。

　　因此，對洛克來說，只要一個人群還未「進步」到成立如此機制來解決爭端，就是仍停留在「自然狀態」，甚至連專制君王統治下的臣民也都可以說是如此。又，對洛克而言，代議的立法機構乃是國家最高權力所在，因此掌行政權的政府（executive power）只不過是人民立法管理自己後所委付執法的機構而已。
　　至於平等黨人的立場，最經典的當然是 Colonel Rainsborough 在 Putney Debates 中所說：「我認為有一件事是天經地義、極明白不過的，那就是每一個人都應該有權利同意是否接受一個政府的統治。」因此，平等黨人與霍布斯或是洛克不同，

他們強調「同意」而不是「訂約」；此時，他們抱持的被統治者同意權的理論還沒有進化到「契約論」的地步。人民因「同意」而委付權力給統治者，但是他們並未如霍布斯、洛克般發展出人民彼此訂約成立政治社群的系統性理論。然而無論如何，對於國家主權者或公權力的性質，他們早就突破其時代大膽地宣稱國王其實只是「公僕」：

　　我們認為此眾議院應是英國最高的權力機構，由全體人民選出並代表他們，同時被賦予改善人民生活與維護安全的絕對權力；至於國王，充其量只不過是這個國家的最高行政官員，並且因其職守來向眾議院負責（議員們乃是人民的代表，而人民正是國家中一切正當性權力的源頭）。

　　對他們來說，每一個人都是持鞭御馬而行的人，而這匹馬，就是國家及統治者；他可以要馬快行，慢行，甚至——不要這匹馬。這是因為天賦的「自然權利」讓他有這樣的尊榮，而這點必須被統治者充分尊重，因為這是國家中任何公權力的源頭。所以 Richard Overton 即在著名的 *An Arrow against All Tyrants* 一文中說道：「在每一個人自己周遭的那個世界裡，他與生俱來地即是國王、教士及先知，而除非經他本人同意及授權，沒有其他人可以侵奪此地位或角色。這即是他的自然權利。」
　　由以上我們清楚地看到，霍布斯的國家因為是盟約授權因而有完全權力，成為「會死的神祇」；而對平等黨人及洛克而言，國家的主政者作為「公僕」，只可能掌握有限權力，執行被委託交付的職責。

3. 空洞化的個人或承載權利的行為者：國家權力之界限

　　在霍布斯眼中，國家既是一個新的「人」，一個有著「政治的身體」的「假人」（artificial man），則這個「假人」須由主權者來完全代表之。在此新「人」被「合成」而出現後——不管這個新「人」是指利維坦或是全權代表利維坦的某一「自然人」，即主權者——其中原本諸多「個人／自然人」其各自特質已不復見，「個人／自然人」成為「空洞」的個體，也即是利維坦之下的「臣民」（subject），沒有了原本的「自然權利」，而是等待著利維坦來界定其未來之「合宜行為」（propriety）為何。霍布斯式的政治，意味著在此轉換過程（從「自然狀態中的人」到「臣民」）中「個人／自然人」的「完全臣屬」。「完全臣屬」之目

的是為了造就主權者之「完全權力」；而在「完全權力」之下這個「個人／自然人／臣民」被重新定義——透過頒訂法則命令及今日所稱的「政治社會化」過程——無論其俗世行為及教義信仰都由利維坦統一之，而不再是「自然狀態」中自由、獨立「可以為所欲為」的個體。而這個對何謂「臣民」之合宜思想行為的重新定義，最明顯的莫過於他做了以下的宣稱：

> 由於人通常很自然地凡事以自己為中心，並習於苛責他人，所以人際間輒有摩擦、爭執衝突甚至戰爭，以致於互相毀滅或是失去對共同敵人的抵抗能力。因此國家有必要對於什麼是良好的行為以立法來加以定義，並由政府有司褒揚獎賞符合規範的臣民。……而對於每一位臣民因其行為表現而應得的典秩尊榮之差異、頭銜封號之尊卑，也須由主權者事先頒訂之，以明其相互差序位階之別。

在此，霍布斯顯然認為絕對統一的秩序、階序或價值，乃是一個社會存在的先決條件，每一個人不能任其以自我為中心任意發展心性乃至於行事，而必須先有一社會框架導引之。所以，我們可以看到，古典時代亞里士多德所相信的「國家先於個人而存在」（the polis is *prior to* the individual）[5]的觀點在此重現——雖然霍布斯不喜歡亞里士多德，兩人的理想政治更是有天南地北的差異。利維坦或是主權者雖是來自臣民的盟約連結，但是最後卻決定臣民的思想行為，重新定義臣民作為個體的內涵。

相較之下，平等黨人所想像中的國家並不是一個大的「新人格」，而是一群被委付以行政責任的人所組成的機構而已。在此之中，原本的「個人」沒有訂定「完全臣屬」的「盟約」，他們也不須「轉化」（從鬆散的自由個人到「共同體」的一部分）而國家才能成立。這些「個人」們所做的，只是委付若干執行公共事務的權力給特定之人，「個人」們還是他們原本的自己，平等而自由的一群人，享有諸多「自然權利」的保障，只是自己不親自執行，而委由第三者。這樣一來，國家的權力很自然地就只能是協助個人生活順暢，而絕不能超越或壓制個人原本的「自然權利」。洛克認為，人在自然狀態下雖然自由無拘束，但其缺點是：一、沒有共同法律；二、沒有公正仲裁者；三、沒有公權力作為執法及懲罰之後盾。這些缺點難免

---

[5] Prior to 不是指時間上的順序，而是價值上的；故其義是「先有國家，個人才能被定義出」。

帶來生活上的焦慮不安及不方便。於是人選擇「放棄自然狀態中的若干自由及自衛能力」，進入由公權力來維繫秩序的社會狀態，「以便每個人的自由及財產都可以獲得更好的保障。」但是洛克強調，這個公權力：

> 絕對不能超過維持公共利益之所必需，而且最起碼須能確保人民的財產，使不致發生自然狀態下那三個缺點所會導致的不安全及焦慮。故任何一個國家的掌權者其統治都應該受限於既有之成文法，而不可任意以一己之命令為之；應設立公正的司法制度遵照這些成文法來裁定紛爭；而政府強制權力之運用應只限於對內執法，對外抵禦外侮、保護人民安全。所有公權力的運用只有一個目標，就是人民的安全、福祉及公共利益。

而平等黨人一再聲言，他們作為英國人的權利，不管是稱為 birth right、natural right，還是如（第一號）《人民宣言》 The (first) Agreement of the People 中所說的 common right、native right，都不會在委付權力前後消失減少，因此他們在此《人民宣言》中明告社會：

> 本屆巴力門及爾後所有的巴力門，其權力不得高於把他們選出來的人民，這包括在以下幾方面都如此：立法、修法及撤銷法律；設立或撤銷官署；任命、開革或是質詢各類大小官吏；外交、宣戰或是媾和；或是總的來說，任何選民們沒有明確或是隱約地聲言保留於自身的權力。

這些沒有明確或隱約地聲言被保留於人民自身的權利包括：信仰的權利、是否願意參加戰爭的權利、自由表達政治意見的權利、法律前人人平等的權利以及不受惡法侵凌的權利等。所以，平等黨人幾乎是很明確地表達了「人民既有權利不因成立政府而轉移」的立場。他們在《人民宣言》中對於這些權利的持有，做出這樣堅定的結論：

> 以上所述都是我們與生俱來的權利，因此我們誓言要盡全力對抗任何可能侵害者，來維護他們。這是鑑於兩方面原因，使我們不得不如此：一是看見祖先們血淋淋的教訓，他們因為目標不明確以及被虛幻不實的成果矇蔽而不自知，以至於先前爭取自由的血都白流了；另一方面則是我們自身慘痛的經驗，我們之前深刻期盼

並謀求爭取自由的各種努力，卻錯誤地託付在一心要加予我們鎖鍊並且以戰爭毀滅我們的人身上。

因此，從今日所得見的平等黨人留下的文獻看來，他們當時不啻是在向統治者列舉一份民權清單，要求被確保與尊重。對比之下，霍布斯的利維坦「是正義的尺度及最高驕榮者」，因此利維坦掌握進入國家體系中的「個人／臣民」的身心運作之尺度、行為與信仰的標準。在《利維坦》一書中，霍布斯不斷強調主權者的權威，由他來定義出人民生活中之是非法度；平等黨人及洛克卻是不斷地要維護個人原本之「自然權利」的種種內涵，避免其受到國家、統治者權威之侵凌。平等黨人所要維護的 free born Englishman 與霍布斯的等著被統治者定義的「空洞化個人」完全不同，前者認為人所秉賦的自然權利並不因為進入政治社會而改變，但是在霍布斯的體系中，利維坦之下的臣民不論信仰、思想價值或行為，都要從新的、人造的「假人」觀點來重新定義。

由以上所述，可看出兩種國家觀或是兩種政治的差異繫乎於統治者本質之差異，究竟他是如霍布斯般的「正義的尺度」或僅是法律的執行者？究竟是「利維坦」或只是人民的「公僕」？如果是前者，則統治者先於群體而出現，其地位無比崇高；因為有了「利維坦」之後才可能有政治生活及文明生活，有了「大我」——統治者為象徵——之後，無數「小我」才能被界定出來。如果是後者，則統治者後於群體而出現，群體委付以統治者行政責任，他只是作為人民主權之下的「執法者」（administer of law），承受民意而行。利維坦可以說是透過政治社群的建立以塑造人民的 civility，而對洛克及平等黨人來說，國家只是 night watch-man，與倫理目的距離較遠。

這種對於國家主權或是個人權利的著重，其實在當時很可能已是一個政治理論上的熱烈辯論焦點。學者 Richard Tuck 的研究，給了我們在歷史脈絡上一個更清楚的圖像：他在對保皇派及激進派人士相互辯論的研究中指出，其實這個國家—個人的對立是有一個「光譜」性質的立場分布，並非純然兩極化。激進派如平等黨人有絕對支持個人權利至上的立場，但也有如 Richard Overton 般願意承認國家整體的「權利」也很重要，但是不應該就此全然壓制住個人：

所有帝王、君主、議會或是任何大小官職所具有的權力其目的都不外是公共的安全〔salus populi〕，所有世間統治權力都是基於此目的而存在，因為若是無安

全秩序，任何人類社會都無由出現，而有了主權者之後一個社會可獲確保，但同時在社會中的每一個人也應獲保全，因為這是其天生權利，不應被剝奪……

　　這就是國家、個人並存的立場。但還有一種立場是國家優先於個人的立場，例如著名的對平等黨人的批評者 Henry Parker 就看出 Overton 這種「並存」立場的矛盾不可行：「有國家的自由，也有所謂個人的自由：但國家的自由應該優先於個人自由……」。換句話說，平等黨人在此「個人人權」問題上是所謂的「極左」與「中間偏左」，而社會中也有一股如 Parker 般「中間偏右」的言論，至於霍布斯，則可比喻為只重國家權力的「極右」了[6]。其實我們今日還是常常在此問題上打轉，但是明顯可見平等黨人乃是近代系統性開啟國家利益—個人權利對立的政治理論辯論之始祖。

四、兩種政治（III）：政教合一與宗教自由

　　霍布斯式政治諸多特異之處的其中一點，就是將統治者亦視為是宗教上的領袖，他可以統一教義、儀規的解釋以及對於聖經的詮釋。在《利維坦》的第三卷〈論基督教國家〉中，霍布斯寫下如此政教合一的一段話：

　　既然在每一個基督教國家中統治者都是最高的祭司，掌理其所有臣民的精神信仰，並且所有其他祭司也都因由他授職而得以佈道及執行相關事宜，所以我們可以說，除他以外所有其他的神職人員得以佈道及執行神職相關工作，其權利都是由他而來，他們都不過是統治者作為首席祭司麾下的神職而已（這就如同縣令、法官、軍中將領等都是統治者作為總執政者、決斷一切事物者及三軍統帥之下的輔助者一般）。

6　霍布斯在《利維坦》一書序言中說：「主權者彷彿是國家（commonwealth）的靈魂，給予其生命及支配其所有行動」。換句話說，霍布斯意欲主權者要有無上、無比的權威；這當然意味在「個人—國家」光譜上，霍布斯明顯是「極右」地站在支持國家權威這方。但是國家過度地「權威」是否一定會帶來政治穩定？不一定，因為濫權與昏瞶常會導致人民反彈，例如英國內戰即是一例。因此特別注重「秩序」的霍布斯才會在《利維坦》一書序言中接著又說：「公共安全、人民福祉（salus populi）乃是國家之首務」。也即是說，霍布斯絕不限制國家或主權者有過多權威，只要此權威能達成謀求人民安居樂業之目的即可。

　　何故如此？關鍵不在於如神職、縣令、法官及將領這些輔助者與統治者的關係，而是因為這些不同執掌施作的對象，都是他的臣民，而對於臣民生活中的一切面向，他要負完全責任。霍布斯認為，所有的統治者同時是政與教的最高領袖：

　　政治權威與教義權威都在統治者一人身上，所以他們被賦予了管理一個臣民的身體及心靈所需的所有權力，他們也因此有權可以頒布為了做好此管理所需的任何法律，此乃由於這些臣民同時也就是構成教會的信眾，其實都是同一批人。

　　這是因為霍布斯認為一個政治共同體內，不可以有兩種價值。所以，只能有一種宗教，而在這種宗教中也只能有一種統一的教義。這就是本質上政教合一的政體。價值統一在霍布斯式政體中具關鍵性的地位，因為在「正義的尺度」只能有一種的情況下，宗教教義上的一統更是俗世價值統一的基礎。

　　但對於平等黨人而言，在《人民宣言》中，早已列出宗教自由一項，故國家干預人民信仰是無由發生的事。這當然就預設了一個價值多元的社會，每一個人都是他自己世界的中心，人與人間的紛爭是靠對遊戲規則的協議、仲裁而非靠國家的強行統一思想及行動。在此宣言中，平等黨人清楚地想要將信仰隔絕於俗世權力的干預之外：

　　關於信仰，以及如何崇拜上帝的儀規，絕對是在我們委付給政府公權力的範圍之外，因為對於每一個人基於其良心所相信的何謂上帝的旨意這個問題上，我們實在不敢越俎代庖、擅自干預，這無異於褻瀆神意。但對於非強迫性的官方所做的宣教，我們也建議留給每一個國民自行考慮接受否。

　　這是指政府不得以公權力來硬性規定信仰或儀規，而對於基督教史上一直爭議不斷的異端問題，平等黨人也訂出了「寬容」的立場，因為在這問題上沒有人有決斷的資格：

　　任何和平地宣講他自己宗教信念或意見的人都不應被處罰或是視為異端，因為那些宗教裁判者本身就如同一般人常會誤判一般，在這事上判斷錯誤。要如此做的原因是要避免某些可能的真理或是真誠的信念，被假借避免異端錯謬或是反對分歧分裂之名所打壓，如同歷史中常見一般。

　　而洛克對於宗教上的自由態度更是眾所周知，他的《寬容書簡》（*A Letter concerning Toleration*）的基本立場與平等黨人大同小異。所以在宗教上，我們看到了霍布斯與平等黨人完全不同的態度，也就是所謂的「政教合一」與「政教分離」的兩種政治。當然，對於這種同樣抱持「自然權利」觀卻導出兩種不同政治的情形，其最基本的理由是前述三節中討論的國家觀的不同；也即是說，雙方是從不同的角度看待國家的存在及其目的，以及統治者的角色。而造成這種不同角度的原因固然有理論家個人的因素，然而若從思想史的層面看，我們可能有必要從宗教改革後引發的宗教衝突開始追溯起。

五、兩種政治的遠因：16 世紀之宗教衝突與「國家理論」（theory of the state）的出現

　　1572 年法國發生的「巴黎宗教大屠殺」（St. Batholomew's Day Massacre）引發了新舊教間的尖銳對抗及戰爭，而英國在亨利八世建立國教後國內的宗教紛爭也使社會中衝突不斷，流血迫害之事頻仍。在因宗教引起的普遍不安與動盪中，兩國中都各有知識份子起而謀求改變現狀，呼籲和平。他們在某種層度上是想要客觀中性地提出解決之對策，因此著書立說，企圖探討統治者及臣民各應有的權利、責任及義務等，而如此的討論就需要從對政治生活的本質進行思考中來尋求答案。所以，本來是為了解決國內因宗教紛爭而來的動亂之初衷，對後世而言，卻意外地產生了對近代政治理論的重要貢獻──這個貢獻在今日來看是屬於國家理論方面，也就是 theory of the state。由於理論家們立場的差異，故雖然其焦點都是關於國家及其權力的本質，但是此時期產生的國家理論卻包含了兩個完全相反的方向，一是主權者理論，另一則是民權理論。他們可謂是國家理論的兩個面向，但若將其結合，竟也巧妙地會成為現代之民族國家理論的兩種內涵。

1. 主權者理論（theory of the sovereign）

　　在國家長期處於宗教戰爭的暴力陰影下，法國的包丹（Jean Bodin）思圖建立起一個理論，它能夠讓在同一土地上之人和平相處於一個共同秩序下；也就是說，即使信仰不同的人也能在同一屋簷下生活。如果大家都承認生活在一個「政治體」

（*body politic*）下之必要，則此共同體的管理者就能夠順利維持秩序。這樣的理論在當時環境下無比重要，因為新興起的民族國家在不斷的宗教內戰狀況下，亟須鞏固內部，以應付外在環境。而這個迫切需要的理論就是「主權者理論」。包丹的貢獻在於：在西方近代政治論述中，他首先揭櫫了完整的「主權者」概念：他在1576年出版的《國家論》（*Six Livre des la Republique; Republic*）中，認為對「主權」（他稱之為 *Puissance souveraine* 即是 sovereign power）的接受是形成一個「國家」不可或缺的要素。主權者是任何一個國家中最高的權威者，其地位是唯一的，其權力是不可分割的。他的權威就像是家父長在家庭中一般，至高而不可挑戰。「主權者」理論也因此成為他的《國家論》中最重要的理論。二十餘年後，英國的胡克（Richard Hooker）也在英國發表了相似的理論；在1600年出版的《教會國家的法律》（*Of the Laws of Ecclesiastical Polity*）一書中他企圖證明——即使信仰不同——每個人都有服從俗世主權者的義務，不同信仰的人是可以共存在一個國家中的。胡克最主要的立論是：服從主權者頒訂的法律對每一個人來說是既是必要、也是有裨益之事，因為有了法律，才有秩序，也就有了每一個人可以追求各自生活內涵之可能性；而這些法律，甚至可以包含宗教上的儀規（ecclesiastical laws），也就是主權者對於宗教事務之準則亦有權力訂定。

　　包丹及胡克強調國家中主權者的重要性及對其服從之必要，故無可避免地，這當然可被看成是為國家的權威當局或是統治者的立場發聲，也即是宣揚國民對國家服從的「政治義務」（political obligation）。而若論及「政治義務」之理論，則他們二人之後的霍布斯堪稱為集大成者。霍布斯揉合了包丹「主權者」的概念及胡克類似「契約論」的理論模型，而推出了最完整的「政治義務」理論，來解釋為何國民必須服從統治者。有趣的是，其實他的理論同時是今日對立的「效用主義」與「自然權利—契約論」的前驅與範型，因為一方面他用「效用」觀念來說明人的行為及為何會想要離開「自然狀態」，而另一方面又藉著「契約論」成立國家來維護個人的「自然權利」。而這兩種對立的思維方式，最後卻都指向同一結論，就是公民的「政治義務」。霍布斯「政治義務」理論的另一個「臉孔」，其實就是「主權者理論」——每一位公民對「利維坦」及其代表者的絕對服從與尊崇。在霍布斯的「利維坦」之下，臣民們所有的行為上、價值上及信仰上的歧異都要被統一，才能使國家長存。繼包丹及胡克之後，這是霍布斯面對國家內宗教衝突與內戰所帶來的動盪的反應；他是從關乎主權者、統治者的國家理論出發去謀求秩序的達成，而在此秩序下，人的「自然權利」得以實現。

2. 民權理論（theory of civil rights and popular government）

其實在許多時候，宗教衝突乃是由於統治者迫害打壓不同信仰的人所發生的；因此，被迫害的人民自然會發出不平之鳴：為何統治者可以藉用國家的武力來壓迫不同信仰者？或是任意壓迫任何人民？而這個問題最後終究會指向統治者的本質為何，其權力的界線又何在，這些根本問題。所以，若從「被治者」的立場出發，來討論如何消除「政治體」內部的動盪，就會有完全不同的風貌。它的核心論旨是：國家如果陷於失序與紛亂，必定是統治失當，而統治者無論是流於暴政或是僅屬敷衍失職，都是由於民權未能伸張所導致。因此，如果國家中之政府，其本質乃是由人民之委任所組成，則必定只有在民主政府下，人民的權益才將獲得最好的保障。

這種主張「民權」的立場，最主要是由新教徒、尤其是加爾文教派所代表。有趣地是，在面對國家與政治時，加爾文本人並非「民權」立場的擁護者，而是「君權神授說」（the divine right of the kings）及「絕對服從論」（theory of passive obedience）的主張者，但是他的後繼者——也就是一般所謂的「加爾文教派」（the Calvinists）——卻在西方的民主發展史上居功厥偉。首先，是在 1572 年法國的大屠殺四年後，Huguenots 教徒的代言人出版了《對抗暴君論》（*Vindiciae contra Tyrannos*）一書，大力申揚「受治者同意權理論」（theory of consent）。這本書中所提出的理據，首先是君王、臣民與上帝立約，建立宗教信仰的依歸；繼之，君王又與臣民立約，建立起政治統治關係。書中舉例了舊約聖經中大衛封王的例子，來說明君位是由君與臣民之「約定」而來：「於是以色列的長老都來到希伯崙見大衛王，大衛在希伯崙耶和華面前與他們立約，他們就膏大衛作以色列的王。」所以《對抗暴君論》結論道：「立君長之事就在這樣的集會中確定了，全民一起樹立了君王，而不是君王創造出臣民。」這樣一來，當然本書非常鮮明的立場就是「政府是為了人民福祉而出現，統治權力需獲得被治者同意才有正當性。」

其餘也有若干新教徒理論家，如著名的蘇格蘭學者 John Mayor，他將中世紀後期的政治思想傳承引介，而更向民權之立場發展，最後激發了他的弟子 John Knox 及 George Buchanan 等人的「反暴君政治理論」，以迄於《對抗暴君論》中的人民主權思想的出現。Mayor 對 16 世紀法國政治思想之影響就在於此民權立場的散布：政治權力乃是由社群集體意志而來，因此君王只是獲授權而治理之人，故像是任意徵稅這種行為絕不允許；且當他逾越濫權而到無法矯正程度時，人民可以免其職位甚至將其處死。而他的後繼者如 John Knox 發表之著作 *Appelation*（1558）及 George Buchanan 的 *De Jure Regni Apud Scotus*（1578），都企圖將同意權理論及人

民作為政治社群主體的本質結合[7]。然而下一世紀的平等黨人及洛克，大概可被看成是這一系列民權理論推展過程中的最高潮——他們主張落實人民的基本天賦權利及君主的「公僕」性格。

我們切不可忽略，平等黨人其實也是熱切要爭取信仰自由的英國清教徒的一支。所以他們一開始就站在反對王權迫害宗教自由的一邊；當然，他們逐漸轉向社會與政治改革，提倡民權，支持民主。Michael Walzer 研究 17 世紀英國激進政治的起源時，提出了清教徒從消極逐漸轉為積極、從爭取信仰自由到爭取政治權利的看法：

向外移民是清教徒在精神信仰上不見容於舊英格蘭的其中一個後果，但是革命卻是另一個可能性。到了 1640 年代，上天竟開啟了這個可能性的大門。然而即使在此之前，清教徒們也自行開始了一些革命反動的活動。除了大規模向外移民，在 1630 年代（這是從 1580 年代以後的首次）激進政治的一些徵兆重新出現了：非法出版、走私禁書、籌建地下組織等等。像是 Henry Burton 這類的牧師會刻意參加被官方禁止的清教徒組織，但是逐漸地，清教徒地下團體的領導權開始由各方面的能幹人士出任，律師出身的 Prynne、布商學徒的 Lilburne，及執業醫師的 Bastwick 的出現，替清教徒政治運動開展了新的一頁。所以，才有不久後，克倫威爾及其友人決定以「行動」榮耀上帝。

平等黨人爭取民權的訴求，有時是立基於天賦人權的說法，但有時他們亦宣稱是來自英國人自古即有的權利，而他們的目標——至少對於 Putney Debate 中的 Colonel Rainsborough 與 Sexby 而言——是成年男子普遍享有投票權（universal suffrage）：

上帝給予人的，沒有任何人可以剝奪；因此，若非上帝的自然法就是人的法律，剝奪了英國最窮的人也能像最顯赫者一般投票的權利。上帝的法並不會讓侯爵們可以投票選二十位議員，讓鄉紳選兩位，而讓窮人一個都不能選。

---

[7] 但是，這並不是我們今日意義下的「社會契約論」，因為是人民與君王訂約，而非人民間訂約——後者是真正的「契約論」，乃是因為每一個人因著其天賦權利才得以互相訂約成立政府。

　　因此我們堅信，從天理正義來看，每一個出生於英國的人都應該有權利親自選擇為他立法的人、治理他的人與命令他去征戰的人，我認為再愚蠢的人都能輕易了解此點。

　　既然平等黨人認為每個人都應該有投票權，也就是每個人都有選擇誰來代表他或是統治他的天賦權利，則較之於七十年前的《對抗暴君論》所持之立場，平等黨人已經有明顯的進步：前者乃是宣稱人民全體對於統治者可行使「同意權」，而若統治失當，則也要由官吏或是人民團體的意見領袖，即是 inferior magistrates，來為人民全體表達抗議或是推翻統治者；但是平等黨人的立場已經是申明每一個人基於天賦人權或是英國人的天生權利，都可以直接透過投票來親自捍衛其權利。在民權的實踐上，這就是事實上與洛克的契約論相同的程度了——每一位公民可以透過投票選出與罷黜統治或代表他的人。至此，平等黨人與洛克的民權主張，其實已與我們今天相去不遠。

　　當今我們的民主政治，就是同時建立在以上兩種理論之上：主權理論及民權理論。今日的任何一個現代民主國家，一定要有國家公權力與法治的施行，這就要靠主權理論作為背後的支撐，因為它要求政治社群中的人民履行服從法律與主權者的政治義務；而另一方面，民權理論也正是這些國家中民主實踐的目標，亦是國家成立之目的。換句話說，一個現代國家一方面要有對內對外的絕對主權，而另一方面則是以此主權來服務人民，保障其民權，並由人民來支配操控那些行使主權者。這就是現代國家理論中的「二元主義」，其實頗類似 20 世紀中國孫文學說中所說的「人民有權、政府有能」的情形。而我們回顧西方 16、17 世紀政治思想史，可以發現國家理論中的這兩種面向是同步發展的，在宗教戰爭後由不同的立場的兩方同時推舉出來。他們在當時可說是彼此對立的，一邊是主張國家在群體生活中——不論俗世或是精神信仰面向上——的絕對權威，不啻為王權張目；而另一方則是主張人民擁有是否接受統治的權利，並且將統治者視為被委任而為政治體服務之「公僕」。當時這兩方的對抗不但是在宗教自由、政治自由的論辯上，而且也是在實際兵戎相見的「殺戮戰場」上。法國的三十年宗教戰爭，平等黨人參與的英國清教徒革命，及洛克目睹的光榮革命等，都可看成是雙方為一己信念奮戰的場域。

　　但是，如此現象委實令人疑惑：二者其實都從近代「自然權利」的假設出發，何故結局如此？例如，霍布斯認為國家／利維坦乃是落實人的「自然權利」的唯一可能方式，而平等黨人卻認為「自然權利」的實現在於將政府的權威嚴格限制，並

且只存在於以人民或其代表為最高主權的國度。所以我們就有必要來探究，為何「自然權利」的保障，竟可以由兩種對立的理論落實？

六、一個自然權利，兩種政治觀？

要了解各思想家如何運用「自然權利」概念，我們不妨詳細探究「自然權利」的意涵對他們來說分別為何。當然，首先所謂「自然的」權利，其最基本的意涵，即是不須任何人為行動來制訂或支持即可獲得的，是隨著我們來到這個世界、被賦予生命即有的「權利」。但同時，在契約論的理論家心中，「自然的」權利這個詞，又有了另外一個意涵，即是：如果沒有外力的干預或是人為的阻撓，也就是在「自然狀態」中，人會擁有的「權利」。因為這兩種意涵，所以「自然權利」一開始就跟「自然狀態」概念牢牢地結合。換句話說，人隨著出生所自然會具有的一切「權利」，就稱為「自然權利」；而「自然權利」的內容就是人在「自然狀態」中所享有的一切支配自身活動與排拒他人侵犯的「自由」。在此意義下，「權利」等於「自由」，也就是遂行意志的可能性，而通常此「意志」乃是為了保全個人之生命、財產及幸福；也就是說，「權利」即是「自保」意志之遂行。

但是，任何人都不難理解，在沒有公權力的「自然狀態」下，每一個人都能任意而行時，即使一切只是為了「自保」而不是「侵略」，人際間還是不免頻生衝突。無論我們同不同意霍布斯的自然狀態觀必是「人人相征戰」的慘狀，但在缺乏公權力下，每個人雖竭盡自身能力來自我保存，但是其安全及福祉還是無法確定的。於是，「自然權利」的第二種意涵便很自然地出現了，它變成是指如果世界在「平和、秩序」狀態下，則第一，每個人都是平等的，因為人人天生擁有相同「自然權利」；第二，所謂「自然權利」是指每個人應該享有保全生命、享受人身自由及擁有財產的權利。於是這種意涵的「自然權利」就成為了日後政治思想上所憧憬的目標，也是我們平常使用此詞最常指涉的。當然，這「自然權利」的第二種意涵，在激進思想及社會主義思想的推動下，就順理成章演化出「自然權利」的第三種意涵：每個人都應該有最起碼的生存權利，人應該有生存資源上的平等，這也就是今日所通稱的「社會權」。所以，我們看到了「自然權利」概念三種意涵的演變及次第出現：首先它是泛指人有盡一切能力及手段捍衛自己的生存之自由，再來就變成人與人因為有同樣的自由因而是平等的，並且每個人能保有自身生命、自由與

財產，是其應有的「權利」之具體內容；最後，當然就是社會主義所認為的人有同等的財產及維生資源的「天賦」權利。

而最具有理論上意義的應是第一與第二層意涵之間的差異，霍布斯顯然是第一層意義的代表，而平等黨人及洛克主張的是第二層（當然平等黨人也有延伸至主張第三層的）。就霍布斯而言，自然權利僅意味人對於自身性命維護之權利：「所謂自然權利，論者常稱之為 Jus Naturale，就是每一個人運用他自己的力量以保全性命，以及為達到此目的而採用任何方法的自由。」而「自然權利」的第二層意義，平等黨人常常提及其乃是眾人與生俱來皆有的天賦權利，他們稱之為"birth rights and privileges"，而這些包括了"propriety, liberty and freedome"。寫作於平等黨人三十年後的洛克，也採取相近的立場，認為所謂天賦的「自然權利」包含了各種「權利」（all the privileges of the state of nature），而統稱之為「財產」，包括了「生命、自由及家產」（lives, liberties and estates）。

我們可以歸結出，第一層與第二層意涵的差別，主要在於具體性：前者其實並未申明人有哪些「權利」，而只是概括指出人可以盡一切可能保護自己；屬於後者的理論則是企圖羅列出人「應該有的權利」之項目。前者的本質乃是一種能力，而後者則像是權利清單。因此，如果「自然權利」指的是一種能力，則當然我們只有將其讓渡——尤其是充分讓渡——出去後，才可能達成「保全」的目的；也就是說，當我們能夠被「保全」時，具體的各項「權利」才跟著出現。也因此，霍布斯的個人是將所有自保能力交出的「空洞化的個人」，等著利維坦出現來定義出其存有特性的個人。但是，當「自然權利」已是具體的生命、自由及財產之權利時，我們不會、也不可能將其讓渡，而是設立政府以圖保護它們，但是這個政府必定是「公僕」性質的政府，而不應該會侵犯作為「承載權利」的個人原本有的自然權利。

此時，我們或許看見了一個新的理由，來解釋為何霍布斯與平等黨人／洛克的政治不同了。由於霍布斯的自然權利指的是自保的「能力」，所以人僅憑藉其自然權利，其實是永遠無法獲得確定的和平及安全的。因此，霍布斯強調人民須要訂盟約成立政府，用強大的公權力／利維坦來確保秩序。而平等黨人／洛克卻認為自然狀態中人還是可以有若干除了自保外的「自然權利」存在，而人進入國家狀態後乃是把這些權利帶入的。所以我們可以歸結出，對於後者而言，國家乃是自然狀態的延伸，而非對比，因為人在自然狀態下，已經是一個「承載權利」的個體。為何會如此？洛克《政府論》關於「自然法」（lex naturalis, law of nature）的敘述，提供

了答案。首先，洛克清楚明白地闡述他認為的「自然狀態」是什麼？

那是一個人可以有完全的自由來行動，或是安排處分其所有物及自身生命、身體的狀態。當然這一切必須在自然法之下而行，卻不須要得到任何其他人的同意。

那「自然法」的規範，其特性又為何呢？洛克認為，它是一種天生「理性」，因此自然地會約束著每一個人。它的內涵是：第一，人不可戕害自己；第二，不可傷害他人；因為自然法源於造物者要保全祂的創造，故其最終目的乃是「全人類的和平及安全」，也因此這兩條規律是很自然的推論。洛克一再地強調「自然法」的目的是「保存全人類」（to preserve mankind），所以任何使用暴力、傷害他人的人都是「侵犯、踐踏在自然法下全人類應有的和平及安全」。換句話說，與霍布斯的「人人圖自保、人人相為敵」自然狀態相比，洛克認為人在自然狀態中也會有不能任意傷害他人的理性，保護社會整體安定的理性。這樣一來，在自然狀態中每一個人的自由及安全因能得到他人出自於理性的尊重，所以人人都可謂享有某些「權利」，它們是不會被無故侵犯的。

至於平等黨人，關心社會整體更是他們對自然法之下人具有的本性之認定，在此點上幾乎是與霍布斯完全相反的。平等黨人最重要的領袖，John Lilburne、Richard Overton 及 William Walwyn 等人在一篇平等黨運動末期聯名發表的文告 A Manisfestation 中，一開始就敘明了他們對於人性及自然法的看法：

沒有人是為一己而生的，基督宗教下的以及政治社會內的自然法都同樣要求我們努力去謀求群體幸福的增長，關懷他人如同自己一般……

這樣一種對自然法的觀點，當然告訴了我們，在自然狀態中人非必是「自立自保」、「互相為敵」的；因此，人並非是為了「逃離」自然狀態而組成國家政府，人是為了更好的生活而成立國家，因為政府作為公正第三者可以給人類群體生活帶來「更多幸福」。所以，對平等黨人而言，人是帶著 birth rights 與 privileges 來到這個世界，以及稍後進入國家中。據此，他們對於國家權力的看法當然就與霍布斯不同。

由以上數節所述，我們看到了兩種政治：主權者政治與民權政治。雖然他們都

使用「自然權利」作為國家理論的起點，但是我們現在已經可以修正先前的「一個自然權利，兩種政治觀」成為「兩種自然權利，兩種政治觀」了。最後，我們不妨從一個新的角度，來看看霍布斯與平等黨人／洛克的政治，究竟孰為新、孰為舊？孰為激進，孰為傳統？霍布斯倡王權，平等黨人／洛克倡民權，看起來是前者捍衛傳統政治形式，後者要開啟新政治形式。但是若是考察他們各自提出的權力之依歸的原則，則平等黨人／洛克之立場其實乃是與歐洲中世紀日耳曼人古老的、尊重某一地之「基本法」（*leges imperii*, law of the realm／law of the land）之傳統契合。這個傳統尊重某一地古老之 *leges imperii*，並保障土地上人民的財產權，所以連包丹在建立君王主權理論時也不敢穿越滲透之。平等黨人屢屢聲言「英國人天生的權利」，也即是訴諸此地之古老習慣[8]；而洛克標舉的財產權神聖之理論，其所支撐出來的國家觀，雖然表面上由契約論的形式所出，但是其本質實與 *leges imperii* 的精神相似——也就是政治權力的正當性來自對財產的尊重。反觀霍布斯，他在《論公民》（*De Cive*）的序言中一再自豪他建構理論的「新方法」，並曾自言：「自然哲學可謂剛起步而已，但是政治哲學更新，是從我的書《論公民》才開始的。」的確如此！霍布斯從「自然權利」推衍到「國家理論」的進路是獨特、充滿個人風格的，與他之前的任何一支關於群我關係的久遠傳統不同，在他之後也的確未見。霍布斯用全新的方法體系性地建構了國家理論，解說政治的本質——他造出一個虛擬的「假人」藉之以保全、安頓「真人」；他跳脫人本、異教（pagan）的古典共和主義來思考政治；也棄絕基督教千年政治神學傳統的「君權神授」說法以解釋王權；而採用了一個前所未見的「新方法」來告訴我們國家是什麼？權力是什麼？在他之前兩千餘年的西洋思想傳統從未出現如此劃時代的對政治之「解釋模型」（heuristic model）[9]，所以，從這方面說，他反而較像是「激進」的。

---

[8]　這就是 Ancient constitution 及 English Common Law 的觀念背後的政治思想。

[9]　也就是如 Leo Strauss 般的批評者所認為的「偉大傳統的中斷」。見 Strauss, *The Political Philosophy of Hobbes* (Oxford, England: The Clarendon Press, 1936).

　　古典共和主義政治思想源遠流長，主要係指希臘羅馬古典時代所遺留下來的一種「政治的人本主義」（civic humanism），強調公民參與的共和政治。在文藝復興時代，義大利人本主義大盛時曾經蓬勃復甦，但卻隨 16 世紀的結束而逐漸退潮。而繼續這股古典思潮於 17 世紀歐洲的，不是受文藝復興影響較早的法、德、西班牙，卻是英國。17 世紀中葉時它在英國文化知識界流行的程度可從霍布斯的警語中看出來。他認為英國人喜於研讀古希臘羅馬的歷史及政策制度之書，會變得不順從君主，而終將會引發內戰為英國王室帶來危機。在政治思想的範疇中，霍布斯固因其哲學氣味而不喜歡古典共和主義（其實他又何嘗喜歡習慣法思想？），但在當時從理論上最能對他的學說予以迎頭痛擊的也可能正是古典共和主義了。

　　在現今或被稱為「古典共和主義」、或被稱為「政治的人本主義」的這支思潮，可追溯其源始於亞里士多德。亞氏之名言「人是政治的動物」就是共和思想的最基本座右銘。他的看法反映了希臘城邦時代民主政治的基本理念：人參與政治的目的是為了踐履其作為社會性動物的天性，必須與其他的人類互動才能滿足他本性中要求過倫理生活的傾向；而也只有在社會生活及政治參與的過程中，他的道德才受到砥礪磨鍊而臻於成熟圓滿。所以政治的目的在於追求「最美善的生活可能」（to seek for the best possible life）。既曰參與政治生活，則必然要在某種政體下方有可能，凡是政治過程由社會中一部分人壟斷的政體必不能滿足這樣的需要：獨裁者恣意任為、踐踏人之尊嚴，而寡頭政治結黨營私、追求私利私慾而已。所以在視政治為人格發展過程所必須之觀念下，所希冀的是一種「公民平等參政」（equal citizenship）的政府，每個人有「同等的」權利與權力涉身公共事務，此希臘人名之曰 *isonomia*。

　　成為一個公民代表了取得參與政治過程的資格，固然是莫大的榮耀，但是對能行使公民權的人同時也就有較高的期望。首先，公民權的取得本身就有嚴苛的條件，不論是血緣、籍貫或財產；而同時因為他享有許多的權利及擔負重要的功能

──他與許多和他一樣的平等自由的個體一起治國，所以就希望他不但曾接受「完人」（versatile man）的教育，也能夠獨立成熟地行使他的公民權。他通常是個小有資產的人或是「擁有土地的自由農民」（free-holder），因此經濟上的獨立使他不必依賴他人維生，如此自然就有了人格上的獨立；另外某種程度以上的經濟能力也使他有「閒暇時間」（leisure time），而這個「閒暇時間」對公民權的行使極其重要，只有當他不必整天為生計奔波時，他才有時間參與政治、擔當輪派之公職，以及最重要的，就是思考公共事務的問題。所以他很可能早上在田裡耕作，下午擔任法庭陪審團工作，傍晚與人討論國是，而晚上去圓形劇場觀賞城邦之戲劇表演。平常他是參與政事的公民，而有外侮時他是執干戈衛社稷的戰士。他置個人私利於群體公益之下，與其他公民共約遵守某些規範而形成一個道德共同體；他生活在城邦的小宇宙中，而這個小宇宙是他與其他的公民一起定義與管理的。

對於這樣的一種公民團體所組成的政治體，希臘人稱為「城邦」（*polis*），羅馬人名以「共和國」（*res publica*），而在英吉利民族則曰 commonwealth。但是這些與現代所謂的「民主政體」（democracy）不盡相同，在 *polis, res publica* 或 commonwealth 之中，依舊可由國王、貴族或平民大眾三者中的任何一者執行政務，而只要掌政者的權力不是絕對的，並受到其他二者的制衡即可。如果任一者得享絕對的權力，則結果往往是以腐敗收場而引發另外的階層奪權，如此反反覆覆就造成了著名的「波里庇斯政體循環」（Polybian cycle）。而國王、貴族與平民之間的相互制衡關係就會形成所謂的「均衡政體」（mixed government），在這樣的政體中，每一個階層都會有他的政治角色及功能：元首統率，長老院規劃思辨，而平民院（公民大會）議決。只要是各盡所長，形成一個互相牽制相輔相成的政體，則不論主權者是一人、少數人或多數人，都無害其為富參與精神、追求群體公益的共和政治。而這種政體將是歷史上最穩固的政體，猶三足而立之鼎，也因此能長治久安，傳之久遠。這種古典共和主義由亞里士多德啟其端，波里庇斯歸結整理，西塞羅、李維（Livy）發揚光大，但隨著羅馬的消逝，歷史環境的變遷──普世基督教帝國及封建制度的替代城邦，古典共和主義亦沉寂於歐洲。直到文藝復興時，共和思想才隨著古典文化的復活而再度在歐洲出現。義大利正是它重新醞釀的舞台。

佛羅倫斯是文藝復興時期義大利的文化重鎮，各種古典人文主義在此躍動，而傳承了「公民的人文主義」者中最著稱者大概就是馬基維利（Niccólo

Machiavelli）了[1]。他的作品《羅馬史論》（*Discourses*）正足以顯示他與古典共和思想的直接與密切的關連。然而他的共和思想在身後卻被《君王論》（*I Principe*）的爭議性掩蓋，就如同佛羅倫斯短暫的共和時期（1498-1512）並沒有讓醉心古典共和主義的共和派或人文主義者有充分施展的機會。如前所述，隨著文藝復興的西行，古典共和主義也在西歐落地生根，而其地點就在英國。希臘的亞里士多德、波里庇斯，羅馬的西塞羅，義大利的馬基維利，而誰是英國的古典共和主義者呢？英國學者瑞布（Felix Raab）的書名提供了線索：《馬基維利主義的英國面貌》（*The English Face of Machiavellism*），17 世紀的英國人中傳述一百年前一位「惡名昭彰」的義大利人的，很可能就是這股有兩千年歷史的共和思想之傳承者。馮克的經典作品《古典共和主義者》（*The Classical Republicans*）則更早點出了他們的名字。而波考克在 1975 年出版的《馬基維利式的時刻》（*The Machiavellian Moment*）則首度連貫地追述了「佛羅倫斯政治思想及大西洋兩岸的共和思想」間的關係——也就是揭櫫了 16 世紀的義大利、17 世紀的英國及 18 世紀的英國及美國的古典共和主義思想之概念史。在波考克的連貫歷史裡，英國的馬基維利應首推哈靈頓（James Harrington）了。

　　如果說波考克與其他學者共同改變了我們對馬基維利的看法，那我們更可說現今對哈靈頓的一些新的看法最主要是來自他的研究。在他的眼中，哈靈頓是英吉利民族中的亞里士多德、西塞羅及馬基維利；從他的《海洋國》（*Oceana*）中，波考克看到了古典共和主義思想的移植於英土：

　　……（哈靈頓是）英國最主要的公民的人文主義者及馬基維利主義者。他雖不是第一位用共和思想的觀念來思考英國政治的人——不提別人，培根（Francis Bacon）及萊禮（Sir Walter Ralegh）都在他之前——但他卻是第一位以馬基維利的世界觀及語彙來理解英國政治的人。在《海洋國》中他把英國描繪成一個古典共和國，且把英國人描繪成一個古典的公民；這種見地，深深地影響及美國革命甚至更久之後。

---

[1] 這樣的看法是大大不同於數百年來對馬基維利的一般印象。雖然晚近以來已對還原他的思想真貌有共識，但實際作仔細研究的作品不多，而英美學界 70 年代出版的兩本書在「馬基維利新詮」上占極關鍵的地位：J. G. A. Pocock, *The Machiavellian Moment* (Princeton University Press, 1975); Quintin Skinner, *The Foundations of Modern Political Thought* (Cambridge University Press, 1978).

　　《海洋國》出版於 1656 年，正值共和時期。難道此期間英國沒別的古典共和主義思想家？當然不可能，作家彌爾頓（John Milton）即是一個著名的例子；另外，尼德罕（Marchamont Nedham）也是聞名的共和思想者。斯圖亞特在 1660 年查理二世復辟後，共和思想消沉了一段時間，但到 1675 年以後，國王與議會間的關係再度陷於緊張，針對一些重要問題的辯論文字再起，奈維爾（Henry Neville）、雪梨（Algernon Sydney）及馬維爾（Andrew Marvell）等的共和思想著作就被推出以對抗王權理論。到了本世紀的最後十年，憲政辯論興起之後，「鄉村派」的作家莫爾斯華斯（Robert Molesworth）、莫以耳（Walter Moyle）、特蘭查（John Trenchard）、托蘭（John Toland）、戈登（Thomas Gordon）及佛萊契爾（Andrew Fletcher）等人成為了所謂的「共和人士」（commonwealthmen）的代表。

　　我們現在來看看每一個階段的共和思想人士他們的特色。哈靈頓、彌爾頓及尼德罕的主要著作均出版於共和時期，而且言必稱馬基維利。哈靈頓在 1656 年出版《海洋國》，1659 年出版《制法的藝術》（*The Art of Lawgiving*）以及《共和政府的優點》（*The Prerogative of Popular Government*）。以《海洋國》而言，他承續馬基維利的觀念，意欲建立一個以「自由農民戰士」（freeholder-warrior）為根本的農業共和國。其基本理由是如此：「武力」是一個國家對外能獲取自由的關鍵因素，而他若能由全體國民所組成是最理想的，也就是說，以「寓兵於農」（*popolo armato*）的方式建立國防將遠勝於仰賴傭兵求取安全；而另一方面，政治權力的分配應由財產的分配反應，而土地應由「農業法」（agrarian law）之制定以求分配的平均，因而財產分配結構中人數比例最多的那個群體應分享最主要的政治權力，因為這個階層為國家帶來的貢獻會最大，且因他們的利益就幾乎等於國家的利益，所以他們會對國家的安全最盡心力──這就是「自由農民」階級。而以「自由農民」為主體所形成的均衡政體將會是最理想的共和國（每個階層各盡所長），他在內部有良好的政治制度及對外有強大的武力之下，會既富又強，而使英吉利變成雄霸海上的「擴張共和國」（expanding republic）而成為羅馬第二。我們且試著翻譯一段他用以讚嘆吟詠「海洋國」的詞句：

　　　我親愛的大公們，海洋國是夏倫（Sharon）的玫瑰、幽谷的百合。她宛如藤刺中的花朵，使我愛之如吾幼女。她如基達（Kedar）美酒般迷人，亦如懸旗備戰之雄師般可怖。她的頸如大衛王之塔，內藏兵甲，而勇士之盔甲懸掛其外。讓我在

清晨聆聽其聲音，它使我的靈魂深愛之。起來吧，大地的女王；起來吧，耶穌的美眷。因為妳，冬日遠去而豪雨歇止。大地因而花開，鳥語亦至，連斑鳩之聲亦入耳。起來吧，過來，不要耽擱；啊！妳這位最美麗的女子，恰似在巴比倫的河水邊懸豎琴於楊柳梢般，為何我的眼睛總是注視著妳？

　　「海洋國」能如此令人嚮往，是因為於其中每一個人都體現了亞里士多德式公民的精神，他們要「過公民的生活」（vivere civile），要追求滋味甜美的「自由」（libertas）。「凱撒雖為人中之極，成就無比功業，但他卻是靠人性中卑下的部分維繫其統治；但共和國中的君主是上帝，理性是祂用以統治的力量。」而尼德罕與彌爾頓也與哈靈頓一致地透過馬基維利去接觸他們心儀已久的古典世界，而再以古典世界來形塑他們理想中的英吉利共和國。彌爾頓在他優美的詩及散文中不斷地表達出要塑造「西方的羅馬」（another Rome in the west）的願望，而尼德罕則不斷地在他所主編的「政治報」（Mercurius Politicus）中弑君而代之的共和國辯護。他們都為共和出現感到慶幸，並寄予無限希望，這正是 17 世紀中葉英吉利民族所編織成的令人感動的「古典」之夢。

　　1660 年流亡法國的查理二世在勞德（Laud）的運籌下返國復辟，斯圖亞特君主又得以重溫「國王特權」（royal prerogatives）的舊夢。雖然查理不見得想報復清教徒——他頒定的〈赦免及罔議法〉（Act of Indemnity and Oblivion）被激進王黨譏為「赦免國王的仇人而遺忘（罔顧）國王的友人」，但在 1661 年組成的「騎士國會」（Cavalier Parliament）卻一心清算，在公的方面，他們要極力鞏固國教會（Anglican Church），而在私的方面，他們想要收回共和時期被沒收併吞的土地。於是接下來在國會裡他們導演了幾個著名的宗教統一、嚴厲壓制異教派的法案，這些通稱為「克拉倫敦條款」（Clarendon Codes）的法案不僅是報復清教徒，而實是防止圓顱黨復活的一種警戒。而另一方面，在克拉倫敦爵士的協調下，騎士們也取回了一些土地。在經過這些措施後，於是儘管清教徒飽受壓抑，含辛茹苦，英國畢竟得以享受在「騎士國會」下十數年的和平歲月。

　　但是在 1675 年出現的一篇文章——〈一位有素養的人致其在野之友人書〉（A Letter from a Person of Quality to His Friend in the Country）——開啟了查理二世期間政爭的序幕。接下來則是馬維爾及奈維爾的登場，前者於 1677 年出版了《論舊教及專制政府的興起》（Account of the Growth of Popery and Arbitrary Government），而後者的大作《仿柏拉圖》（Plato Redivivus）亦於三年後問

世。當時朝廷的情況是這樣的：1672 年查理頒布了〈放任告諭〉（*Declaration of Indulgence*），雖曰解除對異於國教派的迫害，但實則是為舊教之復甦於英格蘭鋪路；查理對舊教友善，且與天主教國家的法王交好，他自然懼怕國教徒控制的國會的抵制，於是在國會隨後有所反應通過〈查驗法〉（*Test Act*）後，他就任命國教派的大將丹比（Sir Thomas Osborne, Earl of Danby）任財相（Lord Treasurer）掌政。丹比在任的四年間（1675-1679），大量引進同黨派人士於國會之中，甚至不避諱以賄選方式為之；因此他可說是「托立」的實質創始人，但也因此使得國會由一派完全操縱，而與國王妥協分贓，各謀其利，各遂其願。此時以往所謂的均衡憲政之說，完全被欲圖擴權的國王及某一黨派的野心及互為利用所遮蔽了。於是反彈的聲音開始出現，他們表達了對「專擅」的政府或羅馬公教「顛覆」英國既有制度的疑懼：丹比及其黨人圖謀完全控制議會而遂行其集團利益，而國王則欲建立一支「常備軍」（standing army）來做他可一意孤行的後盾。夏芙茨百利 1675 年在上議院的演說指出均衡政府是防止產生以上偏差的最好方法，因為貴族們是調和緩衝的天然機制：

> 大人們，你們應維護自己的權利，因這不僅是你們的利益，也是整個民族的利益；不論下議院及那些英格蘭鄉紳如何想，一個國王不能沒有貴族或軍隊二者之一。如果缺少其一，則必須要有另一，否則王朝若非滅亡，就是變成一個民主政體。其實你們與百姓有著同樣的利益與共同的敵人。大人們，你們難道要完全靠向國王嗎？這樣做非常不好，因其無異剝奪了你們自己未來的權力，而成為他的僕役？……
>
> 國王靠著他的上議院來統治及執行正義，而國會中的兩院在所有重要事情上都提供他意見，那這是我所有的政府、我出生下來就面對的政府、更是我所願意竭力效忠的政府。但倘若未來一旦（上帝將不會允許）國王不靠國會而靠軍隊來統治，則這將不是我所有的、出生於其中的及所願效忠的政府。

而〈一位有素養的人致其在野之友人書〉是由夏芙茨百利具名，而極可能由洛克執筆的文章，亦重複了英國維持貴族參與的均衡政體的重要性：

> ……如果我們不想見到軍事統治出現的話，朝廷就不應努力地想貶抑上議院的重要性，而當初做如此建議的人實是犯了極嚴重的錯誤。貴族與軍隊事實上就像

用曉曉板相連的兩個唧桶，一方上升，一方就下降，而看看我們自己或北鄰一些王國的歷史，只要貴族一沒落，軍隊或專制政府就出現，但當貴族有權力且表現良好時，他們絕不讓軍政出現……。

　　馬維爾《論舊教及專制政府的興起》與夏芙茨百利的說法異曲同工，都強調國王、上議院與下議院的共治。不過馬維爾特別強調獨立的鄉紳（country gentleman）的重要性，他認為他們是議會的中流砥柱，是抵制結黨營私（office-seekers）、引用親信（placeman）的主要依靠；而且如果議會經常且定期的改選，則獨立的鄉紳將驅逐那些腐蝕體制的人。馬維爾曾歷經共和時代及復辟政治，他相信神的意旨會顯現於英國歷史中，因此過去的教訓會帶領英國人走向能實現他們民族的一貫理念──英國人在他們的法律制度保障下享有自由與財產──的「天啟政治」（providential government）中，而「忠誠」（loyalism）於這個國家及全體英國人便是避免政治腐化、衝突動盪的唯一途徑。奈維爾則在 1680 年出版了著名的《仿柏拉圖》，模仿柏拉圖對話錄的方式引介出共和思想的精義。而《仿柏拉圖》的出現則代表了輝格歷史中的一個分歧點。馬維爾與奈維爾都是哈靈頓的好友，亦是羅塔俱樂部（Rota Club）的成員，而奈維爾甚至還可能參與過《海洋國》原稿的寫作。他們共同信持與發揚了哈靈頓的古典共和主義思想，而所可能與後者稍有不同的是，他們寫作於共和復辟之後，且曾目睹理性主義激進民主的不易持控，故與古憲法較為接近，因此他們同時肯定古憲法與混合政體，也即是他們的要求不會超越「有限王權」（limited kingship）太遠。故當夏芙茨百利在 1679 年引發了所謂的「王位排斥法爭議」時，奈維爾並不自認是「排斥派」（Exclusionist）。他可以接受查理提出的人選──他的弟弟，信奉舊教的約克公爵（即是後來的詹姆士二世），只要他未來的權力受到約束即可。

　　在此點上我們可以看到輝格內部的不同走向：有所謂「激進輝格」，主張以強硬態度處理「王位排斥法危機」，他們堅持要立查理那位信新教的私生子「蒙默斯公爵」（Duke of Monmouth），並要國王接受嚴格限制國王特權的條件，這就是夏芙茨百利集團，包含洛克在內；亦有許多其他的輝格並不一定是「排斥派」，因為他們很可能也不似洛克等人一般是「自然權利」的擁護者。其實我們從前引的夏芙茨百利的話語來看，他一開始時也未必是激進者，但是 1679 年的「教廷陰謀」（Popish Plot）事件讓他所帶領的輝格派閥走上了激進的不歸路。此激盪全國的事件發生後，丹比下獄而騎士國會解散，新的議會遂在他的帶領下不但曾提出了〈人

身保護法〉（*Hapeas Corpus Act*），且提出了〈王位排斥法案〉與國王決裂，又很可能也是在他的導演下製造了「教廷陰謀」事件，這一連串對國王特權嚴重的挑戰，早已使溫和派集結於哈利法克斯（Halifax）之下而與勤王並積極秣馬厲兵的托立站在同一立場，等到 1681 年激進輝格們企圖發動謀殺約克公爵的「萊屋陰謀」（Rye House Plot）時，就是托立將其一舉成擒之時。夏芙茨百利雖僥倖逃出，但卻流亡於荷蘭而死。隨著激進輝格的潰滅，所謂「第二次斯圖亞特專制」就在查理的最後四年展開。在「教廷陰謀」之後，輝格本有大好機會進行改革，他若與托立中的「低教社」（Low Church）聯手，則很可能這個清教徒及國教派中的「寬容主義」（latitudinarianism）信徒之聯盟會早幾年實現「光榮革命」的成果，也可避免掉 1680 年代的一些殺戮。但「萊屋陰謀」使得歷史選擇了曲折的戲劇性走向。

但無論如何，1670 年代後期的共和思想可說是由輝格、鄉村派所發，也隨著「王位排斥爭議」的結束而暫時落幕。於是這些輝格人士在 1675 年後陸續發表的辯論論文（tracts）就成了復辟至光榮革命之間的重要古典共和主義文獻。波考克將其特色稱為「新哈靈頓主義」（neo-Harringtonianism），並做了以下有名之歸結。他指出，在「新哈靈頓主義」中，政體中每個部門的合作兼制衡是中心思想：

社會中可分為朝與野；而政府由朝廷與國會組成；國會則包含了屬於朝廷派與鄉村派的議員。朝廷掌行政，鄉村則指擁有獨立財產之人，而所有其他的人都是國王的臣僕。國會的作用是保護財產的獨立，因為這是自由與美德的根基。行政部門的功能是管理，而此本為正常必須之務；而管理需要權力，但權力經常難免擴張。故對政府的監管比支持它更重要，畢竟維護人的自主獨立是政治最終之最目的。英國本即擁有一古憲法，它乃由政府各部門間的均衡所表現，而在此均衡體制下國會的作用即是監督行政部門。可是行政部門往往有辦法使國會無法做好監督的工作：它可用官職或年金誘惑他們，或以金錢賄買，或勸使他們接受一些讓行政權力變得非常強大的政策——例如建常備軍、發行公債等——而導致最後國會根本在監管時心有餘而力不足。這些手段可統稱為「腐化」，而一旦國會或其選民被「腐化」之策略擊倒，則自主及自由均會淪失。防杜「腐化」之法是驅逐那些因黨派或私利而安插職位之人，確保國會議員不介入行政過程或權力分配中，而最後，就是國會應定期改選，因為選民較不易「腐化」。

波考克顯然認為「新哈靈頓主義」是羅馬與英國的美妙結合，在斯圖亞特復

辟之後替英吉利政治思想注入了除習慣法思想及理性主義自然權利思想外的新血。而在此需要特別指出的是，「新哈靈頓主義」及古典共和主義，在光榮革命以後、本世紀最後幾年開始，有著更精彩的發展。這就是所謂的斯圖亞特末期「憲政辯論」。

　　自 1694 年英格蘭銀行（Bank of England）設立後，英國邁進了一個新的政治經濟結構：債信（credit）制度開始蓬勃發展，政府有事於海外時得以向其貸款以支應軍費，而英國商人的對外貿易市場亦因其祖國欲逐漸擴張海外力量而呈現出遠景。而在政治方面，斯圖亞特的最後一位君主安妮女王（Queen Anne）庚續威廉三世（威廉與瑪利）整飭武力軍備求海外擴張之政策，再加上完成於 1707 年的「合併條款」（Union Act）——納蘇格蘭、威爾斯之資源而成立了大不列顛，在在促使英國的對外發展蓬勃有如奧古斯都（Augustus）之羅馬，而史稱「奧古斯都英格蘭」（Augustan England）的這段英國轉型期，就帶來了政治辯論的絕好主題。此處我們所要述論的，就是光榮革命後數十年間英吉利的「政治經濟學」，討論傳統與現代成鮮明對比的經濟活動中「土地財產、貿易、債信等與政體穩定及公民道德間的關係」。在這段期間的憲政辯論裡，我們看到了「古典政治思想」與「商業經濟生活」之間的生動對話，而古典共和思想就是其背後的驅策動力。

　　1697 年威廉與法人之戰事（即通稱的奧古斯堡聯盟之戰——War of the League of Augusburg）結束後，他亟欲保留因戰役而徵召來的軍隊及外國傭兵，於是引爆了自 1698 年至 1702 年的所謂「常備軍爭議」（standing army controversy），其間參與辯論之書簡（tracts）、小冊子（pamphlets）如雪片紛飛，熱鬧異常，亦稱「紙上戰爭」（paper war）。其立場是「鄉村派」對「朝廷派」，而內容則是國防武力倚賴民兵（citizen-militia）或常備軍（standing army）。這雖然表面上是對軍事武力的爭議，而實則涉了深層的政治理論差異。鄉村所以被稱為「新哈靈頓」就在於他們秉持了哈靈頓最著名的一個信念：政體的結構應立基於財產分配的比例上，國家機構主要應由占最多數的中間階級、自由民所組成。理由是若這些有獨立人格與財產的人自購武器裝備、共組軍隊保衛國家安全，其將比驕扈善變的傭兵來得可靠得多；他們多是忠誠的公民，執干戈不但衛社稷，且同時是保護他們自己的財產，他們作戰時的勇敢能彌補戰技的不如，他們的堅貞將使敵人須雇數倍之傭兵方能與之對抗。而正因為他們是干城之士，故他們應享政治之權力；由這群「公民戰士」（citizen-warriors）所組成的政體將是最強的政體。但這些「新哈靈頓」與哈靈頓的最大不同在於他們對於封建制度的看法。哈靈頓認為英國的

封建結束於 1485 年薔薇戰爭畢而都鐸肇建之時，因為貴族因戰爭而零夷故只剩
國王面對他的平民臣子；他又認為封建是日耳曼人特有的制度，相對於古代希伯
來人、雅典人及羅馬人的共和制度——他名之為 ancient prudence——封建可算是
modern prudence，而封建所能提供的自由不同於共和制，他將之名為「哥德人自
由」（Gothic liberty）。哈靈頓瞧不起封建制，他所汲汲者乃是仿效古典共和而將
英國塑造成一個具有 ancient prudence 的當代國家；但「新哈靈頓主義者」卻肯定
存在於英國封建過去的古憲法，認為他架構了一個由國王、貴族、平民所共組的均
衡政體，而在此之「民兵」、「公民戰士」的肯定是一般的，對均衡政體的嚮往也
是一樣的。同時他們都相信均衡政體的破壞就叫作「腐化」，破壞的原因是三個部
分中的某一個不當地擴張了它的權力而侵蝕了其他二者，使得制衡機制失效；而往
往促使某一個部分擴權的原因是它追求私利而非公益——失去了共和主義中的「道
德」即是「腐化」。因此「常備軍」的缺失很明顯：它使得政治權力不必依照捍衛
國土的能力來分配；它使得國王的軍隊變成遂行其意願之工具；另外，也是最重要
的，它使得公民的能力變得分化了，國防交由專業軍人，則公民只顧謀取生計即
可，而若不執干戈則不必享政治權力，則公民忙於謀生之際，治國之事交由專業政
客即可。如此一來，本由一群熱衷政治參與的公民所支撐的共和政治與均衡政體自
然就不易維持了，所以「經濟生活」取代了「政治參與」，「財富」取代了「公民
道德」。

　　蘇格蘭人弗來契爾在 1698 年所出的《由民兵制論政治》（*A Discourse of
Government in Relation to Militias*）之基本立場，就由以上的信念所構成。而 1697
年及 1698 年陸續出版的兩篇文字就是緊咬此主題的相互詰辯：特倫與莫以耳合著
的《論常備軍與自由政府不合且必有害於大英王國之憲法》（*An Argument Showing
that a Standing Army is Inconsistent with a Free Government and Absolutely Destructive
to the Consitition of the English Monarchy*），與狄弗的《論經國會同意之常備軍
並非與自由政府不合》（*An Argument Showing that a Standing Army, with Consent of
Parliament, Is not Inconsistent with Free Government*）。屬於朝廷的狄弗及另一位雖
是輝格的朝廷派戴維能，顯然認為「時變則事異」，工商社會中政府的有效運作是
靠「金錢」而非「公民道德」，政府的目的在保護國人的商業利益及製造更多獲取
財富的機會，所以有一支強大的常備軍以應國防安全需要及——更重要地——保護
海外貿易利益是不可或缺的。這當然就是典型的重商主義。朝廷派關心的是財富與
商業利益，而鄉村派憂慮的是如何能維持傳統憲政結構的穩定。這個意識形態的辯

論雖異常激烈，但是實際英國政策及歷史的走向似乎隨著 1707 年「大不列顛」的成立，而宣示了沛然莫之能禦的重商主義路線。

　　而在安妮女王在位的最後數年所成立的南海公司（South Sea Company）也終於在 1720 年引發了「南海泡沫危機」（South Sea Bubble Crisis）——這似乎是歷史上資本主義證券市場的首次風潮。南海公司在喬治一世即位之初年似乎充滿著無限的遠景，它且買下了政府的所有公債，此舉震驚國人，再加上王室及政府對它的支持吹捧，使得當時每一個人都會以為若不購買其股票是坐失生蛋之金雞；於是短時間內其股價急升，並且帶動了成立公司發行股票的風氣，一時間似乎一切欣欣向榮，而實僅隨時會消逝之泡沫經濟而已。英國史的研究者屈味林（Trevelyn）做了如下的描述：

　　　　一個投機狂熱叫作「南海泡泡」者，在那個初有交易所的時期內，竟風靡社會的全部，即政府本身亦被捲入漩渦，而不能自脫。國家的利益和南海公司發生了不應發生的關係，甚至發行債券以充公司的資本。國王的德意志情婦們及威爾士親王俱和公司的計畫有密切的牽連，雖則以今日的眼光觀之，那些計畫似乎都是騙取孤兒寡婦的圈套。及至黑幕揭穿之後，被騙者及傾家蕩產者的哀嚎痛罵，全國蓋無地不可聞見。

　　股票風潮後的 1721 年乃由輝格之華坡爾（Robert Walpole）臨危受命掌政以應付此一經濟、社會危機。其實是時喬治一世別無選擇，國內（尤其是蘇格蘭）的詹姆士黨人（Jacobites）虎視眈眈謀取斯圖亞特之復辟，托立對他無好感，他所能信賴者只有輝格，而後者亦適時剛贏得 1714 年國會選舉，而替代托立掌控巴力門。他自幼生長於德意志，因此對英格蘭並無感情，甚至連英語都不會；他也自知其君權乃受制於國會，徵稅、發動戰爭須國會同意，王室所需之開支數額亦取決於國會。在此情況下，他索性將朝政全盤委予他的輝格大臣們。而 1721 年的任命華坡爾為「首席大臣」（king's prime minister）實則開啟了一個新的治國方向與新的西元——「輝格寡頭政體」（Whig Oligarchy）。臨危受命的華坡爾本為一輝格鄉紳，他同時也是個精明機伶具商業頭腦的人。在重商主義的理念下，他執政後似乎把不列顛當成他的公司來經營，而在他任內的 22 年間國會不是制衡他的地方，因為賄賂腐化盛行，他認為每一個「尊貴的議員」都有一個「價碼」，而他也毫不避諱地去收買。所以基本上從喬治一世 1714 年即位以後的數十年間，英國在泡沫經

濟及「輝格寡頭政體」之下內有金權政治，對外則儘量謀取和平以追求貿易收入；用現代的詞彙來說即是採取「經濟掛帥」的「向錢看」政策。

這樣的一種走向也許有很多人基於各種原因而不以為然，但其中反對最力者自非共和思想人士莫屬了。他們認為在光榮革命之後由於各種因素——財產權的獲保障、產業的興起、英格蘭銀行的設立、債信的擴張及海外貿易量加大等——而於 18 世紀初社會出現了所謂的另一種革命——「財經革命」（financial revolution）。而其最大的特色乃是「貨幣利益」（monied interest）的替代土地而成為財產的主要形式，人以往無法（也毋須）累積太過多量的土地，但現在則可積存無限多的「資本」並用之以求更多的孳息或投資利益。而歷史中未曾出現的「債信」（credit）制度更是對「貨幣利益」現象的推波助瀾；「債信」包括了貸款、公債、證券、存摺及匯票等，它的本質都是一種事前對未來貨幣價值的期約或預估。古典共和主義思想的人認為在如此的以貨幣利益、投機風險之預期或賭注為經濟型態之下生活的人，其心態將變得虛華漂浮無安全感，而非傳統農業社會下的執著穩定而固守價值。他們追求的是「貨幣利益」而非「公共利益」（commonweal），因此他們需要的是「權利」而非「道德」，講求的是涉及權益糾紛時所賴的「司法裁決」而不是可實現公民潛能的「政治參與」；也就是說，共和思想與華坡爾「輝格寡頭」下政治理念的差異在於「政治的人本主義」與「自然權利法學」（natural jurisprudence）的對立。

而誰是這個奧古斯都英格蘭時代的「政治的人本主義」或「古典共和主義」的代表呢？這個介於光榮革命與華坡爾下台之間的時段一向為人所忽視，因為它既無緊接在它之前的赫赫有名的洛克，亦無緊隨其後的經典人物休姆（David Hume），故往昔之英美文獻上之焦點少落於此，但自 1950 年代末期起出現了一些變化，而這也都是由於對古典共和主義的研究肇始的。1959 年美國學者羅賓斯（Caroline Robbins）出版《十八世紀的共和主義者：自查理二世復辟至美洲殖民地獨立戰爭止的英國自由思想之研究》，她在其中對喬治二世期間的共和思想做了開創性的探究。而 1968 年柯蘭尼克（Issac F. Kramnick）的《波林布魯克及其集團：華坡爾時代的懷舊政治》更以專書的篇幅深化了這個時段的研究。最後，波考克 1975 年的《馬基維利的時刻》也成為加入這個領域的重要著作。在這個時期的重要共和思想人物，羅賓斯稱之為「共和國人」（commonwealthmen），而波考克名之「新哈靈頓主義者」（neo-Harringtonians），其中大致包括了一些鄉村派的輝格人士，以及托立的波林布魯克爵士（Lord Bolingbroke）等。

其中波林布魯克是特別引人注意的。他是托立，而誓言要與輝格首相華坡爾對抗，這情形恰如半世紀前夏芙茨百利對抗丹比一般，只不過托立與輝格的朝野情形已互換。波林布魯克很可能影響了同信奉古典共和主義的孟德斯鳩，使後者決定將此思想內均衡政體中的貴族的「提案」（proposing/deliberating）能力，與平民的「議決」（resolving/approving）的權利化作分權理論中的行政與立法權；而我們都知道孟氏的此學說又深深地影響了美國獨立建國始祖們——例如傑弗遜、麥迪遜等人——的憲法觀念。故波林布魯克可說是銜接光榮革命與美洲革命二事件之期間的重要共和思想家。奧古斯都英格蘭（尤其是華坡爾時期）的政治經濟特色是政府大量向財閥借錢，而財閥也因而在政府或國會有不當之影響力；「任用私人相互援引」（political patronage）之風極盛；另外，以金錢賄買國會席位或攏絡議員護航法案也使得國會成為腐化的橡皮圖章。所以在波林布魯克看來，往昔對均衡政體之威脅來自於國王的無限特權，而今日之威脅則出於「腐化」——某一部門運用對另一部門的不當影響力使其喪失原應有的功能。而「腐化」的後果即是均衡破壞而「共和」變為「專制」。所以他將是時在華坡爾領導之下的「輝格寡頭專政」戲稱為「羅賓政體」（Robincracy），乃是以華坡爾之名「羅伯」（Robert）加上「政體」（cracy）而成，顧其名知其義矣。當然，波林布魯克所期盼的革弊興利之法是停止不斷沉醉於「慾望」（passion）之追求，因它將損害我們的「公民道德」（civic virtue），而失去「公民道德」的後果將會是失去「自由」，而失去「自由」的後果呢？

現在我們來看看古典共和主義對 17、18 世紀英國的貢獻的時候了。它興起於斯圖亞特初年，在內戰時期由哈靈頓、彌爾頓及雪梨等人標舉，而光榮革命前奈維爾及馬維爾等之著作亦推動其風潮；但於今回顧起來，似乎它對克倫威爾的「護國主」統治及激進輝格導演的光榮革命都沒有太深入的影響——克倫威爾靠他的新軍而光榮革命的「善後解決」（Revolution Settlement）綱領思想乃是讓英國人古老權利復活的古憲法思想。那我們不禁懷疑，在 17 世紀它並非主角，而漢諾威初期它亦無奈於重商主義及追求「貨幣利益」的華坡爾式「輝格寡頭專政」，那它最大貢獻到底何在？答案可能就在於所謂的第三次「英國革命」了。也就是說，透過前此約一百年的思想流布及文獻（特別是小冊子）傳播，共和思想深深地浸入美洲殖民地人民及領袖的腦海裡，而終於協助醞釀了西方、也是世界的第一個民主共和國。

第三單元
喬治三世時期

　　喬治三世 1760 年即位後在位長達 60 年，是漢諾威王室僅次於維多利亞女王者，但是他前 30 年須面對困難的美洲殖民地問題，而後 30 年卻要承受前期統治失策的後果（及拿破崙戰爭與 1812 年英美戰爭）。然而 18 世紀的兩次革命都在其統治年間發生的後果，是他的臣民歷經了政治思想上極具激發與震撼力的年代。

　　1620 年從英國航向北美洲的五月花號，不僅載了一批對英國絕望的清教徒，同時也載負著一股追尋「黃金新西元」（millennialism）的願望。Millennium本為基督教義中「千禧年」之意，指世界末日前一千年耶穌基督將重回世間親自統治萬邦，「作王一千年」，「他要和人住在一起，而他們要作他的子民。」然而「千禧年」原來是末世思想（eschatology）中的觀念，也因此「千禧年」之後即是世界末日的毀滅及「新天新地」的來到；也就是說，「人類歷史」的結束，而「獲救贖者」（the redeemed）及天使的「永生」開始，而入地獄者的「永死」亦開始。正由於此，「千禧年」在「人類的歷史」中只可能有一次，而那一次的出現是如何也已經由新約啟示錄向世人宣示了。然而，在世界毀滅之前，「人類的歷史」結束之前，宗教的狂熱卻經常帶給信徒們極大的精神鼓舞；他們常會相信，由於他們的極度虔敬，上天已經給了他們「天啟」（Apocalypse），一個新的西元——「黃金新西元」——很快就會降臨在他們身上，給予他們「至福」，而他們現在所身受的苦難或迫害，或現世的不理想狀況，屆時都將以黎明前的黑暗般逐漸被「光明」與「無盡的希望」所淹沒。所以在世界的歷史的起始點（上帝創造之）與終點（上帝毀滅之）之間，曾數度出現於歷史中的 millennialism 就代表了一股企盼「黃金新西元」來到的宗教情懷。

　　五月花號上的 Pilgrim Fathers 就是在這樣的心境下踏上美洲大陸的，而在之後的一個半世紀左右——也就是直至獨立戰爭前夕，他們的子孫也表達了建立「新世界」的強烈願望，這個「新世界」不但是環境與生活上的，更是精神上的。本章所欲強調的，就是「黃金新西元」思想在美洲革命時達到了一個頂峰，也就是說，1776 年的建國正是此一思想的一個具體化；而另外，在十餘年之後制憲辯論中，此一思想再度浮現，成為憲法精神的一個摘要。在第一個事件，也就是十三州殖民地與母國戰爭時期，「黃金新西元」思想主要在幫助鼓吹了建立美洲新國家的必要性；而在第二個事件，即是制憲辯論時期，此思想是各家所爭相攀引與詮釋的，因

為他們各自認為自己的立憲主張才能在往後把這個國家帶入「黃金新西元」。而「黃金新西元」思想雖由宗教情懷所鼓動，但它落實於政治層面卻是靠清教徒們所承襲的政治思想傳統來指引。本章之目的在於指出前面幾章所論述的三股政治思想，曾經歷 17、18 世紀之醞釀融合於美洲殖民地，而終在喬治三世時凝結具現而成為美洲革命此一歷史性事件的思想背景，也為英國之政治思想「從王治到共和」的過程譜下高潮。

　　我們今日對美洲獨立革命時代政治思想情況的了解，主要得自於美國殖民史學者貝林（Bernard Bailyn）在 1967 年出版、並曾榮獲普利茲獎及班克羅芙特（Bancroft）獎的經典作品《美洲革命的意識形態起源》（*The Ideological Origins of the American Revolution*）。他指出，對此時期政治思想的研究，最重要的資料來源是數量頗巨的「小冊子」（pamphlets）。這些「小冊子」的長度非常有彈性：可以短至數頁，亦可能長如一本書般。也即是說，它可能是對某些問題的簡短討論、批評或回應，亦可能是個人主張之完整深入的表達。但一般言，以十頁到五十頁的長度最為普遍，它通常能讓撰寫人充分表達某一觀點。而「小冊子」簡陋的外觀，以及不須裝訂、不拘形式的特色都使它的成本低而達到發布迅速、流傳廣及閱讀便利的目標。所以它先天上就成為了美國殖民時期迄獨立止最佳的革命文獻之形式。「小冊子」寫作及流布的最主要時機自然是每當有重要事件發生時：例如英國〈印花稅法〉（*Stamp Act*）的公布、波士頓事件（Boston Tea Party）等。其次，知識分子間的論辯也構成了許多「小冊子」出現的原因，因為深入每一殖民地社區、團體的「小冊子」提供了寫作者欲發揮其影響的最佳舞台。再次，每當節慶或紀念日，甚至選舉時，亦都是「小冊子」發布的好時機；許多有名的演講或紀念文字，都包含了重要的政治理念。然而這種「小冊子」文獻最大的特色便在它大大地沿襲了母國英國的「小冊子」文學之風格與形式。英國的「小冊子」文學 17 世紀即開始盛行，洛克、彌爾頓、哈利法克斯等均參與於此，至 18 世紀時更盛。而「小冊子」文學可看成是英國斯圖亞特、漢諾威二朝「反對意識形態」（opposition ideology）與「鄉村派」（country party）鄉紳集團表達的最佳舞台，代表了在野的批判與反抗威權、爭取自由的心聲。而 18 世紀美國獨立革命的「小冊子」文學正可謂是英國「小冊子」文學在形式與內容上的地理性延伸；略約言之，它也許可看成是美洲版的鄉紳集團派與反對意識形態的具體代表。

　　在美國殖民時代「小冊子」文學中容納了多股思潮，而這些思潮之總合即是美國革命的政治思想泉源。貝林告訴我們，古典共和思想、啟蒙理性主義及英國習

慣法思想等，都是常在其中被引述與申論的思想類型。首先，「小冊子」文學中常出現對於古典研究的興趣及對古典思想的尊崇。希臘時代的作者如荷馬、索弗克里斯（Sophocles）、修昔提底斯（Thucydides）等，羅馬的作家如西塞羅、弗吉爾（Virgil）、凱托（Cato）等，均常被提及並引述。在當時，古典學的知識幾乎是每個「小冊子」作家所必備及爭相炫耀的；這種對古典的崇拜使得一些希臘羅馬時期的理念及制度再度被人注意，也進入了論辯的內容中。像傑弗遜（Thomas Jefferson）、亞當斯（John Adams）及奧提士（James Otis）等人都是好引古典之士，雖然有些可能對希、羅之學根基深厚，而有些只不過附庸風雅竟至引喻失義。

　　再次，啟蒙運動的影響是任何人所不能否定的。17 世紀以來的理性主義思潮被明顯地反映在美洲「小冊子」作家的字裡行間：像亞當斯、傑弗遜、富蘭克林等人均時時頌揚自然權利的理念並抨擊「舊制度」（*ancien regime*）。他們不斷地宣揚自由與人權的理念以對應於傳統威權政體之下的政治觀念；在他們筆下的英雄人物是我們今日耳熟能詳的：提倡自然權利與契約論主張的洛克、設計政府制度以期實現自由民權的孟德斯鳩、抨擊教士專擅壓迫的伏爾泰（Votaire）、致力刑法改革的貝加利亞（Cesare Beccaria）及宣揚國際法、自然法理念的格勞秀斯及普芬道夫等。這些殖民地的作者們引述啟蒙思想家的次數是驚人的，他們奉後者之說為圭臬，援引之以為權威，並且不分立場之激進或溫和，都毫不猶疑地引介他們的思想並闡述之。而另一方面，則對某些被視為違反啟蒙理性主義政治思潮的思想家大肆抨擊，這當中包括了霍布斯、孟德維爾（Mendeville）及菲爾默等人；而且令人詫異的是，不論是否親英吉利朝廷的人都加入了這個攻擊。因此我們可以如是說，這股啟蒙運動中的理性主義思潮對美國獨立革命的政治思想影響極大；而其中又以洛克最成為引述討論的焦點。

　　上述的啟蒙理性主義固然是整個歐洲在 17、18 世紀的思潮，但是我們也不要忘了美國殖民地人民也有一股近在咫尺、信手可拈來的思想可供參考利用，那就是其母國的習慣法傳統。英國習慣法思想的若干重要人物，如柯克爵士、海爾法官、弗特斯鳩（Fortescue）等人，均履被述及，其頻率甚至不遜於洛克、孟德斯鳩等人。已如第三章所述，根據習慣法家的看法，著名的「英國人的自由權」實乃是受久遠無可溯源的英國習慣法及古憲法所保障；由於此等古老不成文法在英國歷史中從不間斷，因此它有很高的權威性：人民間的財產處理、繼承、土地擁有制等問題的實際解決都是依據習慣法，而英國人生而有自由且財產權應受統治者之尊重，也是遠古以來即有的慣例（並非是國王所特別賜予的）。因此英國習慣法所體現的正

義、平等、權利等原則就成了英國歷史發展的成果，甚或是教訓；而習慣法思想也與啟蒙理性思想並列，成了美國獨立時期政治思想中的二大要素。

然而，我們卻不能忘記，美國的殖民者原是跨海而來、尋找美麗新世界的清教徒。所以，所謂「新英格蘭清教徒主義」（New England Puritanism）的神學思想自然是美國革命思想的終極根源之一。清教徒們認為，世界史的發展行進到由他們在新英格蘭建立起一個清教徒社會，是一個由上帝所構思的里程碑，其意義在於昭示全人類一個美好新世界的可能到來。在歐洲舊大陸及英國那種充滿了宗教偏狹觀念及缺乏容忍性的時空裡，人類的精神歷史已呈遲滯；唯有在清教徒所建立的嶄新的人類社會裡，歷史、政治與神學才能有一個全新並符合上帝旨意的結合。

以上的古典思想、啟蒙運動理想主義、英國習慣法思想及清教徒主義共同塑造了美國殖民者的心靈，充實了他們的政治思想內容。而這些各有特色、並不一定相接屬的四種思想卻是很巧妙地經由另一股思潮所串引起來：那就是 17、18 世紀英國的「反對派意識形態」。英國的「反對派意識形態」大約肇始於內戰時期及共和時代，此後它逐漸演變成一種對過度伸張的君權及相權的「朝廷派意識形態」（Court idelolgy）進行批判的激進思想。18 世紀奧古斯都英格蘭聞名的憲政辯論即可看成是「朝廷派」與「鄉村派」的辯論（Court and Country debates）。而其中「反對派意識形態」即由「鄉村派」所體現。在「鄉村派」中頗負盛名的《凱托書簡》（*Cato's Letters*）──由特倫察（John Trenchard）與戈登（Thomas Gordon）所撰──便與洛克的《政府論第二篇》共同成為革命文獻中對「自由權」的討論裡最常被引用的經典作品。「反對派意識形態」的思想主題是「公民自由權」（civil liberty），而在這些美國建國始祖的觀念裡，它包含了政治的、經濟的、及宗教上的自由。政治的自由一方面即是我們所熟知的免於受權威壓迫的自由，而另一方面也指涉到公民參與政治過程的自由；經濟上的自由意指經濟行為的受到保障，政府的作用在維護人民從事經濟活動的權益及成果，而非瓜分此成果；而宗教上的自由乃指信仰內容及儀規上的自由，只要是尊崇上帝，用何種方式應屬私人選擇的權利。

「反對派意識形態」在美洲的發展既落實到上述三個主題上，則殖民地人民的要求便會明顯地與母國政府的作為格格不入。但在政治及經濟上的衝突雖然劇烈，但亦未至非決裂不可的地步，我們可由殖民地尚能出現勢力不算小的保皇黨一事可知。雖然說，母國對殖民地的司法獨立有所干涉，不讓殖民地在國會中有代表，亦不經其同意即濫肆課稅，又對母國在美洲的商人與殖民者有差別特遇，但這些在本

質上都可視為是英國國內「反對派意識形態」與朝廷間對立現象的延伸或類比，它在同文同種的民族內或應還有折衝轉寰之餘地。因此，導致事態僵化的原因，一方面可能正如一般所相信的，那就是喬治三世剛復不妥協的個性逼使殖民者愈加走向激進；而另一方面，我們就必須考慮到是否有另外的因素使得這個「反對意識－朝廷」的對立產生了質變而成為一場獨立戰爭。而我們前述所提及的清教徒主義很可能正是幕後隱隱推波助瀾的這個因素。

在新英格蘭的清教徒眼中，他們所建立的殖民社會是承襲了古希臘人、羅馬人及哥德人（Goths）愛好自由的傳統，也因此要建立一個於內、對外都享有充分自由的政治社會。在歐洲中世紀時日耳曼人所建立起的帝國——神聖羅馬帝國——所以成為羅馬帝國的後繼者，是因為透過了教皇所見證的「帝國傳承」（translation of empire）之儀式。而現在，美洲殖民者認為他們是另一次「帝國傳承」的主角，他們在這塊土地上建立的家園將是另一個體現羅馬帝國精神、羅馬人自由的社會。柏克萊（Bishop Berkeley）在 1725 年的《談美洲教育與藝術的前景》中，寫下了新大陸膾炙人口的一段話：

帝國繼續地向西發展著；而前四幕已經出現，那第五幕將結束此劇，而劇終即是整個歷史最高貴的傳承者之來到。

在此我們見到了美國人的自期：這人類歷史是不斷地向西發展的，而最後的頂峰即是新大陸「殖民社會」在地球上的出現。此「殖民社會」有一個最寶貴的特質，因為它新大陸才變得偉大，那就是：它是一個 commonwealth。在清教徒的眼中，它就是一個與上帝期約（covenanted）的政體，一如古猶太人身為選民一般。然而很值得注意的卻是，這個北美洲「黃金新西元」的 commonwealth 卻將會由一個俗世共和政體的建立來體現。因為清教徒的宗教要求是信仰上的自由及容忍；他們把教士階級除去，而代之以廣大公民的參與，也即是說，宗教可以變成了一種公民活動，而國民宗教代替了原先教士階級所主導的救贖式信仰。於是末世論中所謂的「聖徒之治」（Rule of the Saints）之美好景象就有可能被等同於「所有信仰者之互為牧師」（the priesthood of all believers），而且「千禧年」之出現就可被看成由古典共和思想中的「人性的圓滿成熟」所代表。亦即是說，本來是一種「千禧年－烏托邦」式的宗教理想此時已被世俗化而進入當前的歷史，這些殖民者所建立的國度就正是聖經新約啟示的「黃金新西元」。基督雖尚未再降生，但「聖

徒之治」卻即將出現；每個人雖尚未面對最後的審判而獲救贖，但是人性卻可經由「公民參與」式的生活而在此國民宗教中獲得圓滿成熟。「公民」取代了「教士」，而哥德式的自由與德性（Gothic liberty and virtue）取代了「時光的流轉」而成為推動其趨近「千禧年—烏托邦」新西元的動力。歷史由神聖的、啟示性的變成俗世的與自覺的。「黃金新西元」的來臨並不在於基督何時現身親臨統治，而在於我們如何踐履實現身為選民所應有的入世責任，那就是做一個實踐成熟人性的 commonwealth 中的公民。在公民職能代替了宗教科儀之後，建立一個榮耀上帝的世間帝國（透過 translation of empire）已經變成一種責任、義務，而非只是俗世的野心了。亦即此時俗世性與宗教性已無軒輊，宗教責任變成了俗世責任，而俗世歷史也將成為神聖歷史的見證了。

　　若由美洲「黃金新西元」的宗教情操來看，新英格蘭清教徒的殖民行為是人類歷史發展上必要的一個階段，更是光榮的階段與高潮點；因此清教徒們認為他們在此建立一個 commonwealth 的政治社會是一個義無反顧的責任——把人類俗世的歷史與天啟的神聖歷史組合。也就是說，柏克萊所謂的「第五幕」很可能就是聖經〈啟示錄〉中的「第五王朝」（Fifth Monarchy），而「帝國繼續地向西發展」的最高潮將是在美洲建立了美利堅這個共和國，它代表了「千禧年」來到世間[1]。希臘、羅馬與哥德人的自由最後將要由北美洲的政治社會所繼承與發揚。這種自由就是前述古典思想中所崇尚的自由，具體表現於古典共和主義中；一群互相平等、競相參與政治過程的公民共同追求公益及正義的實現，而個人的德性生活也因此得以成就。也就是說，殖民者所要建立的是一個共和國，一個在北美洲的嶄新的共和國，以對應於舊大陸那已漸趨腐化的共和國。殖民者要的不是改革，因為他們不是要承接舊英倫帝國那個已經不再具有意義的歷史。在他們來看，從華坡爾政權以降所追求的重商主義政策已使得英國內部結構及對外關係都變質了。在對外方面，它變成一個殖民帝國，以壓榨殖民地之本土人民及殖民者為務，同時也進行與其殖民國的喋血戰爭。也就因此，它在國會內的政府亦就變質成一個專制的政權以應付對外的開拓。原本議會牽制朝廷的狀況被打破了：透過英格蘭銀行的設立、公債的發行、信用的授予及擴張，再加上賄買官吏或議員，率皆使得金權政治籠罩了倫敦，政府不但同財閥勾結，甚至官爵祿位都可以由私人利益團體瓜分。到了此地步，原

---

[1]　波考克稱此為「美國之天啟」（American Apocalypse）思想，見氏著 *The Machiavellian Moment*.

本係為保障民權而設的議會此時已變成相權的橡皮圖章，而人民的自由及財產權大受威脅。在殖民地人民的眼中，英國議會已變成一個壓榨機器的一部分；母國並不把殖民地的人民當成大英帝國子民看待，而是視之為「次等人」，即是奴工，既然英國國內及北美洲殖民地的人民之自由權都已受侵害，則數百年來英國人所引以為傲的「英國人之自由」已成陳跡，且保障此自由的議會也名存實亡了。至此，英國已走向一個共和國的最後一個階段，那就是「腐化」及衰敗。在古典的政體循環理論中，一個共和國的衰敗雖為勢所然，但可以透過波里庇斯（Polybius）等人早已強調的「均衡政體」（mixed constitution）來防止。而英國人數百年來最引以為傲的也是他們在古憲法下發展出一個「均衡政體」或「平衡政府」（balanced government），由議會來作為制衡的樞紐，這樣一來王權不致無限擴張，而平民亦得以在朝廷領導下過著有尊嚴的「自由人」（freeholders）生活[2]。但如今議會已失去其效能，整個英國的平衡政府已變成少數人基於私利而操縱的遊戲，其名曰寡頭壟斷的金權政治。往昔「國王—貴族—平民」間的金三角穩定再也不存在了。因此對美洲殖民地的清教徒言，舊世界是腐敗的象徵，而如一張白紙般的新世界是嶄新希望之所寄。

　　如果舊世界已失去歷史中所曾經具有的意義，那此事的嚴重性要在清教徒的神學中才能特別顯現出來。舊世界在政治及經濟上走入了歧路，正好顯示出是他們的宗教生活出現了質變之致。僧侶及教士的貪婪，阻斷了每個人與上帝直接面對的機會與直接向上帝負責的勇氣；而各種對於不同教派或教儀的壓迫，更使得人的自由心靈受到戕害。如果說在宗教上舊世界已經失去真正追求信仰的環境，那麼他在政治及經濟生活上的失落及步入歧境將是長久的、難以彌補矯正的。於是乎舊世界似乎已失去建立人間淨土以等待救贖的機會。人類的希望也似乎都移轉到西向航行數週後才能抵達的美洲新大陸。在這裡必須建立一個新的共和國——即是柏克萊詩中所謂的第五幕（最後一幕）——以作為「黃金新西元」的基石，也就是說，透過一個新的政治社會的建立，使每個公民都能實踐其人性而歸趨德性的完滿，以此等同

---

[2] 這就是前一章中所討論的「共和人士」（commonwealthmen）或「新哈靈頓主義者」（neo-Harringtonians）的信念。當然，並非所有的美洲人都稱讚未「腐化」前的「均衡政府」，啟蒙理性的激進民主論者，例如潘恩（Thomas Paine），就一向反對國王及貴族參與政府，因為他仍深深地憂應在往昔傳統政治中國王及貴族專權橫暴的傾向。在他來講，完全的民主政體就是最自然、最合理的政體，「一個誠實的人比所有的那些殘暴的君王加起來對社會的貢獻還多，在上帝面前的重要性還大。」可參見氏著《常識》（*Common Sense*）及本書下二章。

於「千禧年」的「聖徒之治」。雖說這是一個新西元，但卻是透過實踐一個古典的理想──古典共和主義式的政治生活──而達成，也因而在此處，基督宗教與人文主義思想密切結合，而形成了一個特屬於美洲社會的政治神學。在這個政治神學的架構下，新約的啟示神學被轉化成公民要求自由生活權利的自覺，而最理想政治生活的追求也同時成為基督教神聖（啟示）歷史實現的起點。

在美洲革命時期的「小冊子」文獻及建國始祖的思想中，我們看見了批判過去歷史的決心與重頭開創新天地的勇氣。舊世界裡的文化與思想傳統被提出來討論，其中又以古典思想、啟蒙理性主義及英國習慣法思想為最。而這些雖未必完全相容的思想對美洲殖民人士的最大貢獻在於他們啟示了作為一個「人」所需有的外在尊嚴及內在本質應為何？一個人群應該如何自我管理以便人人都能期待一個更好的生活？很諷刺地，這些舊世界的文化遺產卻是透過「反對派意識形態」結合並傳播至殖民地人民的腦海中的。因此一個高度批判的清教徒政治思想再加上高度狂熱的清教徒「黃金新西元」啟示神學便使得英王喬治三世必須為他的拒絕妥協作風付出慘痛的代價。1776 年的美國建國，代表了古典共和思想的再度昂揚，代表了西方歷史的繼續向西擴展，當然也更代表了基督教啟示神學的再度具體化於人類之歷史中。美國的建國是要建立一個古典式的共和國──抗拒腐化、追求自由、保障平等；然而，接著出現的問題是，十餘年的制憲，實現了這樣的理念了嗎？

在 1787 年至 1788 年的制憲會義中，最受爭議的問題便是美國的國體問題：究竟是要成立一個超級的大國家──a republic of republics──還是要以諸多小的共和國組成一個鬆散的邦聯組織？這些辯論在《聯邦通訊》（*Federalist Papers*）中已充分呈現。而整個國體辯論，不但是政治理論上的辯論，更涉及了未來立國精神的方針。因此《聯邦通訊》中所呈現出的議題與看法可謂是美國成立初期政治思想中最重要的部分。

到底一個國家的規模應如何最適宜，這是孟德斯鳩時即已高度關切的問題。孟德斯鳩以為大的國家容易走向中央集權及專制，而小的國家面臨的危險卻常是無力抵抗外來的侵略。在《法意》（*L'Esprit des Lois*）中他指出：

　　一個共和國通常只需要有很小的領土即可；否則它難以持久。在很大的國家中，人的差異可能很大；也許會有極富有之人，而這些人也因此常不知節制……且在大國家中公益常被太多的不同意見所遮蔽……但在小國家中，公益通常很明顯即可被共識所尋出，被大家明瞭，而且能透過每一個人能力所及之貢獻而產生。

　　也就是說，小國雖然較能實現公益道德及保障自由，但無法富強；而大國雖強而有力，但不易維繫共和之精神。而最好的解決方法，似乎就是一個「共和國之聯邦」了；對內而言，每一個加盟共和國既可享一個小型共和國的優點，對外而言，他又可有聯合起來的強大自保力量。而每一個共和國家如欲維持內部穩定，最好的方法就是制定分權的憲法——以權力的分立來獲取古典思想中「均衡政體」的長治久安。孟德斯鳩如是的見解，可說是總結了古典思想及英國憲政的傳統，而指出了一個最理想的國家形式。

　　在立憲辯論中「聯邦派」（Federalists）及「反聯邦派」（anti-Federalists）雙方，都很湊巧地援引孟德斯鳩；但他們卻彼此攻擊對方誤解了孟德斯鳩共和思想的精義。「聯邦派」認為，在一個商業化的現代社會裡，古典式的小國寡民共和國雖引人嚮往，但卻不可能實現，一則因近代人口遽增，二則因社經結構已大不似前。所以一個理想的共和國應是一個能不斷「擴張的共和國」（expanding republic），它如維持共和政體，則對內可維持自由、平等及穩定，而對外則因他國力不致太小而可悠然自保於國際社會，甚至可肆行侵略擴張，一如古羅馬般。然而如此規模並不小的國家如何體現為人所稱頌的共和制度下的自由、平等及參與精神呢？這是「聯邦派」所面臨的最關鍵性問題。也即是說，當殖民地各州共同形成一大政府之後，這個中央政府的運作如何能似一個小共和國般地受到人民完全的控制、反映人民的意願呢？「聯邦派」於是乎發明了所謂的「雙重代表制」（dual representaion）以解決此問題。他們認為經由參、眾兩院制的設計，如此龐然大國亦可如小共和國般地由全體公民所掌握，然而小共和國的弱點他卻都沒有。這是麥迪遜（James Madison）所精心設計的制度，但是這樣的立論還是不為「反聯邦」論者接受。對於後者而言，最終的關鍵並不在於是否能行直接民主。固然，最典型的民主政體是存在於像一個城市般大小的區域中，因此人民可集會並相互辯論磋商，以求意見充分表達及溝通。但一個「自由」的政府與「專制」的政府真正區別乃在人民是否能對管束他們的法律有同意權，而這種同意權亦可經由代表行使之。於是乎一個大的國家的弊病並不在於它只能行代議民主而非直接民主，而是在於它時常不能避免權力逐漸集中的這個不良傾向，一旦權力日趨集中，則專擅與獨斷就會取代了協商與共識，也就是說，人民以及整個國家的「自由」在這種「大共和國」（extended republic）中是備受威脅的。

　　但「聯邦論」者的聲勢壓過了反對者，美國的憲法終於在他們的主導下產生了，而近代歷史中的第一個巨大國家機器也於焉誕生。主張以城邦政治為典範的那

些「反聯邦派」的古典共和主義者黯然退敗，於是這場立憲也變成了一些史家所稱的「古典政治的結束」。但是古典共和主義的精神卻並未因此完全消失於美國，它仍然影響了憲法而使之有分權的設計；然除此以外，它卻從此失去了正式政府運作上的舞台，而轉入了社會生活的某些部分。偉大的西部拓荒便是一個良例：冒險而勤勉的農民們向西探索，尋找土地建立家園、建立一個個農業的「城邦」。在這些無數的農業社群中，他們以耕耘地來獲取給養，他們是經濟上獨立的自由民，並尋求共同的法律以約束他們所屬的社群，透過彼此的參與及互動來進行自治。他們的政治是建立在一群有著共同根基（人與大地間的互賴關係）的自由民之互動上，而這種政治方式又提供了他們鍛鍊人格與實踐公民道德圓滿的機會。這就是古典的「農業共和國」〔哈靈頓的《海洋國》（*Oceana*）就是「農業共和國」（Agrarian Commonwealth）的近代範本〕的理想。但是在東岸（尤其是新英格蘭）的城市居民們卻涉處於商業生活中並追求著貿易機會。他們依循著「比較利益」[3]的原則從事海外交易，以聯邦政府的諸般政策為後盾追求著貿易上的利益。聯邦政府在經濟、財政上的角色益形重要，而國家似乎也被視為是維繫商業繁榮、保障資本累積的工具。此時，18 世紀英國曾出現的「朝廷派」與「鄉村派」意識形態之爭之隱然若現：美國似乎也面臨農業或商業、土地或金融信用、公民道德或經濟自由的對立及抉擇了。而漢彌頓與傑弗遜、亞當斯等人的衝突正可看成是東部的資本家、商人與西部的拓荒農民間意識形態的對比吧！

　　然而如此對比的情況並不長，因為在 1890 年代後，西進已無荒可拓，邊界也封閉而成為拒絕外人進入的疆界，此時西向拓荒所代表的「農業共和國」精神也慢慢失去了舞台。於是美國就完全籠罩在所謂的「擴張的共和國」的氣氛中。一種新的「黃金新西元」思想出現於他們的腦海：人類的歷史是從希臘、羅馬向西到西歐，再向西到美洲，而現在要從美洲為重心回饋到全球了。美國透過歐洲各地的商業貿易，維繫了歐洲的繁榮；另一方面，又西向亞洲貿易，抵達日本與中國，希望藉著商業的刺激而使這個東亞的古老文明振奮精神，於是我們看到了所謂的「門戶開放」政策。這些都是在欲將此美洲大陸新誕生的龐大國家建設成為一個工商業帝國的視界下所生的世界觀及其政策——如 20 世紀中葉艾森豪總統所謂的「軍事—工業體」（military-industrial complex）。這個世界觀的一個重要特色便是前述柏克

---

[3] "Comparative Advantage"此乃國際貿易的基本原理，指每一國專事生產其有有利條件（如為某種原料產地或某種技術領先）的產品然後進行貿易，則成本降低且互蒙其利。

萊所揭櫫的憧憬：「帝國逐漸西移，前四幕已成過去，而光輝的第五幕將結束此全劇。」這第五幕即是美洲帝國的建立──一個強大、擴張、繼承歐洲主導世界的共和國。

因此我們看了一個大幅轉變的「黃金新西元」思想。在美洲獨立戰爭前，清教徒們為了實現道德、對抗腐化而欲建立一個嶄新的農業邦國以對立於沉溺於重商主義以致犧牲民權的母國。他們成功地在 1776 年宣布了這個夢，一個嶄新的清教徒國家的出現代表了這個追求自由、公民道德實現的古典理想之實現，而「黃金新西元」思想恰為其中之重要動力。然在稍後的立憲及爾後的發展過程中，「黃金新西元」思想卻與「聯邦派」而非「反聯邦派」的意識形態密切結合而創造了「美利堅合眾國」這個龐大的「擴張共和國」。而這個共和國將致力於追求龐大的「工商─經濟─軍事」力量（帝國）以替世界史完成一個光輝的「第五幕」。這不但是一個俗世現實上的目標，亦是宗教上「黃金新西元」思想的深刻「天之啟示」：美洲的興起，在人類歷史上負有政治、工商業與精神上多重的天啟意義。

所以我們看到了在美國的建國與制憲二階段，「黃金新西元」情懷都提供了一個令人迴思不已的動力泉源；但令人驚訝與頗具諷刺性的，乃是在此二階段裡，它竟是在截然不同（甚至是相對）的方向上引導著這些五月花號清教徒的後裔們。但無論如何，17、18 世紀英國政治思想史的濃縮就存在於喬治三世時的美洲革命與憲政辯論時期，是難以否認的一個實況；前比英國的政治思想隨著宗教迫害、貿易與移民渡海而至大西洋的西岸，薪火相傳、賡續創新，也替斯圖亞特期間的「英吉利天啟」（English Apocalyptic）在新大陸上開花結果。我們接下來的問題便是，當美洲的一連串變化不斷傳回大西洋東岸的母國時，在英倫的英國人又如何看待這些事呢？

　　美洲革命代表了「近代初期」英國政治思想的融聚與爆發，它不但成為我們研究此時期（17、18 世紀）思潮的絕好樣本，也牽動了往後世界歷史的變化。而這個時期的最後亦發生了另外一個震動歷史的事件，那就是——雖然不在英國，但卻深受英國關切的——法國大革命。對美洲革命的態度，可以測出 18 世紀英國思想的風向；而對法國大革命的評估，可以看出英國人對自己過去思想傳統及發展經驗的反省與對未來走向的期望。而恰有一個人同時對這兩個事件先後留下了完整的評論意見，讓我們得以在二百年後有系統地回顧迄 18 世紀末的英國政治理論，從思想史研究之角度言，真可謂幸甚。這個人究竟是誰？他就是柏克。

　　柏克（Edmund Burke）生逢紛擾的 18 世紀，目睹美國獨立革命於先，繼聞法國革命於後，因此他的政治論述也大抵以此二事件為焦點。此二革命牽動歐洲，造成舊秩序與新世界之並立與對壘，傳統思想與新信仰間之拉鋸，每一個當時代的人都難逃對此問題之反省；論者紛紛表態，或視推翻既有政治體制為悖亂，或支持新理念而同情革命，雙方立場鮮明而口誅筆伐辯論不絕。只有柏克的態度令人好奇：他對法國革命嚴加斥責，認為是危險萬分、後患無窮的舉動，這點人盡皆知；但他對美國革命的態度卻是出奇的包容，甚至在如能避免被疑為對英王不忠的情形下盡可能的「妥協」而幾至「樂觀其成」的地步。柏克是有名的保守主義者，他可以於此二事前後判若二人？他還可說是前後如一、立場連貫的人嗎？本章目的即嘗試探此疑惑，並究明柏氏論政的中心信念為何。

　　柏氏原非英國人，1729 年生於愛爾蘭之都柏林。大學畢業後渡海至倫敦，先習法律後轉攻文藝，而後卻因擔任貴族之私人祕書工作而漸入政治圈；從此宦海浮沉，數度出任國會議員，亦曾一度任文官，從政生涯直至退休為止。柏氏一介平民結交於上流社會，並躋身政壇，實屬不易；然在當時之英國社會，以其普通之出身，並且仍帶愛爾蘭之鄉音，柏克在輝格黨內之地位始終有限，再加上輝格常在野，因此柏氏之政見常在一開始時並未受到重視。他在美國殖民地及法國問題上均

早就提出明確之主張，但他可能覺得整個社會似乎落後他數年，因此他在身後或思想史上的影響反而要比當時為甚。

在法國大革命爆後的 18 世紀末歐洲，柏克是所謂的「反革命」之代表人物。他對此革命從一開始就極注意，並且自此以後本問題與愛爾蘭問題成為他餘生關切的焦點。柏克雖身為在野的（coutry party）反對派輝格議員，但對此大革命，可謂是「反對到底」，並幾度為文抨擊，以 1790 年的《論法國革命》（Reflections on the Revolution in France）揭開序幕並為其中之最著者。其後數年他又陸續撰文，或反覆其意、或補充理由，藉以公開批駁此聲言反「舊制」（ancien regime）之行為，幾至辭世方休。在他看來，這種激烈的變革是危險的行為，因為在其後面的是一種風險很高的思考模式，那就是追隨一些普遍、一般性而抽象的原則——如自由、平等、博愛等——而行動。這個大革命推翻了一切舊制，揚棄了各種傳統，無疑是一個很大的賭注，然而付出了如此大的代價得到的又有多少呢？非常的少，且未必在原先之主要目標內：「破壞一切者本來就有可能同時也除去了某些原存的缺失，完全更新一切者當然也有可能發現一些有益的東西。」在他看來，這個大革命也許遠非「得不償失」所能形容。

柏氏對法國革命的斥責與其後的窮追猛打是眾所周知的，而他對美國革命又是如何的「寬容」呢？在紛爭初起之際，他認為最好的方法是不去管它；俟英王的「討逆」戰役節節失利後，他又認為那何妨就承認美國獨立算了。所以若用較諷刺的話說，可以如是形容，喬治三世有如此臣子，又何須叛徒？柏克對美洲事務的注意，至革命爆發時已有相當時日，所以在 1770 年代中葉，他可謂這方面的專家。早在 1757 年，柏克就與人共同發表了《歐人殖民美洲述論》（Account of European Settlements in America），初步地顯示出他觀察殖民地的興趣與結論，也表示出他在這個問題上蒐集了比別人多的訊息。1770 年，他支薪受聘為紐約殖民地駐倫敦的代表，更增加了他對美洲的實況了解之機會。1774 年 4 月，在發生了著名的 Boston Tea Party 事件之後，柏克正式表態，並起而談論具體問題：他對國會的同僚們發表了〈關於美洲徵稅之演說〉（Speech on Amercian Taxation）；翌年，他又發表了〈論與美洲殖民地之妥協〉（Speech on ... Conciliation with the Colonies）。這兩篇講詞不但勾劃出柏克對美洲問題的主要態度，並且可被視為 Rockingham Whigs 的美洲問題解決綱領；然而柏氏的努力並未至此停止，至戰事爆發後一年亦還對他選區的領袖們發表公開信（Letter to the Sheriffs of Bristol on the Affairs of America）疾呼和解妥協。而本公開信與前述二演講便成為此一問題上代表他本人

或輝格黨的最有名文獻。

他的基本立場是：對美洲殖民地的「管理」不是應不應該、合不合法的問題，而是有沒有必要、有無實際利益的問題。故癥結不在於英國國會「是否有權讓你的子民過得可憐」，而在於「讓他們過得幸福快樂是否合於（英國作為殖民母國的）最大利益」？但值得深究的是這並不是柏克唯一的理由，而應僅視為他在這問題上的一個較溫和、委婉的說法；他同時提出了更激烈的辯護，認為美洲殖民地的人似乎「有理由」抗稅，因為「在任何王國當中，如果其人民不能直接或間接地保有處理他們自身金錢的權力，那他們何嘗擁有自由？」即便是不承認他們有這種權力，也不能說他們是錯的，因為柏克深覺「實在不知用什麼方法可以對一整群人民提出控訴。」

要了解他對美、法兩事件為何如此大的態度差異，先要了解他政治思想的特色。在柏克的觀念中，「繼承」（inheritance）與「傳統」、「習慣」不但是權利的來源，也是政治運作的根本。「繼承」是生命、自由、財產等諸權利最自然的起源，它不須經任何抽象理念的證成，而是在時間之流中默然成立的；由於「繼承」的觀念自久遠以來即存在，我們有享受先人所享受的一切之權利：財產很自然地從先人手中交下來，而一切的觀感、制度、生活方式（這當然包含了對他人生命、自由的尊重等）又何嘗不是呢？在《論法國的革命》中，柏克就此點作精闢的說明：

英國人一向聲言擁有諸項自由權的做法乃是……一個祖先所傳而吾人所承之方法，而其亦將由吾人傳諸後世。其為大英王國內人民所擁之天然財產，並毋須藉助其他理論或某種權利使其成立。

……（此做法乃為）順乎自然而得之一種快樂，其為一不須經思考而得之智慧，甚且較思考更勝……。

任何權利若其產生或取得係經由政府按以上原則運作所致，則其將可永保，恰似家庭內之處分家產般，亦如所謂永久保管權般，均能長久延續。吾人於……順乎自然之做法中，自祖先手中接收政府組織與各種自由權利，保有並傳遞之於後世，恰似吾人享有及傳遞吾人之生命及財產。

這種對祖先傳下來的自由權的崇信，就形成所謂 17 世紀英國的「古憲法」說。就柏克看來，「古憲法」是依時間流逝而自動成就其效力的──就是他所謂的 prescriptive（本字暫譯為「依時效而成立的」，係指經過一定的時間之後即自然具

備法律效力）。而保障英國人民能享自由權的正是這麼一套「依時效而成立的」憲法（prescriptive constitution），因它可溯源至無可考之古，故名「古憲法」：

> 不論於革命當時（指 1688 年之光榮革命）抑現今，吾人均希望將目前所擁有視為繼承自祖先者，吾人亦希望常保謹慎以免破壞或扭曲祖先所構築之藍圖……吾人歷史上最早改革之例乃大憲章（*magna carta*）。自偉大法學家柯克爵士（Sir Edward Coke）以降，其跟隨者以迄於布來克史東（Blackstone）為止，莫不致力於發現古人現今所擁有諸自由之血緣。彼等證明約翰王之大憲章乃與亨利王所頒之憲章相關連，而二者均僅為對吾國存在已久之古律之重行肯定而已……事實顯示彼等法學家與……百姓之心理，早為遠古（antiquity）此一觀念所占；本國現有之一貫不變之政策，亦來自視諸神聖權利源自古代此一信念……

　　柏克腦中既充塞了「古憲法」之觀念，當然就視英國人為一享自由之民族，這是從祖先傳下來的光輝傳統、神聖權利。這樣的權利不需要任何理念、原則或理論來證成，它不倚靠抽象的思辯過程而來，亦不植基於某種先驗或自然的權威；它僅僅是「繼承」而來的經驗、傳統與慣例而已。每一個英國人，既生而為英國人，就「繼承」了對自由的「享受權」，就像他繼承父祖的財產般自然——不論他是誰、不管他在何處，只要他是英國人。

　　以上引文雖出自《論法國大革命》，但柏克與英國習慣法及古憲法的關連，早在他論美洲問題時就透露出消息了。就美洲殖民地人民抗稅但英國卻堅持有管轄殖民地經濟之權利這件事言，柏克承認，一個殖民母國當然有權管轄，而且貿易這件事本身就需要置於種種規範下方可，他認為商業本就「必須被置於與自由精神相悖的若干束縛之下；而且殖民母國須擁有強大的權力以便執行之。」但是，本案的實際經驗與當下的特殊情況是：

> 如今要受這些束縛的人乃是英國人的後裔，他們有著崇尚自由的傳統與高貴精神。用一個重重約束與不停懲罰的方式去管理他們，兼以在全不尊重其意願的決策過程下欲課其稅賦，自非明智且可持久之舉。對人民之管理須依其氣質暨習性而行，而對像這樣的一群涵具自由精神的人民，適當地尊重其習氣是絕對必要的。一個英國的海外殖民者，（身為一個英國人所受到其母國的待遇）是應該有與他國殖民者不同之處。

　　柏克固然建議尊重美洲人民，取消苛稅，可是他該如何面對鐵的事實：這一切有關賦稅的措施都是合於法律、合於制度的？他提出的解決方法是，原則與制度肯定，但做法可有彈性。以印花稅為例，1765 年 Grenville 內閣強行實施，而 1766 年以 Rockingham 為首相的新內閣卻將其廢止，引起極大的辯爭。1769 年柏克為他的同黨 Rockingham Whigs 數年前的政策辯曰：

　　他們做過成熟的考慮；他們有了明智──讓我補充，而且堅定──的決定。在他們選擇廢除此稅前，已下定決心要盡可能維護這個國家對其殖民地的立法權；有了這樣的決心之後，他們的廢止之舉，並非依據憲法上的權利，而是考慮權宜、公平、慈悲等因素，以及我們當初設殖民地的最大目標──航海及商業──是否能在現在與未來充分達成？

　　他並非認為對殖民地的管轄權只是紙上文章而已，如果英國「作為整個殖民帝國的領導、仲裁者與指導者，不實際執行其權威，則此領導權將化為空名而已。」權威要有，也要施用，但卻只宜慎用，而不可濫用。所以柏克反對的，是將對殖民地管轄權如此重大的權力在一個日常的基礎上施用，例如課印花稅。他的意思即是，有些事固然在法的層面上站得住，但在政策與實務面言未必是好的，「如在日常基礎上施用此權，則美洲無任何自由可言。」但如有論者曰，此徵稅既屬合法，今欲節制此權之施用，則吾人如何可知何時當用而何時不當？柏克認為，這就牽涉一個很重要的觀念問題，那就是我們應如何從事於「政治」？本印花稅案「是否可在法的層面得到折衷當是未知之數。但它卻可在政策層面上取得一妥協：政治本來即是需要調整的事，但是要根據人性，而非思維推理；思維推理僅是政治的一部分，且絕非最重要的一部分……」美洲人民一向自己決定有關課稅之事，且歷來亦相安無事，豈非美焉；政治要根據現實狀況及實際經驗來調整，把抽象的理論留給學院吧！

　　讓美洲人民過他們原本的生活吧，這樣一來，我們因彼此對抗而有的若干對法律解釋上的爭執也自然消弭無形了。他們與我們滿足於用原本的貿易法規去管理美洲吧；其實你們也一向如此做的，不是嗎？……請勿以稅賦加重其負擔；其實你們從一開始即未如此做的。那也就讓這個成為你們現在不課他們稅的理由吧。這些乃屬實際治國上的一些論點。把其他的留給學者吧；那些問題放在學院內討論適合

的多……。

　　他這種權變、彈性的做法，在未細究下，容易讓人誤會，以為柏克沒有原則；前一任內閣 Grenville 堅持國會的課稅權，而 Rockingham Whigs 之後的 Chatham 不主張干預稅務，難怪乎有人認為柏克與他的夥伴的主張「在道理上與 Grenville 相近，而在政策上則近於 Chatham。」而事實上他是有一貫與整體的觀點，而非僅僅便宜行事，此點乃深探其美洲問題態度的指迷。而他「一貫與整體」的觀點，很重要的一部分是植基於他對國會與不列顛帝國主義二者間關係的特殊看法。就他而言，英國的國會作為整個大英帝國的議會，當然是有很大的權力，但這種權力應區分為二部分：其一是作為英倫三島本身的立法機構，替本土立法並交由行政部門執行；而其二乃是一種更高貴的權力，他名之為「帝國性」（imperial character），就是代表英皇陛下監督各下級（殖民地）議會，導引與管理他們但並不「消滅」他們。所以，英國國會固然有對下屬殖民地之徵稅權，但應將其視為「帝國性」的權力——用以監督、導引殖民地，而非充實府庫的工具。

　　柏克提醒大家，事實證明了 Rockingham Whigs 的決定是對的，廢止印花稅之舉「產生了預期中的各種好效果。」而如果此稅強制執行下去，無異於逼人入絕路，此時「野豬只好回頭攻擊獵人了。」柏克用一個簡單的問題點醒大家，「如果英國的主權及美洲人的自由間無法取得妥協，他們（美洲人）會選擇何者呢？他們大概會把你所謂的主權云者擲回你的臉上……」。所以，如果要堅持原議，那就只好動武，因為「沒有人會甘於因法理上的辯論站不住腳就接受奴隸般的地位。」動武能成功嗎？柏克認為那是沒有問題的，「可能一年內解決，最多兩年。」而動武要付出慘痛的代價，就是使得原先設殖民地以裨經濟的目的全失。所以，權衡之下，透過協商的方式審慎處理要比武力解決好很多；他呼籲大家「要想想，美洲人，是一個帶給我們利益、卻又從屬於我們的一群人，而對這樣一群為數眾多、生動、茁壯、又富精神的一群人，如欲保全他們，武力並不是最具威勢與效力的工具，相反的，卻是力量最微弱的。」同時，他也勸國會的同僚們將心比心，衡量在這件事上實際的人性會有的反應：「你們讓他們背負了無限制壟斷下的沉重負擔，但會讓他們享受無限制壟斷下的任何利益嗎？在美洲的英國人會覺得這不啻為奴隸；而雖然這是『合法的』奴隸，但卻也無法彌補他們在情感及認知上所受的傷害。」

　　至此，柏克已揭櫫了二項重要的信念。一是美洲人民乃享有自由的「英國

人」：他們因爭自由所作的抗爭實與 17 世紀英國人在兩次革命中所作的抗爭性質一致，他們的祖先在清教徒革命與光榮革命中對抗查理一世及詹姆士二世，而他們現在依同一理由對抗喬治三世及侍奉他的諾斯（Lord North）內閣；因此，若國會堅持對他們強行徵稅，那豈不自毀英國國會一向作為維護英人自由的機構之傳統？則此時歷史的罪人不是美洲人而是國會了。二是政治首要在能解決問題──根據經驗、實際狀況，而非抽象之理論或原則。他根據這二個信念，在國會中力陳美洲問題解決之道，措詞鏗鏘，態度懇切；他聲言他的最大目標在於「調和英國主權及美洲自由」，他「絕不相信二者不能兼顧。」曾有人以為柏克自 1771 年起因受薪擔任紐約殖民地在英國國會的代理人，故同情於美洲，其實立場有失公允。但以一個英國古憲法的尊崇者言，即使未受聘於美洲殖民者，也應不致坐視喬治三世的歷任內閣「踐踏」了輝格所引以為傲的「英國人的自由」。更何況他基本的立場至遲在 1769 年就都表明清楚了！另有一問題較為棘手，那就是有人認為柏克對美洲問題的處理，是一個輝格黨內的派閥（也就是 the Rockingham Whigs）中的政治人物為了順應時局、解決問題而生的對策，故這是一個政客的「政策」，出自於現實的要求，而非政治思想的體現。當然，這種成分實難以排除，但整個政策的形成要素中，應不僅僅止於現實政治（real politique）與政治機制運作下的考量。當然柏克是以黨派成員的立場在國會發言；他宣稱「除非 Rockingham Whigs 內閣在 1766 年的主張被再度採用且堅定地施行」，否則他怕英國及這些殖民地「將永遠無法回復至其真正的重心，及自然安適之點」。他在國會不斷地強調他所屬的黨派施政的正確性，是為批評對立黨派，也是為再當政鳴鑼。但是，若不是服膺習慣法及其蘊含之自由權、傳統主義與重實務經驗之信念，柏克不會早在 1760 年代，亦即是 Boston Tea Party 事件之前，就已能明確地全盤擘劃出美洲問題解決之道──一個背後缺乏深刻信念的政治人物，毋須在狀況明朗之前清楚地勾劃出自己的立場；也更不會在獨立戰爭甫起之際，甘冒不忠之大不韙而重彈老調，呼籲己方軟化立場以妥協──甚至在 1777 年 Saratoga 之役後已擬承認對方之獨立。這些都證明了柏克有其中心思想，而其中心思想後有其政策的政治人物。如果他的美洲政策是出於黨派政治的考量而係以一政治人物的立場擘劃的，則我們很難解釋為何他在法國大革命初起之際於國會中力排眾議、開罪朋友而提出「逆耳」之言？

　　如果說在柏克最成熟的歲月中，前期他投注於美洲事件，則後期可謂完全獻給了對法國大革命的關切。革命初起，他靠著當時在法國的潘恩（Thomas Paine）供給一手消息，得知彼岸概況；後雖與潘恩因立場相逕而至決裂，但仍蒐羅訊息以

追蹤最新之發展。從 1790 至 1797 年其過世止，他發表了若干傳世之作，這些都是相應於法國大革命而發的。柏克對法國這個「相鄰卻是競爭對手的國家」一直保持注意，但他對大革命的反應卻有階段性的不同。在 1789 當年，柏克似乎對這個爆炸性事件沒有什麼反應，亦無動作；但翌年年初起，他決定開始「化思考為行動」表達其反對，而 2 月 9 日在國會那場著名的辯論——他與同僚、密友且是輝格黨友的福克斯（Charles James Fox）因法國問題而正式決裂，他並於上半年中草就了著名的《論法國大革命》，且於 1791 年陸續發表《新輝格訴諸舊輝格》（*An Appeal from the New to the Old Whigs*）、《致一國民會議成員書》（*Letter to a Member of the National Assembly*）及《對法國問題之想法》（*Thoughts on French Affairs*）三文以繼之，用各種說理方式否定革命之正當性；而自 1792 年之後眼見革命已成「暴政」，柏克用最嚴厲的語詞攻擊，並呼籲歐洲各王室聯合鎮壓。所以柏克的反應可說是愈來愈強烈，以至於有「反革命之鼻祖」、「保守主義之父」之名傳世。但奇怪的是柏克在 1790 年以前給人的印象並非如此；他在美洲問題、印度問題及愛爾蘭問題上都反對強硬、不尊重當地人民的做法，在國內的憲政問題上亦主張箝制王權，再加上一項最基本的事實——他是反對派的輝格黨人，這些都在在予人以「自由」、「改革」的形象，以至於在 1790 年之前潘恩這位百分之百的改革派竟還視柏克為親密戰友而與之有相當交往及友誼。那什麼樣的原因可以解釋這個轉變、或是柏克的政治思想是否曾經發生轉折，就需要我們對他反對法國大革命的種種理由加以衡析了。

　　首先，柏克反對革命派人士所信仰的「天賦人權」觀念，他認為權利乃是經由「繼承」而來，不是「天上掉下來」的；也因此，他同時反對追求一種抽象的普遍原則以從事於政治，而認為凡政治之舉措應植基於傳統之上、出發於經驗之內、漸漸的成功。就這兩方面柏克展開了他對同情革命者的辯論，也寫下許多膾炙人口、但至今爭議不絕的文字。在他深持的輝格信念裡，英國人是享有若干美好權利的民族，自光榮革命以來，一個英國人的生命、自由、財產權均應獲得保障，這是權利法案的光輝成果。而柏克認為，權利法案的內容來自一個淵遠的歷史傳統，而非是「天上掉下來」的，此他在《論法國革命》中已講得很清楚，前亦略引。但我們不禁要問道：為什麼就權利的來源而言「繼承」要比「上天賦予」有更好的證成？要知洛克的「天賦人權」是何等神聖的觀念：就基督徒言，每一個人皆為上帝之子民，均同樣為祂所造，所以一切之稟賦均由上帝所賜，在祂之前人人平等，除祂之外沒有人能給我們什麼，除祂外更沒有人能剝奪我們什麼。而許多人都承認光榮革

命及輝格傳統係植基於「天賦人權」這個偉大的觀念上，所以如無 17 世紀的洛克
與「天賦人權」，18 世紀的英國憲政將黯淡無光。因此我們將可發現，如果柏克
要挑戰「天賦人權」這個觀念，他勢必得同時轉戰於兩個戰線：第一，他需要採習
慣法學家的觀點來解釋英國歷史，以對抗啟蒙理性思潮下的史觀；第二，他得重行
解釋輝格傳統，使得他能在不強調「天賦人權」下存在。而事實上，柏克的確選擇
了如此做，他的《論法國革命》及《新輝格訴諸舊輝格》就可看成是在這兩條戰線
上的主力部署。

　　在《論法國革命》中，他巧妙地將人民權利的「繼承」（inheritance）與英國
王室的「承續」（succession）連結在一起，而使得權利的證成這個主題從一理論
問題變成一歷史問題：

　　權利宣言（發表於威廉王及瑪麗皇后王朝第一年）是我們憲法的基石，它強
化、解釋、改進了憲法並使其基本原則得以確立。它被稱為是「宣告臣民所擁有的
權利及自由、及確立王位繼承方式的一個條款。」因此吾人可知，所謂權利與王位
之繼承，是被視為一體而宣告的，且它們密不可分。

　　但是在此柏克並非是自行構思出這樣的一個關係，他所花的氣力遠較此為小
——他僅僅是引用了該宣言內的文字而已。而這是一個何等有力的武器！一個歷
史的文獻使得英國人自由與權利的出處得到了解決。有一些團體或個人，例如普來
士博士（Dr. Richard Price），他們認為 1688 年光榮革命所彰顯的是人有三種基本
的天賦權利，一是選擇統治者，二是撤免他們，三是組織政府。柏克認為這樣的說
法是扭曲了百年前從事光榮革命的老祖先們的設計的，因為不但在前述的權利宣言
中找不到支持，在稍後的〈王位繼承法〉（Act of Settlement）中更無蹤跡。在後者
中，英國統治者的決定是否遵從以上普來士博士等所謂的三原則呢？

　　不。其乃遵守權利宣言中的原則；而且更確定地指出了在新教徒的皇族中哪
些人是繼任者。在此法案中，我們的自由權與王位繼承方式係被包括在同一條文內
處理。其中並不載有我們有權選擇自己的統治之語，反而它宣稱所謂從詹姆士一世
以來的新教徒繼位原則是「為了這塊土地的和平、安靜、與安全」而絕對必須的，
並且「連繼位人選都加以預先確定，以使人民知道該訴諸何人以保障權利」也是急
迫須做的。

　　柏克舉出了王位繼承法中的規定，以說明英國人權利的代代相傳與王位繼承間的奇妙關連：

　　在威廉王第十二及第十三年所頒布的王位繼承法中明載蘇菲亞公主為繼位者……而經由蘇菲亞公主，一個連續的繼位序承不獨向後延伸，也同時向前連接到詹姆士一世時的所有傳統；所以這個王朝能歷無數代而保存一個不中斷的傳承，且原本的風格與精神不變，而在此之中，即使我們所享有的自由權或曾遭受侵損，但終究還是被保存下來了……經驗告訴我們，沒有任何一種方法可像世襲的王位制度般把我們的自由權如此有規律地延續下來及神聖地保存下來一如世襲的權利般。也許一種不規律、驟發的運動適可以掃除某種不規律、驟發的疾病。但這種繼承的原則卻是英國憲法中一種健康的習慣。

　　所以，所謂「權利」云爾實是附著於英國歷史之上的，是在這塊土地上的這群人民歷經了若干時日之後所「發現」的一種生活方式；他們滿意於它同時也珍惜它，並把它傳諸後代無盡子孫，而視之為英國歷史的結晶與成果。一種民族的歷史意識油然而生！每一個英個人均應反省於己，他們現在的生活方式，是由何而來？他們應時時回溯時間之流，牢記、再牢記，「從大憲章至權利宣言以來，我們的憲法的一貫立場是聲言與主張我們的自由權係繼承自祖先而來，且將傳之子孫；它是一種特屬於這個國度內人民的一項財產，不須依附任何其他先決或一般原則而成立。經由此方式，我們有世襲的王位；世襲的貴族；一個下議院以及從綿延久遠的祖先手中繼承若干特許權及自由權的一群人民。」

　　柏克在指出英國人享的權利不是「天賦權利」而是經由繼承而來之後，他的下一個工作乃是指出英國人傳統的政治思維方式是漸進的經驗主義與傳統主義，尋求一種抽象、普遍原則來指導政治並不見諸老祖宗的政治行為中。他駁斥上述所謂的第三種「天賦權利」的文字是屢屢被引述的：

　　古猶太教教士所聲言之第三種權利——吾人自身可成立政府之權，一如另二種權利般在革命中〔譯註：此指 1688 年之光榮革命〕並未獲支持。本次革命旨在護存若干無容懷疑之古老法律及自由，而此一古憲法乃為維護此等法律及自由之僅有保障。如欲知此憲法之真正內涵精神，則應查閱既往之歷史、紀錄、國會法案、國會出版物等，而非妄加聽信彼猶太人之證道詞或彼革命團體之餐後祝禱詞。猶太

人及革命黨人之所言，輒含與通常不同之想法暨語詞，而此等想法、語詞將不為任何當局所接受亦將不合於吾人之願望。其所持之創造新政府之想法實足以予吾人厭惡及恐懼。不論於革命當時抑現今，吾人均希望將目前所擁有視為繼承自祖先者，吾人亦希望常保謹慎以免破壞或扭曲祖先所構築之藍圖。而迄今所有改革事宜，均能於追溯前源撫念往昔之原則下從事；本人亦誠盼爾後一切興革咸能遵此懷古之往例而為之。

所以，「往例」是指導英國政治的良師，而「懷古」則是前此以來英國政治中所籠罩的精神。固然，傳統主義也許四平八穩，並沒有什麼大缺點與大風險，但它真正的優點何在，而其具有思辯基礎的理論證成又何在，這才是柏克所需要解釋的。他並未迴避此問題（當然，也因此他才無愧於思想家之稱），而早在 1782 年他就曾著墨於此，用一個核心的概念——prescriptive constitution——來說明一個延續性的制度本身是具有「人工理性」[1]的：

吾國之憲法是一因時效而成立之憲法（prescriptive constitution）；其權威存在之唯一理由是其已存在久遠而無可溯源……吾人之國王、貴族、法官、大小陪審團等制度均為慣例而歷經某一段時間後便告成立。此可由上述職位剛出現時便引發而至今尚未能解決之爭議可得證明。所謂依時效而成立之原則，其將賦予各種頭銜或權利以最堅實的基礎，而此不僅適用於財產之處分，亦可用於政府之組成……而同時，它與另一人類心靈上之特質——依事實而推定之能力（presumption）——係同時並存。一國之能長久存在並發展，乃基於一種傾向維護既有制度而反對未嘗試過之計畫的心態。一個國家於其漫長歷史中所作之選擇，其優異性將遠勝於任何倉促、或臨時經由選舉而得之政策。此乃因國家並非一地方性、短暫性之個人組合體；適相反，其乃為於時間、空間及人口數目上均連續之一種存在。而國家現存之制度並非於一天、由一小群人輕率而做之抉擇；它係各個世代之人經年累月之深思而得者，其乃涵蓋該民族所具之各種情境、場合、性向、氣質、道德與社會習慣而成。它恰如一件適當剪裁之衣服。更何況對既有政府之認定並非成形於某些盲目、

---

[1] Pocock 在討論習慣法的思想史時，指出了「人工理性」與「天生理性」的分野是習慣法家們所常引用的；人的理性思辯能力屬「天生理性」，而法律歷經延傳後便彷彿具有「人工理性」而能蘊含某種解決問題的智慧。

無意義之偏見——須知人乃為最聰明亦最愚蠢之生物。個人常係愚蠢；群眾在未經思索而行動之時亦為愚蠢；然整個種族，尤其當歷經一段時日之後，卻經常做出正確之行為。

　　這真可謂是保守主義思想中的經典作品了，無怪乎後世之追隨者傳頌不絕。而柏克自己在八年後《論法國大革命》中之所言亦不逾於此矣！當然，此論一出，必遭革命派人士之回敬，潘恩在 1791 年首出之「論人權」即針對此傳統主義而發，字字鏗鏘亦不多讓；也從此，所謂「柏克—潘恩」問題垂懸至今。

　　用演繹的理性思維追尋抽象普遍的法則，為什麼不是從事政治性思考的好方式呢？為何柏克要如螳臂擋車般地在一個啟蒙時代裡抗拒天生理性、自然理性的力量？當然，他的最大理由還是：這不是英國人從事政治的方式。若再問他英國人用何種方式從事政治時，柏克答曰：審慎權變（prudence）。在《論法國革命》及《新輝格訴諸舊輝格》中各有一段話，連結起來便成為 18 世紀政治哲學中著名的「反理性主義」[2]：

　　　我國現有政府係因時間之長久持續而自然形成之政府（prescriptive government），它絕非任何立法者之創作，亦非任何先前存在之理論的產品。過去曾有學者因觀察此政府之運作而推設出某些有關政府之理論，然若於今有人認為此等理論應為任何政府成立初始所必有之原則，並據此以評現今政府之良窳，則余認為乃最荒謬不過之事。

　　　……有關道德或政治的事務是不宜引用任何普遍法則的。純形上學式的抽象思維並不屬於這兩種領域。構成道德的線條並不似幾何學上的那些理想型線條；它們既寬又深同時又長，它們偶有例外，亦須時時修正。這些例外及修正並非靠某種邏輯過程以致，而是依審慎權變而為之。審慎權變不獨是有關政治與道德行為之首要項，而實是此類行為之規範者、指導者及標準。從事形上學之研究須倚賴一些起始之定義，然所謂審慎權變之行為卻時時刻刻連如何定義都極度小心……。

　　如果政治上的一些理論或原則本係歷史經驗中抽象化而得，則這些原則作為歷

2　可對照 20 世紀的「反理性主義」政治哲學家 Michael Oakeshott，請參閱陳思賢，《西洋政治思想史：現代英國篇》（五南，民國 95 年）。

史敘述之輔助工具可矣，但如將政治社會之運作過度簡單化而視之為由這些規則所構成，並擬於一時之間全賴之以規劃指導未來的發展，則未免失之一廂情願。大凡制度、信仰、習俗、法律等，都由歷史中逐漸演化而來，並巧妙的結合以形成一政治社會；而這是一個有機體的社會，它會成長、演變，並且在各種難以預測的環境變遷狀況下自尋調適，而這種調適的機制是輔之以審慎權變之心，而非反以預設之抽象模式拘束之。

而如果有人持契約論的觀點，宣稱一群人有權在任何一個時刻互相期約某些新原則以建立一個全新的政體制度，以推翻舊王朝與舊制，則柏克有他自己一套獨特的「契約」概念以回應。他以為每一特定國家的契約都只不過是一個「永久社會」的契約中的一個條款，因為社會是含括且長久於國家的；而所謂社會，乃是「一個合夥關係，但這關係並不僅存於現存者之間而已，而是存在於活著的人、已死的人及尚未出生者之間。」基於這樣一個「永恆社會」的信念，柏克自行塑造出一個「永恆契約」的概念，而把政治看成是我們與祖先及未來子孫間的連結機會方式；政治生活提供了一個展現民族歷史的舞台，故事的情節將永遠持續進行與發展下去，而我們每一世代的人都只是承續上一個場景而引介下一個場景的階段性演員而已──演員登台、下台，但戲總是繼續下去。

因此，在追溯國史的戰線上，柏克的結論是，在權利宣言或王位繼承法這兩個清楚無誤地記載光榮革命精神的文獻中，我們並未看見它們宣揚任何有關「選擇統治者之權利」的「眩惑人耳目」的預言，相反的，它們證明了這個民族的觀念是完全反對於以一種抽象法則來替代事實上的需要。而另一方面，在輝格史的戰線上，柏克採取了極迂迴的戰術。

《新輝格訴諸舊輝格》成於 1791 年，是為補強前一年所出之《論法國大革命》而作，其主旨在於證明他在後者中所持的立論，完全就是 1688 年光榮革命時所彰顯的輝格信念。換句話說，當年的光榮革命絕不等同於今日的法國革命，而當年的輝格前人們也不會同意今日革命者、或同情革命者所持的理由。如把前後相距正好一世紀而在海峽兩邊的二個革命作比擬，實是誤解了百年前的歷史。

《論法國大革命》所本的，就是一個古典共和思想下最崇尚的政治架構──混合憲政及均衡政體的基礎上，發展出了英國人的自由權及光輝的憲政傳統。而所謂混合、均衡，是指國王、貴族及平民三個階級都能同時參與政治過程並互相制衡，使得一人、少數人與多數人這三個在人類歷史上一直互爭不休的階層，能夠形成一個合作共存的均勢；在英國，有三個機構代表這三者，分別是王位（Kingship）、

上議院（House of the Lords）及下議院（House of the Commons）。在這個均勢下，政治所需要的各種過程，如思辯及擬案（deliberating & proposing）、議決（resolving）及責成（executing）均得以委付最適當之機構來完成，亦即是行政、立法、司法由三機構各盡其才而司之。而在這樣一種最平衡的制度下，人民的自由可獲最佳之保障，而公民道德（civic virtue）亦得鍛鍊實踐之機會，古羅馬之共和時代即為歷史上閃亮之明證。然而整個政體能維持平衡穩定的祕訣，在於使三個機構中沒有任何一者的權力可以過度擴張，以致侵害另兩機構的制衡能力。如果任二個機構喪失了制衡的力量，則政體就易腐化，流為某一機構專權，而其他機構的自主性被踐踏的局面；也就是說，當此三足鼎立的均勢被破壞時，即是政體被定義為腐化之時。以上即是 17、18 世紀時英國古典共和主義者所深持的信念，而其中又以哈靈頓及波林布魯克各為其時最著者。在 18 世紀前期輝格之華坡爾（Walpole）主政時，波林布魯克集團即據此以斥當時之輝格政府為「腐化」──以行政權操控並收買了立法權，此一首度出現、但卻係遂行王意的「內閣政府」遂被其稱為Robinocracy。華坡爾行重商主義，追求商業利益，本為 18 世紀以新興商業勢力為班底的新輝格的特色，但古典共和主義者卻認為如此一來將以追求商業利益及財富而害了民主憲政，因為金權政治下的首要目標是財富的累積而非自由的保障及道德的養成，然民主憲政的屏風在於後二者；金權政治將使令人引以為傲的巴力門因被收買而失去制衡功能，然後導致均衡政體因王權及相權過度擴張而「腐化」，最後結果將是「英國人的自由」受到莫大的威脅，且「商業利益」取代了「公民道德」成為政治的動力。

　　但柏克為 Rockingham Whigs 黨派中之大將，屬於新輝格，本與崇尚古典共和主義的舊輝格共和派無涉，再加以他反對自然權利說，所以不但所謂的「新哈靈頓主義者」不目之為同夥，就以 18 世紀的輝格而言他也是獨樹一幟的。18 世紀後期的輝格，在維護財產、鼓勵商業與追求貿易利益等事上應與華坡爾集團無大差異；此外，國會及選舉的改革對他們言應是樂見其成之事，無怪乎潘恩曾對他們有所期待。對這樣一個身處 18 世紀後葉的新興階級黨派──新輝格──而言，古憲法及均衡政體並非他們極關切之事（甚至應說是他們的托立對手關切之事），因為一個有國王及強大世襲貴族與之「同桌共食」的政體，並不會有助於輝格的中產階級「政治經濟學」藍圖的更快實現。因此，就均衡政體下的英國憲政史而言，華坡爾之後的輝格雖不至於應稱以「得魚忘筌」，但他們的目標在於「自由」而非「均衡」。柏克在為美洲人辯護時就是以這樣一個典型的輝格人出現，而他隨處掛在口

邊的就是「自由」。

　　但他在攻擊法國大革命時，《新輝格訴諸舊輝格》裡的重點就非「自由」而是「均衡」了。他在論及光榮革命的本質是「恢復」一種傳統而非「創造」一個新社會；被「恢復」的是一個有國王、貴族居於其間的「均衡」政體傳統，所以以弒君、除貴族為目的的革命並不見於祖先之想法中，而祖先追求之自由乃是慮及整體和諧的「社會自由」而非人人恣意而行的「個人自由」。

　　八十餘年前輝格黨人公審沙徹弗瑞爾（Dr. Sacheverel）的案子成為柏克在此文中的極佳引證。1709 年沙徹弗瑞爾氏公然否定光榮革命，鼓吹君權神授而反對人民對君王有抵抗權。而輝格藉著對他審判的機會遂行宣揚他們所抱持的憲政原則，並鞏固預定繼承安妮女王（Queen Anne）的漢諾威王朝之正當性。

　　我強調，下議院為了維護光榮革命的精神而對沙徹弗瑞爾博士所作的審判中所宣示的原則，與柏克先生在《論法國大革命》中所言一致；亦即是，革命之起因是對一個原始契約的違反——這個契約是隱含在吾國憲法之中的，它表明了吾國的政府結構乃立基於國王（king）、貴族（lords）及平民（commons）三者之上。所以這次革命是有理由的，因為這三者中有一個部分不但企圖、而且已經著手了對這個古憲法進行基本的顛覆。它是有理由的因為它是必須的；它是保存吾國古憲法的僅存方法，亦是維繫我們現存政府於未來的唯一方法，而這個古憲法的僅存方法，亦是維繫我們現存政府於未來的唯一方法，而這個古憲法是我們英國在立國之初先民所訂的原始契約中所可見的。

　　光榮革命即在回復古契約之精神，那為何對英國人而言有此契約是重要的呢？那是因為英國人是一個民族，而民族是有特別意義的人類組織：

　　在原始的自然狀態下是沒有一種東西叫民族的。一群人在一起本身並不構成一個群體。而所謂一個民族乃是一種群體的組合。他完全是人工的；且似任何法人般，是由共同契約而形成的。我們若欲知這個契約的性質，則可由它所造成的社會來觀察。從他方面得來的都不正確。所以人們毀壞了造成他們社會的原始契約後，他們就不再是一個民族了；他們也從而不是一個共同生活體；他們在內失去了連繫規範彼此的法律力量，而在外也不得他人承認為一群體。他們只不過是一盤散沙，如此而已。他們一切得重新開始。可嘆啊！他們不知道再組成一個群體之前還要歷

經多少的困難，而唯有群體方享有真正的政治人格。

但什麼是一個民族最重要的部分呢？是數量最多的那個階層，還是最優秀的那一群人？這對柏克而言是個政治中的關鍵問題。

一群人在一起如要達到當初形成團體的目的，則其中之較聰明、較有能力及較富足者應教導、啟蒙並保護那些較弱、無知識及窮困之同胞……在有關國家的事務中，人數永遠是重要的考慮——但不是一切的考慮。

一群真正的天生貴族是一個國家所不可或缺的。他們是任何一個良好組成的大型團體的基本重要部分。生於良好家庭；成長於良好環境；從小學習自尊自重；習於作一個公眾人物……——以上都是我所謂天生貴族的特質，沒有他們就沒有一個民族。

……符合以上我所舉的特質的人，很自然地構成了一個社會的領導、指引及管理部門。它猶靈魂之於身體，人缺之不可。所以如把人數多的階層看得比他們還重要，那是犯了可怕的本末倒置之誤。

柏克認為法國革命派人士就是因為不了解這點，而致使整個社會陷於茫然不知所去從。他們但知破不知立；須知一個推翻政府的舉動若有可取處，那乃是因為「它是成立一個更好的政府的前奏，而更好意指其結構組織，或人員素質，或二者兼之。」所以，法國人不知英國百年前革命之後帶來繁榮成功的祕訣在於它維繫了原來政體的結構——而這個結構的祕密又在於它是互相牽制、各司所長的。「百姓固為節制政府權力的天然工具，但欲同時節制與行使權力乃矛盾且不可能之事。」法國人不了解此點，也就不了解英國政治中的最大祕密。但柏克此際心中最大的憂慮乃在於：法國人不了解此點，但英國人能不了解此點嗎？更有甚者，作為一個輝格——1688 年光榮革命的傳人——能不了解此點嗎？有一些輝格人士竟在國會內外嘉許法國大革命，並以之比擬英國的光榮革命，這才是柏克最憂心的。而他們若僅僅錯誇了法國革命倒還事小，如竟然反欲引以為師而效行於英國，那更是讓柏克痛心疾首的。在柏克眼中，這樣的英國人還不少，而這樣的事也的確發生了，「革命協會」（Revolutionary Society）、「倫敦通信協會」（London Correspondence Society）及「人民之友」（Friends of the People）等等社團就成了他的最大憂慮。

波林布魯克（Bolingbroke）是新輝格的死敵，柏克也承認對他並無好感，但

柏克卻說他做了一個「有深度」、「有堅固基礎」、「合於史實」、「合於推論」的觀察，那就是王制比其他型態的政府好，「因為共和的好處王制都有，但反之卻不必然。」一個 18 世紀末的新輝格竟會緊抱古典共和思想及均衡政體，令人注意；在重要場合引述對手之言，也使人側目；而這一切「異常」——異於他自己的過去、異於他的黨派的通常立場——都只是為了一個國外的事件，那就更令人好奇，他的動機到底何在了。

　　柏克固為法國革命之頭號「國外敵人」——也許也是歷史上的頭號「反革命」，但他並非在事情伊始就視之如寇讎。1789 年 8 月，他曾在一信札中表示：「英國正驚愕地看著法國人爭取自由的奮鬥，不知道該讚許或指責他們！……他們的精神是令人無法不欽佩的……」而他的懷疑或負面態度，只存在於他對情況不可過激的警告：「追求自由的人須有適度節制的修養，否則無論對他們自己或其他每一個人都不好。」而造成柏克稍後奮起疾聲反對的主因，乃是自 1989 年底以來逐漸占據他心中的一股恐懼——深懼法國革命會跨海峽而來。迄 1792 年第一共和成立、1793 年弒君及雅各賓統治展開後，柏克的激烈態度臻於頂點。也由於內外情勢的配合，主政當局終於明確表明立場，而這是個柏克所一直亟於見到的舉動。庇特（William Pitt）內閣開始鎮壓英國內同情革命之激進舉動，並於 1794 年宣布為了安定理由暫時終止〈人身保護法〉（*Hapeas Corpus Act*）。連早先柏克一再抨擊其政策的英王喬治三世也極力讚許他的《論法國革命》，謂他對英國之貴族階層做出了貢獻：「每一個自認為是紳士階級的人都該感謝你，因為你替他們的立場做了辯護。」因此有人開始懷疑柏克的這一切是否出於「干祿」之動機。潘恩即是第一人，馬克思於 19 世紀繼之。柏克的確於晚年獲英王所賜之年金（royal pension）犒賞，並曾於 1795 年著文《致貴族書》（*Letter to a Noble Lord*）為自己之享年金辯護[3]。這種「干祿」之「動機論」固然極有吸引力，但在它成立之前亦須面對一些疑點：第一，柏克曾任國會議員近三十年，其間亦曾入閣，不論在朝或在野之時（尤其自 70 年代以後），都係有若干名望及些許影響力之人，果如一向係「干祿」貪金者，又何以落得退休時生活無著？其二，以柏克之聲望（跨歐、美二洲）及其文名（他未從政前曾展露頭角於藝文界），其晚年之維生應不只俸年金一途；

---

[3] 1794 年柏克從國會議員職位退休時兩袖清風（柏克是平民而非貴族），生活恐有虞，故喬治三世在首相庇特之建議下，不經國會之同意而直接下令給予柏克每年二千五百鎊生活費，此舉引起柏克在朝野之對手很大不滿。

雖然這條路可能較輕鬆，但代價太大（如果是，則現在已可證明），且並非絕對有把握，因他前此一再批評喬治三世，所以後者未必真正喜歡他[4]。但是，即使在「動機論」之說無法判明的情況下，我們還是有其他方法說明柏克的兩個面目——新輝格的商業自由主義與保守主義——間是有一致與連結處，而非互為矛盾。

麥克弗森（C. B. MacPherson）的看法即為一例。在他看來，柏克固同時有「傳統主義者」及「資產階級自由派」的血液，然其特有的政治經濟學適可以巧妙地將二者連結起來——關鍵在於柏克心中的傳統社會實已為一資本主義社會。麥克弗森對柏克政治思想的解釋方式與他對霍布斯、哈靈頓、洛克等的解釋並無大差異，都是屬於馬克思史觀下的思想史解釋——也即是一種政治經濟學的角度。而另一方面，歐布來恩（Conor O'brien）則提醒我們注意柏克的詹姆士黨（Jacobite）情懷與其愛爾蘭情結結合後的複雜心境，認為他是我們詮釋《論法國革命》時重要的線索——他甚至認為柏克的內心深處頗具有些自由派革命思想的火焰，言下亦不以為柏克在其中心政治思想上有重大斷裂。漢普夏‧蒙克（Ian Hampshere-Monk）承認柏克有一貫之政治學，但其必須與他的政策討論及辯論性文字（pamphlets）作區分。以上這些作者都不認為柏克在論美國及法國時的不同態度會造成詮譯其政治思想上的重大困擾。

我們現在可從華坡爾及波林布魯克的對比來察看柏克。柏克論美洲革命時的立場具典型的「商業輝格」氣味，強調自由權及貿易利益，而與「新輝格」華坡爾的「輝格寡頭政體」（Whig Oligarchy）在意識形態上相承；但他論法國革命時卻流露出濃厚的波林布魯克式「懷舊情結」（*nostalgia*），認為握有封土的貴族與地主階級（landed proprietor）是均衡政體的不可或缺成分，因而成為「舊輝格」與部分托立鄉紳的「共和思想」（commonwealth ideology）與「鄉村派意識形態」（Country ideology）的同路。於是我們就可以看出新舊輝格理念交錯於柏克的現象，這在 18 世紀末的英國應屬罕見。柏克所有論法國革命之作都兼有反省英國政治的意圖，這是許多人承認的，也因此對柏克的理想政治的理解是一複雜的問題。但目前我們似乎可以作如下的簡單描述，就是柏克有著 18 世紀所共有的「商業」取向，認為「文明進化」（the progress of the arts）的表徵乃是財產的累積及富於「文飾」（manners）的精緻生活；然同時他又深信，如推動商業生活及社會進化

---

[4] 柏克退休後曾有友人提請朝廷將之晉封為貴族，而死後福克斯（Fox）議員亦請葬之於西敏寺墓園，這二件事均未成功。故即使並非因國王不喜歡他，也可知柏克樹敵不少。

須一引擎以為動力，則此引擎非它，而乃是古老的傳統及古老的政府。他之重視「商業」，乃因於其輝格之政治經濟學；而他在「文明進化」的新社會中只信賴古憲法政體，是由於其習慣法及傳統主義思想後的哲學假設。也可以這麼說，柏克的理想是把政治生活與經濟生活分開，政治上「保守」而經濟上「自由」。但這樣可能嗎？「商業」及「文飾」（commerce and manners）可能與古老的政治理想相容嗎？它們會不會引發後者中的「腐化」——某一階層因追求自身利益之擴張而罔顧了全體之利益、並破壞政體之制衡機能及均衡？這些都曾是 18 世紀前期蘇格蘭啟蒙運動（Scottish Enlightenment）健將如亞當斯密（Adam Smith）、休姆（David Hume）及佛來契爾（Andrew Fletcher）等人困心衡慮的問題[5]，但他們並不太困擾柏克。柏克憂慮的重點似乎不在於一個良好的混合憲政共和政體會不會被「商業」及「文飾」破壞，他擔心的反而是如果缺乏古老的優良傳統——貴族及傳統教會——商業文明的發展將因此變得「庸俗化」（philistinism）[6]。如果說 18 世紀前期的那些蘇格蘭人面臨的是商業與道德間的困惑，則柏克考慮的是高貴的商業文明與庸俗的商業文明間的抉擇。對他而言，傳統與階層是製造高貴質的來源；因此，慣例、騎士精神、貴族冊封、傳統教會是避免商業文明變成只是製造「機械式的哲學」與「沉悶的學科」（dismal science）場所。這樣的一種保守主義與傳統主義加上 18 世紀的「新輝格」思想自然是一種奇怪的結合，但這就是《論法國革命》的柏克。

　　因此，我們可以結論，柏克雖對美國及法國革命的態度不同，但其立論均源出同一思想——習慣法與古憲法傳統——而並未改變。英國本有很好的政體與維護自由之傳統，保持它於可能處改良它，就是一個好的政治家的定義；而將國家公器視若畫筆而政治如白板（carte blanche）隨興揮灑其上，就非政治人物之應為了。此即柏克對法國革命人士的批評，而實亦為其對英國政治史的反省。我們再次回顧他的話：

　　英國人從不嘗試他們沒試過的，也不回顧曾試過而不好的。他們視王位的合

---

[5] 有關蘇格蘭啟蒙運動之政治經濟學，可參見 Istvan Hont and Michael Ignatieff eds., *Wealth and Virtue: The Shaping of Political Economy in the Scottish Enlightenment* (Cambridge University Press, 1983).

[6] J. G. A. Pocock, *"The Politial Economy of Burke's Analysis of French Revolution,"* in *Virtue, Commerce and History* (Cambridge University Press, 1985), p.210.

法繼承為他們文化中好的、而非不好的事情；視之為利益，而非災殃；為對自由的保障，而非束縛。他們視其政體為至寶；並視傳之未曾中斷的王位為對憲法所定之其他事項能長久持續的保證。

而對於這樣的一位傳統主義與保守主義思想而言，1844 年《經濟與哲學手稿》（*Economic and Philosophical Manuscripts*）及 1846 年《德意志意識形態》（*The German Ideology*）的出現，才應是他最大夢魘的開始——法國大革命的激進思想在理論發展的複雜度上，都還未足以與他成熟的英吉利保守主義、傳統主義理論相抗。但柏克一定難以想像，倫敦是個極其寬容的地方，不僅催生了愛爾蘭裔的柏克主義——保守主義，卻也在後一個世紀裡孕育了德意志血統的馬克思激進主義。也由於此，在 20 世紀的今天，我們有了政治思想史研究上的極佳對比與極好材料。

第 ⑨ 章 潘恩的激進政治：打破「差序格局」的「自然權利」

　　潘恩與柏克對法國大革命的論戰，人所皆知。而很有趣的是，二人都提及一世紀前的光榮革命，並以其所含蘊精神之繼承者自居。本文中之討論即是以形成於光榮革命前之輝格集團為背景，將潘恩所發揚的重要政治理念——激進輝格思想簡略解說，以與第八章中柏克所代表的傳統（保守）輝格思想作一對比。

　　激進輝格之始祖自當夏芙茨百利（Shaftebury, Lord Ashley）及洛克等人，他們所主張的民主是基於普遍同意、完全的代議政府，而若政府之所為未能負所期或所託，則人民有更換政府之權利。天賦人權是他們的立論基礎，而所有有產者——不論其出身、階級與血源——的平等與共享政治主權則為其基本信念。但光榮革命後所認可的卻是傳統與輝格主張的以「舊制」為基礎的平衡政體，國王與貴族的傳統地位並沒有被削弱；也即是說，特權（prerogatives）與偏頗（prejudices）仍是政治過程中所應被承認的元素。

　　潘恩與柏克雖同稱輝格理念並同情美國革命，但對法國的變局之態度卻漸行漸遠而終至完全破裂，其背後的原因很可能就是這兩種輝格理念間的扞格。前者可謂是民主理念上之「民粹派」，而後者約略可稱為「菁英論」。本文主題雖為突顯激進輝格理念與前章所述保守主義的對立，而實則亦不啻突顯人群團體中永遠的兩種權力與模式之對比。

　　近代民主始自英國，但數世紀前英國人對民主的看法卻是分歧的，例如洛克與哈靈頓、彌爾頓等絕不相似，而後者又不與傳統主義者如柏克之類一同。19 世紀以後英國民主政治的發展大抵上是循洛克、亞當斯密與彌爾頓等人之理念一路演進，但在此之前的民主理念卻有不同的面貌同時呈現，而各自亦代表了不同的政治哲學思考。本文即在探討英國 18 世紀所謂「激進」與「保守」、「傳統」思想對民主的不同看法，並以潘恩及柏克為例。在 17 世紀光榮革命前後，輝格黨人就同時呈現出了「激進」與「保守」二種截然不同的民主理念；輝格以中產階級及鄉紳

為主，即所謂的 the middling class，他們的二元態度取向往往決定了政治最後的方向：在光榮革命後，中間階級傾向「保守」的民主理念，於是議會王權制便被確立；而在美國建國期間那些 Founding Farthers 成功地說服了美洲殖民者（他們多數是農、工、商的中間階級）接受廢除君主、普遍民權的政治理念，於是世界上第一個民主共和國於焉誕生。潘恩雖不能算是隸屬輝格集團，但他的信念正好是喬治三世時的激進思想（即鄉村派輝格，甚至包括了托立反對派在內）的極佳代表。或是可以這麼說，潘恩所代表的是一個英國從平等黨、掘地派、夏芙茨百利輝格以來在某種程度上延傳的一個（主張自然權利的）激進政治傳統的總合，而適足以與柏克所代表的傳統主義政治理念在 18 世紀末的動盪歷史中形成一個鮮明的對照。

一、潘恩——啟蒙民主思潮的「理念旗手」

在 18 世紀的政治理想思想史中，潘恩（Thomas Paine）有一席之地。在美洲革命的問題上，潘恩發表了《常識》（*Common Sense*）及《危機》（*Crisis*）等文章，而對於法國大革命，《人權》（*Rights of Man*）一文更是著名。潘恩的政治思想最主要的核心觀念就是上述最後一本書的書名——「人權」。這個「人權」就是「天賦人權」（innate rights），而基於「天賦人權」，王治政治是有違自然的，貴族政治是不合適的，只有「普遍民主」（popular democracy）的政治才符合每一個人擁有天賦人權的理念。這是吾人今日習以為常的觀念，而此處要探究的乃是潘恩在三百年前如何去說服大家接受這樣的主張。

潘恩在「天賦人權」思想下反覆申言以下原則，而此亦即法國大革命時「人權宣言」（*Declaration of the Rights of Man and of Citizens*）的前三條：

第一，每個人生而自由平等。只有當對公益有必要或在處理公眾事務上有需要時，才可有某種不平等之產生。

第二，政治組織的目的在於護衛天賦人權，這包括了自由、財產、安全及反抗壓迫的權利。

第三，民族作為一個整體是主權的來源，任何一個人或一群人若非經由其同意均不得擁有任何政治權力。這些信條所指向的政治制度很明顯，那就是一個自由、平等、民主的代議政府，此政府的出現係基於保障人權，而其運作之走向亦以

人民意志為依歸。

　　而考諸英美思想史，最早揭櫫「天賦人權」觀念的大概是 17 世紀英國內戰時的「平等黨人」（Levellers）。他們之中較著者如歐弗頓（Richard Overton）、李爾本（John Lilburne）、華溫（William Walwyn）及魏德曼（John Wildman）等人，我們都可以從他們的著作中探知平等黨人的民主思想。基本上，平等黨人自認為是「窮困、平凡的百姓」的代言人，而誓言要反對苛稅、不公平的法律、特權與壟斷等情事；要達成這些目標，重要的關鍵在於巴力門須在民意的完全控制下。而這乃意味建立一個「人民主權」（popular sovereignty）的政體。他們的主要信念可分述如下。

　　李爾本主張廢除君主，因為君主高居萬人之上的權威其來源本是「不合理」的：上帝造人固要人類統治世界，但祂並未令某些人天生而必然統治其他人類。然則領導人何由而來？人類應互相約定允諾，以擇定他們信賴的人出來主政。同時，他也認為上議院（貴族）「不合理」，因為他並非由全體英國人相約委託而產生，而只是經由君主的特許而出現的。故基於人人平等的純粹民主制度方合於上帝造人之原則。而當政體轉變為民主之後，接下來最重要的事乃是進行法律及司法改革，使得司法過程合理，且人人在法律前獲得應有的保障。

　　歐弗頓則訴諸人的天生理性。他認為理性的位階應勝於任何法律或權威，它是「正義及保障生靈福祉的泉源」。每一人皆秉賦有天生理性，故人民作為一個群體應是一切權力的最後裁斷處所；他因而認為任何法律或權威的最終來源是人民，而人民的需要是生存的權利及平等對待的權利，故當任何政府有負於所託時，人民自然有權收回他們曾委付的權力。

　　魏德曼與其他的平等黨領袖一樣，都主張所有的權力來自人民，如果未能享有「人民的同意」，則任何權威都不具正當性。因此而生的結論自然是：下議院是人民唯一且真正的代表，其權力不得被任何其他機構凌越。而同時魏德曼還有另一個關懷，那就是他比別人特別強調窮苦者與貧困農民生計的保障。社會財富分配的不均，是他極關切的現象，所以他認為某些在社會資源分配過程中占優勢的個人或團體，例如教士、貿易商、習慣法律師及承包政府生意者等等，都應予以節制；故如果照此理念發展下去，魏德曼的思想無疑具今日社會主義的雛型。

　　總之，在 17 世紀中葉時的平等黨人理念中含蘊了平等自由的信條，而融匯為一股民權思想，主張主權在民、廢除君主，且不承認貴族的特權；這在三百多年

前不啻為激進思想，而他的一切主張都源自於「天賦人權」這個觀念。平等黨人所發動的「平權運動」雖告失敗（他們在新軍中也未取得主控），但這個觀念在內戰之後三十年就被屬於「激進輝格」的洛克所接手。洛克強調自然法（the law of nature），而自然法這個古老觀念傳至近代後，常被用以與所謂的「自然狀態」（the state of nature）相提並論；後者指的是一個「人原本屬於的狀態」（the state all men are natually in），在其中因為沒有社會組織、權力關係，所以依「自然」之本義，每個人是他自己完全的主人。

「自己完全的主人」是什麼意思？洛克作如此解釋：在這樣的狀態中每個人對於自己的行動及財產有完全的自由（權力），並且人人平等。理由是既然沒有社會組織及權力結構，則社會階層（social distinctions）無由而生；而在沒有社會階層、權力大小的群體中，「我如何待人，人如何待我」，所謂「以牙還牙，以眼還眼」、「禮尚往來」是也，因此自然得出人人平等的結論。除此之外，洛克又指出，人類既都是由上帝所造，自然彼此之關係應似同胞而非主僕，故不平等在自然狀態下不應發生。既然人人平等，則人人享同等之對自身行動及財產支配之權力，亦即是同等之「天賦人權」。而基於「天賦人權」，人群「委託」（trust）某些人組成政府以對群居生活中之生命、自由及財產做更妥善之保障。這是吾人耳熟能詳的洛克契約論。

而將近一百年後，在美洲的潘恩把平等黨人及洛克的理念做了完整的綜合及最有效的利用。潘恩繼承他們的信念，對「天賦人權」說之倡儀有過之而無不及，故足可當「激進」思想之名而無愧。潘恩認為人的權利之形成經過兩個不同的階段：在政府沒有出現之前，人的權利稱為「自然權利」（natural rights），它乃指任何人生而有之、伴隨生命之持續即應具有的權利之謂，而這包含了一個人心靈的自由及追求，護衛他自己的安適與快樂的權利；而在人互約形成國家之後，每個人的權利就轉稱為「民權」（civil rights），它是國家中的一分子所應能享受到之權利，而其來源自是在國家出現之前即具有的「自然權利」。照潘恩的說法，「自然權利」的享有其實包含兩個部分，一是名目上的存在，一是實際上的行使或護衛。在未有國家之時，個人就前一部分言，雖曰對其所意欲之事（但當然以不犯他人為限）及對其所保有之物有完全之「自然權利」，但常常對這些「自然權利」之行使或維護卻因個人力量有限而未能成功。故有必要尋求一個方法以謀個人在享受「自然權利」上之貫徹。現在如果將每個人「私自」護衛自然權利之力量集聚起來，則形成強大的「公」權力後並以之護衛任何私人之「自然權利」，便可有效地實現上

述有關「自然權利」享用上的第二個部分。此即是說，「民權」與「自然權利」最大不同在於前者並非靠個人能力可產生，它必須倚靠眾人之齊聚——即共組國家——而後才可能出現，其內容則為每一個人都有獲得「安全」（security）及其原本的「自然權利」可獲「保障」（protection）之權。人進入國家之後，保留了「自然權利」的能力，以期第一個部分所稱的權利反而能因此實現。

　　但政府的出現既為滿足「自然權利」的實現，則其自必不能侵犯到原本所存在的任何「自然權利」之名目，否則人既已失去了第二部分，而現在又反不保第一部分，則為何還需要政府？然而要確使所成立的政府不致出現侵犯第一部分所言的權利的情況，唯一的方法是使其完全受社會之人所控制，也就是說，成立一個民主政府。故潘恩從「自然權利」維護的觀點來看，民主政府是唯一可接受的政府。也因此他對王治政府有極嚴厲的批判。從自然理論上來說，並沒有君王天生即居萬人之上的理由；而從歷史實際來看，君主踐踏「自然權利」之事卻不可勝數。

　　他在《常識》一文之首即指出，「社會起於吾人之需求，但政府卻肇因於吾人之邪惡」；因此，「在一般情況下社會都是帶來福祉的，而政府，即便在最佳的狀況下，充其量亦只是必要的罪惡而已」。故即使是民意所歸的民主政府，都難免令人不舒服，更何況是獨夫之治？潘恩舉出聖經中的例子，說明上帝早就警告過有關君王所會帶給人的痛苦。由人君統治本為異教徒的制度，希伯來人沒有王，上帝即是他們的王；但希伯來人意圖模仿異教徒，要求上帝為他們立王，因為他們總覺得有一個王是很好的。上帝遂透過撒母耳警告他們，如你們要立一個人君，則他會用以下的方式對待你們：

　　他要徵召你們的兒子服兵役……你們的兒子要替他種田，替他收割，替他造武器和戰車的裝備。你們的女兒要為他製香料、作菜、烤餅。他要把你們最好的田地、葡萄園、橄欖園賜給他的臣僕……他要拿走你們羊群的十分之一，而你們自己卻要作他的奴隸……。

　　而衡諸歷史，暴虐昏庸之君主亦不少見，故潘恩很容易地便可以舉證出君王制度的不良處。

　　他甚至從字源上剖析「君王制」的不當。「君王制」稱 monarchy，拆其字根乃是「一人」與「權力」之意，即絕對權力集於一人之手；而「共和制」為 republic，拉丁文是 *res publica*，其義為「公共之財」，也就是大眾分享之謂。「天

下為一人享有」當然不若「天下為公」合於人性的需求，故民主共和的「代議政府」（representative government）遠較「世襲君主」（hereditary monarchy）為佳。

潘恩既認為社會由人類互相需求、互相幫助而生，但政府卻係因要強制維護秩序而生，故他以為最理想的社會就是能自己管理自己，需要政府介入的程度最小的社會。反之，最好的政府應是最不干預社會自然運作的政府，它建立在社會原有基礎上並包納其優點，就彷彿是社會多衍生出的一雙手般，幫助原有的工作使其更順暢。然而專制政府或非依民意而行的政府，就像緊箍套在原本社會之上，戕傷其生氣，扼勒其發展，以至於常至民不聊生，文化生機滅絕，人性尊嚴蕩然。這一切的關鍵都在於「政府」這個「必要的罪惡」是否能與「社會」合作共存，有裨於社會之成長發展。在某些意義上言，潘恩可謂是極早標舉類自主、有機的「市民社會」、「民間社會」觀念的人。

但潘恩顯然沒有用這兩個詞彙；他常使用的字眼是「社會」或「民族」（nation）。對他而言，「社會」或是「民族」作為一個集合體是最高「主權」（sovereignty）的擁有者，自然也是一切法律、規範等的制定者。在 18 世紀當時的思潮進度下，個人作為一個權力主體也許還未到足以對抗君主、政府的程度，但潘恩強調「民族」作為一個群體卻是任何威權與專制亦無法侵凌之的神聖權利主體。一個「民族」或一個「社會」有權管理自己，也因此它有權「委任」（trust）一個政府替它服務——處理公眾事務、執行法律與維護集體安全。這是潘恩不斷強調的「人群」、「社會」作為一個權力主體的權利，在此點上他實是承續了一個歷史極久遠的「中世紀憲政主義」傳統，也就是「群體自我管理」的權利。

但潘恩須面對的最大難題卻可能不在於批判君主所帶來的痛苦，因為英國在歷經了光榮革命後，已稱不上是一個絕對君權的國家；許多深悉英國憲政傳統的人會對他指出，英國一向有一個由國王、貴族與下議院共組的「混合政體」，三者互相牽制，沒有一方可以完全壟斷權力，尤其是 17 世紀末、18 世紀前期以後。所以潘恩最後的目標必須是批評英國特有的「混合政體」，以及在此「混合政體」下得以寄生的貴族階級之特權及與聞國事的權力。

潘恩當然認為完全的民主政體最理想，即是每一政府由人民選出並由人民判斷其表現之良窳而定期地決定其存續。而「混合政體」卻看不出責任的歸屬，常引致爭功諉過，而遇有重大事情時亦決斷遲緩，缺乏效率。故這在很多人看來是極穩定均衡的政體，對潘恩言卻是「打混仗」、「和稀泥」的制度。在這種制度下，人民的權益並不能獲充分的保障，如此一來他所謂的優點就值得商榷了。顯然在潘恩

看來，「委託」（trust）與「責任歸屬」（accountability）是良好政體最重要的要素；非受「受託」，不足以言民主，「責任歸屬」不明，不足以言權益。

他認為，「英國人對於他們目前由國王、貴族與平民共組的混合政體的特別偏好，與其說是由於理性的思考的結果，倒不如說是源自民族性的自傲。」故他指出雖然英國人民比其他國家的人民安全且所受的保障多，但不要忘記「如法王般，英國國王的個人意旨是與國家的根本大法一樣有威權的，只不過他透過議會，而不是他自己的嘴巴，來表達這些意旨。」故國王有權，貴族（House of the Lords）有權，平民透過他們的代表（House of the Commons）也有權；下議院是用來制衡君權的，它可以審定王室的支出，但國王卻在其他法案上可以否決下議院的提案，所以這是在假設國王較整個下議院聰明，但潘恩指出，較聰明的統治者何須較差的一個團體來制衡他？故潘恩的結論是，英國當前的憲法架構充滿了矛盾與錯誤，而其根源正在於所謂的混合憲政，因此如此複雜的英國憲法可能「使得英國人多年來受到苦楚但卻找不到問題的根源，也不知道誰是該指責的對象。」

有許多人心儀貴族參政的政治，認為可藉他們高尚的氣質與智慧來提高政治的品質。對此，潘恩也提出了強烈的駁斥。他認為貴族制度自古以來即源於人世間的不公平，在初始的時候，它產生自征服與封建。以英國為例，諾曼征服之後威廉王所帶來的臣民率皆封侯，分置各地並以之監管統治盎格魯薩克遜人。而他們的後代子孫就世襲了封邑及頭術。這就是戰爭與封建帶來的不公平。而就貴族內部而言，嫡長子單獨繼承了封號與采邑，使得他與其他子女間產生不平等。而最令潘恩不服的是，貴族在上議院的席位甚至也是以世襲方式傳之，於是英國社會就有了所謂「世襲的立法者」；他嘲諷道，這種制度的荒謬猶如「世襲的法官」、「世襲的陪審團」或「世襲的數學家」般令人無法接受。

對潘恩而言，自然法的首要精神乃是平等，而任何理由都不能作為某種不平等措施違背自然法原則的藉口；即使貴族有高尚的血統、氣質或智慧，但在政治事務上，平等的天賦人權依上帝之旨意——自然法——仍應是「人與人間社會關係」的第一原則，更何況許多貴族的素質與品格令人無法恭維？他認為所謂的貴族階段「騎士精神」已應被置入小說傳奇之中而與唐吉訶德同朽矣，那源生於一個先天不平等社會之下的浪漫情懷，美則美矣，但先建構起一個不道德的社會，再從中訂定、並頌揚道德行為，於今觀之豈非荒謬？時代的潮流一波一波前進，每一個人有同等的尊嚴已被確定，所以唐吉訶德只能存於文學與懷舊之中，卻不能被用以作為社會基本建構原理的舉證。潘恩會說，「貴族政體」本是過去錯誤時代裡的錯誤假

設。

　　當時英國甚為流行習慣法的思想，認為從事政治的最佳方式是依祖宗之法與過去的慣例成規而行。因此，英國的古老習慣法賦予英國子民什麼權利，他們就應擁有什麼權利，不多，也不少。激進民權派人士所宣稱的「人的三種政治權利」——選擇、罷黜領導者及自己成立政府的權利——在習慣法思想看來是缺乏證成的抽象空言。此點亦是相當令潘恩疲於應付的論調，因為畢竟英國人是非常重視歷史與傳統的民族。但潘恩自有以對之，他的主要思考點還是每個人的人權。他這樣回覆習慣法的主張者：如果政治上的事務都遵循祖宗之成規，且先人亦圖立法定制以期「永久拘束後代子孫」，則不啻「死人統治活人」耶？而細究之，則不難發現「越墳塚之外而統治是最荒謬與自大的專制暴政」。潘恩的意思當是指每一代之人有自主權，且同一時代之每一人有天賦人權，而這是啟蒙時代以漸入人心的原則。對潘恩來說，宗教、習慣、特權或武力等等都不能限制天賦人權的享有，人權是一個自然法的觀念，也是一個現代人憑以立身的天賜權利，更是一個無法抵擋的時代潮流。

　　講到天賦人權以及古老習慣的對比，潘恩就點出了他對英國憲法形式的嚴厲批評。他一直認為英國的不成文憲法極不理想，而真正的憲法應像法國大革命後制定的憲法般——成文且公布頒定。理由是憲法應先於政府的組織而存在，有了憲法後依其規定而成立國家體制，規範政治事務的運行。憲法即是一群人的契約，約定權利與義務等事宜，故不成文的習慣並不理想；同時每個不同世代的人可依環境變遷決定是否依憲法內之規定程序修正若干事項，但不成文憲法既非契約，又無確定之過程，它顯然不是最進步的憲法形式。在此點上他與柏克有很大的爭辯，而此多少也代表了憲法思想上的典範遞移。

　　潘恩認為 18 世紀的兩次革命都是人類政治史上里程碑式的變革：以往所謂的革命充其量只不過是換人主政或是局部情勢變換一下罷了，它們猶如潮水起落般來往興衰，從不曾有任何遠大的影響。但法國大革命及美洲革命則不然，它們的衝擊之大就好像把自然界「萬物之理」重振了一般，並揭櫫了普遍且真實的政治原則，且將道德、政治福祉與民族興衰結合於一處。所以潘恩的民主思想即使用今日的觀點來看也算是很徹底的，他用犀利的筆調與動人心弦的話語，攻擊過去舊制之弊，直接訴諸天賦人權，深深打動美洲殖民地人民及歐洲的激進人士。《常識》在美洲就印行了十五萬份，可稱為文明史上之佼佼紀錄。這些在我們今日觀之僅為「常識」的民主理念，在兩百年前卻是一個激進思想傳統的最尖銳之表達；美洲人民之

民主理念未必全然由潘恩所代表之激進傳統所塑造，但如當日美洲思想竟獨缺潘思，美洲亦當不會成為今日之美洲。

潘恩的政治思考方式是「共時性」（synchronic）的：他論政府之本質時先論「市民社會」（civil society）之本質，而論後者時則先談個人為「群居性、社會性」動物——需要互相合作而方能共存——之事實，因此個人與個人相結合以形成政治社群並選立統治者以執行某些功能。而很明顯柏克的思考與論證皆出於講求歷史的「貫時性」（diachronic）方式：人的特質、社會的特質我們不得而知，但人的歷史及社會的歷史卻是能稽可考的（英國自威廉王以來即有一個不中斷繼承的穩定「治事傳統」），因此訴諸抽象原則去引領政治不若察查歷史以解釋現狀並規範未來。

二、激進政治或保守政治？——「自然權利」或「差序格局」

對柏克而言，民主有另外一番的意涵：貴族有其必要性，傳統含蘊智慧，政治是道德與能力的展現而非權利的申言。如果民主的目的是帶來理想的政治生活，則理想的政治當推共和政體，而共和政體卻是合國王、貴族與平民為一體的均衡政體。而此均衡政體的政治規範來自於習慣與傳統，並非是抽象的理性思考。傳統所代表的智慧其泉源乃出於整個民族或世代的生活與歷史中，故其所含蘊容量遠較存於個人理性中者為鉅，一人一時之所能思所能見何可比於一群體歷數世代所思所見之累積？而另一方面，在均衡政體中有貴族擔任「思辨」（deliberating）的角色，顯然較庸俗且意見紛雜的平民政治更符合「道德」與「能力」的要求。

柏克頌揚王治、稱許貴族、緬懷以往的騎士精神，而其實則是要維護一個傳統的階層社會，也就是靠傳統之下的「差序格局」（此處「差序格局」意指靠尊卑差等之倫理秩序規範的階層化社會）來統治。這樣的一種政治方式有何優點，第一，他能夠較有效地傳達規範，因為「百姓總習慣於服從他們的長上」，正如風行草偃、木之就濕水之就下般的自然。透過這種自然服從關係而傳遞的規範，其常較能潛移默化而深入人心，故比純任行政容易建立道德秩序或政治秩序。第二，倚賴傳統或習慣的政治常較能有效應付突發狀況，因為在不斷地應用慣例、傳統或偏頗、特權的過程中，「我們的心靈早已習於諸般狀況的思索與演練，因此不至於事到臨頭時方憑空想像處理之道。」第三，貴族高貴的氣質與禮儀是人類的良好遺產，他

們揭示了精緻藝術、優雅情操與精美文化的生活，使得生命不會庸俗化，亦使得文明在每一世代有所躍進。柏克相信，就此點而言，世襲的貴族較普遍民權制度下產生的代議士為佳，因為他始終認為（在當時）選舉並不是甄拔菁英的好方法，那些百姓「永遠無法知道將要為他們服務的代議士的素質，更何況他也不覺得對他們有任何義務。」

　　對潘恩而言，政治權力由階層掌握的弊病將是明顯的。社會如被區隔成不同的階層，則每一階層將謀鞏固自身的權力及追求自身之利益；如尚未攬權，則汲汲營營、爭鬥不休，如大權在握，則易流於腐化。故唯有將區隔打破，所有人一律平等，並形成一代議政府，則此時只有管理公眾事務時功能上的權力區分，而無階級間的權力區分。

　　潘恩的理念在當時是屬於所謂的「激進政治」；而此處「激進」（radical）之意涵，據牛津字典（OED）所言，早自 1651 年起就代表著「觸及根本的、徹底的（改變）」。內戰時期的平等黨人開創了「激進政治」的典範，而在光榮革命前，夏芙茨百利與洛克等激進輝格人士繼之，到了美洲革命前夕，潘恩將其理論發揮到極致。洛克與潘恩寫作年代約距百年，二人都可謂祖述平等黨人。所不同者，洛克是以財產權理論建講其契約論，故財產乃成為享有政治權利的前提，而其理論也就被 MacPherson 冠以「占有式個人主義」（possessive individualism）之名；但潘恩卻將「天生之權利」（free-born rights）即視為個人可享「民權」（civil rights）之理由，並沒有加上任何「門檻」之限制。然而無論如何，二人都是平等黨人「天賦人權」理念的忠實追隨者，認為從事政治生活的要件主要是權利而非其他。

　　這樣的看法當然與堅持傳統的「保守政治」格格不入。傳統的政治生活方式是階層化的，特定的階層有特定的政治角色來扮演；血緣是階層區分的標準，而特權與偏頗的有無是階層間主要差異之處。柏克正是這樣一個「保守政治」的崇尚者。對他而言，從事政治生活的方式就是從傳統中汲取智慧，用歐克夏（Michael Oakeshott）的話說，就是「尋求傳統中的暗示」（the pursuit of intimations of the traditions）。在英國，「傳統」最具體的代表就是「習慣法」與相應其而生的「均衡政體」。光榮革命後的〈善後方案〉（*Revolutionary Settlement Act*）就正是「保守政治」理念獲得確認的明證；它又把英國政治回歸至井然有序的階層社會，靠著「差序格局」來維繫秩序，而一切權利的來源及其保有都須訴諸於「繼承」——繼承「傳統」。而伴隨「傳統」而生的是一個「垂直式」的政治思考方式，認為人互有才智秉賦之差異，而「能力」（virtue）（virtue 之原意為 ability）與「功績」

（merits）就正是安排每個人政治角色的標準。誰較具備「能力」與「功績」呢？在傳統的社會中自然是占較高社會階層者，因此「差序格局」就成為具循環論證特性的「垂直式」政治思考方式。

反觀「激進政治」卻不言「差序格局」，而乃是寄託於「水平式」的政治思考：社會並非階層化的人群組合，而應是多元平等的人際組織，每個人因其「天賦人權」而有權參與形成契約社會，亦因其參與契約社會的創立或認可因而享有對它的共同管理權利。故人參與政治生活的條件是「權利」而非「能力」，菁英固可對社會有較大之貢獻與多所導引，但這並不應構成剝奪非菁英者參與政治過程之權利。故若作一對比，我們可說「保守政治」之實質乃「菁英世襲化」之政治，以「差序格局」保障其菁英之地位，同時又以菁英之優勢能力作為延續「差序格局」之理由。而「激進政治」則是「菁英流動化」之政治，基於同意權而在平等、「原子化」的人群中選擇出擔負政治功能之菁英，因此人人都有機會；又，透過定期選舉與「委任」（mandate）的替變，菁英群體在理論上是不必拘限於某特定團體的。而這種想法固然根植於啟蒙理性，然它最大的動力可能不僅在於它的「啟蒙理性」血統，而在於它乃代表了一種沛然莫之能禦的「時代精神」（Zeitgeist）。

柏克所嚮往的「差序格局」階層社會今日大致已不存在，但他與潘恩之間的爭議可能換了一個方式呈現。今日普遍流行的代議民主可謂是提供了「權」與「能」之間緊張對立的大大紓解。當然，在廣土眾民的現代國家中，很難實行古典時代的全民直接民主（pure democracy），故由「少數人」（菁英）取得委任（mandate）來運籌帷幄是最可行與最被肯定之方式。在自由主義民主制度（liberal democracy）背後的的基本理念是：政治之目的在滿足個人追求福祉之願望與保障個人之既有財產及利益，而這些又常與某些群體利益深深連結，故後者便成為政府施政的首要目標。這些群體利益是什麼呢？最重要的便是安全、秩序與繁榮。但這往往是只適合由少數人──而非整個群體──去擘劃與執行的工作；用麥迪遜的話說，在直接民主之下，群體中的每個個人直接參與公眾事務時，常受本身一己私益之矇蔽而致有短視、偏狹、營私、分裂等情事，使得政事常陷於「混亂與爭議」，而若行代議民主，則往往那些居少數的菁英較能盱衡大局而「清楚地知道整個國家的真正利益之所在。」但是還是有一個基本問題沒有得到完全的解決，那就是「參與權利」與「真正利益」之間的矛盾。政治過程到底是在保障「參與權利」抑是實現「真正利益」？在上古社會統治權立基於一種「力量」的展現，至霍布斯時提出了由自然「權利」形成政治權威的觀念，而代議民主又植基於在現代社會中謀取人

民「利益」、公共福祉必須委由菁英擔任的事實。「力量」、「權利」與「利益」各有其時代背景與證成，而困難的是最後二者之間的取捨。

　　柏克或後來的熊彼特（Joseph A. Schumpeter）所主張的菁英政治是著重「利益」的「保守政治」，而潘恩的民粹政治就是堅持「權利」的「激進政治」了。亦即是說，「保守政治」對政治生活具「目的論」（teleological）的期待，以為「能力」、「功績」可有助於我們實現某種群體生活中的「善」（good）或道德秩序——而這就是「真正的利益」。但是「激進政治」卻懷抱有「義務論」（deontological）的堅持，宣稱「天賦權利」的保有與行使本身即是無可替代的價值（這在當時不啻是一種剛發軔而即將泉湧而現的時代思潮），它無法被任何理由所剝奪，國家乃因於「天賦人權」而生，並非實現某種「世界觀」（如差序格局）下所定義的生活秩序或道德秩序的工具。「智慧」也許帶來「利益」，而「權利」則由「意志」體現，「智慧」或「意志」孰為人類政治生活之重心，這也許是在任何時期都會重複出現的困難抉擇[1]。

　　而在另一方面，立基於啟蒙理性的「激進意識形態」所展現的本質乃是某種「理念」、「思潮」之鼓勵於人心，而秉持傳統的「保守意識形態」則斤斤於實際上「社會工程」的務實操作，故一為追求群體生活嶄新藍圖之擘劃以謀躋社會於新境界，而另一則強調群體生活中制度面之延續性之實際需要。亦即是，一者尋求「理念」層面之具現或圓滿，另一則執著乎「制度」面之實效。人類之政治社群，其發展果能脫離制度面之延續與連續發展此二特性乎？然若無新理念及時代思潮之指引或衝擊，文明之發展將缺乏意義之指涉或方向性，而落得庸俗。潘思與柏克當年身處「時代思潮」與「社會工程」二者極度對立的關鍵「時刻」，二人各有所思各有所執；今日雖已事過境遷，普遍民主盛行，但是那樣的「時刻」，卻應是政治社群發展到任何一個階段都可能面臨的，也應是關心政治發展的人所須不斷地經歷的。

---

[1]　此問題在柏拉圖時已浮現，可參閱本書第一篇之〈理（Logos）與法（Nomos）：柏拉圖與奧古斯丁政體建構理論的一個透視方式〉。

第四篇

近代歐陸

　　近代歐陸的政治思想主要見於德國及法國。一般而言，在天賦人權及民主理念的發展上，英國要比歐陸蓬勃的稍微早些；但是歐陸某些作者的影響深遠卻絕不遜於英倫的霍布斯與洛克，在任何教科書上都算是政治思想史的經典人物。我們選了孟德斯鳩、盧梭與馬克思作為代表人物，他們三人無論在學理上或是現實政治上都為後世留下深刻遺產，給予歷史的衝擊是巨大的。18 世紀末美國的新憲法可說就是依照孟德斯鳩的分權觀念所打造的；而多數人也認為盧梭的思想「啟蒙」了法國大革命；至於馬克思，他所留下的印記今天還可見到。如果說近代初期的英國打造了資本主義的民主政治，近代歐陸的這幾位思想家已經開始對這樣的生活方式展開反省，絕非照單全收。一場深刻而尖銳的對話在本篇醞釀。

　　18 世紀的法國，面臨一個關鍵的歷史時期：外有民族國家之間的激烈競爭，而內有社會階級間日益明顯的衝突，以及中產階級與一般人民對於民主自由的要求。隔海的英國，尤其成為法蘭西社會上下深切注目以及競爭比較的對象。英國在 17 世紀下半葉經歷了兩次政治革命──清教徒革命及光榮革命，這使得英國的政治體制逐漸穩定，朝向著君主立憲的自由民主前進。再加上 17 世紀以來工商業的繁榮進步，對海外的擴展，以及 1707 年「聯合王國」（the United Kingdom）的出現，這些都使得英國在 18 世紀步入漢諾威王朝之時，其國力及人民享受的自由，已經成為其他歐陸國家摩傲仿效、甚至嫉妒的對象。

　　18 世紀上半葉，孟德斯鳩就是在這樣的一個歷史氛圍下開始他的寫作。總共有 31 卷的《法意》這本大部頭書，長久以來困擾讀者的一個問題就是：倒底全書是否如作者所言，有一中心主旨與連貫的理路？還是像表面題綱主題之分布看起來一般，是散亂雜陳的？我們幾乎可以說，耗費二十年心力完成的 *The Spirit of the Laws*《法意》[1]就是他全部政治思想的代表。《法意》的寫作，雖然號稱要為全人類找尋最佳政治生活之「法」，然實則隱含一個重要企圖：就是讓法國因為政治穩定，成為富強的國家。如果我們從這個線索出發，就可以發現此書是從普遍性理論出發，以便有說服力地建構一個可以邁向國富民強的藍圖。而這些為了呈現最後目標而構築起的「普遍性理論」，就是孟德斯鳩留給後世的影響與遺產。

一、《法意》的理論貢獻（一）：具相對主義色彩之政治社會學的興起

1. 放棄傳統的自然法上位觀念

　　孟德斯鳩定義他全書中的核心字「法」，其意義為：「依事物各自本質而生的

---

[1] 有人譯為《法的精神》、《論法的精神》等，但是均沒有嚴復的「法意」一譯來的好。

相互必然關係」（the necessary relations deriving from the nature of things）。因為性質不同，「各類事物有其適合自身特性之法律，神有神的法律，物質界有其法律，比人智慧高的存有有其法律，比人低的野獸亦有其法律」。因此，什麼是人該有的法律？他認為是人的「理性」所必然會普遍認知的一些原則，而這個「理性」通常都是隨著主人的實際生活居所，而在某個特定的環境下起作用，所以我們其實只有各國之法律。而各個國家或民族的法律乃是各該國家或民族的人在其各自獨特環境或歷史中，憑藉理性必然會認知到的生活原則。換句話說，他不承認有什麼「從天而來」（divine），或是「放諸四海皆準」（universal）的「自然法」存在；人的所有法律都是由人在特定生活情境中由其「理性」所發掘出的最適合之生活原則。這個原則乃是由必然性所構成，這個必然性乃是由理性所指引出，而非基於某些道德情懷或是先驗之價值觀。這就是孟德斯鳩之「法」的最大特色。

就在此處，孟德斯鳩背離了中世紀末期聖湯馬斯（St. Thomas Aquinas）所建構的法體系觀念。後者認為，所有法律的根源是「上帝的旨意」（the Will of God），這即是 Eternal Law，而它是被 Divine Law 及 Natural Law 所體現的，因而所有的 Human Law 都要從屬於 Divine Law 及 Natural Law，它的精神不得違背神的旨意。這樣的法體系思想是基督教世界很自然的產物，既然人為神所造，管理人的世界的法律自然不能違背神的旨意，而自然法就是神的旨意。聖湯馬斯把千年來羅馬法、民法的傳統與基督教義的關係做了釐清，但是孟德斯鳩卻用我們應該遵循「事物本身自然之理」的觀念規避了它。也就是說，孟德斯鳩並不認為有放諸四海皆準的、由超自然權威而來的價值系統，人類的天生理性自然地會告訴我們在何時、何地、何種境況下，人應該採何種行為舉措是最適合的——因為人的理性會判明在當時環境中事物間的關係是如何的。如果有人問，人的理性不是從上帝而來嗎？孟德斯鳩也許會答覆，的確如此，但是理性卻不服膺抽象先驗的規則，而是依據經驗及個別具體狀況的判斷而指引我們行動。而這個經驗即是一種「社會學」，在不同的環境中，人如何達成最佳生活可能。環境不同，肆應方式就不同，因此法律也不同。這樣無異就是一種具相對主義色彩的社會學說。

2. 揭櫫「主要精神」（the General Spirit）之概念

也正由於以上的因素，所以孟德斯鳩特別強調每個國家、民族的發展其實都受到其獨特的氣候、宗教、政治體制、法律制度或是道德習俗等的影響，因而各自呈現特色。在這諸多因素中，或許有某一項之作用特別大，超過其他因素的影響，就

為其指引其國發展方向的「主要精神」。例如，對於某些土著民族來說，他們的生活特色深受自然環境及氣候的影響；中國人受傳統習慣影響很大；日本人牢牢受到他們的律法規範；斯巴達人則是由他們激烈的道德傳統約制；最後，羅馬是受到某些政治典則，以及古老傳下的質樸生活觀影響最大。這些「主要精神」就代表一個民族的面貌，如同每個人有其特別的臉孔特徵一般。

　　孟德斯鳩呼籲每個民族或國家的立法者應該了解並注重保存自己的「主要精神」，因為此即是這個民族的「民族精神」、「文化風格」或「立國精神」所在。如果這些「主要精神」並不影響政治的良好運作，那我們應該保持其特色，畢竟民族特色是可貴的東西，也是讓人類群體不同於彼此之原因。他的這種看法在今天已是主流，但是在啟蒙時代那追求一致理性與普遍化的潮流中，卻是罕見與前衛的聲音。「主要精神」的研究，其實就是今日「比較政治」或是「比較文化」等解析國族特色之研究的前驅。

3. 影響政治的自然及文化因素

　　從上一項中我們知道孟德斯鳩認為不論是氣候、地理等自然環境或是文化傳統等都會影響一個國族的政治風貌，這就是他與前此以來大部分的政治理論家不同之處。之前，大部分的政治思想家都不會去談政治以外的因素，所以令人覺得好像政治的發展完全是政治思想引領作用的結果，如果我們對政治的觀念對，我們就會建立起好的制度，以及政治。但是孟德斯鳩告訴我們，氣候及土壤、農耕方式等都會對國家的發展樣貌產生影響，更別說貨幣、人口及宗教等對政治的影響了。這些在今天來看是理所當然的事，但是在孟德斯鳩的時代，卻是希有罕見的「洞見」。所以，他可以被看成是超出所處時代的思想家，也是今日所謂政治地理學、政治經濟學、政治社會學等的鼻祖。

　　從孟德斯鳩的關懷之廣，我們可以知道，政治哲學的傳統到了他已經擴大成為今日「政治理論」的風貌了，從傳統的規範性哲學論述轉而包含了經驗與現象的歸納；從最佳政治理念的追尋延伸到了「政治生態學」式的關注。他轉換了氣味，也擴大了視野，可謂是 18 世紀的一位政治理論改革者。可惜這個部分或多或少被後世忽視，因為歷來對政治思想家所注重的是他們對於若干重要哲學概念的引伸發揮或創新，例如正義、最佳政體或自由、自然權利等等。孟德斯鳩《法意》的貢獻不但有政治哲學概念上的，也有方法、範疇上的。雖然在這本長達 31 卷的巨著中，他對某些主題的論說常被人批評為主觀、偏執或天真（例如論東方的部分），但

是這種在討論政治生活時將全世界人類的歷史看成才是完整的關注場域，這是符合
啟蒙時代的歷史研究與社會研究之精神的，也是與他精神相類的法蘭西前輩包丹之
《國家論》（*Six Livres des Republique*）的精彩後續。

二、《法意》的理論貢獻（二）：三權分立、制衡政治的提倡

　　我們今日都熟知，美國憲法的三權分立精神就是來自於孟德斯鳩《法意》中
的提倡。洛克曾經在《政府論》中提過政府權力的分立以免濫權，但是他從未詳細
解釋說明[2]，所以在近代歷史中孟德斯鳩可以算是將政府三權分立以求彼此制衡的
始祖。但是類似此權力分立的觀念卻有古老的歷史，從古典時代即有，那時是稱為
「混合政體」（mixed government）或是「均衡政府」（balanced government）[3]。
也就是說國家中的不同階級掌握不同權力，而互相制衡，避免某一階級獨攬權力獨
大。通常行政及法案提案權是在國君、貴族，而立法權則在由人民組成的公民大會
來對法案作議決。這樣一來，每個階級都參與政治過程，不但有認同感，且能制
衡。

　　但是孟德斯鳩卻在洛克之後，不以階級作為分析單位，把政府統治的整體權
力區分為數種而做了互相制衡，而正式稱他們為行政權（the executive）、立法權
（the legislative）及司法權（the judiciary）[4]。而其實這與以前「混合政體」的階
級間制衡觀念並沒實質差別，因為立法權一定代表了一般大眾，而行政權（及司
法權）多屬於菁英。若究原因，孟德斯鳩的提出這些概念大抵都是受到英國的影
響[5]，因為他認為英國是唯一在所謂「國家特色」上以「保護人民自由」作為目標
的國家，而三權分立就是保護自由的最佳方法。在論及立法權時，孟德斯鳩也可算
是最早論述代議制的理論家，他認為近代國家因為廣土眾民，以及一般人民未必有
高的議事水準，所以以代議士來組成立法機構是當代民主的必要方式。

　　孟德斯鳩的政府結構設計是為了保障人民的自由，所以自由應是他政治思想中

---

[2] 他所謂的政府三種權力乃是 legislative、executive 及 federative 三種，與現今名稱不同，且洛
克的立法權權力很大。

[3] 亞里士多德的政治、Polybius 的理想政體或是羅馬都屬於此。

[4] 跟洛克一般，孟德斯鳩起先是將國家的行政權分為對內及對外，有對國際法的執行及對市民
法的執行，後來才將後者名為司法權。

[5] 他是在第 9 卷中〈論英國憲法〉一章中討論三權分立。

的最核心概念。其實他應算是近代政治思想家中最先系統性討論「自由」涵意以及如何藉某種制度保障的人。霍布斯及洛克都談到「自然權利」，但是卻都不若孟德斯鳩一般直接明確地使用 political liberty 一詞作為國家中公民所具有的權利內涵，以及國家憲法所要保障的標的。就實質意義言，他的學說實標明了 political liberty 乃是國家成立的目標，與設計政府結構的最主要考量；就此面向言，孟德斯鳩應算是近代研究民主政治制度的始祖，也難怪美國制憲始祖們是從他的著作中汲取靈感的。

三、《法意》的理論貢獻（三）：政治與商業文明的結合

　　從寫作的廣度及某些特殊關懷來說，孟德斯鳩可說是西方政治思想家中最特別、最難以歸類的。他從諸多人文、地理、自然因素去討論國家與政治生活，這點就已經無人能出其右；另一方面，他又是在啟蒙時代中最早系統性地擁抱與合理化商業文明的重要思想家。在中世紀末逐漸出現、而在宗教改革後日益勃興的商業文明，對近代的許多政治思想家言，是愛恨交織的一個思考對象。許多人無法否定商業文明帶來的繁榮、便利與享受，但是也一再警告它可能會危害公民純樸剛毅、追求公益的政治德行，例如蘇格蘭啟蒙運動中及美國制憲辯論中的共和派人士即是。但是孟德斯鳩則幾乎是毫不猶疑地支持這種文明走向，他在其中看到了各種進步的動力。

　　對孟德斯鳩而言，商業文明帶來生活富裕與品味的提升、知識與視野的擴大、以及藝術文化的發展，最後則是政治的進步。有人認為商業生活是自私、虛矯與文飾的泉源，會讓人際間的關係疏遠、社會的凝聚減弱。但是孟德斯鳩似乎完全是樂觀的，他認為商業文明最終是人類進步的動力，因為各種知識會不斷地被發展出來滿足人的需要。孟德斯鳩觀察人類早期的文明史所得出的結論是：人類的需要與知識的發展相輔相成，需要催生知識，知識帶來更好的生活後又製造出新需要，如此不斷循環。人類起先有部落內的商業，後來到部落間、國際間的貿易，這才是孟德斯鳩所說的「商業」──國際間大規模的貨物貿易。商品的流動帶來了文化的交流及視野的放大，人類的生活內涵及方式都不斷地受到衝擊，知識亦快速累積。因為商業交易的包含廣泛，他把貿易看成是民族間的交流，而這樣的交流正是人類「去野蠻化」的重要因素：貿易的最終結果是一方面促成了財富的增加及藝術的精緻

化，另一方面則是刺激哲學的發展。他的結論是，商業與知識的發展使得歐洲得以脫離中世紀而邁向啟蒙的現代。

　　歸結言之，與在他之前的人比起來，孟德斯鳩可算是一個新一代的理論家：他離開了古典政治追求德行的教條與諸多規範性的假設，而強調研究事物間必然的關係以保障自由及促進發展，而這也是他的「法」的最主要精神之所在。為了保障自由，政府應該有權力上的內部制衡；人民有了自由，就可以盡量追求商業文明中的各種活動；而商業文明，最終帶來的不只是繁榮及享用的增加，更是促進了藝術、科技及哲學活動。他的政治論述不是從某一個歷史傳統留下的規範性價值出發，而是考察了原始民族及遠古社會不斷發展的歷史後所得到的經驗性結論：國家所最可貴的是保障自由，人在自由中最適合發展商業文明，而後者能帶來更好的物質生活甚至精神文明。這一切之間的關係就是「法」，「法」的精神就在於正確地認知事物的狀態而帶來改善人類生活的知識。今日世界上有一個國家，其發展的歷史正好就是這種精神的寫照，那就是美國──自由、商業、實用主義。諷刺的是，因為法國革命及兩次世界大戰，孟德斯鳩的理想政治與理想國家發展並未在法蘭西扎根，但竟然被大西洋彼岸的美國完全實現了。

盧梭（Jean-Jacques Rousseau, 1712-1778）的一生充滿傳奇性，可說是西洋政治思想史諸多思想家中最獨特的人：他成長過程艱辛，沒受過什麼正式教育，卻能學問淵博；以一介出身寒微的流浪兒，卻能在上流社會中出人頭地；在啟蒙理性浪潮中成長，卻高懸反旗而成為浪漫主義運動先驅。他生於日內瓦，一心以能有日內瓦公民頭銜為榮，其聲名及思想卻是在法國開花結果，對法國革命影響至大。

雖寫作於啟蒙時代高峰的 18 世紀下半葉，但盧梭大概是西洋政治思想史中少數幾位對人類歷史的發展採取悲觀態度的人。他對是時飛躍的文明進化不以為然；對光彩奪目的啟蒙運動不抱持樂觀；對傳統以來所深信的國家、社會之功能也存有疑問。「人雖生而自由，但生活中處處遭鎖鍊桎梏」，盧梭所說的這句大家都朗朗上口，也最能代表他對人類文明及社會的質疑立場。特殊的身世、社會底層的掙扎經驗，以及對世事的罕見洞澈能力，配合上他無師自通的卓越文筆及學識，造就了近代政治思想史上堪稱獨樹一格的盧梭政治思想。

一、盧梭的特殊歷史觀

盧梭的政治思想之所以與眾不同，最主要的癥結大概要歸因於他抱持一種特殊的歷史觀。大部分的人無疑地都認為人類歷史是逐漸發展與進化的，尤其以啟蒙時代的人為然。啟蒙時代的人看到了人類憑藉智慧發展出來的科學技藝、藝術文化與經濟繁盛，因此無不對於文明的前景充滿希望，以為美好的明天在望，人類即將征服自然、昂首闊步於宇宙天地間，對自身的潛能充滿了無比的信心。但是盧梭卻以為最好的時代乃是在人類尚未有文明及國家之時，那時人類天真、懵懂無知，可是卻是質樸善良的，因此生活在幸福中；進入文明之後，虛偽狡詐及世故計較之心

漸起，從此人類被迫進入了複雜的社會關係及互相爭鬥的歷史階段而終不能逆轉。
盧梭在 1750 年得獎的論文《論科學與藝術是否有助人類道德之提升？》（*Has
the Restoration of the Arts and Sciences Contributed to Refining Moral Practices?*）以
及 1754 年的論文《論人類不平等的起源》（*What Is the Origin of Inequality among
Men, and Is It Authorized by Natural Law?*）中，已經清楚地說明了他的反啟蒙理性
立場與高舉「退化史觀」之大纛。他首先指出當時歐洲文明之病：

　　人們彼此間已無法信任，隨之而來的是許多弊病：真摯的友誼不見了；對人
的尊敬，合理的信任，都沒有了。在人與人表面上的禮貌後面，在我們引以為傲的
啟蒙時代城市文明背後，竟潛藏了懷疑、攻訐、冷漠、背叛、恐懼、憤怒與保留等
心態。

　　盧梭舉例說明他人對歐洲文明的可能觀感：假設有一遠方之人，想要了解歐洲
人的道德行為，則他在仔細地觀察了歐洲這塊土地上科學的發展、藝術的蓬勃、娛
樂的興盛、禮儀的周遍、談吐論辯的優雅和善、行為舉止的流露善意，以及人們從
早到晚競相顯現出努力幫助他人的姿態等種種現象之後，則這個外地人最後很可能
會結論道：其實歐洲人的道德恰是表裡相反的！這就是潛藏在文明之後的罪惡。為
何會如此？難道這是歐洲人獨有的現象嗎？盧梭對此提出了他的看法：

　　凡事有果必有因。我們現在所能看到歐洲的現象是：在科學及藝術臻於頂峰
之際，歐洲人的靈魂卻正在腐化，墮落的情況是如此明顯。我們能說它是這個時代
的特殊現象嗎？不然，諸位。伴隨著人類創發能力而來的種種罪惡其實跟人類歷史
一樣久。科學與藝術的進步對道德起的不利影響，其實正如同月亮帶來潮汐的起落
一樣，是規律、不曾間斷與自然的。我們從歷史可看出，在所有的文化及時代中，
人類之德行都逐漸隨文明發展而遠去。

　　這就是盧梭的基本立場——文明對於德行是一種威脅，淳厚德行隨文明逐漸
發展而日漸墮落。我們不禁會問，那原本的「純真」狀態為何？盧梭在《論人類不
平等的起源》中討論了原始社會的狀態。他以為之前的人對「自然狀態」的討論都
有問題，例如霍布斯認為在「自然狀態」中人人相為敵、不斷爭鬥的情形，盧梭就
認為是過度悲觀了。他認為這些恰好是文明社會中才會有的現象！他認為在文明未

發展前的「自然狀態」或「原始社會」中，人是天真、淳厚的，主要的心態是「自愛」（*amour de soi*, love of self），也就是每個人都會依自保天性照顧自己，飢食渴飲，以溫飽為務，對他人沒有必要存有敵意，而對不幸的同伴也會給予同情。這有點像古代中國所說的「小國寡民、雞犬相聞老死不相往來」的質樸世界。但是逐漸隨著私有財產制的成形及文明的開展，人變得「複雜」了──開始區分、計較「你」「我」，「優」「劣」與「利」「弊」等，這時心態上已變成以「虛榮」（*amour propre*, vanity）為務，既功利又世故了。盧梭認為就是在這樣的文明狀態下，人與人之間才有無窮的爭與鬥，煩惱邪惡不公義等事隨之而來，揮之不去。

　　盧梭心目中的「原始社會」中人，他稱之為「自然人」（natural man），以對應於進入文明狀態後的「社會人」（civil man）。盧梭認為前此的理論家會對於「自然人」之特徵有錯誤的認識，都因為他們難以擺脫誤將文明社會的狀態投射到「自然人」身上這個習慣。盧梭眼中的「自然人」矇昧無知、天真純樸，彷彿跟動物差距不大。這個「自然人」，他基本只受天生之自然欲求及本能之支配，追逐溫飽而已。他不會規劃、計較、盤算，因此不太需隔日之糧，亦沒有貯存貨財之心、保日後安全之計；除了眼前之飢寒，他通常不會與人爭奪毆鬥，亦沒有如今日般因為私有財產或個人利益問題而生的種種衝突。他不知道德為何物，也沒有複雜的情感；最重要的是，他並沒有我們今天常用以形容人類行為的「理性」這個特徵，因為這是進入文明生活形態後才會有的心理素質。因此，霍布斯所謂的自然狀態中「人人相爭鬥」（*bella omnium contra omnes*）或是洛克認為的人際間的理性互助等，都不會發生。盧梭認為他們兩人在猜想描繪自然狀態時，並沒有完全地把「文明人」、「社會人」的特質「剝除」乾淨，因而「嫉妒」、「競爭」、「恐懼」、「友善」、「理性」等人類進入文明後的「後天」元素還是殘留下來，致使他們對於「自然人」的想像不正確。

　　對比之下，盧梭眼中的「自然人」乃是如同我們現在稱之為智商 70、80 的人一樣，並沒有複雜的心念之可能。這些「自然人」並不具「政治的或社會的天性」（*homo politicus*），因為這是要相當的文明化過程後才可能有的心態傾向；他們也不會彼此競爭提防，因為他們並不思忖計量。大概聖經伊甸園中的亞當與夏娃是最接近他們的一種描述，懵懂無知而天真（innocent），過一天算一天地「活在當下」，不知廉恥禮義為何，亦不知功名利祿之為用。在盧梭眼中，「自然人」才是人類最幸福的狀態，他視之為「高貴的野蠻人」（the noble savage）。很顯然地，盧梭把文明的發展看成是心靈逐漸污染的過程。

他曾說：我們何時聽過有所謂的「野蠻人」、「原始人」抱怨生命痛苦而想自殺？因此我們在看待原始文明時，恐怕須放下一貫的傲慢與偏見才能正確認識它們。

其實，人類歷史上並非只有盧梭懷具高度憧憬、尊崇「黃金古代」之「退化史觀」，基督教的伊甸園思想、羅馬時期的 Seneca 及中國古代的孔子等都屬懷古之例。與這些人一樣，盧梭也依此為起點來建構他整個的思想。但對盧梭言，回到從前是不可能的，往者已矣！現在只有退而求其次，把我們所處的現實建構好，但求些許與「黃金古代」之精神差可比擬，也就是追求盡可能趨近（原始的）「自由、平等、博愛」之公義生活。

二、社會契約論

上述結論，就是盧梭《社會契約論》（*The Social Contract*）最主要的寫作旨趣──他要在現存的文明社會中，建立起一個「人人重新拾回自由」（forced to be free）的可能。本書的副題是「政治權利之原理」（Principles of Political Rights），顧名思義，他是要討論人民如何可以擁有與施行「政治權利」。人的政治權利的來源，是人在自然狀態中擁有的保衛自己的能力與權利。但是，總有一些時候或在特別狀況中，個人的能力是無法確保他自身安全的；於是，結合眾人的力量來維護安全就有必要。也就是說，個人把他原本的自由跟力量都交出來，集中起來一起使用：

如何才能找到一個用全體力量保護個人的生命財產、而又不至於讓個人喪失原本自由的結社方法呢？這就是任何研究政治的人所須面對的最基本問題，而訂一個社會契約的概念適為其解答。

但是盧梭的「社會契約」概念，跟霍布斯或洛克的都不一樣。霍布斯的契約，是個人將自由交付「利維坦」後，就無從過問，「利維坦」有無上的權力；而洛克的政府是由人民將詮釋、執行自然法的公權力信託委付之，但人民的自然權利不受削減，應受政府之保護，而這也是政府成立之目的。盧梭的社會契約，精神上與二者皆不同，而以人民得以保留於自身的權利而論，其程度大約在二者之間。

　　為何精神不同？因為盧梭的契約並不是像霍布斯一般要給統治者、執政者很大權力，也不是要像洛克一樣，亟思把人民在自然狀態中的生命、自由、財產等自然權利透過成立國家之舉，作最大程度的保護。盧梭所要的是人的「自由」，但是卻是將人加以「改造」後的「自由」。盧梭希望每一個人的生命都能是自由的（如同初生時之無拘無束——man is born free），但是在文明發展後這種自由不復可得，因為我們都被迫活在彼此的牽制、爭鬥及權力宰制中，也因此人世間總有不平等、不公義及種種邪惡情事產生。在這樣一個狀態下，所謂人的「自由」只是名義上、理論上的，實際上「生活中處處遭鎖鍊桎梏」。解決之道何在？盧梭認為只有徹底改造人類社會的組織方式，人與人間的關係才有可能改變，「人人重新拾回自由」。

　　改變人類的組織方式，這也就是盧梭政治理論之要旨。對他而言，專制政治很明顯違反人愛好自由的天性；每一個人天生都有自由，即使要放棄它而自願當別人奴隸也是不可的。「放棄自由就是放棄作為人，因為它等於是把天生人性中被賦予的權利及義務都丟棄了」。所以在任何政治社群中，誰人如要統治那些享有天賦自由的人民，取得他們的同意是最基本的：

　　　沒有任何人天生有宰制其他人的權利，即使武力也不能夠取得統治的正當性。因此我們可以歸結出：約定或同意乃是人類政治生活中，任何正當權威能出現的唯一基礎。

　　換句話說，盧梭認為一個政治社群可以透過約定或是同意而請一人或一群人來擔任統治的職務，而此受委任者的任務即是「為眾人服務」。既然社群可以委請統治者組成政府為人民服務，這個社群本身必然具有最高的「主權」，也就是說，全體人民就是最高的「主權者」。因此在盧梭的政治理論中，他區分出國家中的「政府」（the government）與「主權者」（the sovereign），前者是接受委任的統治者，形成「官府」（bureaucracy）以行政，後者是作為國家最高權力所在——主權者——的國民全體。透過這樣的安排，盧梭認為至少國民不會受到專制權力的欺壓。人民相互訂約成立政治社群，而一起成為「主權者」，這樣就解決了政府「權威」跟個人「自由」之間的永恆對立：

　　　「要找一個用全體之力來保障個人人身及財產的結社方式，但在這種結社

下，每一個人還是自己的主人且與之前一般自由」。這就是我們的社會契約要解決的問題。

但是國民的自由能否完全實現呢？人民能否生活於較理想的狀態呢？還不一定。如果僅做到這個「統治者經由人民同意產生」的階段，只是確保不受壓迫，但是並不一定帶來幸福。這就是盧梭為何覺得類似英國洛克契約論的想法不足之處。

三、「全意志」（General Will；*Volonté Generale*）概念

盧梭因此創發了他獨特的「全意志」概念來解決此問題。洛克的「群」之成立是要保障「我」之自由及權利，「群」是以處處成就「我」為目的；因此在洛克的契約中，每個人是帶著原本的「自然權利」來到「群」中，眾人結合成「群」之後，對個人的「自然權利」應該只能有少許影響——也就是對自然法的解釋及執行，已不在個人手中。但是盧梭質疑在這樣的「群」中，「我」真的能獲致最大幸福嗎？這樣的「群」、「我」關係是鬆散的，「群」是許多「我」的「堆積」而非「凝結」，是「加總」而非「融合」。也就是說，盧梭認為洛克式的社會契約造成的是許多個體的連繫，而不是一個全新的大個體的出現，因此個體之間不斷的紛爭、衝突情景不會消失，只是得到了一個大家都同意的解決機制。而另一方面，霍布斯式的契約固然是一個「新的大個體」——利維坦——的出現，但可惜「主權者」不是人民，而是統治者。對照之下，我們看看盧梭的契約之內涵：

這個社會契約的文句，實在來說，只有一個精神——每個人以及他原本的自然權利都消融到群體中。因為每個人都完全放棄原本的個人權利，所以在新的群體中人人都是平等的；再者，如此一來，每個人都會對於結合成為「群」的條件認真公正地思考，不致在訂約時會有損人利己之自私心態產生。

這個新的「群」，可說是一個「生命共同體」，是一個「有機體」，個人在這個「群」中重新找到一個「自我」；但這個「自我」，並非「自然狀態」下的「自我」，而是在「群」的特色之下重新定義出的「自我」。所以，盧梭對於人進入到群體生活後的看法是：「自然人」於焉變成與群體唇齒相依、共生共息的「社會

人」了：

> 一旦許多個人連結成一個群體，則此後對其中任何一個個人的侵犯都是對群體的侵犯。對群體的任何侵犯更會被每一個個體清楚感知到。人與人間由於共同的利益及相互的責任，因此會彼此合作。每一個人都有兩個角色，一是自由的個體，一是群體中的一份子，如此充分地去享受群體合作帶給他的各種利益……

換句話說，這種結社就是打破個體後，混合鎔鑄成為一個新的整體，而個人再從這個新的整體之下獲得「新生」、「重生」，「人人重新拾回自由」。在此處，盧梭與古典政治思想分道揚鑣：後者認為順著人類的天性，將可以有人文化成的實現，也就是政治生活是將人本然的天性加以成就的機制；而盧梭卻認為政治生活是用來把人類迷失天性後的「不良狀態」加以重新矯治，是不得不然之措施。在這點上，他就與基督教的教父思想（奧古斯丁）較接近了。

既然文明不斷發展所帶來的，是人與人間虛矯、腐敗之關係與競爭衝突之痛苦，盧梭故認為某種獨特性質——也即是一直以來他所憧憬規劃——之政治社群的建立，是拯救文明的唯一途徑！這種政治社群必須是能保障個人幸福、能實現自由、平等、博愛的社群。凡任何可稱理想之「社群」皆應具此精神，但具體上之細節個別可以不同，每一個「群」在不同面向上都有自己的特色，依其文化、歷史及其他條件而定。「群」的特色由何而來？就是由這些「我」共同議訂而成；這些「我」在凝聚成「群」之後，成為「群」的「主權者」，從而制訂代表「群」之特色的種種律法。這個目標如何可以達成呢？因為人民全體是主權者、必須充分地掌控國家，故在實際施行的層面，「全意志」這個觀念就作為民主政治運作的依據。「全意志」不等同於國民個體意志的加總，而是全體國民作為一個凝聚的群體所呈現出的一個共同的意志，它是國家作為一個「有機體」的意志，是能為國家及群體生活謀求最大利益的一種意志。通常，個人的意志總是偏向於維護個人的利益，難以衡顧全局；因此在一個國家中，個體利益不一，個人的意志也相異，往往難以形成共識。但是所謂「全意志」的思考模式，是要求所有個體都站在群體的立場上思考公共事務，「小我」以「大我」為念。這樣一來，逐漸形塑出一個能昂揚「大我」利益的共同意志，這就是「全意志」。

四、「立法家」（the Legislator）概念

這種概念與古典共和主義所強調的追求群體之 public good 旨趣上非常相近，也是古典公民須具備的最重要「德行」（virtue）。這個觀念立意很好，但是在實行上，小國寡民的政治社群（例如古代城邦）可以透過公民間緊密頻繁的相互辯論溝通來達成共識，而在較大規模的現代民族國家中就有其困難。為解決此問題，盧梭創發了「立法家」的概念，由「立法家」來尋找、揭櫫群體的「全意志」之所在。「立法家」是此政治「有機體」的「腦袋」，由其構思、擘劃公共事務的方向與目標，標定此共同體利益之所在。其實這就是透過菁英來為社群做統一籌謀的古老做法，只不過此時菁英的目標不是自身的、自己階級的、而是整個共同體的利益。「大我」蒙利後，「小我」就可以蒙利；每一個體若都能在自由和諧的環境中生存，不為虛榮、腐敗、競爭衝突所擾，盧梭的政治理論就竟其全功了。

盧梭的「立法家」概念，一方面解決了「眾人無法齊聚議事」的大規模民主之實踐問題，另一方面也為眾人中本就存在著政治素質不一此一現象提出對策。古希臘城邦及羅馬共和時代雖然不似今日之廣土眾民國家，但他們也早已注意及此點，因此就有所謂菁英「提案」（propose）民眾「抉擇」（resolve）的設計，使各自發揮所長：貴族、菁英善思辨，故凡法律政策由其事前審慎規劃提案，而最後由占最多數的階級——平民，來選擇他們所喜歡的方案。這樣就符合了「智者規劃、民眾決定」的民主實踐要領，否則民主可能會蹈入平庸化或是陷於諍擾不休、無法議決之局。盧梭賦予「立法家」非常重要的責任，就是提出能夠代表「全意志」而實現共同體利益的法律或政策；盧梭心目中，他們是有特殊秉賦的人，具有高度智慧、準確判斷及至高的德行，甚至是可以精神上感召他人的「魅力領袖」（*charisma*）。他們是共同體的「頭腦」、「靈魂」，甚至是「具體代表」——他們的意志即是共同體的「全意志」，他們即是共同體！

對盧梭言，這樣一種角色存在於共同體內，是共同體能夠「轉化」文明積弊的關鍵設計，因為有了「立法家」，政治共同體才能成為一個真正能實現自由與公義、避免文明之副作用（即是人類之不平等）的機制，否則政治共同體將難以脫離飽受個人利益、私心所分裂的永恆困境——如同我們今日習見之民主現象一般。但正是因為盧梭賦予「立法家」如此重要的地位、如此大的權力，由其決定「全意志」之何在，威權獨斷的風險於是伴隨而生。從某種意義言，「立法家」其實是這個政治共同體的實際「統治者」，他們的思想及一舉一動，可謂就是共同體的思想

及一舉一動。盧梭原本的立意是要讓共同體能夠藉著「立法家」的存在而成為一個藉著發展「大我」而實現「小我」自由與幸福的機制，但是弔詭的是，「立法家」的權力大到以其一人之「小我」操控了整個「大我」。所以盧梭所構思的理想民主情境與「立法家」的謀圖專制之間，就只隔了薄薄的一層界線，如何發展完全繫乎「立法家」的是否懷具私心而定。長久以來，即使盧梭本無此意，但因為「全意志」概念的神祕性及「立法家」的掌控性角色，這兩種構想很容易被野心家所利用，成為邁向專制威權的理論工具，這是歷來在理解盧梭《社會契約論》一書時容易有的疑慮。

五、盧梭對美國獨立革命及法國大革命的影響

　　幾乎所有的人都同意，盧梭是啟蒙時代知識份子的異類。不似孟德斯鳩、伏爾泰等人，他出自平民階層，出生即喪母，幼時又遭父親棄養，只得在人海中奮力掙扎求生存，卻又奇蹟似地自學有成，才華洋溢震驚藝文界及知識圈。他終身貧困，大部分時間靠替作曲家抄譜維生，卻因此嫻熟音樂理論並能譜曲；他未受幾許教育，卻寫出傳世的教育理論書籍《愛彌兒》（*Emile*）；他在政治哲學、社會思想上的成就更是眾所周知。像這樣的一個人，對所有的平民百姓及中產階級，都是一種吸引及鼓舞，而他的自由、平等理念更是具體說出了他們心中的渴望、引爆了累積已久的憤怒。

　　關於盧梭政治思想對美國獨立革命的影響，歷來有不同的看法。有人認為美國獨立革命是為了推翻英國母國蠻橫的殖民統治，與啟蒙政治思想無直接關係，充其量是英國古憲法政治思想的延伸。但也有人認為《獨立宣言》的文字已經很清楚地表明自由、平等、天賦人權、契約及被治者同意的啟蒙政治觀念。其實這兩種看法都合於事實，但不完整。美國獨立革命的原始情緒是習慣法——「英國人的權利」——的心態，殖民地人民覺得他們有權要求平等待遇；但是隨著事態發展（主因是那時之英王喬治三世剛愎自用）及憤怒擴大，爭取獨立的念頭必然跟被治者同意的啟蒙思想密切關連（即使在美國的潘恩〔Thomas Paine〕、傑弗遜與在法國的盧梭之思想有細節上的差距）。於是美洲革命就變成了近代政治思想的一個大匯聚及試金石，尤其是之後的費城制憲會議及憲法辯論為然。美國獨立後，成為世界上第一個完全由人民掌主權的共和國及頒訂首部成文憲法（並條列出人民基本權利——

Bill of Rights），不正好就是《社會契約論》思想的具現？更遑論其憲法第一句的「我們人民全體」（We the People）及國會中參議院的設計，都不啻是盧梭「全意志」精神的表現。其實 19 世紀初美國開始成立的公立學校教育系統，也可看成是盧梭教育理念的實踐，而這個制度對日後美國社會影響深遠。一個普通人能夠有機會成功，這就是美國作為打破傳統社會階層思維的墾拓社會，其基本之立國精神所在，而我們當然也就把盧梭跟潘恩這兩位「平民英雄」視為是美國建國的精神指引了。

　　至於盧梭對法國大革命的影響，那就更明顯了。整個法國大革命所要推翻的，就是「舊制」（*ancien regime*），也就是指傳統的社會階層化及特權等的不平等結構。例如以革命前夕的「三級會議」（*Estates-General*）為例，第一階級的「教士」擁有不繳稅、禮遇等等社會經濟特權及許多土地，第二階級的「貴族」差可類比；而占人口 90% 到 95% 的第三階級（包括農民、農奴及由商人、各行業工匠與專技人士所組成的中產階級）卻肩負全國主要稅收責任，但沒有任何人身尊嚴或財產保障，且在「三級會議」中屢屢被其他二階級聯手打壓，無法通過法案爭得任何權利。換句話說，在革命前的法國是一個中產階級覺得「不自由、不平等」的社會。

　　而盧梭帶來的天賦自由、人人平等思潮正是他們引領企盼的價值，《社會契約論》是大旱望雲霓下的社會改造著作。1762 年本書出版後，經過二十餘年的醞釀，這些抽象的政治概念發酵成為具體的反抗行動。其實盧梭在〈論人類不平等的起源〉一文中，已提出政治契約的概念，到了數年後的《社會契約論》完整成型，不但算是把「被治者同意」的古老傳統披上新衣，也把洛克的天賦人權思想更加發揮，而為人類的現代政治社群（民主化的民族國家）畫出清晰圖像，為啟蒙政治思想之集大成。

　　從政治思想史發展的角度看，盧梭的自然權利是較洛克的更激進，或是更偏向於社會改革的。就財產權而言，洛克曾表示土地的擁有受限於人的管理能力，因此有其自然限制：太多的土地，人無法耕種或收成完畢，就造成浪費。所以當財產是以土地形式呈現時，每個人所適合擁有的財產數量有一個天然的限制；但是到了貨幣出現後，人可以擁有的財富就沒有界線了。人可以用貨幣財富購買很多土地，雇用勞工為其土地工作，土地的產品又可以透過市場變為貨幣，而不像古時候過多的農產品只好囤積起來，常流於任其腐朽浪費。故只要善於管理，財產（即使是土地）之規模沒有界線。所以洛克認為私有財產是個人無止盡的自然權利，是神聖不可侵犯的。但是盧梭在《社會契約論》中卻對財產有不同的態度。他只專注於論述

土地——不動產，也以此為財產最主要的形式。因此與洛克一般，他認為人可以擁有的土地數量有其天然限制，超過了就不符合社會公義。特別的是他並未言及貨幣及市場經濟等制度，可見盧梭心目中土地還是「真正的財產」（real property）。因為在自然狀態或是初級社會中，人因為勞動力有限，故可以擁有的「真正的財產」有其天然上限，所以盧梭反對一個社會中財產分配之差距過大。他認為「維生所需」及「以自身勞力耕種」，乃是決定人應該擁有多少土地的基本原則，其餘都不能稱為是合理的。這種關於自然權利的特殊見解，就有了社會改革的意涵：盧梭的自然權利觀是要回復到自然狀態或是初級社會時，人人得享足夠資源以求溫飽的情況，他不想要見到文明社會中常出現的「朱門酒肉臭，路有凍死骨」的不公義情形。這樣一種價值觀其實在〈論人類不平等的起源〉一文中已初現，只是現在被放到了一個完整的體系中論述。從下面這段話中，可看出盧梭是把私有財產看成是社會構成後的共同生活資源之分配狀況，而不是如洛克般將其視為當初可以共同構成社會的要件。

　　不論土地是如何取得的，個人對其支配權應該臣屬於社會對所有土地的支配權之下，這樣才能確保社會和諧及國家主權的穩固。

　　盧梭先倡議天賦自由及人人平等，而後將社會整體的利益置於個人神聖自然權利之上，這樣的觀念很明顯傾向於今日的社會主義民主或是福利國家理念，而不是資本主義下的自由主義式民主。在他心目中，始終是以「和諧的社會整體」作為個人自由的保障，而此舉明顯有社會改革的意涵——經濟、階級上的不平等及差距都不是和諧社會所應有的現象。在此處，盧梭可謂與古典自由主義分道揚鑣，而成為社會民主的先驅者。當然，法國大革命中的口號：自由、平等與博愛，這個博愛的目標不啻就是盧梭念茲在茲的社會改革，將現行社會文明中人為強制所造成的不平等，用「和諧的社會整體」這個觀念來矯正。對盧梭言，我們訂定「社會契約」，是為了打造一個新社會，改造個人，重獲自由，而不是「保存」什麼。在「破」的層面上，法國大革命實現的盧梭的想法，可惜在「立」的層面上，迄今歷史還未出現盧梭式政治。盧梭式政治非常特別，在群體與個人關係上，它接近古典政治的強調社群優先性；在人性的矯治上，它接近基督教政治的「改造論」（reformation）；而在政治過程上，它乃是現代人民主權及憲政民主的前驅。它的每一個面向都已在歷史中分別出現，但是其最高的理想之可行性卻還是個謎。

一、馬克思建構的共產主義天堂

　　在 1776 年出版的《國富論》之首，亞當斯密說道：「大家都指控資本主義之下的勞工過著如此不人道的生活，但為何倫敦最窮苦的工人的生活水準都比非洲部落中大權在握、盡享資源的酋長來得高？」約一百年後，馬克思在《資本論》中回敬他：「如果一個社會中占最大多數的勞工的工作環境普遍不理想、生活過得艱辛痛苦，這個社會可以稱得上是快樂、公義的社會嗎？」

　　從蘇格拉底、柏拉圖以降，所有政治哲學家的職志都在引領社會，改善現況，但是真正發揮宏大影響力的人卻不多；馬克思算是在古往今來政治哲學家中最具體地改變世界的人，他與 20 世紀的歷史變化密不可分，人類可能曾經有近一半的人生活在社會主義中。近世的社會主義當然是對於資本主義的反對與批判，認為後者造就了不公義的社會，因此希望以「社群」、「平等」的精神來引導人類文明的走向。基督教社會主義，烏托邦社會主義等的出現都很早，反映了人類天性中對於「平等」、「公義」的渴望；但直到馬克思出現，社會主義才有了完整的理論體系──馬克思認為前此的社會主義思想都是主觀的空想希冀，不能與歷史脈動結合，缺乏實現的基礎。所以他推出了能夠「改變世界」的「科學社會主義」。

　　我們從 1930 年代出土的馬克思《1844 年經濟與哲學手稿》中得知，對他而言，資本主義最大的弊病不只是物質的不均問題，而是精神性的，是對於人類既有文明成果的抹殺：從資本與勞動的對立中，將人置入「異化」（alienation）──即是失去和諧關係、割裂與疏離──之境況。由於剝削、宰制與勞動成果的不屬於自己，勞動者在資本主義化的勞動生產中，長期地被迫與他自己的勞動成果「異化」，與他自己「異化」，與他人「異化」，與他的「類存有」（人類的本質）「異化」。換句話說，馬克思擔心的是人類文明所累積的輝煌成果被這種新興起的資本主義文明所斲傷斬斷。從這方面看，馬克思可說是承續了人本主義的古典文明

中手腦並用、勞心勞力兼備的「人觀」，認為個人的整全發展乃是最高的價值，而緊密凝聚的社群關係也是最理想的社會狀態。另一方面，他又與近代無政府主義者一般，憧憬勞動神聖的生活內涵及個人之充分自由、尊嚴。因此，我們現在得知，馬克思對於資本主義文明的提防恐懼乃是指向精神面的，他認為充滿宰制、剝削的經濟結構所支撐起的文明有流於「物化」（人類自主性精神現象喪失）的危機，文明內在的動力與生命力恐會被較低層次的物質慾望與宰制結構所禁錮。

如以最精簡的方式來說，馬克思對抗資本主義的主要策略其實仰賴於一種特別的史觀，也就是我們所熟知的「唯物史觀」（materialistic conception of history），或是「歷史唯物論」（historical materialism）。在以這種歷史哲學作為宏觀、普遍的架構後，他再發展出獨特的政治經濟學以詳細解釋單一歷史階段內的發展動因。因此我們對於馬克思的了解，一定要始於他對人類歷史發展的看法。馬克思的史觀是我們今天所稱的「玄想式歷史哲學」的一例，也就是將歷史看作是展現階段性、有目的之發展過程，受到一個內在規律的引導，而從初始的簡單樸素狀態向一個終極的境地邁進，其中伴隨著某種意義或價值的逐漸彰顯。馬克思這種對歷史的思考方式，最有可能就是受到黑格爾的影響，雖然二者思想大異其趣。黑格爾的唯心論史觀是以「絕對精神」（das Geist）作為引領歷史前進的動力，人類歷史的發展其本質就是理性的逐漸昂揚及絕對精神的自我實現於時間之長流中。所以黑格爾將歷史依人類自我精神之「啟蒙」狀態區分為若干時期，而歷史發展的規律就是理性不斷地抬頭及自由不斷地躍升，最終臻於普遍（普世）的理性及自由。這種將歷史視為遵循某種規律而發展的看法深深地影響了馬克思，但是馬克思卻是看到了不同的「規律」。

與恩格斯合著而完成於 1846 年的《德意志意識形態》（*The German Ideology*）大概是馬克思之歷史唯物論的系統性展現，而 1859 年的《政治經濟學批判序》（*Preface to A Contribution to the Critique of Political Economy*）適為其綱要。

對一個社會的法律或是政治的認識並不能僅靠研究其條文或制度，或是藉著當時的文化思想背景作為基礎來進行了解。相反地，這些法律或制度乃是經濟生活的反映，也就是 18 世紀英國、法國思想家及黑格爾所慣稱的「市民社會」的活動內涵。要對其有所了解，我們需要政治經濟學。……

任何社會的本質都是由其內部之生產關係、物質條件來決定的，也就是說，人類為了存活而有的經濟活動必然表現為某種生產關係，而生產關係就是人與人之

間最重要的社會關係，也決定了這個社會的本質。於是經濟活動及生產關係就被稱為一個社會的「基底」（base），而政治、法律等等乃成為受「基底」決定其特色的「上層建構」（super-structure），而不同的「上層建構」都有特定的意識形態與之配合。經濟生活的整體被稱為「生產模式」（mode of production），它會決定社會、政治及文化的演變。所以並非是意識決定人的存在，而是人的存在狀態決定他的意識。一個社會發展到某一程度時，其中原有的「生產關係」（relations of production）無法再涵容「生產力」（force of production）之進步所帶來的對「生產關係」之衝擊，於是產生內部矛盾，最後當矛盾大到無法承受時，社會就會發生「社會革命」，於是進入另一個新的「生產模式」中。也就是說，經濟生活（「基底」）上的改變，最後將導致整個「上層建構」的改變。

　　所以馬克思的唯物史觀之核心信念，就是「生產力」跟「生產關係」之總和構成了所謂的「生產模式」；「生產模式」的改變才是人類歷史進展的主要方式與階段，有所謂的原始共產社會、奴隸社會、封建社會、資本主義社會，社會主義社會及最後的共產主義社會等。馬克思希望人類的歷史能夠順利從他當時的資本主義社會向前推進至社會主義再到共產主義社會，而推進的動力就是靠「無產階級」（普羅階級，*proletariat*）了！所謂無產階級，就是與「資產階級」（布爾喬亞階級，*bourgeoisie*）、「資本家」相對的社會階級，他們並沒有資本或是機器設備等「生產工具」（means of production），而只是憑藉勞力換取工資的「薪資勞動者」（wage-laborers），受雇於「資本家」。馬克思認為，資本主義經濟面臨的宿命就是「收益遞減鐵律」（the iron law of decreasing rates of profit），任何企業都會面臨競爭，以至於利潤不斷減少，在這種情形下，資本家只得採取降低成本的措施來確保利潤。通常原料、機具或是其他生產條件等的價格資本家無法控制，所以往往最後就是以選擇從他能夠掌控的「人力成本」部分著手——用降低工資或是延長工時等方式來節約成本。因此馬克思早在一百多年前就看出來，在資本主義的世界中，對於勞動力的「壓榨剝削」（exploitation）是必然會產生的現象；也就是說，「資產階級」與「無產階級」間的矛盾對抗必然存在，難以避免。

　　繼承了「勞動神聖」的觀點，馬克思對於「無產階級」是多所頌揚的。他認為在生活中實際從事勞動者才是健全的人，人透過勞動實現他的本質。「無產階級」是馬克思心目中模範的階級，他們從辛勤的勞動中獲得正確的世界觀，也能正確地理解人際間關係的本質。相反地，「資產階級」由於並沒有進入勞動生產中，

與「生產」的過程割離隔閡，因此無法對於世界與人際的本質有正確認識，而是為「虛假意識」（false consciousness）所矇蔽，生活在錯謬的觀念中（這些觀念的總稱馬克思叫做「意識形態」）。資產階級由於被錯誤的意識形態所矇蔽，所以不斷地會壓榨剝削「無產階級」，導致二者間的對立愈來愈嚴重，最後會到達引發「無產階級」社會革命的地步，這就是馬克思所認為的歷史必然性，而科學的社會主義之政治經濟學對於資本主義下之市場、勞動、階級關係等所做的經濟分析準確地預測了這種必然性。

馬克思認為既然經濟的「基底」決定「上層建構」，則政治的本質乃是由經濟關係來決定，國家其實是經濟生活中的主導階級之統治工具而已，作用是幫助其順遂經濟上之壓迫與維持其優勢地位。因此封建政治其實是鞏固封建領主階級與地主們的統治方式，而現代資本主義的民主也不過是資產階級的掌權方法。換句話說，「國家」乃是經濟優勢階級的統治工具，並無實現正義的可能，此點與歷來的政治思想差異極大。在與恩格斯合著的 1848 年《共產主義宣言》中，馬克思並強調了「階級鬥爭」（class struggle）的必要性，認為這是歷史不斷地向次一個階段演化的必然手段與途徑：「人類迄今的歷史乃是一部階級鬥爭史」。在封建政治下飽受封建領主壓迫的企業主及資產階級，聯手進行了民主化的政治革命，推翻了王權與舊勢力專橫的封建政治，才有西方近代的工業民主之誕生；而在資本主義的民主政治中，國家在資本家作為統治階級的操縱下，工人階級也會飽受其壓迫，所以工人會面臨資產階級與國家的雙重壓迫，被迫持續與之鬥爭。這樣的鬥爭直到社會主義階段出現才會結束，因為那時由模範階級建立起「社會主義民主」（workers' democracy）後，階級現象於是消失，剝削亦不復存在。在《哥達綱領批判》中，馬克思將工人的勝利與成立社會主義國家稱之為「無產階級專政」（the dictatorship of the proletariat）。而馬克思最後理想的共產社會就是要靠「無產階級專政」這個階段過渡而來，屆時國家「解消」（wither away），政府不再必要，人人各取所需，各盡所能。

馬克思關於國家的理論，背離了一向的政治思想傳統，值得我們注意。西方政治思想從古典時代以來，就賦予國家重任。柏拉圖認為國家是哲君幫助一般人邁向成德的工具，亞里士多德認為國家與政治生活是我們完成人性之圓滿不可或缺。西塞羅認為國家是一個迎向積極意義的群體共同生活體，而基督教父如奧古斯丁則認為國家是使具有墮落天性的人類免於集體覆亡的機制。近代的霍布斯、洛克、盧梭不管站在消極或是積極立場，也一致認為國家是維繫文明的重要力量，沒有國家與

政治，人類前景堪慮。到了馬克思的前人黑格爾時，國家的重要性已經被抬舉到了頂點——唯有國家能夠調和、超越諸多「市民社會」（civil society）本質上的狹隘立場，是「普遍的利他主義」（universal altruism）能夠展現的處所，一個自由民主的國家最後會是人類文明發展的終點。但是馬克思卻一反此傳統，認為國家只是階級壓迫的工具，否定其正面功能。雖然看似極端偏激，但這是足以令人深思的一個見解。

　　從古到今，雖然理論家都對國家之功能懷抱理想，但在現實歷史中，國家未必是人類幸福之來源，而多數時候倒是反之。黑格爾對於世界歷史中民主政治出現前的解釋，是有其見地的。他認為在古代埃及或東方帝國之下，只有皇帝一人有自由；在希臘羅馬時期，只有少數（公民）有自由；一直要到近代民族國家出現，全體人民才皆享有自由。馬克思當然同意黑格爾對前兩個階段的陳述，但是他對於第三階段近代民族國家的看法，與黑格爾大異其趣，而這也就是前者的唯物史觀與後者的唯心史觀間的差異。馬克思認為經濟的「基底」會形塑、牽引「上層建構」，使之成為配合「生產模式」基本精神的法政機制。而優勢階級就是利用這種法政機制來遂行其維護既得利益的企圖。馬克思無法如其他理論家一般，相信國家機器是「中性」（neutral）的，能夠成為「公正的仲裁者」（impartial arbitor）。他對於政治與經濟的密切連動，是堅信不移的，所以這也是他成為近代政治經濟學之鼻祖的原因。馬克思學說的最大遺產之一，就是揭櫫了人類社會生活的整體性這個觀念：文化、經濟、政治、法律、宗教甚至藝術等，都是密切關連的一個整體之部分，而此整體的核心精神乃是由經濟（「生產模式」）來定義。人類的生產行為決定了人類的生活模式及文明模式，因為生產關係決定了人際社會關係，而社會關係又決定了文化及政治的走向。這種觀點是近代以來重要的一種社會理論，因此即使馬克思在資本主義政治的走向上預言失敗（由前社會主義國家的紛紛轉型得知），但是他在近代社會理論上的特殊貢獻是不容抹滅的。

二、列寧

　　20 世紀的社會主義被稱為馬克思列寧主義不是沒有原因的，因為在馬克思生前，他的社會主義並沒有掀起任何真正的歷史波瀾，是列寧讓社會主義成為現實的。列寧對 20 世紀社會主義革命的理論貢獻是多重的，他強調革命政黨、開始重

視農民的角色，以及圖謀藉著帝國主義的影響把各國的無產階級聯合起來進行革命。第一個共產革命——1917 年俄羅斯的布爾什維克革命成功，就是由列寧一手造成。列寧看到社會主義革命的遲遲未發生，認為是組織的問題，以致革命的動力不足。20 世紀初，俄羅斯是一個資本主義尚未成熟發展的地方，勞工階級數量有限，無產階級意識亦未蓬勃，他於是提出「前鋒政黨」（vanguard party）的概念，由知識分子組成一個引領勞工發動革命的政黨，以求邁向歷史的新頁。起初在馬克思的眼中，像俄羅斯、中國、印度等工業未臻發達的地方是不會有社會主義革命的，後來雖然馬克思承認可以藉助國際的結構讓這些地區的無產階級受到鼓舞，但是「工業未發達國家」中的社會主義始終不是馬克思關注的焦點。而馬克思萬萬沒料到在他身後，所有社會主義革命都不是在工業發達國家中發生。這就歸因於列寧的貢獻。

1899 年《俄羅斯資本主義之發展》（*The Development of Capitalism in Russia*）中，列寧認為在俄羅斯，廣大的受雇農工可以與工業無產階級聯合起來，成為階級戰爭的重要力量。而 1902 年的《該做什麼》（*What Is To Be Done?*）主張由「職業革命家」所組成的「前鋒政黨」要擔負起組訓他們、灌輸其意識形態的重任，對資產階級進行社會主義革命及階級戰爭，而非政治協商，乃是邁向社會主義的唯一途徑。列寧式的政黨是高度紀律化及中央集權的組織，這是前此世界歷史中所不曾出現的政治組織形式，而後來卻變成 20 世紀許多極權或獨裁國家的標誌。

列寧 1916 年的《帝國主義——資本主義的最高階段》（*Imperialism, the Highest Stage of Capitalism*）提供了後馬克思時期重要的社會主義革命理論指引，因為它處理了資本主義發展程度不一致的世界中「落後國家」（backward societies）社會革命之可能性問題。馬克思原本認為資本主義在一國之內，發展到一定程度必然會產生巨大的內部矛盾因而解體，但是列寧認為帝國主義提供了延緩這種崩潰的機會，因為資本家透過資本的輸出或是殖民地原料的進口，一方面擴大了原本的經濟體範圍，使企業競爭、勞資衝突稍得抒解，另一方面也帶動了落後國家的局部（多在大城市）資本主義化。這樣一來，被殖民國家被「催生出」的勞動階級既可以與先進國的勞動階級聯合起來發動社會主義革命，又可以聯合本國的民族主義運動來推翻殖民統治。這就是列寧所看到的資本主義不平均發展為落後國家帶來的社會主義革命契機。從 20 世紀的歷史來看，列寧的理論毋寧是社會主義發展中最關鍵的。而托洛斯基（Leon Trostky）的「連續革命」（permanent revolution）理論，也為落後國家提供了處方。他認為在資本主義不發達的「落

後國家」中，城鄉發展差距大，城市可以出現微弱的勞動階級，但是鄉村都還是農民，這時就需要進行所謂的「不均衡但合併的發展」（uneven and combined development）。城鄉中的工與農可以一同與資產階級聯合起來先進行民主革命，打倒封建專制，然後立即進行無產階級社會主義革命，打倒資本家成立社會主義國家。這兩個過程連續進行，也就是不間斷地革命，從推翻專制到推翻資本主義之虛假民主，一氣呵成。故綜合言之，如果說馬克思提供了 20 世紀社會主義革命的理據，則列寧（及托洛斯基）算是提供了革命的具體方略。

三、西方馬克思主義

　　馬克思、恩格斯及列寧可說是合力催生了 20 世紀的社會主義革命，他們首度建構出完整的社會主義理論及擘劃出圖謀改變歷史的革命藍圖，但未及見其真正大規模實踐即離世。接下來的主要共產黨領導人如史達林、毛澤東及若干長期遂行個人獨裁的社會主義統治者，因為受限於個人的權力慾望而扭曲了社會主義，使之成為自身的奪權工具及手段，讓世人普遍對社會主義有極負面之觀感。諷刺的是，這些真正發生了社會主義革命的國家沒有一個在馬克思所預言的歐洲或西方世界，而是在資本主義並不發達的所謂「落後地區」，如前蘇聯，中國及周邊，中南美及東歐等地。但這些地方的社會主義革命，彷彿都是被共產黨人或是共產國際藉著「反殖民」或是「反封建」所「催生」出來的，而不是自發性的勞動階級革命，而原本馬克思的種種社會主義理念也在這些地區被轉化成由國家所獨斷定義的「官式馬克思主義」（orthodox Marxism），或是僅具有被過度簡單化之歷史唯物論意識的「粗鄙馬克思主義」（vulgar Marxism）。這不禁使人在理論上質疑馬克思主義是否有重大缺陷？或是產生對現實的疑惑：勞動階級是否真得會對資本主義不滿？立基於資本主義的自由主義式民主是否終究是人類現代文明最終的政治經濟方案？就在此時，西方的學界開始重視若干馬克思之後的社會主義理論發展，它們在時間上最早可始於 19、20 世紀之交，多半是出現在 20 世紀前半葉的二戰前，也都由是資本主義的誕生地歐洲所產生的論述，祖述馬克思主義，但卻有些修正。這些我們通稱為西方馬克思主義，或是新馬克思主義，以與（多半是非歐洲的）「官式馬克思主義」作對比。

　　西方馬克思主義包含廣泛，看法不一，其實並非是統一的流派或觀點，而只是

對原始馬克思主義做修正之努力的一個總稱，也是西方左派學者所提出來對抗「官式馬克思主義」或是「粗鄙馬克思主義」的一群理論。馬克思主義從約 19 世紀中葉誕生以來，就不重視文化、政治、思想意識形態等「上層建構」的地位，認為在「生產模式」的制約下，這些都是被派生出來的「應變項」。這種情形很容易會滋生出一種類似「決定論」（determinism）的心態，認為只要客觀環境成熟，社會主義的降臨會是水到渠成。匈牙利的盧卡奇（Georg Lukacs）就是批判這一傳統觀點的主要人物，他的《歷史與階級意識》（*History and Class Consciousness*）一書不斷地強調「無產階級」成員本身思想意識的重要性，因為他們才是社會主義階段能實現的重要推手，人才是歷史變遷的主因。這種比較強調人的「主觀能動性」的立場，我們今日稱之為「意志論」（voluntarism），這就有點兒把當初馬克思所拋棄的黑格爾「唯心論」（idealism）觀點重新拾回的意涵。如果偏向「意志論」的立場，則我們就需要把馬克思建構「科學社會主義」時捨棄的很多元素都要找回來，例如文化跟思想。這就是西方馬克思主義對原始馬克思主義修正的最重要面向之一。

　　盧卡奇要找回思想跟文化因素，也是肇因於他認為資本主義生產制度對人的「物化」（reification）。在大規模的商品生產中，勞動者被「非人性化」的制式生產過程、機器、甚至商品本身制約，以至於人性質素逐漸喪失：失去人際親和力，失去活力與希望，失去人作為萬物之靈的自主性與創造力。也就是人被生產過程與商品崇拜所形成的律則所控制，再也不是整全的人，或是作為能夠創造歷史的主體。所以盧卡奇要喚醒階級意識，確立在整個社會主義革命中「人」（無產階級）的關鍵地位。無產階級需要從文化、思想意識中擷取資源，鞏固自身的歷史使命感，才是社會革命的正確路線。他的看法等於是把社會主義革命的重心從經濟鐵律上移轉至他多所頌揚的「模範階級」──無產階級身上，由他們去體會歷史演變的意涵，體會人性，體會社會本質，然後去承接引導歷史的「使命」。

　　義大利的葛蘭西（Antonio Gramsci）在他的著作《獄中札記》（*Prison Notebooks*）中也做了類似「轉移重心」的貢獻。同樣地，他並非從馬克思的「生產模式」去探析為何社會主義革命並未發生？對他來說，文化、思想意識還是決定社會主義革命是否會發生的重要關鍵。盧卡奇申言「無產階級意識」乃是造成革命的關鍵因素，而葛蘭西則嘗試解釋為何資本主義社會中，勞工飽受壓榨卻缺乏「無產階級意識」？此時，他藉由對「上層建構」的研究提出了一個在西方馬克思主義中非常重要的概念──「文化霸權」（hegemony）。資本主義中的統治階級

不但掌握國家機器，也操控「市民社會」及一些社會化的機制，例如媒體、教會、各種社團、商會及教育機制等，他們塑造了主流價值，創造了文化及精神上的勢力範圍，把自身的觀念廣泛散布到社會中。因此，資產階級的世界觀及價值透過這種「文化霸權」而被鞏固，無產階級被「洗腦」，甚至不知自己被壓榨剝削，故對抗的意識無由產生。這就解釋了為何革命的「熱情」不能被喚起，革命的火花不能燎原。

　　因此對這些「黑格爾式的馬克思主義者」而言，文化思想的戰場是非常重要的，往昔馬克思或是馬克思主義者著重於經濟上的分析，其實是不足、有盲點的，看不見資本主義的隱形力量，也忽略了無產階級革命的完整成分。要建立階級意識，擺脫「文化霸權」的箝制，文學、藝術、哲學或倫理學上的全面對抗是必要的，存在與意識連結為一體，爭取自由。這種立場從 20 世紀二、三十年代被標舉出來後，在二戰後更是蓬勃發展。無論是德國的「法蘭克福學派」或是英美的「新左派」，都不斷地強調與深化馬克思當初所忽略的精神文化面。

　　當然西方馬克思主義陣營中也有與上述不盡相同的立場，最主要的就是法國人阿圖舍（Louis Althusser），他不斷強調馬克思學說中唯物論的社會觀之根本性及其對於建構個人意識形態的重要作用，因此被某些人稱為「結構主義馬克思理論」。在史達林主義把馬克思主義扭曲後，阿圖舍想要藉著追尋其真正旨趣來捍衛馬克思主義，但是他又不認同上述類型的西方馬克思主義，而視之為「人本主義的馬克思主義」，認為他們逕自一昧強調歷史、哲學及人文關懷；他則是要發揚馬克思「科學社會主義」的神髓，大聲疾呼這才是正統馬克思主義。

　　阿圖舍主張學界應重新閱讀馬克思，把馬克思學說的微言大義及內在意涵透過某些詮釋學的技巧發掘出來。馬克思的關懷有輕重緩急，他的學說有不同的階段及每階段內箇中旨趣。我們閱讀馬克思作品最主要的要領，是在了解每一個階段或是每一論著所要解決的「問題」及其所提供之相關對策。阿圖舍以為馬克思的作品可以用 1846 年的《德意志意識形態》來作分水嶺，之前是受黑格爾及古典哲學影響的人文主義馬克思，但從此作品開始整個思想就轉變為歷史唯物論的「科學社會主義」馬克思，中間明顯有一斷裂。阿圖舍企圖要發微的乃是後者，他認為那才是真正的馬克思，並且是馬克思對後世的最大貢獻所在。但是要闡明「科學社會主義」的馬克思並不簡單，因為馬克思的著作中有一些並未特別明言其重要性、或是隱而不顯的概念才是構成了他學說的真正支柱，而這些連馬克思本人都未必完全察覺。

　　阿圖舍認為馬克思的社會理論很大的一個特色，就是把人類社會的各種活動

與制度之總和視為一個密不可分的整體,每一個部分都互相牽連影響。但其中有一個最重要的機制,就是所謂的「生產模式」,人類文明中所有的內容都是透過「生產模式」創造出來的,人類的生活過程就是不斷地進行「生產」及「再生產」——人類經由生產來確立自身,而生產的結果又辯證地影響了人類的本質。最主要的生產模式當然是經濟的生產模式,它決定了商品的生產方式及其他各類社會關係的本質。其他還有科學的生產模式,哲學的生產模式,政治的生產模式及意識形態的生產模式等,在此之中我們生產科學知識、哲學理論、政治制度與權力分配,以及各種對社會關係之看法或世界觀。也因此所有人類活動都是廣義生產模式的一部分,都會影響生產模式並受其影響,而最後乃是生產模式決定了人的終極存有狀態與社會屬性。在各個面向上的「生產」及「再生產」,其機制及屬性,決定了人的生活內容及社會之運作全貌;這些「非個人性的」(impersonal)結構,是社會變遷背後真正的動力,而人作為「行為者」(agent)的主觀意志並不那麼重要。這樣的看法,在社會學理論有其重要性,並開啟了日後對於「結構」及「行動」所扮演角色的探討及辯論。

亦在此時,阿圖舍引介了「國家機器」這個概念,來說明統治階級如何無所不在地介入「生產」及「再生產」的結構中。他區分了「壓迫性國家機器」(repressive state apparatus, RSA)與「意識形態性國家機器」(ideological state apparatus, ISA)兩種不同性質的介入方式。首先,作為「基底」的經濟生產模式會引導出與之對應的政治、社會及文化等生產模式,這些也就是由國家內的諸多制度及機構來代表。這些制度及機構有些是明顯的屬於「壓迫性的」權威或武力,例如統治者、法院、警察及軍隊等;有些則是散布灌輸意識形態的,例如存在於國家主權體系之中的教會、新聞媒體及習俗、教育機構等。而不論是「壓迫性的」或是「意識形態性的」國家機器,他們都分別或是共同地「形塑」或「召喚」(interpellate)原本的公民成為被包覆、浸潤在某種政治意識形態或是「強勢價值」下的「社會成員」(social subjects)。這種「形塑」與「召喚」在社會生活中是全面性的,而且是顯性隱性同時進行的,它們的作用是無論在制度上或思想文化上把公民們日漸「馴化」成為「從屬(於主流意識形態)的」成員,無由產生批判或抵抗。阿圖舍這種將政治意識形態及心理分析所作的結合,啟發了之後許多後現代主義者的視角及批判意識。

阿圖舍認為,由於在資本主義之下,「壓迫性國家機器」及「意識形態國家機器」的無所不在,如想要培育出「無產階級的社會成員」,必須要有無產階級的

國家機器才能將之「形塑」、「召喚」出。因此，只有「無產階級專政」才能「生產」出相應的「國家機器」來培育出具「無產階級意識形態」的社會成員。所有的生產模式也都在此時才有了正確的產品內涵。各國成立共產黨的意義即在此，是為了要發動社會主義革命來改正錯誤的「經濟生產模式」，而以朝向無產階級專政的目標而努力。在這點上，阿圖舍可說是馬克思的忠實信徒。

結語

20 世紀的紅色浪潮雖然已經褪去，但是馬克思主義留給歷史的衝擊是巨大且難以忘卻的。在實踐面上，中央規劃經濟及國營企業制度的失敗，已向世人證明了市場機制的難以替代，但是紅色革命浪潮的確也引發世人紛紛反省資本主義的弊病，而使得自由市場加上社會福利制度成為今天人類共同的政治語言。這不啻符合了馬克思所一貫相信的歷史「辯證性發展」原則。

而在學術文化的場域內，馬克思的影響則適與以上實踐面的結果相反──持續性地在擴大與加深。在歷史學，社會學與文化研究上，馬克思主義已經成為一種方法論的基本立場而跨越不同學科、滲透到不同的主題之中，提供了與以往韋伯式（Weberian）世界觀大不同的問題意識，西方馬克思主義與新馬克思主義也成為 20 世紀後半葉最重要的哲學視野之一。既然如此，人類的存有與意識之間關係的探討，可能要不斷地辯證發展下去。

國家圖書館出版品預行編目資料

西洋政治思想史／陳思賢著. ーー二版.ーー
　臺北市：五南圖書出版股份有限公司，
　2014.05
　面；　公分
ISBN 978-957-11-7614-7（平裝）

1.政治思想史　2.西洋政治思想

570.94　　　　　　　　　103007366

1PM1

西洋政治思想史

作　　　者 ―	陳思賢（254.1）
發 行 人 ―	楊榮川
總 經 理 ―	楊士清
總 編 輯 ―	楊秀麗
副總編輯 ―	劉靜芬
責任編輯 ―	高丞嫻、黃麗玟
封面設計 ―	P.Design視覺企劃
出 版 者 ―	五南圖書出版股份有限公司
地　　　址：	106台北市大安區和平東路二段339號4樓
電　　　話：	(02)2705-5066　傳　　真：(02)2706-6100
網　　　址：	https://www.wunan.com.tw
電子郵件：	wunan@wunan.com.tw
劃撥帳號：	01068953
戶　　　名：	五南圖書出版股份有限公司
法律顧問	林勝安律師
出版日期	2011年9月二版一刷
	2014年5月二版一刷
	2023年12月二版七刷
定　　　價	新臺幣480元

經典永恆・名著常在

五十週年的獻禮——經典名著文庫

五南，五十年了，半個世紀，人生旅程的一大半，走過來了。

思索著，邁向百年的未來歷程，能為知識界、文化學術界作些什麼？

在速食文化的生態下，有什麼值得讓人雋永品味的？

歷代經典・當今名著，經過時間的洗禮，千錘百鍊，流傳至今，光芒耀人；

不僅使我們能領悟前人的智慧，同時也增深加廣我們思考的深度與視野。

我們決心投入巨資，有計畫的系統梳選，成立「經典名著文庫」，

希望收入古今中外思想性的、充滿睿智與獨見的經典、名著。

這是一項理想性的、永續性的巨大出版工程。

不在意讀者的眾寡，只考慮它的學術價值，力求完整展現先哲思想的軌跡；

為知識界開啟一片智慧之窗，營造一座百花綻放的世界文明公園，

任君遨遊、取菁吸蜜、嘉惠學子！